Wissensspuren

Beiträge zur Nordischen Philologie

Herausgegeben von der Schweizerischen Gesellschaft
für Skandinavische Studien

Redaktion:
Jürg Glauser, Silvia Müller, Klaus Müller-Wille, Hans-Peter Naumann,
Barbara Sabel, Thomas Seiler

Beirat:
Michael Barnes, François-Xavier Dillmann, Stefanie Gropper,
Annegret Heitmann, Andreas G. Lombnæs

Band 48 · 2012

A. FRANCKE VERLAG TÜBINGEN UND BASEL

Simone Ochsner Goldschmidt

Wissensspuren

Generierung, Ordnung und Inszenierung
von Wissen in Erik Pontoppidans
Norges naturlige Historie 1752/53

A. FRANCKE VERLAG TÜBINGEN UND BASEL

Titelbild: Pontoppidan, Erik. *Det første Forsøg paa Norges naturlige Historie, forestillende dette Kongeriges Luft, Grund, Fjelde, Vande etc. og omsider Indbyggernes Naturel, samt Sædvaner og Levemaade.* Bd. 2. [1753]. Kopenhagen, 1977b, S. 270.

Bibliografische Information der Deutschen Nationalbibliothek

Die Deutsche Nationalbibliothek verzeichnet diese Publikation in der Deutschen Nationalbibliografie; detaillierte bibliografische Daten sind im Internet über http://dnb.d-nb.de abrufbar.

Die vorliegende Arbeit wurde von der Philosophischen Fakultät der Universität Zürich im Herbstsemester 2010 auf Antrag von Prof. Dr. Jürg Glauser und Assoc. Prof. Dr. Brita Straxrud Brenna als Dissertation angenommen.

Gedruckt mit Unterstützung der Schweizerischen Akademie der Geistes- und Sozialwissenschaften.

© 2012 · Narr Francke Attempto Verlag GmbH + Co. KG
Dischingerweg 5 · D-72070 Tübingen

Das Werk einschließlich aller seiner Teile ist urheberrechtlich geschützt. Jede Verwertung außerhalb der engen Grenzen des Urheberrechtsgesetzes ist ohne Zustimmung des Verlages unzulässig und strafbar. Das gilt insbesondere für Vervielfältigungen, Übersetzungen, Mikroverfilmungen und die Einspeicherung und Verarbeitung in elektronischen Systemen.
Gedruckt auf säurefreiem und alterungsbeständigem Werkdruckpapier.

Internet: www.francke.de
E-Mail: info@francke.de

Druck und Bindung: Laupp & Göbel, Nehren
Printed in Germany

ISSN 1661-2086
ISBN 978-3-7720-8439-3

Die vorliegende Arbeit wurde von der Philosophischen Fakultät der Universität Zürich im Herbstsemester 2010 auf Antrag von Prof. Dr. Jürg Glauser und Assoc. Prof. Dr. Brita Straxrud Brenna als Dissertation angenommen. An dieser Stelle danke ich den Herausgebern der *Beiträge zur Nordischen Philologie* für die Aufnahme meines Manuskripts in ihre Reihe und der ‚Schweizerischen Gesellschaft für Skandinavische Studien' für die finanzielle Unterstützung der Drucklegung.

Die Arbeit entstand im Rahmen meiner Anstellungen als Trägerin des Forschungskredits der Universität Zürich und als Assistentin an den Abteilungen für Nordische Philologie der Universitäten Basel und Zürich. Inspirierende Impulse erhielt ich während mehrfacher Forschungsaufenthalte in Skandinavien. Ich möchte Prof. Dr. Pil Dahlerup und der Graduiertenschule ‚Georg Brandes Skolen' der Universität Kopenhagen für ihre Gastfreundschaft und für die attraktiven Forschungsseminare danken. Weiter danke ich ‚Fondet for dansk-norsk samarbeid' und dem Mentoring der Philosophischen Fakultät der Universität Zürich, die mir zweimal einen Schreibaufenthalt auf Lysebu bei Oslo ermöglichten. Außerdem danke ich ‚Fondet for dansk-norsk samarbeid' für ein weiteres Stipendium auf Schæffergården bei Kopenhagen, während dessen ich das Manuskript der Dissertation fertigstellen konnte. Dank gebührt ferner der Graduiertenschule des Deutschen Seminars der Universität Zürich, die großzügig für Reise- und Tagungskosten aufkam und einen wertvollen fachlichen Diskussionsraum bot, sowie schließlich dem ‚Verner Dahlerup Boglegat'.

Meine Aufmerksamkeit lenkte Prof. Dr. Jürg Glauser auf die skandinavische Naturgeschichtsschreibung. Ihm möchte ich für das rege Interesse an dieser Arbeit, für die Betreuung und für kritische Anregungen danken. Ebenso möchte ich Assoc. Prof. Dr. Brita Straxrud Brenna, Universität Oslo, für ihre großzügige fachliche Unterstützung und für die Übernahme des Koreferats danken. Für das sorgfältige und kritische Korrektorat des Manuskripts bedanke ich mich bei Annemarie Brennwald, Ivo Goldschmidt, Theres Ochsner, Sabine Kronenberg sowie Julia Weber und für die Betreuung der elektronischen Datenverarbeitung bei Matthias Brennwald und Thomas Zumbrunn. Schließlich gebührt meinen Freundinnen und Freunden ein besonderer Dank für die zahlreichen ermunternden Gespräche. Ivo danke ich für seine Unterstützung. Meiner Mutter möchte ich die Arbeit widmen.

Basel, Oktober 2011   Simone Ochsner

Inhaltsverzeichnis

1 Einleitung   **1**
- 1.1 *Norges naturlige Historie* 2
- 1.2 Natur, Buch der Natur und Naturgeschichte 8
- 1.3 Erik Pontoppidan 15
- 1.4 *Norges naturlige Historie* und die Frage nach der Textsorte 20
- 1.5 Forschungsüberblick 23
- 1.6 Zentrale Fragen und Vorgehen 25

2 Wissen   **33**
- 2.1 Der Begriff des Wissens und das Konzept der wissenschaftlichen Revolution 33
- 2.2 Der Wissenskontext von *Norges naturlige Historie* 39
  - 2.2.1 Institutionen des Wissens 40
  - 2.2.2 Erforschung des Eigenen 45
  - 2.2.3 Verortung von *Norges naturlige Historie* im Geflecht anderer Texte über die norwegische Natur 47
  - 2.2.4 Partizipationsmöglichkeiten am Wissensprojekt 53
    - 2.2.4.1 Veränderungen der Lese- und Schriftkultur . . . 54
    - 2.2.4.2 Abhängigkeit von staatlichen Autoritäten 59
  - 2.2.5 Theologie und Naturwissenschaften 65

3 Wissensgenerierung in *Norges naturlige Historie*   **73**
- 3.1 Quellen 74
  - 3.1.1 Bereiche der Informationsbeschaffung 75
  - 3.1.2 Zusammensetzung der schriftlichen Quellen 82
- 3.2 Argumentationsstrategien 84
  - 3.2.1 Umgang mit Quellen 87
  - 3.2.2 Argumente des ‚richtigen' Glaubens 95
  - 3.2.3 Argumente der Etymologie 97
  - 3.2.4 Argumente der Physikotheologie 102
  - 3.2.5 Rhetorische Verfahren 105
- 3.3 Naturhistorische Wissensformierung in *Norges naturlige Historie* . . . 132

4	**Wissensordnung in *Norges naturlige Historie***	**147**
4.1	Makroordnung	154
4.2	Unterordnungen	163
	4.2.1 Offene und geschlossene Kapitelordnungen	166
	4.2.2 Direkte und indirekte Ordnungen	173
	4.2.2.1 Direkte Ordnungen	174
	4.2.2.2 Exkurs: Natürliche Ordnung	184
	4.2.2.3 Indirekte Ordnungen	187
	4.2.2.4 Vorteile und Nachteile indirekter und direkter Ordnungen	191
4.3	Diskussion	202
5	**Wissensinszenierung in *Norges naturlige Historie***	**215**
5.1	Mögliche Verortung von Wissen	221
	5.1.1 Materialität und Paratext	224
	5.1.2 Formen des Paratexts in *Norges naturlige Historie*	226
	5.1.3 Einfache und mehrfache Verortung von Wissen	232
5.2	Inszenierung von Wissen in *Norges naturlige Historie*	236
	5.2.1 Die Marginalie als Beispiel der Wissensinszenierung	236
	5.2.2 Verschiedene Formen der Wissensinszenierung	239
5.3	Wissensvermittlung und die Hierarchie zwischen Paratext und Haupttext	245
	5.3.1 „Snegle af adskillige Sorter" als Analysebeispiel	247
	5.3.2 Diskussion	251
6	**Schlussbemerkungen**	**271**
	Literaturverzeichnis	**279**
	Anhang	**293**

1 Einleitung

Im Jahr 1752 erschien in Kopenhagen der erste Teil von Erik Pontoppidans *Norges naturlige Historie*. Ein Jahr darauf folgte der zweite Teil.[1] Der Text erweckte große Aufmerksamkeit. Er wurde in verschiedenen in- und ausländischen Zeitschriften besprochen, so im *Gentleman's Magazine*, in den *Göttingischen Anzeigen* oder in *Relationes de libris novis*.[2] Das wissenschaftliche Umfeld war sichtlich beeindruckt, ebenso das Publikum im Allgemeinen, wie aus dem Vorwort von Teil II hervorgeht: „Det nærværende Arbeids første Deel har havt den Lykke at nyde Publici Jndest" (Pontoppidan, 1977b, Fortale), „Der erste Teil gegenwärtiger Arbeit hat das Glück gehabt, die Gunst des Publici zu geniessen" (Pontoppidan, 1754, Fortale).[3] Es kann davon ausgegangen werden, dass auch die dänische Regierung über die Abhandlung erfreut war. Inwiefern die Publikation aber genau im Zusammenhang mit der Ernennung Erik Pontoppidans, der zum Zeitpunkt des Erscheinens von *Norges naturlige Historie* im norwegischen Bergen als Bischof amtete, im Jahr 1755 zum Prokanzler der Universität Kopenhagen stand,[4] kann nicht abschließend beantwortet werden. 1753/54 erschien eine deutsche Übersetzung der auf Dänisch verfassten Naturgeschichte, 1755 wurde eine englische Ausgabe publiziert.[5]

---

[1] Pontoppidan, Erik. *Det første Forsøg paa Norges naturlige Historie, forestillende dette Kongeriges Luft, Grund, Fjelde, Vande etc. og omsider Indbyggernes Naturel, samt Sædvaner og Levemaade*. Bd. 1 und 2. Kopenhagen, 1752/53. In der gesamten Arbeit zitiere ich die Faksimileausgabe von 1977.

[2] Ehrencron-Müller (1929a), S. 330. Ehrencron-Müller, Holger. *Forfatterlexikon. Omfattende Danmark, Norge og Island indtil 1814*. Bd. 6. Kopenhagen, 1929a.

[3] An dieser Stelle folgen Anmerkungen zur Übersetzungspraxis der Originaltexte und ihrer Titel: Wenn immer es möglich war, griff ich zur Übersetzung der Zitate auf deutsche Originalübersetzungen zurück, die in einem gewissen Grad vom dänischen Original abweichen können. Sonst fertigte ich die Übersetzungen selbst an. Die wenigen Titel der Primärliteratur, die ich in deutscher Übersetzung zu Illustrationszwecken wiedergebe, stehen in Klammern nach dem kursiven Originaltitel. Originale Titelübersetzungen werden kursiviert. Titel, die ich übersetzte, sind nicht kursiv markiert.

[4] Brenna (2009), S. 128. Brenna, Brita. ‚Negotiating the History of the World'. In: *Negotiating the Pasts in the Nordic Countries. Interdisciplinary Studies in History and Memory*. Eriksen, Anne und Sigurðsson, Jón Viðar (Hg.), Lund, 2009, S. 121–49.

[5] Pontoppidan, Erik. *Versuch einer natürlichen Historie von Norwegen, worinnen die Luft, Grund und Boden, Gewässer, Gewächse, Metalle, Mineralien, Steinarten, Thiere, Vögel, Fische und endlich das Naturel, wie auch die Gewohnheiten und Lebensarten der Einwohner dieses Königreichs beschrieben werden*, Erich Pontoppidans, aus dem Dänischen übersetzt von Johann Adolph Scheiben. Bd. 1 und 2. Kopenhagen, 1753/54, und Pontoppidan, Erik. *The Natural History of Norway. Containing a particular and accurate Account of the Temperature of the Air, the different Soils, Waters, Vegetables, Metals, Minerals, Stones, Be-*

Warum wurde *Norges naturlige Historie* so wohlwollend aufgenommen, so weit herum beachtet? Was vermittelt dieses Buch, welches das Interesse der wissenschaftlichen Kreise so nachhaltig weckte? Woraus sich das Wissen in Pontoppidans Naturgeschichte zusammensetzt und in welchen Äußerungsweisen sich verschiedene Wissensformen zeigen, ist Gegenstand dieser Untersuchung. Dazu eignet sich eine Herangehensweise aus einer literaturwissenschaftlichen, buchgeschichtlichen und wissenshistorischen Perspektive.

Um diesen Fragestellungen in einer umfassenden Weise nachzugehen, wird der Blick durch Close Reading von Pontoppidans Naturgeschichte nicht nur auf das im (Haupt-)Text präsentierte Wissen gerichtet, sondern auch auf die Anordnung dieses Wissens und die Darstellung im Medium Buch. Es wird nach den verschiedenen Quellenarten und unterschiedlichen Wissensfeldern gefragt, aus welchen Aussagen für die Generierung von Wissen in *Norges naturlige Historie* geschöpft werden, und nach den spezifischen Verfahren, welchen sie unterzogen werden, um aus ihnen verlässliches Wissen zu generieren. Es interessieren die Anordnungsweisen der einzelnen Wissenselemente und die Kriterien, nach welchen sie geordnet werden. Wie gestalten sich ihre Verortung und ihre Inszenierung auf den einzelnen Textseiten und welche Schlüsse lassen sich in Bezug auf das Verhältnis zwischen der Materialität und dem sogenannten Haupttext ziehen?

Anhand von Pontoppidans Naturgeschichte soll anschaulich gemacht werden, von welcher Komplexität das im Medium Buch vermittelte Wissen ist. Die Verbindungen, die zwischen den drei Bereichen der Wissensgenerierung, der Wissensordnung und der Wissensinszenierung existieren, werden herauskristallisiert und die Möglichkeiten mehrdimensionaler Wissensverortung aufgezeigt. Ausgehend davon wird diskutiert, an welcher Stelle *Norges naturlige Historie* zwischen einer älteren und einer neueren Tradition der dänisch-norwegischen Naturgeschichtsschreibung zu verorten ist und ob es sinnvoll ist, dies zu tun.

1.1 *Norges naturlige Historie*

Norges naturlige Historie erschien 1752/53 in zwei Teilen. Die in Dänisch verfasste Naturgeschichte besteht aus rund 800 Seiten im Format Quarto, ihre beiden Teile enthalten acht beziehungsweise zehn Kapitel, die wiederum in Paragraphen aufgeteilt werden. Sie ist mit zahlreichen und vielgestaltigen paratextuellen Elementen versehen, unter anderem mit Dedikationen, Marginalien und Kupferstichen. Der ausführliche Titel informiert über den Inhalt der Naturgeschichte: *Det første Forsøg paa Norges naturlige*

---

asts, Birds, and Fishes; together with the Dispositions, Customs, and Manner of Living of the Inhabitants: Interspersed with Physiological Notes from eminent Writers, and Transactions of Academies, in two Parts, translated from the Danish Original of the Right Revd. Erich Pontoppidan. London, 1755.

1.1 Norges naturlige Historie

Historie forestillende Dette Kongeriges Luft, Grund, Fielde, Vande, Væxter, Metaller, Mineralier, Steen-Arter, Dyr, Fugle, Fiske og omsider Jndbyggernes Naturel, samt Sædvaner og Levemaade (Versuch einer natürlichen Historie von Norwegen, worinnen die Luft, Grund und Boden, Gewässer, Gewächse, Metalle, Mineralien, Steinarten, Thiere, Vögel, Fische und endlich das Naturel, wie auch die Gewohnheiten und Lebensarten der Einwohner dieses Königreichs beschrieben werden). Das geographische Untersuchungsgebiet umfasst das Gebiet des heutigen Norwegen. Im 18. Jahrhundert bildete es den nördlichen Teil der Doppelmonarchie Dänemark-Norwegen. Obwohl Pontoppidans Abhandlung durch dieses riesige Untersuchungsfeld einen gewissen enzyklopädischen Charakter hat, ist sie als sogenannte „Ganzschriftlektüre" (Michel, 2002, S. 37)[6] zu lesen.

Die Sprache in *Norges naturlige Historie* ist Dänisch. Wie in ganz Europa lösten auch in Dänemark-Norwegen im 18. Jahrhundert die Volkssprachen die traditionelle Gelehrtensprache Latein langsam ab. Kräftig unterstützt wurde das Verfassen wissenschaftlicher Texte auf Dänisch durch den Beschluss der dänischen ‚Videnskabernes Selskab', der wissenschaftlichen Gesellschaft aus dem Jahr 1745, der vorschrieb, dass ihre Gesellschaftsschriften auf Dänisch geschrieben werden.[7] Hier ist anzufügen, dass einige Ausgaben der Schriften während der 1740er-Jahre sowohl auf Dänisch als auch auf Latein erschienen. Die Publikation der Schriften auf Dänisch hatte den Vorteil, dass ein breites dänisch-norwegisches Publikum angesprochen werden konnte, mit dem Nachteil aber, dass man die Schriften außerhalb Skandinaviens nicht mehr verstand. Zu beachten ist, dass zur Zeit Pontoppidans der Begriff der Wissenschaften philologische Bereiche, aber auch astronomische oder botanische umfasste. Die wichtigste aller Wissenschaften war nach wie vor die Theologie.

Ich gehe davon aus, dass *Norges naturlige Historie* neben der Lobpreisung des Schöpfers nicht in erster Linie der Bildung der Bevölkerung Norwegens diente. Pontoppidans Naturgeschichte wurde auch nicht primär verfasst, um einsame Pfarrer auf dem Land neben ihren amtlichen Pflichten zur Erforschung der Natur Norwegens anzuregen oder um angehenden Seelsorgern zu dienen:

> Disse bør jo først forstaae sig noget paa den menniskelige Natur, efterdi Natur og Naade ere just de tvende Hoved-Ting, som de ved al Leylighed maa vide at adskille, naar de foretage en Siele-Cur. Dernæst bør de og kiende Gud af hans andre store Gierninger, som vidne om hans Værelse, Væsen og Egenskaber, item af hans viise og kierlige Huusholdning med det gandske Creatur. Er denne Slags Kundskab ikke aabnet, da vide de jo mindre end Hedningene (Pontoppidan, 1977a, Fortale).

---

[6] Michel, Paul. ‚Ordnungen des Wissens. Darbietungsweisen des Materials in Enzyklopädien'. In: *Populäre Enzyklopädien. Von der Auswahl, Ordnung und Vermittlung des Wissens*. Tomkoviak, Ingrid (Hg.), Zürich, 2002, S. 35–83.

[7] Kragh (2005), S. 11. Kragh, Helge. *Natur, Nytte og Ånd. 1730–1850. Dansk naturvidenskabs historie*. Bd. 2. Århus, 2005.

> Diese müssen ja zuerst die menschliche Natur verstehen; weil just Natur und Gnade die beyden Hauptsachen sind, die sie jederzeit wohl von einander unterscheiden müssen, wenn sie die Kur einer Seele unternehmen. Hiernächst sollen sie auch Gott aus seinen andern grossen Werken kennen, die seine Würklichkeit, sein Wesen, seine Eigenschaften darthun, wie auch aus seiner weisen und liebreichen Haushaltung mit dem ganzen Geschöpfe. Ist ihnen diese Art der Kenntniss nicht aufgethan, so wissen sie ja weniger, als die Heyden (Pontoppidan, 1753, Vorrede, S. 31).

Vielmehr wandte sich Pontoppidans Naturgeschichte an die Regierung der Doppelmonarchie, an das dänisch-norwegische wissenschaftliche Umfeld und maßgeblich an ein internationales Wissenschaftspublikum, dessen Vertretern die norwegischen Verhältnisse meist nicht aus eigener Erfahrung bekannt waren. Für ein primär wissenschaftliches internationales Publikum sprechen mehrere Punkte: Zuallererst weist der Inhalt der Naturgeschichte, wie ich im dritten Kapitel ausführlicher beschreiben werde, immer wieder mithilfe der rhetorischen Konstruktion des ‚Fremden' darauf hin, dass Norwegen ‚Fremden' gänzlich unbekannt sei – in Bezug auf klimatische Bedingungen, Schätze des Erdreichs oder Fauna und Flora etc. – und dass wegen herrschender Vorurteile gegenüber der Natur des nördlichen Teils der Doppelmonarchie nur profitinteressierte Handelsreisende und Kaufleute nach Norwegen fahren würden.[8] Meine Annahme gründet weiter auf den zahlreichen Kupferstichen, welche die norwegische Natur in *Norges naturlige Historie* aus verschiedenen Perspektiven darstellen. Die Kombination von Schrift und Bild, diese Mehrdimensionalität der Wissensvermittlung, erzeugt für Lesende, die mit norwegischen Verhältnissen nicht vertraut sind, eine stärkere Plastizität der beschriebenen Natur. Diese Illustrationen machten die Naturgeschichte entsprechend teuer und dadurch nur einem wohlhabenden Publikum zugänglich. Außerdem sprechen die eingangs erwähnten Rezensionen in wissenschaftlichen Zeitschriften und die Tatsache, dass Pontoppidans Naturgeschichte innert Kürze ins Deutsche (1753/54) und ins Englische (1755) übertragen wurde, dafür, dass diese Abhandlung sowohl für das dänisch-norwegische, aber auch für ein internationales Wissenschaftspublikum geschrieben wurde. Nicht zuletzt handelte es sich bei Naturgeschichten Mitte des 18. Jahrhunderts in Europa um äußerst begehrte Texte.[9]

In der deutschen Übersetzung geht aus dem paratextuellen Element der „Vorrede des Übersetzers" ein direkter Hinweis auf das Publikum hervor, an das sich *Norges naturlige Historie* richtet:

> Der Hochwürdige Verfasser dieses Buches, der Herr Bischof Pontoppidan, hat unstreitig der gelehrten Welt einen grossen Gefallen dadurch erzeiget, dass er

---

[8] Pontoppidan (1977a), Fortale.
[9] Barton (1996), S. 1. Barton, H. Arnold. ‚Iter Scandinavicum. Foreign Travelers' Views of the Late Eighteenth-Century North'. In: *Scandinavian Studies*. Vol. 68. Issue 1. 1996, S. 1–18.

1.1 Norges naturlige Historie

angefangen hat, ihr Norwegen in Ansehung der Natur und Beschaffenheit, bekannter zu machen (Pontoppidan, 1753, Vorrede des Übersetzers, S. 16).

Auch diese Aussage bestätigt die oben ausgeführte Vermutung. Der aus Leipzig stammende Übersetzer der deutschen Ausgabe, Johann Adolph Scheibe, der von 1740 bis 1748 als königlicher Kapellmeister in Kopenhagen fungierte und anschließend in Sønderborg eine Musikschule gründete, arbeitete sowohl als Musiker und Komponist als auch als Übersetzer. Neben Pontoppidans Abhandlung übertrug er weitere Texte ins Deutsche, beispielsweise Ludvig Holbergs *Peder Paars* und *Moralske Fabler*.[10] In der englischen Ausgabe *The Natural History of Norway* verbleibt der Übersetzer anonym, ein Vorwort, das von der Motivation, das Buch zu übersetzen, berichtet, fehlt. Die Arbeit wird dem in Norwegen geborenen Andreas Berthelson zugeschrieben, der Pfarrer der dänisch-lutherischen Kirche in London war.[11] Meine Recherchen ergaben keine Hinweise auf weitere von ihm übersetzte Texte, Berthelson ist aber Autor eines Englisch-Norwegischen Wörterbuchs, das 1754 in London erschien.[12]

In *Norges naturlige Historie* wird nichts über die Buchkosten gesagt, weder über deren Höhe noch, wer welche Anteile trug. Das Vorwort äußert sich nicht darüber, ob die Naturgeschichte als Auftragsarbeit entstand, und es ist nicht ersichtlich, ob die Drucklegung durch das Verfahren der Pränumeration, der Vorausbezahlung, das im 18. Jahrhundert aufkam, ermöglicht wurde. In Neiiendams Biographie über Pontoppidan sind jedoch zwei Details verzeichnet: Aus einem Schreiben an Johan Ludvig Holstein vom 29. Dezember 1750 erfährt man, dass Pontoppidan den Druck auf eigene Rechnung ausführen ließ, dass er aber die Kupferplatten als Beitrag des Königs erwartete. Ein entsprechender Betrag sei am 6. Februar 1751 an Pontoppidan bezahlt worden.[13] Über die Größe der Auflage der Naturgeschichte war leider in den von mir konsultierten Quellen nichts in Erfahrung zu bringen.

Norges naturlige Historie war in einem lebendigen Forschungsumfeld verortet, Gelehrtengesellschaften in ganz Europa förderten die Wissenschaften durch Unterstützung mentaler, kommunikativer, materieller und finanzieller Art. Von besonderer Bedeutung war im Bereich der Kommunikation das Aufkommen wissenschaftlicher Zeitschriften. Die Entdeckung und Erforschung neuer Dinge wurde aber durch die absolutistische Regierungsform und die Zensur immer noch durch kirchliche und staatli-

---

[10] Ehrencron-Müller (1929b), S. 208–211. Ehrencron-Müller, Holger. *Forfatterlexikon. Omfattende Danmark, Norge og Island indtil 1814.* Bd. 7. Kopenhagen, 1929b.

[11] Ehrencron-Müller (1924), S. 375. Ehrencron-Müller, Holger. *Forfatterlexikon. Omfattende Danmark, Norge og Island indtil 1814.* Bd. 1. Kopenhagen, 1924.

[12] Berthelson, Andreas. *An English and Danish dictionary, containing the genuine words of both languages with their proper and figurative meanings; interspersed with a large variety of phrases, idioms, terms of art and proverbial sayings, collected from the most aproved [sic] writers.* London, 1754.

[13] Neiiendam (1933), S. 298. Neiiendam, Michael. *Erik Pontoppidan. Studier og bidrag til pietismens historie.* Bd. 2. Kopenhagen, 1933.

che Autoritäten beeinflusst.[14] Neue Formen von Sachlichkeit in der Forschungs- und Denkweise wurden wichtig, in der Betrachtung und Beschreibung der Natur, die immer mehr auf Erfahrung basierte. So wurde es möglich, überliefertes Wissen zu überprüfen. Zentral waren hierbei die neuen Verfahrensweisen, den Wissenshorizont auszudehnen: durch die eigene Beobachtung der Natur, mit Feldforschung und Experimenten. Das Sehen erhielt zunehmend Gewicht. Forschende fokussierten auf das Äußere, das Sichtbare, sie betrachteten und sammelten in der Natur, aber sie konstruierten sich auch eine eigene Natur, in der sie Objekte verschiedenen Prozessen aussetzten und diese beobachteten. An beide Arten der Beobachtung war das Ziel der sicheren Erkenntnis geknüpft. Diese Verfahrensweisen wurden verwendet, um Wahres von Falschem zu unterscheiden. Beschreibungen solcher neuer Verfahrensweisen hielten in der zeitgenössischen Literatur Einzug. Dies bedeutete ein Zusammenwirken oder eine Konfrontation von über Lektüre angeeignetem und durch eigene Erfahrung erlangtem Wissen. Dies ist in Pontoppidans Naturgeschichte sichtbar. Ebenfalls zeigt sie deutlich, dass der Wissenstransfer bezogen auf die gesellschaftlichen Hierarchien nicht mehr nur von oben nach unten verlief, sondern auch in die entgegengesetzte Richtung von unten nach oben.

Der Inhalt von *Norges naturlige Historie* wird von unterschiedlichen Einflussfaktoren geprägt. Die Naturgeschichte entstand aus einem starken Interesse an der einheimischen, der eigenen ‚europäischen' Natur, welches das 18. Jahrhundert auszeichnet. Obwohl die Regierung Expeditionen in fremde Länder förderte, war es ebenso wichtig, die Regionen innerhalb der eigenen Grenzen zu erforschen, Wissen über die einheimischen natürlichen Phänomene und Objekte zu erlangen und mit Informationen aus anderen Ländern zu vergleichen. In *Norges naturlige Historie* wird das Interesse am Eigenen geprägt vom Autarkiebestreben der absolutistischen Doppelmonarchie und dem ‚Kameralismus'. Die einzelnen Beschreibungen und Analysen der Natur sind mit Teilen eines großen Kartierungsprojekts vergleichbar, dessen Absicht es zwar war, Wissen zu vermehren, in höchstem Grad aber auch die ökonomische Entwicklung zu fördern.[15] ‚Kameralismus' bezeichnet eine wirtschaftliche Strömung, die im 18. Jahrhundert in deutschen Gebieten verbreitet war und sich durch die Förderung der eigenen Wirtschaft durch staatliche Unterstützung auszeichnete. Sie ist dem Merkantilismus in vielerlei Hinsicht ähnlich, im Gegensatz zu jenem aber ist nicht der Handel zentral, sondern die Landwirtschaft. Die Kameralwissenschaften nahmen vor allem durch den Deutschen J. H. G. von Justi, der sich in den 1750er-Jahren in Kopenhagen aufhielt, Einfluss auf die dänisch-norwegische Wirtschaft.[16] Kameralistische Tendenzen wer-

---

[14] Myklebust (1973), S. 35. Myklebust, Ivar. *Frå Erik Pontoppidan til Ivar Aasen*. Trondheim, 1973.

[15] Eriksen (2007), S. 28. Eriksen, Anne. *Topografenes verden. Fornminner og fortidsforståelse*. Oslo, 2007.

[16] Danmarks Nationalleksikon (1998a), S. 283. Danmarks Nationalleksikon. *Den Store Danske Encyklopædi*. Bd. 10. Kopenhagen, 1998a.

1.1 Norges naturlige Historie

den in Pontoppidans Naturgeschichte immer wieder sichtbar, wenn der Erzähler davon ausgeht, dass die Erforschung der Natur vor allem den Nutzen der einzelnen natürlichen Phänomene und Naturobjekte ans Licht bringt, woraus in vielen Bereichen des Alltags, in der Landwirtschaft oder im Bergbau Verbesserungen resultieren. An dieser Stelle ist anzumerken, dass ich wegen der zahlreichen formalen und inhaltlichen literarischen Elemente, die sich durch den Text ziehen, den Begriff des Erzählers verwende, eine Wahl, auf die später noch eingegangen wird.

Im Inhalt der Naturgeschichte sind außerdem Spuren wahrzunehmen, die auf den Wunsch des Autors verweisen, durch diese Abhandlung in seinem früheren Umfeld in Kopenhagen in Erinnerung zu bleiben. Weitere Spuren im Text zeugen von seiner pietistischen Gesinnung. Wie es bei Autoren solcher Texte üblich war, handelte es sich auch bei Erik Pontoppidan als Bischof um eine von der Regierung eingesetzte Person (meist waren es Pfarrer) und einen Universalgelehrten, der die Erforschung der Natur betrieb. Die Beschäftigung mit der Natur war nicht Teil seiner Amtspflicht. Ihm zufolge war sie jedoch zum Vorteil des jeweiligen Gebiets und nützlich für Dänemark-Norwegen.[17] Zudem war es für die in abgelegenen Gebieten oft isolierten Forscher dadurch möglich, aktiv mit dem gelehrten Umfeld in Kontakt zu bleiben.[18]

Ganz stark zum Ausdruck kommt im Inhalt von *Norges naturlige Historie* eine physikotheologische Sichtweise auf Gott und die Schöpfung. Nicht nur auf dem Titelblatt, sondern auch im weiteren Verlauf von Pontoppidans Naturgeschichte wird immer wieder unterstrichen, dass sie zur Lobpreisung des weisen und allmächtigen Schöpfers verfasst wurde.[19] Für den Erzähler ist Gott in der Schöpfung sichtbar und er versucht, dessen Existenz durch Vermittlung von Wissen über die Natur vor allem mithilfe eines alles durchziehenden Balancegedankens und damit verbunden einer teleologischen Vorstellung der Natur zu beweisen. *Norges naturlige Historie* ist als dänischer Beitrag zur physikotheologischen Bewegung zu verstehen,[20] die sich vor allem im 18. Jahrhundert in ganz Europa ausbreitete. Der Begriff der Physikotheologie kommt Mitte des 17. Jahrhunderts in England in der christlich-apologetischen Literatur auf. Darunter versteht man „die teleologische Betrachtung der Körperwelt und den Beweis, der von der so konstatierten, zweckmäßigen Einrichtung, Vollkommenheit und Schönheit dieser Welt auf die Existenz Gottes und seine Eigenschaften schließt" (Lorenz, 1989, Sp. 948),[21] ein Gottesbeweis, der eng mit der Handhabung neuer Kenntnisse im Bereich der Natur verknüpft ist. Die Bewegung geht von Texten von William Derham, John Ray oder Bernard van Nieuwentyt aus, die neben anderen Autoren physikotheo-

---

[17] Pontoppidan (1977a), Fortale.
[18] Eriksen (2007), S. 21.
[19] Pontoppidan (1977a), Titelblatt.
[20] Brenna (2009), S. 132.
[21] Lorenz, S. ‚Physikotheologie'. In: *Historisches Wörterbuch der Philosophie*. Bd. 7. Ritter, Joachim und Gründer, Karlfried (Hg.), Basel, 1989, Sp. 399ff.

logischer Ausrichtung wie beispielsweise dem Lyriker Barthold Heinrich Brockes in der Einleitung des ersten Teils von *Norges naturlige Historie* aufgeführt werden. Nach der Definition, wie ich sie oben umrissen habe, ergeben sich folgende Charakteristiken der Physikotheologie, die alle ebenfalls für Pontoppidans Naturgeschichte gelten: Sie erinnert an eine mechanistische Auffassung der Natur, sucht aber nicht nach den primären mathematischen Naturgesetzen, sondern nach den Regelmäßigkeiten, die sich in der Natur zeigen. Dabei äußert sich „ein Optimismus bezüglich der Perfektion der Welt und bezüglich der Erkennbarkeit Gottes durch den Menschen" (Michel, 2008, S. 3).[22] Die Physikotheologie basiert auf sinnlicher Anschauung, es wird von der Betrachtung der natürlichen Dinge und Phänomene auf Abstraktes geschlossen.[23] Physikotheologische Texte versuchen allumfassend zu sein. Unabhängig vom gewählten Bereich, den sie beschreiben, sei er durch geographische, botanische oder zoologische Kriterien begrenzt, soll dieser Bereich möglichst vollständig präsentiert werden. Und schließlich dienen Texte dieser Strömung dazu, Gottes Existenz zu beweisen und den Schöpfer zu loben.

1.2 Natur, Buch der Natur und Naturgeschichte

Die beiden Inhaltsverzeichnisse von Teil I und II von Pontoppidans Naturgeschichte zeigen auf, dass der Kosmos, die unbelebten Elemente und lebendigen Kreaturen sowie der Mensch im Zentrum der Abhandlung stehen. Auf den ersten Blick scheint ein Text, der sich mit natürlichen Dingen beschäftigt, den Naturwissenschaften zugehörig. Doch Mitte des 18. Jahrhunderts kann man in Dänemark-Norwegen noch nicht in einem modernen Sinn vom Begriff der Naturwissenschaften sprechen. Im Text von Pontoppidan sind naturwissenschaftliche Ansätze auszumachen, seine Naturgeschichtsschreibung ist aber stark mit der Theologie verbunden. Es geht nicht nur um die natürlichen Phänomene und Objekte, sondern auch um den Schöpfer und sein Verhältnis zur Natur.

Der Begriff der Natur war zur Zeit, in der *Norges naturlige Historie* entstand, ähnlich mehrdeutig, wie dies heute der Fall ist. Ihm werden „in der Physick [...] allerhand Bedeutungen angemercket" (Zedler, 1961a, Sp. 1035),[24] liest man in Zedlers *Universal-Lexicon* aus der Mitte des 18. Jahrhunderts. Diese werden in drei Bereiche gefasst: Im ersten Bedeutungsfeld wird unter dem Begriff der Natur Gott als Schöpfer der gesamten Welt verstanden. Im zweiten Bedeutungsfeld bezieht sich Natur auf die Geschöpfe, sowohl in Bezug auf ihre Existenz als auch auf ihre Beschaffenheit.[25] Das dritte Feld

---

[22] Michel, Paul. *Physikotheologie. Ursprünge, Leistung und Niedergang einer Denkform.* Zürich, 2008.
[23] Michel (2008), S. 4.
[24] Zedler, Johann Heinrich. *Grosses vollständiges Universal-Lexicon [1732–54].* Bd. 23. Graz, 1961a.
[25] Zedler (1961a), Sp. 1035f.

1.2 Natur, Buch der Natur und Naturgeschichte

fasst diejenigen Bedeutungen von ‚Natur' zusammen, die sich auf den sogenannten „Welt-Geist" beziehen, „denn einige statuiren, dass er über die Welt gesetzet, solche dirigire, und alles in seiner Bewegung erhalte" (Zedler, 1961a, Sp. 1036). Angewandt auf Pontoppidans Naturgeschichte bedeutet dies, dass sich die Naturgeschichtsschreibung, wie Ulrike Spyra es für die mittelalterliche Lehre von der Natur formuliert, mit der äußeren Gestalt der erschaffenen Dinge und mit ihrer schaffenden Kraft als Zeichen des Wirkens Gottes beschäftigt.[26] Durch diese vielfältigen Bedeutungen eignete sich der Begriff der Natur dafür, die damaligen Beschreibungsweisen der natürlichen Phänomene und Objekte sowie ihre Interpretationen zu fassen. Der Begriff ‚Natur' erlaubte es, die Gegensätze von konkret und abstrakt zusammenzuhalten: Beobachtung und Argumentation, Einzelphänomen und allgemeines Gesetz, Individuum und Universum, Wirklichkeit und Ideal.[27]

Interessant ist hier auch das zweite Bedeutungsfeld von Zedlers *Universal-Lexicon*:

> Vors andere beziehen sich die Bedeutungen dieses Worts, zum Theil auf die Geschöpffe, sowol in Ansehung ihrer Existens [...] als ihrer Beschaffenheit zugleich, als wenn man sagt, wir erkennen aus der Natur, so heist es so viel, wir können aus den Existentien und Wesen der Geschöpffe wahrnehmen, dass ein Gott sei (Zedler, 1961a, Sp. 1035f.).

Das Zitat vermittelt, dass es möglich ist, aus den natürlichen Objekten auf Gott zu schließen. Im übertragenen Sinn bedeutet dies, dass ebenso, wie in der Heiligen Schrift von Gott und seinem Wirken gelesen werden kann, dies auch im Buch der Natur möglich ist. Es wird folglich von zwei göttlichen Büchern ausgegangen, von Liber scripturæ und Liber naturæ, eine Vorstellung, die bereits bei Augustinus existiert.[28] Bei Zedler wird das Buch der Natur noch unter einem spezifischen Eintrag erklärt:

> Liber naturæ, ist eine verblümte Redens-Art, die eben so viel heisset, als die Wercke der Natur in ihrem gantzen Inbegriff. Daher sagt man: Das Buch der Natur lehre uns die Würcklichkeit und das Wesen Gottes, das ist, aus den Geschöpffen erkennet man den Schöpffer (Zedler, 1961a, Sp. 1039).

Die Vorstellung, dass man durch das Lesen des Buches der Natur tiefe Einsicht in Gottes Wirken und in den Plan seiner Schöpfung erhält, findet sich auch in *Norges naturlige Historie* wieder. „Naturens lærerige Bog har mange Blade, som ingen Dødelig endnu har udstuderet" (Pontoppidan, 1977a, Fortale), „Das lehrreiche Buch der Natur enthält viele Blätter, die noch kein Sterblicher durchstudiert hat" (Pontoppidan, 1753,

---

[26] Spyra (2005), S. 4. Spyra, Ulrike. *Das „Buch der Natur" Konrads von Megenberg*. Köln u. a., 2005.
[27] Malmanger (1994), S. 446. Malmanger, Magne. ‚Fra renessanse til barokk. Naturbegrep og naturoppfatninger'. In: *Barokkens verden*. Malmanger, Magne (Hg.), Oslo, 1994, S. 446–85.
[28] Spyra (2005), S. 4.

Vorrede, S. 26). Der Erzähler verwendet diese Metapher, die Paul Michel als „fruchtbaren Zulieferer von physikotheologischem Gedankengut" (Michel, 2008, S. 43) bezeichnet, immer wieder. In diesem Sinn kann man *Norges naturlige Historie* nicht als naturwissenschaftlichen Text bezeichnen. Es gibt in ihr keinen Gegensatz zwischen Naturwissenschaft und Religion, es handelt sich vielmehr um eine Vermengung der beiden Wissensfelder. Sowohl das Buch der Natur als auch die Heilige Schrift stammen vom Schöpfer.[29] Das Buch der Natur unterscheidet sich aber insofern von der Heiligen Schrift, als es ohne sie in Bezug auf theologische Erkenntnis unverständlich bleibt, das heißt, dass sich Gott und sein Schaffen ohne das Hintergrundwissen aus der Bibel nicht zeigen und verstehen lassen. Doch auch mit diesem Hintergrundwissen ist es nicht sicher, ob man das Geschriebene beziehungsweise die Zeichen im Buch der Natur versteht; oft ist man der Erkenntnis und damit den verschlungenen Pfaden Gottes bloß auf der Spur. Was aber in einem physikotheologischen Verständnis gewiss ist, das ist die Bestätigung der Existenz Gottes durch die Natur. Sämtliche Elemente der Schöpfung, von den kleinsten Lebewesen, die nur mithilfe des Mikroskops zu erkennen sind, bis zu den mächtigsten Gebirgen, zeugen von der Größe und Weisheit des Schöpfers; das Buch der Natur bestätigt die Bibel.

Die physikotheologische Metapher der Spur wird in Pontoppidans Naturgeschichte häufig verwendet. Mit ihr verbindet sich grundsätzlich die Vorstellung, „dass man anhand der Spur auf ihren Verursacher schließen kann" (Michel, 2008, S. 38). Der Begriff ‚Spur' stammt vom althochdeutschen ‚spor' in der eigentlichen Bedeutung ‚Tritt', ‚Fußabdruck'.[30] Er steht mit dem Begriff ‚spüren' etymologisch in engem Zusammenhang, umfasst dieser doch unter anderem ‚eine Fährte aufnehmen' beziehungsweise ‚einer Fährte folgen'.[31] Die Spur lädt dazu ein, ihr nachzugehen, ausgedrückt in Wendungen wie ‚einer Sache auf die Spur kommen', ‚einer Sache auf der Spur sein' oder ‚einer Sache auf der Spur bleiben',[32] und sie ist mit dem Einhalten einer bestimmten Richtung konnotiert.[33] Spuren zeichnen sich dadurch aus, dass sie Zeugen einer vergangenen Zeit sind, und sie zeigen etwas an, „was zum Zeitpunkt des Spurenlesens irreversibel vergangen ist" (Krämer, 2007, S. 17).

---

[29] Gilje und Rasmussen (2002), S. 284. Gilje, Nils und Rasmussen, Tarald. *Tankeliv i den lutherske stat. Norsk idéhistorie.* Bd. 2. Oslo, 2002.

[30] Wissenschaftlicher Rat und Mitarbeiter der Dudenredaktion (Hg.) (1995), S. 3200. Wissenschaftlicher Rat und Mitarbeiter der Dudenredaktion (Hg.). *Duden. Das große Wörterbuch der deutschen Sprache.* Mannheim, 1995.

[31] Krämer (2007), S. 13. Krämer, Sybille. ‚Was ist also eine Spur? Und worin besteht ihre epistemologische Rolle? Eine Bestandesaufnahme'. In: *Spur. Spurenlesen als Orientierungstechnik und Wissenskunst.* Krämer, Sybille u. a. (Hg.), Frankfurt am Main, 2007, S. 11–33.

[32] Wissenschaftlicher Rat und Mitarbeiter der Dudenredaktion (Hg.) (1995), S. 3200.

[33] Krämer (2007), S. 14.

1.2 Natur, Buch der Natur und Naturgeschichte

Das Lesen der Zeichen im Buch der Natur bedeutet folglich in Bezug auf *Norges naturlige Historie* und damit in einem physikotheologischen Kontext, den materiellen und sinnlichen Spuren Gottes in der Natur zu folgen mit dem Ziel, größere Kenntnis über den Schöpfungsprozess zu gewinnen und tiefere Einsicht in das Wirken Gottes zu erhalten.

Erik Pontoppidans Abhandlung wird im Titel als erster Versuch einer Naturgeschichte Norwegens bezeichnet. Das Vorwort unterstreicht dies zusätzlich:

> Dersom jeg stoed i den Indbildning, at mit Arbeid ikke trængde til, eller torde tage imod nogen Forbedring, da havde jeg ikke kaldet det et Forsøg, ja med Sandhed det første Forsøg i denne Materie (Pontoppidan, 1977a, Fortale).

> Wenn ich in der Meynung stünde, dass meine Arbeit nicht nöthig wäre, und nicht verbessert werden dörfte: so hätte ich sie keinen Versuch genennet. Ja! sie ist in der That der erste Versuch in dieser Materie (Pontoppidan, 1753, Vorrede).

Um den Lesenden den Wert der Abhandlung vor Augen zu führen, wird betont, dass sie das erste Unternehmen dieser Art sei. Weiter wird im Vorwort aus einem Brief von Jens Spidberg zitiert, der sich darüber beklagt, dass sich bis zu diesem Zeitpunkt niemand daran gemacht habe, eine Naturgeschichte über Norwegen zu schreiben, eine Sachlage, die zwei weitere Zeitgenossen, Johannes Möllerus und Henrik Løchstør, bestätigen.[34]

Die Vorworte von Teil I und Teil II von *Norges naturlige Historie* machen klar, dass sich bereits andere Autoren in unterschiedlichem Maß und auf unterschiedliche Art mit der Natur beschäftigt haben. Vier Texte über Norwegen werden besonders hervorgehoben und kritisch betrachtet: An erster Stelle Peder Claussøn Friis' *Om Diur, Fiske, Fugle, og Træer udi Norrige* (Über Tiere, Fische, Vögel und Bäume in Norwegen) von 1599.[35] Dieser Text gebe eine ziemlich gute Übersicht über die Ausdehnung des Landes und über alle Provinzen und ihre Einteilung sowie über Ortsnamen, biete aber nur wenig über die Natur und Eigenschaft des Landes, was aber auch nicht sein Ziel gewesen sei. Über Jonas Ramus' *Norriges Beskrivelse, hvorudi dette Riges Strekning, Beskaffenhed og Deeling udi visse Lehn, Biskopsdømmer, Provstier, Præstegield, Laugdømmer, Fogderier, Tinglaug etc, Saavelsom Indbyggernes Tilstand og Næring forestilles* (Beschreibung Norwegens, in der Ausdehnung, Beschaffenheit und Einteilung in Lehen, Bistümer, Probsteien, Kirchgemeinden, Zünfte, Vogteien, Gerichtsbezirke etc., sowie der Zustand und die Ernährung der Bevölkerung vorgestellt werden) von 1715[36] steht geschrieben, dass sie Claussøn Friis' Arbeit erweitere und verbessere, zudem beinhalte

---

[34] Pontoppidan (1977a), Fortale.
[35] Storm, Gustav (Hg.). *Samlede Skrifter af Peder Claussøn Friis*. Christiania, 1881.
[36] Ramus, Jonas. *Norriges Beskrivelse, hvorudi dette Riges Strekning, Beskaffenhed og Deeling udi visse Lehn, Biskopsdømmer, Provstier, Præstegield, Laugdømmer, Fogderier, Tinglaug etc, Saavelsom Indbyggernes Tilstand og Næring forestilles*. Kopenhagen, 1715.

sie im Anhang eine Aufzählung der bekannten norwegischen Tiere, Insekten, Vögel, Fische, Kräuter und Bäume. Dabei handle es sich aber vor allem um bloße Namen. Dasselbe sei bei Arent Berntsens *Danmarckis oc Norgis Fructbar Herlighed* (Fruchtbare Herrlichkeit Dänemarks und Norwegens) von 1656[37] bei der Nennung der Produkte des Landes der Fall. Die Abhandlung von Jens Lauritzsøn Wolff *Norrigia illustrata, eller Norriges med sine underliggende lande og øer kort oc sandfærdige beskriffvelse* (Norrigia illustrata, oder kurze und wahrhaftige Beschreibung Norwegens mit den dazugehörenden Gebieten und Inseln) von 1651 wird gar nur in einer Fußnote erwähnt.[38] Sie verdiene es knapp, unter den Chorographien Norwegens erwähnt zu werden, da beinahe alles Interessante nur historisch sei.[39] Dass die Umfrage der dänisch-norwegischen Regierung von 1743 mit Fragen zum Alltag, zur Wirtschaft und zur Topographie des gesamten Reichs im Zusammenhang mit der ökonomischen Entwicklung der Doppelmonarchie nicht erwähnt wird, obwohl Pontoppidan selbst zwei der insgesamt 43 Fragen, die für Norwegen vorbereitet wurden, gestellt hatte,[40] ist wohl damit zu begründen, dass die Ergebnisse zum Publikationszeitpunkt von *Norges naturlige Historie* noch nicht bekannt waren. Die Resultate dieser Umfrage, deren Ziel eine umfassende topographische Beschreibung Norwegens war, wurden erst 1763 von Erich Johan Jessen, der als Sekretär der Dänischen Kanzlei den größten Teil des Fragekorpus' der Umfrage erstellt hatte, unter dem Titel *Det Kongerige Norge fremstillet efter dets naturlige og borgerlige Tilstand* (Das Königreich Norwegen dargestellt nach seinem natürlichen und bürgerlichen Zustand) veröffentlicht,[41] während das gesamte Projekt nie fertiggestellt wurde.[42]

Der Erzähler in *Norges naturlige Historie* definiert den Begriff ‚Naturgeschichte', wie er ihn verwendet, nicht. Er begründet auch nicht, inwiefern der Inhalt oder die Methode seiner Naturgeschichte neu sind. Aber es kommt zum Ausdruck, was er an den Vorgängertexten bemängelt – den fehlenden Fokus auf die natürlichen Phänomene und Objekte Norwegens, auf die Vermittlung von Wissen über unbelebte und belebte Dinge. Daraus lässt sich schließen, weshalb Pontoppidans Abhandlung als erster Versuch einer Naturgeschichte über Norwegen bezeichnet wird. Eine Bemerkung im Vorwort zu *Feroa Reserata* oder *Færøernes Beskrivelse* (Beschreibung der Färöer) von Lucas De-

---

[37] Berntsen, Arent. *Danmarckis oc Norgis Fructbar Herlighed*. Kopenhagen, 1656.
[38] Wolff, Jens Lauritzsøn. *Norrigia illustrata, eller Norriges med sine underliggende lande og øer kort oc sandfærdige beskriffvelse*. Kopenhagen, 1651.
[39] Pontoppidan (1977a), Fortale.
[40] Røgeberg (2003), S. 13. Røgeberg, Kristin M. (Hg.). *Norge i 1743. Innberetninger som svar på 43 spørsmål fra Danske Kanselli*. Bd. 1. Oslo, 2003.
[41] Jessen, Erich Johan. *Det Kongerige Norge fremstillet efter dets naturlige og borgerlige Tilstand*. Kopenhagen, 1763.
[42] Røgeberg (2003), S. 9–13.

1.2 Natur, Buch der Natur und Naturgeschichte

bes (1673)⁴³ unterstützt diese Titelinterpretation: Sie habe *Norges naturlige Historie* in vielerlei Hinsicht, vor allem im Hinblick auf die Erörterung des Meeres, der Fische und der Wasservögel, als Vorbild gedient.⁴⁴ Es geht darum, Wissen über Phänomene und Objekte der norwegischen Natur zu generieren und zu vermitteln und zwar in ähnlicher Weise, wie dies der Protagonist Niels Klim im 1741 erschienenen Reiseroman *Niels Klims underjordiske Rejse* (*Niels Klimm's Unterirdische Reisen*) von Ludvig Holberg⁴⁵ tut:

> Thi for at udvide mine Kundskaber i Physiken, som jeg havde begynt at legge mig efter, undersøgte jeg omhyggelig Landets og Biergenes indvortes Beskaffenhed, og streifede til den Ende rundt omkring i alle Kroge der i Provindsen. Der var ingen Klippe saa steil, at jeg jo forsøgte at klavre op paa den, ingen Hule saa dyb og rædsom, at jeg jo vovede mig ned deri, i Haab om at finde et eller andet, der var en Naturkyndigs Opmærksomhed og Undersøgelse værd (Holberg, 1971, S. 19).

> Ich durchstrich Thal, Auen und Hügel in meinem Vaterland, um wo irgend möglich neue Entdekkungen zu machen[.] Kein Fels war so steil, den ich nicht erklommen, keine Höle so tief und grausenvoll, in die ich mich nicht gewagt hätte, um zu erforschen, ob sich daselbst nichts befände, das der nähern Untersuchung des Physiker würdig wäre (Holberg, 1788, S. 2f.).

Natürlich muss man im Auge behalten, dass es sich bei solch einleitenden Feststellungen auch immer um übliche rhetorische Muster der Zeit handelt, welche die Beschäftigung mit der Materie legitimieren, die man beispielsweise auch in Hans Strøms zweiteiliger *Physisk og Oeconomisk Beskrivelse over Fogderiet Søndmør, beliggende i Bergens Stift i Norge* (Physische und ökonomische Beschreibung der Vogtei Søndmør, die im Bistum Bergen in Norwegen liegt) von 1762 und 1766⁴⁶ wiederfindet:

> Jeg tilstaaer, at en Beskrivelse i tvende Qvart-Bind over et saa lidet District, som Søndmør, kunde ansees at være alt for meget; men da jeg med al den Høiagtelse, jeg er mine Formænd skyldige, dog ikke kan troe, at nogen af dem har givet et almindeligt Begrep om Norge paa en Maade, som kunde tiene mig til Plan og Indledning, saa har jeg seet mig nødt til at tage alting ligesom op fra Roden (Strøm, 1762, Til Læseren).

---

⁴³ Debes, Lucas. *Færøernes Beskrivelse*. Bd. 1. [1673]. Kopenhagen, 1963.
⁴⁴ Pontoppidan (1977a), Fortale.
⁴⁵ Holberg, Ludvig. *Værker i tolv bind. Digteren, historikeren, juristen, vismanden*. Bd. 9. Kopenhagen, 1971, und Holberg, Ludvig. *Niels Klimm's Unterirdische Reisen*. Berlin, 1788.
⁴⁶ Strøm, Hans. *Physisk og oeconomisk Beskrivelse over Fogderiet Søndmør beliggende i Bergens Stift i Norge*. Bd. 1 und Bd. 2. Sorøe, 1762/66.

> Ich gebe zu, dass eine Beschreibung in zwei Bänden im Format Quarto über einen so kleinen Distrikt wie Søndmør, als viel zu viel angesehen werden könnte; aber da ich, mit aller Hochachtung, die ich meinen Vorgängern schuldig bin, doch nicht glauben kann, dass einer von diesen einen allgemeinen Begriff über Norwegen in einer Weise vorgegeben hat, der mir als Plan und Einführung dienen könnte, so habe ich mich gezwungen gesehen, alles von Grund auf anzugehen (Übersetzung d. V.).

Durch den Widerspruch – er liegt im Gegensatz zwischen der Materialität der Beschreibung und der Größe des Distrikts – wirkt die nachfolgende Begründung, weshalb sich Hans Strøm dennoch an diese Arbeit gewagt hat, auf die Lesenden umso stärker.

Der Begriff ‚Naturgeschichte' umfasst zur Entstehungszeit von *Norges naturlige Historie* die Beschreibung und die Klassifikation sämtlicher Phänomene und Objekte in der Natur.[47] Geschichte impliziert als erfahrungsbasierte Erkenntnis ursprünglich keine zeitliche Dimension[48] und der Begriff wird im 17. und 18. Jahrhundert synonym mit Beschreibung oder Untersuchung und losgelöst von temporalen Aspekten verwendet. Ende des 18. Jahrhunderts findet aber eine Umformung des Gebrauchs der Begriffe ‚Geschichte' und ‚Naturgeschichte' statt.[49] Geschichte wird mit zeitlicher Ordnung in Verbindung gebracht, sie erhält eine temporale Dimension, in der Begebenheiten nicht in einem ahistorischen Feld nebeneinanderstehen, sondern aufeinanderfolgen. Naturgeschichte bedeutet in diesem Zusammenhang eine Kurzform der Entwicklungsgeschichte der Natur.[50] Heute beinhaltet sie einerseits klassisch deskriptive Formen, deren Ursprung bis in die griechisch-römische Antike zurückgeht, und andererseits auf der Entwicklungsgeschichte basierende Formen. Beide Formen sind häufig kombiniert anzutreffen.[51] Wie oben beschrieben, definiert der Erzähler in *Norges naturlige Historie* den Begriff der Naturgeschichte nicht explizit. Die Hinweise im ersten Vorwort und das Inhaltsverzeichnis aber lassen Ansätze einer Definition vermuten, die mit damals üblichen Definitionen von ‚Naturgeschichte' übereinstimmen. Das *Ordbog over det danske sprog* erklärt den Begriff der Naturgeschichte zu Beginn des 20. Jahrhunderts als eine Beschreibung von oder Lehre über die Organismen und Stoffe, welche die belebte und leblose Natur auf der Erde ausmachen, sowohl in Bezug auf das Pflanzen- und Tierreich wie das Mineralreich. Der Begriff wird auch für das Medium

---

[47] Hacquebord (2008), S. 85. Hacquebord, Louwrens. ‚The Geographical Approach of Carl Linnaeus on his Lapland Journey'. In: *TijdSchrift voor Skandinavistiek*. Vol. 29. Nr. 1 und 2. 2008, S. 85–102.
[48] Eriksen (2007), S. 23.
[49] Kambartel (1984), S. 526f. Kambartel, Friedrich. ‚Naturgeschichte'. In: *Historisches Wörterbuch der Philosophie*. Bd. 6. Ritter, Joachim und Gründer, Karlfried (Hg.), Basel, 1984, Sp. 526ff.
[50] Kambartel (1984), S. 526f.
[51] Kambartel (1984), S. 527.

1.3 Erik Pontoppidan

Buch verwendet, das eine solche Beschreibung beinhaltet.[52] Aus dem Vorwort des ersten Teils von Pontoppidans Naturgeschichte geht hervor, dass es genau diese Punkte sind, die der Erzähler bis anhin in anderen Texten, die sich mit der norwegischen Natur befassen, vermisst, und die unter dem Titel *Norges naturlige Historie* im Medium Buch erfasst werden.

1.3 Erik Pontoppidan

Zum Zeitpunkt des Erscheinens der Naturgeschichte amtete der in Dänemark geborene Erik Ludvigsøn Pontoppidan (1698–1764) als Bischof im norwegischen Bergen, wohin er nach dem Tod des pietistischen Königs Christian VI. im Jahr 1746 entsandt worden war. Norwegen gehörte damals zum dänischen Reich, weshalb die kirchlichen Ämter in Norwegen von Kopenhagen aus besetzt wurden. Während seiner Zeit in Bergen trat Pontoppidan durch Visitationsreisen und durch den alljährlichen Versand von Hirtenbriefen mit den Pfarrern in seinem Einflussgebiet, dem Bistum Bergen, in Kontakt. Dadurch wollte er die religiösen Zustände in den Kirchgemeinden verbessern sowie die Pfarrer zu wissenschaftlicher Tätigkeit anhalten.[53] Er setzte sich für den Kampf gegen den Aberglauben und für ein aufgeklärtes Schulwesen ein.[54] In Bergen selbst gründete er das ‚Seminarium Fredericianum', eine höhere Schule,[55] in der man begann, moderne Fächer wie Mathematik, Französisch oder Philosophie zu unterrichten.[56] Pontoppidans Betätigung in verschiedenen Wissensfeldern – Geschichte, Naturwissenschaft, Landwirtschaft und Wirtschaft – steht beispielhaft dafür, wie diese zu jener Zeit mit der Tätigkeit als Bischof verbunden werden konnten.

Ähnlich breit waren seine Interessen, als er 1755, vorgeschlagen von Johan Ludvig Holstein, Pontoppidans Schirmherr und Patron der Universität Kopenhagen, an eben dieser Institution in der dänisch-norwegischen Hauptstadt zum Prokanzler ernannt wurde. Seine Aufgaben bestanden darin, dem Universitätspatron zur Hand zu gehen, zu kontrollieren, dass die Bestimmungen die Universität betreffend eingehalten wurden, und dem Konsistorium Verbesserungsvorschläge zu unterbreiten. Er hatte das Recht, Zensur zu üben, Einsicht in alle universitären Dokumente sowie Aufsicht über die Universitätsbibliothek und über die Druckerei der Universität etc. Die neun

---

[52] Det danske sprog- og litteraturselskab (Hg.) (1933), S. 987f. Det danske sprog- og litteraturselskab (Hg.). *Ordbog over det danske sprog*. Bd. 14. Kopenhagen, 1933.
[53] Nilsen (1897), S. 31ff. Nilsen, Laurits (Hg.). *Dr. Erik Pontoppidans Levnetsløb. Samt Brudstykker av hans Hyrdebreve*. Mandal 1897.
[54] Neiiendam (1982), S. 439. Neiiendam, Michael. ‚Pontoppidan, Erik'. In: *Dansk biografisk leksikon*. Bd. 11. Cedergreen Bech, Sven (Hg.), Kopenhagen, 1982, S. 436–40.
[55] Neiiendam (1982), S. 439.
[56] Dahl (2004), S. 69. Dahl, Gina. ‚Bibelsk tid. Pontoppidans jordhistorie'. In: *Bjørgvin*. Vol. 1. Bergen, 2004, S. 67–83.

Jahre als Prokanzler bis zu seinem Tod 1764 waren wenig erfolgreich. Selten stießen Pontoppidans Vorschläge zur Verbesserung der Universität im Konsistorium auf Zustimmung. Es kam zu schwerwiegenden Konflikten zwischen ihm und der Professorenschaft. Auch das Verhältnis zu den jeweils amtierenden Rektoren war nicht sonderlich gut. Neben dieser Haupttätigkeit beschäftigte er sich unter anderem mit der Frage, auf welche Weise und in welchem Maß Wissen über Physik und Mathematik Teil des Theologiestudiums sein sollte, er setzte sich für die Erneuerung der Schulordnung von 1739 ein – sie wurde 1756 eingeführt – und er befasste sich mit Überlegungen zur Optimierung der dänisch-norwegischen Wirtschaft.[57]

Vor seiner Entsendung nach Norwegen war Pontoppidan als dänischer Hofpfarrer ab Ende 1735[58] ein enger Vertrauter von König Christian VI., der Dänemark-Norwegen von 1730 bis 1746 regierte und für seine von Halle (Deutschland) beeinflusste, stark pietistische Haltung und seine pietistischen Reformen bekannt wurde. Die protestantische Frömmigkeitsbewegung des Pietismus entstand im 17. Jahrhundert und wird zurückgeführt auf *Pia Desideria* von Philipp Jacob Spener.[59] Sie erreichte ihre Blütezeit in der ersten Hälfte des 18. Jahrhunderts.[60] Die Bewegung richtete ihr Augenmerk noch stärker als das frühere Luthertum auf die persönliche Beziehung zu Gott und auf den direkten Zugang aller Gläubigen zur Heiligen Schrift.[61] Zentrale Elemente waren die religiöse Verinnerlichung und die praktische Betätigung des Glaubens.[62] Christian VI. veranlasste Pontoppidan dazu, eine Erklärung zu Luthers kleinem Katechismus zu verfassen. *Sandhed til Gudfryktighed* (Wahrheit zur Gottesfurcht) von 1737[63] wurde die Grundlage für den Ende der 1730er-Jahre eingeführten obligatorischen Konfirmationsunterricht in den Grundschulen der Doppelmonarchie. Der Text entstand, wie auch der Konfirmationsunterricht, im Zusammenhang mit den Feierlichkeiten des zweihundertjährigen Jubiläums der Reformation im Jahre 1736. Auf diesem Text, dem ersten allgemeinen und autorisierten Lehrbuch der christlichen Religion in Dänemark und Norwegen,[64] gründete Pontoppidans Ruf. Im Jahr 1738 wurde er

---

[57] Neiiendam (1933), S. 188–98.

[58] Nilsen (1897), S. 25.

[59] Elstad (2005), S. 21. Elstad, Hallgeir. *Nyere norsk kristendomshistorie.* Bergen, 2005.

[60] Wallmann (1989), S. 972. Wallmann, J. ‚Pietismus'. In: *Historisches Wörterbuch der Philosophie.* Bd. 7. Ritter, Joachim und Gründer, Karlfried (Hg.), Basel, 1989, Sp. 972ff.

[61] Dahl (2004), S. 68.

[62] Wallmann (1989), Sp. 972.

[63] Pontoppidan, Erik. *Sandhed til Gudfryktighed: udi en eenfoldig og efter Muelighed kort, dog tilstrekkelig Forklaring over Sal. Doc. Mort. Luthers Liden Catechismo, indeholdende alt det, som den der vil blive salig, har behov, at vide og gjøre.* Kopenhagen, 1737.

[64] Horstbøll (2003), S. 117. Horstbøll, Henrik. ‚Læsning til salighed, oplysning og velfærd. Om Pontoppidan, pietisme og lærebøger i Danmark og Norge i 1700- og 1800-tallet'. In: *Den norske pastorale opplysning. Nye perspektiver på norsk nasjonsbygging på 1800-tallet.* Burgess, J. Peter (Hg.), Oslo, 2003, S. 117–42.

1.3 Erik Pontoppidan

extraordinärer Professor der Theologie in Kopenhagen.[65] Ein Jahr später zählte er zu den Mitgliedern der Kommission für eine revidierte Bibelübersetzung, ab 1740 war er Mitglied des Missionskollegiums und außerdem Kodirektor des Waisenhauses.[66] 1742 gründete er zusammen mit dem Geheimkonferenzrat Johan Ludvig Holstein, mit dem Justizrat und königlichen Historiographen und Professor Hans Gram sowie dem Sekretär der dänischen Kanzlei Henrik Henrichsen eine wissenschaftliche Gesellschaft: ‚Videnskabernes Selskab'. Pontoppidan gilt somit als Repräsentant der frühen Aufklärung in der Doppelmonarchie,[67] aber auch als der herausragende Vertreter des dänisch-norwegischen Staatspietismus.

Niemand prägte die dänisch-norwegische Kirchenschule so stark wie Pontoppidan. Hauptgrund dafür ist die bereits erwähnte Katechismuserklärung *Sandhet til gudfryktighed* von 1737. Bereits 1743 waren 70000 Exemplare ausgeliefert.[68] Das Buch spielte während vieler Jahrzehnte eine wichtige Rolle im Religionsunterricht, da die Erziehung im Christentum das wichtigste Anliegen der Schule war.[69] Von diesem Text gibt es zahlreiche Auflagen, die jüngste, die ich bei meiner Recherche fand, ist norwegisch und erschien 1996. Der Inhalt besteht aus 759 Fragen und Antworten und vermittelt eine Glaubenslehre nach den damaligen modernen religiösen Strömungen von moderatem pietistischem Charakter. Vorbild dafür war der Text des deutschen Pietisten Philipp Jacob Spener *Einfältige Erklärung der christlichen Lehre* (1677).[70]

Wichtige von Pontoppidan verfasste religiöse Texte sind neben *Sandhed til Gudfryktighed* das Andachtsbuch *Heller Glaubens-Spiegel*, das 1727 auf Deutsch, 1740 auf Dänisch als *Troens Speyl*[71] erschien, sowie *Menoza*.[72] Dieser Text von 1742/43, der in drei Bänden publiziert wurde, wird oft als Roman bezeichnet,[73] was Haakon Stangerup in *Romanen i Danmark i det attende aarhundrede* in Frage stellt und ausführlich er-

---

[65] Dahl (2004), S. 67.

[66] Neiiendam (1982), S. 438.

[67] Dahl (2004), S. 69.

[68] Horstbøll (2004), S. 151. Horstbøll, Henrik. ‚Pietism and the Politics of Catechisms. The Case of Denmark and Norway in the Eighteenth and Nineteenth Centuries'. In: *Scandinavian Journal of History*. Vol. 29. 2004, S. 143–60.

[69] Rasmussen (2004), S. 33. Rasmussen, Tarald. ‚Erik Pontoppidan. Opplyst pietisme'. In: *Pedagogiske profiler. Norsk utdanningstenkning fra Holberg til Hernes*. Thuen, Harald und Vaage, Sveinung (Hg.), Oslo, 2004, S. 33–43.

[70] Horstbøll (2003), S. 121.

[71] Pontoppidan, Erik. *Heller Glaubens-Spiegel in welchem die Kennzeichen der Kinder Gottes vorgestellt werden*. Frankfurt/Leipzig, 1729, und *Troens Speyl, forestillende Guds Børns Kiende-Tegn*. Sammenskrevet i Tydsk af E. P. og oversatt af W. E. Kopenhagen, 1740.

[72] Pontoppidan, Erik. *Menoza, en Asiatisk Printz, som drog Verden omkring, og søgte Christne, særdeles i Indien, Spanien, Italien, Frankrig, Engelland, Holland, Tydskland og Dannemark, men fandt lidet af det han søgte*. Bd. 1–3. Kopenhagen, 1742/43.

[73] Cyranka (2005), S. 795. Cyranka, Daniel. ‚Blinde Flecken? – Das Verhältnis von Halle und Tranquebar im Spiegel von Pontoppidans Menoza-Roman'. In: *Interdisziplinäre Pietismusforschungen. Beiträge*

örtert.[74] Darin beschreibt die fiktive Figur Menoza in Briefform einem Freund in Dänemark, wie er 1688 als Sohn eines indischen Adeligen geboren und als Heide erzogen wurde. Nach dem Tod seines Vaters begibt sich Menoza auf eine Reise, um den wahren Gott zu suchen, der Quelle und Ursprung der gegebenen Ordnung ist. Man nimmt an, dass Pontoppidan in *Menoza* sein kirchlich pietistisches Reformprogramm zum Ausdruck bringen wollte und diesen Text als Inspiration für die kirchliche Erneuerung und Erweckung publizierte. Er ist deshalb interessant, weil er einen Einblick in die pietistische Haltung und die Gefühle dieser Zeit gewährt und durch Menoza das große Interesse an Indien als Resultat der Dänisch-Halle-Mission reflektiert wird. Neuauflagen von *Menoza* erschienen bis Mitte des 20. Jahrhunderts.

Ein religiöses Lehrbuch, das nicht nur in Romanform auf einer Metaebene aufzeigt, wie man ,Ungläubige' auf den richtigen Weg des konservativen lutherischen Pietismus bringen kann, ist Pontoppidans Predigtlehre *Collegium Pastorale Practium* von 1757.[75] Diese Homiletik wurde für den Inhalt von christlichen Lehrbüchern wegweisend. *Collegium Pastorale Practicum* war während mehr als einem Jahrhundert das Standardwerk der Pastoraltheologie und verbreitete sich durch skandinavische Pfarrer bis nach Amerika.[76]

Ende der 1730er-Jahre erhielt Pontoppidan den Auftrag, ein neues Psalmenbuch auszuarbeiten.[77] Es erschien 1740 mit Psalmen von Thomas Kingo, Hans Adolph Brorson und deutschen Übersetzungen.

Pontoppidan verfasste neben religiösen auch historische, ökonomische und sprachwissenschaftliche Texte sowie Schriften gegen den damaligen Aberglauben. 1736 erschien das Traktat *Everriculum fermenti veteris*, 1923 übersetzt und als *Fejekost til at udfeje den gamle surdejg* (Kehrbesen. Um den alten Sauerteig auszukehren) herausgege-

---

zum Ersten Internationalen Kongress für Pietismusforschung 2001. Bd. 2. Sträter, Udo u. a. (Hg.), Tübingen, 2005, S. 795–811.

[74] Stangerup (1936), S. 80–84. Stangerup, Hakon. *Romanen i Danmark i det attende aarhundrede.* Kopenhagen, 1936.

[75] Pontoppidan, Erik. *Collegium Pastorale Practicum, indeholdende en fornøden Underviisning, Advarsel, Raadførelse og Opmuntring for dennem, som enten berede sig til at tiene Gud og Næsten i det hellige Præste-Embede eller og leve allerede deri, og ynske at udrette alting med Frugt og Opbyggelse; da saavel Embedets Art og Øyemerke, Personernes Beskaffenhed, deres almindelige og særdeles Pligter, som og fornemmelig deres retsindige og forsigtige Forhold i alle Tilfælde, efter Guds Ord og vores danske Kirke-Lov og Ritual, paa det tydeligste og alvorligste forestilles.* Kopenhagen, 1757. In der Arbeit zitiere ich die schwedische Ausgabe von 1866: Pontoppidan, Erik. *Collegium pastorale practicum, innehållande nödig undervisning, varning, råd och uppmuntran för dem som antingen bereda sig till det heliga predikoembetet eller ock allaredan lefva uti detsamma, efter Guds ord på det tydligaste och allvarligaste framstäldt af Eric Pontoppidan.* Lund, 1866.

[76] Skarsten (1981), S. 34. Skarsten, Trygve R. ,Erik Pontoppidan and His Asiatic Prince Menoza'. In: *Church History*. Vol. 50. Nr. 1. 1981, S. 33–43.

[77] Nilsen (1897), S. 28.

ben von Jørgen Olrik, in dem Pontoppidan die Überreste des Heidentums und des Papismus bekämpfte und sich für die Reformation stark machte.[78] Ebenfalls im Zusammenhang mit der Bekämpfung von Aber- und Unglaube steht *Onde Ordsprog, som fordærver Gode Sæder* (Schlechte Sprichwörter, die gute Sitten verderben) von 1739.[79]

Zu den linguistischen Schriften Pontoppidans gehört das *Glossarium norvagicum*, das 1749 als Resultat seiner bischöflichen Visitationsreisen in der Region Bergen, auf welchen er in Kontakt mit den Eigenheiten der norwegischen Sprache und Natur kam, erschien.[80] Bereits einige Jahre zuvor, 1745, publizierte Pontoppidan *Det danske Sprogs Skiæbne* (Das Schicksal der dänischen Sprache).[81] Dieser Text geht der Frage nach, wann und weshalb die Region Südjütland die deutsche Sprache angenommen hat.[82]

Pontoppidans Interesse an der Wirtschaft von Dänemark-Norwegen wird vor allem nach seiner Rückkehr aus Bergen sichtbar. Er setzte sich für die Verbesserung und die Förderung der Verwendung der natürlichen Ressourcen ein, was in *Eutropii Philadelphi Oeconomiske Balance* (*Eutropii Philadelphi Oeconomische Balance*) von 1759 und *Danmarks og Norges oeconomiske Magazin* (Wirtschaftliches Magazin von Dänemark und Norwegen) deutlich wird. Letzteres erschien zwischen 1757 und 1764 als Forum für die Diskussion von wirtschaftlichen und physikalischen Themen.[83]

Bei den historischen Texten sind die folgenden zu erwähnen: 1729 gab Pontoppidan *Memoria Hafniæ* heraus, eine kleine topographische Beschreibung Kopenhagens anlässlich des großen Stadtbrands von 1728.[84] 1730 folgte *Theatrum Daniæ veteris et modernæ*, ein Text, der aus einer ausführlichen Beschreibung des Königreichs und des

---

[78] Pontoppidan, Erik. *Everriculum fermenti veteris seu residuæ in Danico orbe cum paganismi, tum papismi reliqviæ in apricum prolatæ*. Kopenhagen, 1736, und *Fejekost til at udfeje den gamle surdejg eller de i de danske lande tiloverblevne og her for dagen bragte levninger af saavel hedenskab som papisme. 1736*. Oversat og forsynet med Indledning af Jørgen Olrik. Kopenhagen, 1923.

[79] Pontoppidan, Erik. *Onde Ordsprog, som fordærver Gode Sæder, Igiendrevne af Guds Ord*. Kopenhagen, 1739.

[80] Pontoppidan, Erik. *Glossarium norvagicum, eller, Forsøg paa en Samling af saadanne rare norske Ord som gemeenlig ikke forstaaes af danske Folk, tilligemed en Fortegnelse paa norske Mænds og Qvinders Navne. Det fælles Sprog til Oplysning og Forbedring*. Bergen, 1749.

[81] Pontoppidan, Erik. *Det danske Sprogs Skiæbne og forrige saavelsom nærværende Tilstand udi Sønderjylland eller Førstedømmet Slesvig, ved E. P. Overs. og kommentarer ved Peter Jeppesen*. Tønder, 1943.

[82] Neiiendam (1982), S. 438.

[83] Pontoppidan, Erik. *Eutropii Philadelphi Oeconomiske Balance eller Uforgribelige Overslag paa Dannemarks naturlige og borgerlige Formue til at gjøre sine Indbyggere lyksalige*. Kopenhagen, 1759, und Pontoppidan, Erik. *Danmarks og Norges oeconomiske Magazin, befattende en Blanding af adskillige velsindede Patrioters indsendte smaae Skrifter, angaaende den muelige Forbedring i Ager- og Have-Dyrkning, Skov-Plantning, Mineral-Brug, Huus-Bygning, Fæe-Avling, Fiskerie, Fabrik-Væsen og deslige, dennem til Tieneste, som elske almindelig Velfærds Befordring. Bd. 1–8*. Kopenhagen, 1757–64.

[84] Pontoppidan, Erik. *Memoria Hafniæ oder kurtz-gefaste Beschreibung der kgl. dänischen Haupt- und Residentz-Stadt Copenhagen. Gerichtet auf den Zustand des Jahres 1724*. Kopenhagen, 1729.

ihm damals angehörigen Fürstentums Schleswig besteht.[85] Die 1734 herausgegebene *Kurtz gefaste Reformations-Historie der Dänischen Kirche* war ein Vorläufer der *Annales Ecclesiae Danicae diplomatici*,[86] einer chronologisch aufgebauten Kirchengeschichte Dänemarks, deren vier Bände über den Zeitraum von 1741 bis 1752 erschienen.[87]

Weitere topographische Schriften neben *Norges naturlige Historie* sind *Origines Hafnienses, eller den Kongelige Residentz-Stad Kiøbenhavn* (Origines Hafnienses, oder die königliche Residenzstadt Kopenhagen) von 1760 und *Den Danske Atlas* (Dänischer Atlas), dessen erste zwei Bände 1763 und 1764 herauskamen.[88]

Die oben erwähnten Texte zeigen, dass Pontoppidan ein unerhört produktiver Autor war, der sich verschiedener Sprachen bediente, um sich Gehör zu verschaffen; in den frühen Texten Latein und Deutsch, später Dänisch. Er bediente sich auch verschiedener Textsorten. Ich verwende auch im Folgenden bewusst den Begriff ‚Textsorte‘, da er im Gegensatz zum Begriff ‚Gattung‘, der sich primär auf die Klassifizierung literarischer Texte beschränkt, literarische und nicht-literarische Texte gleichermaßen umfasst und auf die wissenschaftliche Konstruiertheit dieser Einteilung verweist.[89] Pontoppidan schrieb wissenschaftliche Abhandlungen, Erbauungs- und Andachtsliteratur und verfasste eine Reisebeschreibung in romanähnlicher Form, um bei den Lesenden eine Erweckung in pietistischem Sinne zu erwirken.

1.4 *Norges naturlige Historie* und die Frage nach der Textsorte

Verschafft man sich einen Einblick in Pontoppidans Naturgeschichte, fällt auf, wie schwierig es ist, diesen Text nach heutigen Kriterien einzuordnen: Handelt es sich dabei um ein Sachbuch oder ist sie nicht eher belletristischen Texten zuzuordnen?

Ich gehe davon aus, dass sich die Naturgeschichte, die Mitte des 18. Jahrhunderts publiziert wurde und somit in die Zeit fällt, in der die ersten Romane ins Dänische übersetzt und erste Versuche in Dänemark-Norwegen gewagt wurden, weder mit dem

---

[85] Pontoppidan, Erik. *Theatrum Daniæ veteris et modernæ, oder, Schau-Bühne des alten und jetzigen Dännemarcks.* Bremen, 1730.

[86] Pontoppidan, Erik. *Kurtz gefaste Reformations-Historie der Dänischen Kirche, aus bewährten Urkunden; anfangs in Dänischer Sprache zusammengetragen, itz als eine Probe der zuerwartenden Annalium ecclesiæ Danicæ dem Teutschen Leser mitgetheilet.* Lübeck, 1734, und Pontoppidan, Erik. *Annales Ecclesiae Danicae diplomatici oder nach Ordnung der Jahre abgefassete und mit Urkunden belegte Kirchen-Historie des Reichs Dännemarck.* Bd. 1–4. Kopenhagen, 1741–52.

[87] Neiiendam (1982), S. 437.

[88] Pontoppidan, Erik. *Origines Hafnienses, eller den Kongelige Residentz-Stad Kiøbenhavn, Forestillet i sin oprindelige Tilstand, Fra de ældste Tider af, indtil dette Seculi Begyndelse.* Kopenhagen, 1760, und *Den Danske Atlas eller Kongeriget Dannemark med dets naturlige Egenskaber, Elementer, Indbyggere, Væxter etc. forestillet udi en udførlig Lands-Beskrivelse.* Bd. 1–2. Kopenhagen, 1763–64.

[89] Burdorf (2007), S. 762f. Burdorf, Dieter u. a. (Hg.). *Metzler Lexikon Literatur.* 3. Aufl. Stuttgart/Weimar, 2007.

1.4 Norges naturlige Historie *und die Frage nach der Textsorte*

Begriff der Sachprosa noch der Belletristik fassen lässt. Auf der einen Seite vermittelt die Naturgeschichte als enzyklopädieartiger, didaktischer Text in geordneter Weise detailliertes Wissen über ausgewählte Phänomene und Objekte (Klima, Tiere etc.). Das Wissen, das teilweise durch Experimente generiert wurde, beschränkt sich auf ein klar begrenztes geographisches Gebiet. Auf der anderen Seite beinhaltet die Naturgeschichte aber Merkmale eines literarischen Textes wie narrative Strukturen und, damit verbunden, deutliche Moralansprüche. Gleichzeitig unterhält sie die Lesenden. Die Möglichkeiten der Rhetorik werden genutzt, um Fragestellungen und Dialoge zu konstruieren, aber vor allem um ‚wahres' Wissen hervorzubringen und zu legitimieren. Entsprechend dem breiten Bildungshintergrund des Universalgelehrten Pontoppidan, der Zeit, in welcher der Text verfasst wurde, und dem Erzähler, der sich, wie ich im Verlauf der Arbeit noch aufzeigen werde, mühelos zwischen theologischen, naturwissenschaftlichen, sprachwissenschaftlichen, ökonomischen und volkskundlichen Wissensfeldern bewegt und aus den verschiedensten Quellen in Form unterschiedlicher Textsorten schöpft, ist *Norges naturlige Historie* ein hybrider Text, der jedoch mehr Richtung Sachprosa als Belletristik tendiert.

Auch bei der Einordnung von *Norges naturlige Historie* auf einer Ebene unterhalb der Unterscheidung zwischen Belletristik und Sachprosa herrschen terminologische Unschärfen. Ist Pontoppidans Text nun entsprechend der Aussage in *Norsk Litteratur Historie* der topographischen Literatur zuzurechnen[90] oder handelt es sich um eine Repräsentantin der topographisch-ökonomischen Tradition der Naturgeschichte, wie es Helge Kragh formuliert?[91] Soll man den Text, wiederum nach Kragh, als Prototyp der Tradition topographischer Abhandlungen bezeichnen, die einen großen Teil der dänisch-norwegischen Naturgeschichte zwischen 1730 und 1800 ausmachen?[92] Ist *Norges naturlige Historie*, wie Steinar Supphellen behauptet, impulsgebend für die Entwicklung der historisch-topographischen Literatur und somit selbst Teil dieser Textsorte,[93] oder ist sie ganz einfach, wie es im paratextuellen Element des Titels festgehalten wird, eine Naturgeschichte?

Die vielen Aussagen hinsichtlich der Terminologie sind verwirrend. Immer wieder taucht in der für diese Arbeit verwendeten Sekundärliteratur die Bezeichnung ‚topographisch' im Zusammenhang mit *Norges naturlige Historie* auf, beispielsweise bei

---

[90] Beyer und Beyer (1978), S. 103. Beyer, Harald und Beyer, Edvard (Hg.). *Norsk litteraturhistorie*. Oslo, 1978.

[91] Kragh (2005), S. 146.

[92] Kragh (2005), S. 114.

[93] Supphellen (1998), S. 108. Supphellen, Steinar. ‚Den historisk-topografiske litteraturen'. In: *Norsk litteraturhistorie. Sakprosa fra 1750–1995.* Bd. 1. Johnsen, Egil Børre und Berg Eriksen, Trond (Hg.), Oslo, 1998, S. 107–13.

Preben Munthe.⁹⁴ Mit Topographien werden dem *Universal-Lexicon* von Zedler zufolge Mitte des 18. Jahrhunderts Beschreibungen verschieden großer geographischer Gebiete bezeichnet, Länder oder Orte werden „nach ihrer Lage, nach ihrem District und Jurisdictien, genennet" (Zedler, 1962, Sp. 1278).⁹⁵ Das jüngere Wörterbuch der dänischen Sprache verweist zusätzlich darauf, dass diese Ortsbeschreibungen auch Informationen über Anbau und Siedlungsverhältnisse etc. beinhalten.⁹⁶ Am häufigsten jedoch wird Pontoppidans Abhandlung modifiziert als historisch-topographischer Text bezeichnet. Dies bezweifle ich nach Prüfung der Argumente, die für eine solche Zuordnung aufgeführt werden. Betrachten wir beispielsweise einige Aussagen von Supphellen näher: In seinem Aufsatz ‚Den historisk-topografiske litteraturen' bezeichnet Supphellen Pontoppidans Naturgeschichte nicht explizit als historisch-topographische Literatur. Da er jedoch die auf sie folgenden Texte wie denjenigen von Hans Strøm unter dieser Bezeichnung fasst, gehe ich davon aus, dass er auch *Norges naturlige Historie* dazuzählt. Gleichzeitig schreibt er über eben diese Textsorte, dass es sich dabei um Sachprosa mit historischem Einschlag handelt, die versucht, Schilderungen von unterschiedlich großen Gebieten in Norwegen zu liefern mit unterschiedlichem Gewicht auf Naturbeschaffenheit, Wirtschaft und Volksleben.⁹⁷ Ein Kritikpunkt bezieht sich, entsprechend der oben geäußerten Verortung von *Norges naturlige Historie* zwischen Belletristik und Sachprosa, auf die Bezeichnung der Naturgeschichte als bloße Sachprosa. Meine Hauptkritik richtet sich aber gegen das Zusammenführen von Pontoppidans Naturgeschichte mit der historisch-topographischen Literatur. Grundsätzlich bin ich mit der Definition von historisch-topographischer Literatur als solcher einverstanden. Sie ist aber nicht mit Pontoppidans Text zu vereinen. Der rein historische Einschlag ist im Vergleich zu älteren Texten ziemlich klein, derjenige, der sich den natürlichen Phänomenen und Objekten widmet, sehr groß. Aufgrund dieser Feststellung und mit der Widmung auf den Titelblättern von *Norges naturlige Historie* im Hinterkopf – „Den viise og almægtige Skaber til Ære, saavel som hans fornuftige Creature til videre Eftertankes Anledning" (Pontoppidan, 1977a, Titelblatt), Dem weisen und allmächtigen Schöpfer zu Ehren, sowie seinen vernünftigen Kreaturen als weitere Gelegenheit zum Nachdenken (Übersetzung d. V.)⁹⁸ – bietet es sich meines Erachtens vielmehr an, Pontoppidans Naturgeschichte als Teil einer ökonomisch(-physikotheologischen)-topographischen Literatur zu verstehen.

---

⁹⁴Munthe (14. April 2002), S. 9. Munthe, Preben. ‚Biskopen som oppdaget Norge'. In: *Aftenposten*. 14. April 2002, S. 9.

⁹⁵Zedler, Johann Heinrich. *Grosses vollständiges Universal-Lexicon [1732–54]*. Bd. 44. Graz, 1962.

⁹⁶Det danske sprog- og litteraturselskab (Hg.) (1948), S. 209. Det danske sprog- og litteraturselskab (Hg.). *Ordbog over det danske sprog*. Bd. 24. Kopenhagen, 1948.

⁹⁷Supphellen (1998), S. 108.

⁹⁸Da sich der Inhalt des Titelblatts nicht mit demjenigen der deutschen Ausgabe deckt, übersetze ich die Zitate selbst.

Den Überbegriff bildet somit die topographische Literatur, die sich auf ein bestimmtes geographisch abgegrenztes Gebiet beschränkt. Darunter siedeln sich topographische Texte mit historisch-antiquarischen und Texte mit ökonomischen Komponenten an, eine Unterscheidung, von der Mattias Legnér ausgeht.[99] Die Grenzen zwischen diesen Topographien mit unterschiedlichen Schwerpunkten sind jedoch durchlässig. Ein solches Verständnis wird von Anne Eriksens *Topografenes verden. Fornminner og fortidsforståelse* unterstützt. Sie schreibt im Zusammenhang mit Hans Strøms Beschreibung von Søndmør, dass Informationen über Geschichte nicht notwendigerweise das Hauptthema einer topographischen Beschreibung ausmachen, dass die Autoren verschiedene Ziele mit ihren Darstellungen verfolgen, ihr Interesse an historischen Erläuterungen variiert und die Texte beispielsweise stärker den Charakter einer physischen und ökonomischen Beschreibung haben oder größeres Gewicht auf Geographie und Naturwissenschaft legen.[100]

Schließlich stellt sich die Frage, ob es sich bei *Norges naturlige Historie* mit ihrer auf Norwegen begrenzten Sicht bereits um als norwegisch markierte Literatur handelt. Oft gibt es zwar Vergleiche zwischen beschriebenen norwegischen Naturobjekten und deren dänischen Entsprechungen, es sind aber keine pronorwegischen Tendenzen oder gegen Dänemark als Teil der Doppelmonarchie gerichtete Aussagen auszumachen. Die Doppelmonarchie wird als zusammenhängende Einheit betrachtet. Das besondere Interesse an der norwegischen Natur scheint darin begründet, dass in Kopenhagen zu dieser Zeit noch wenig Wissen über die Ressourcen des nördlichen Teils der Doppelmonarchie vorhanden war. Der Erzähler scheint sich seiner Position als Däne, der norwegische Verhältnisse beschreibt, bewusst zu sein und reflektiert seine besondere Position: „Jeg vil og stræbe at giøre det saa meget mere uparthiisk, da jeg selv er ingen Normand af Fødsel" (Pontoppidan, 1977b, S. 356), „Ich will mich auch bemühen, darinn um so viel mehr unpartheiisch zu seyn, indem ich selbst kein Norweger von Geburt bin" (Pontoppidan, 1754, S. 411). Er versucht sich, wenn es um die Beschreibung der Norwegerinnen und Norweger geht, wie er zu Beginn des neunten Kapitels in Teil II schreibt, neutral zu verhalten.

1.5 Forschungsüberblick

Ganz im Gegensatz zu den umfassend untersuchten und immer noch im Zentrum der Forschung stehenden theologischen und pädagogischen Texten Pontoppidans ist seine norwegische Naturgeschichte trotz des aufmerksamkeitserregenden Titels *Første Forsøg paa Norges naturlige Historie* noch kaum Gegenstand der Forschung geworden.

---

[99] Legnér, Mattias. *Fäderneslandets rätta beskrivning. Mötet mellan antikvarisk forskning och ekonomisk nyttokult i 1700-talets Sverige*. Skrifter utgivna av Svenska litteratursällskapet i Finland. Helsinki, 2004.
[100] Eriksen 2007, S. 27.

Ein Artikel, der sich ausschließlich mit dieser Naturgeschichte beschäftigt, stammt von Brita Brenna: ‚Erik Pontoppidans natur. Mellom orden og under'.[101] Sonst beschränkt sich die Sekundärliteratur zu diesem Text auf Abschnitte in größeren Arbeiten, Überblickswerken und Aufsätzen wie *Tankeliv i den lutherske stat* von Nils Gilje und Tarald Rasmussen, ‚Lærdom, borgarleggjering og skriftkultur' von Arne Apelseth[102] oder Marit Lovise Brekkes *Merkverdige ting i naturleg orden. Ein presentasjon av Hans Strøms Physik og Oeconomisk Beskrivelse over Fogderiet Søndmør.*[103] Auch Brekkes Artikel ‚Hans Strøm og Søndmørs Beskrivelse'[104] und Michael Neiiendams Biographie über Erik Pontoppidan beschäftigen sich teilweise mit Pontoppidans Naturgeschichte. Beliebt ist Kapitel VIII des zweiten Teils von *Norges naturlige Historie*, das sich mit den Seeungeheuern der Nordsee auseinandersetzt. Auf dieses wird oft zurückgegriffen, so in Rolf Langstrøms *Den mystiske Søormen*,[105] in Bo Poulsens ‚Sekulariserede Søslanger – Natursyn i 1700-tallets Danmark-Norge'[106] oder jüngst in einem Aufsatz von Joachim Grage, der wohl im *Cardanus Jahrbuch für Wissenschaftsgeschichte* erscheinen wird.

Darüber hinaus gibt es kaum Forschungsliteratur zu *Norges naturlige Historie*. Die Tatsache, dass sich Erik Pontoppidan auch mit den Naturressourcen Dänemarks und Norwegens beschäftigte, steht im Hintergrund. Dies verwundert, bezeichnet Helge Kragh die Naturgeschichte Pontoppidans doch als Prototyp der topographischen Tradition[107] und versteht Steinar Supphellen Pontoppidan als wichtigen Impulsvermittler, der die historisch-topographische Literatur vorantrieb. Auch Marit Lovis Brekke schreibt *Norges naturlige Historie* auf der Grundlage von Arne Apelseth eine bahnbrechende Funktion zu.[108] Tarald Rasmussen behauptet gar – obwohl Pontoppidan vor allem durch seinen Katechismus bekannt sei – sein größtes Verdienst als Autor liege im geographischen und naturhistorischen Gebiet.[109]

Vor diesem Hintergrund und im Zuge der aktuellen Forschung an Prosatexten sowie eines großen Interesses am 18. Jahrhundert von literatur- sowie buchwissenschaftlicher Seite in Dänemark und Norwegen und der Beschäftigung mit der Geschichte des

---

[101] Brenna, Brita. ‚Erik Pontoppidans natur. Mellom orden og under'. In: *Arr.* Nr. 1. 2005, S. 87–101.
[102] Apelseth, Arne. ‚Lærdom, borgarleggjering og skriftkultur'. In: *Norsk litteraturhistorie. Sakprosa fra 1750–1995*. Bd. 1. Johnsen, Egil Børre und Berg Eriksen, Trond (Hg.), Oslo, 1998, S. 32–51.
[103] Brekke, Marit Lovise. *Merkverdige ting i naturleg orden. Ein presentasjon av Hans Strøms Physik og Oeconomisk Beskrivelse over Fogderiet Søndmør.* Liz. Universität Bergen. Bergen, 1996.
[104] Brekke, Marit Lovise. ‚Hans Strøm og Søndmørs Beskrivelse'. In: *Norsk litteraturhistorie. Sakprosa fra 1750–1995*. Bd. 1. Johnsen, Egil Børre und Berg Eriksen, Trond (Hg.), Oslo, 1998, S. 61–68.
[105] Langstrøm, Rolf. *Den mystiske Søormen*. Oslo, 1994.
[106] Poulsen, Bo. ‚Sekulariserede Søslanger – Natursyn i 1700-tallets Danmark-Norge'. In: *Den jyske Historiker. Mellem religion og oplysning – Sekularisering af 1700-tallets politiske og kulturelle univers.* Nr. 105. 2004, S. 52–72.
[107] Kragh (2005), S. 114.
[108] Brekke (1996), S. 84.
[109] Rasmussen (2004), S. 39.

Wissens im deutschsprachigen Raum richtet sich meine Untersuchung auf das Wissen und seinen Entstehungskontext in *Norges naturlige Historie*.

1.6 Zentrale Fragen und Vorgehen

In der vorliegenden Arbeit geht es darum, über die Analyse des Wissens in *Norges naturlige Historie*, über seine Generierung, Ordnung und Inszenierung einen neuen Zugang zu diesem Text herzustellen. Pontoppidans Naturgeschichte wurde in der Forschung bis anhin mehrheitlich als Text zwischen sogenannten Vorläufer- und Nachfolgetexten verstanden, der einerseits das Ende einer Tradition bildet, andererseits aber auch eine impulsgebende Stellung für neue Ausformungen einnimmt und so mit dem Begriff des Fortschritts verknüpft ist. Michael Neiiendam beispielsweise bezeichnet *Norges naturlige Historie* als unmethodisch und in vielerlei Hinsicht als unkritisch. Dennoch habe sie insofern einen Fortschritt in der Forschung bedeutet, als Pontoppidan davon ausgig, dass auch merkwürdige Begebenheiten eine natürliche Ursache haben.[110] Der Entwicklungsgedanke demgemäß ein Moment in kausaler Abhängigkeit auf das nächste folgt, die Sequenzialität, ist aber ein Konstruktionsvorgang, der erst im Nachhinein aus einer gewissen Distanz erstellt wird.

Die Vorstellung einer Einreihung von Pontoppidans Text in eine Tradition stelle ich in Frage. Weder scheint es in Dänemark-Norwegen möglich, einen direkten Vorgänger von *Norges naturlige Historie* auszumachen, dies nicht nur, weil der ausführliche Titel mit *Første Forsøg paa Norges naturlige Historie*, dem ersten Versuch einer Naturgeschichte Norwegens beginnt. Noch ist ein deutlicher Nachfolgetext erkennbar. Diese Problematik spiegelt sich in den angesprochenen Schwierigkeiten der textsortenmäßigen Zuordnung. In diesem Sinne greift der Begriff der Tradition nicht. Ich gehe davon aus, dass zu wenig Gemeinsamkeiten – sei es nun im Bereich der Wissensgenerierung, der Wissensordnung oder der Wissensinszenierung – zwischen sogenannten Vorläufern von *Norges naturlige Historie*, zwischen ihr und zeitgenössischen sowie Nachfolgetexten bestehen. Eine gewisse Anzahl von Aussagen werden zwar tradiert, sie erscheinen aber oft in einem anderen Kontext, vor einem unterschiedlichen Hintergrund, kombiniert mit neuer Erkenntnis oder durch aktuellste Erkenntnismethoden und Forschungsergebnisse bestätigt. Der Prozess – der Begriff setzt zwar eine Zeitdifferenz voraus, nicht aber eine Verbindung der einzelnen Momente durch kausale Bedingungen –[111] der Neuschöpfung ist größer als das Übertragene. Was gleich bleibt, ist die Art des Mediums. Aber bereits das behandelte geographische Gebiet variiert; einmal beschränkt sich die

---

[110] Neiiendam (1982), S. 438.
[111] Kiening (2007), S. 343. Kiening, Christian. ‚Medialität in mediävistischer Perspektive'. In: *Poetica. Zeitschrift für Sprach- und Literaturwissenschaft*. Bd. 39. Küpper, Joachim (Hg.), München, 2007, S. 285–352.

Schilderung auf eine Vogtei, einmal auf den gesamten nördlichen Teil der Doppelmonarchie.

Aus diesen Gründen scheint es mir nicht möglich, *Norges naturlige Historie* als Punkt auf einer Linie von Absalon Pedersøn Beyers *Om Norgis Rige* von 1567[112] bis heute zu verstehen, als Übergang von der Naturgeschichtsschreibung zu zeitgenössischen Formen von naturwissenschaftlichem Schreiben, basierend auf der Vorstellung eines konstanten Fortschritts von Wissen. Vielmehr behaupte ich, was bereits bei einer ersten oberflächlichen Lektüre unter Einbezug des Paratexts deutlich wird, dass dieser Text als Knoten begriffen werden muss, in dem sich verschiedene Wissenselemente aus unterschiedlich ausgeprägten Wissensfeldern der Zeit kreuzen, überlagern und miteinander verknüpfen. Diese Wissensfelder beinhalten Politik, Religion, Wirtschaft, Natur, Sprache oder Volkskunde. Sie sind zu dieser Zeit noch meist der staatlichen Zensur unterworfen, ihre Grenzen sind nicht stabil, sondern in unterschiedlichem Maß Veränderungen unterworfen. Dies verlangt, dass man vom Denken in Dichotomien abrückt und zu einer Vorstellung von Gleichzeitigkeit, Zusammenwirken und Überschneidung gelangt. Ich gehe davon aus, dass sich diese komplexe Situation sowohl in der Generierung von naturhistorischem Wissen als auch in seiner Ordnung und Inszenierung im Medium Buch beziehungsweise in den unterschiedlichen Verbindungen zwischen Generierung, Ordnung und Inszenierung äußert und somit wiederum im vermittelten Wissen selbst. Diese Prozesse, die dem vermittelten Wissen zugrunde liegen, erinnern an ein unregelmäßig gewobenes Netz, das kein erkennbares Muster aufweist außer demjenigen der ‚Versatzhaftigkeit'.

Bei der vorliegenden Arbeit handelt es sich also nicht um eine Untersuchung der Geschichte von einzelnen Phänomenen oder Objekten. Es geht nicht darum, das in *Norges naturlige Historie* vermittelte Wissen mit heutzutage wissenschaftlich anerkanntem Wissen zu vergleichen. Es ist auch keine komparativ angelegte Studie, welche die Aufmerksamkeit auf Oppositionen richtet und Pontoppidans Naturgeschichte mit anderen naturhistorischen Texten ihrer Zeit vergleicht oder sie im europäischen wissenschaftlichen Umfeld zu situieren versucht. Vielmehr wird der Fokus auf *Norges naturlige Historie* und das in ihr vermittelte Wissen gerichtet und vorhandene Spannungsfelder in Bezug auf Wissen herauszuarbeiten versucht. Ich interessiere mich für Äußerungsweisen verschiedener Wissensformen auf unterschiedlichen Ebenen, für Formen von ‚Poetologien des Wissens' – für die Herstellung von Wissenselementen, verbunden mit der Frage nach ihrer Ordnung und ihrer Darstellung im Medium Buch. Bei den Poetologien des Wissens geht es also „um die Erhebung und Verarbeitung von Daten ebenso wie um deren Repräsentationsformen in verschiedenen – literarischen, wis-

---

[112] Beyer, Absalon Pedersøn. *Om Norgis Rige*. Utg. av Foreningen for Norsk Bokkunst ved Harald Beyer. Bergen, 1928.

1.6 Zentrale Fragen und Vorgehen

senschaftlichen oder technischen – Szenarien" (Vogl, 1999, S. 7).[113] Im Bewusstsein der Befangenheit im Diskurs der heutigen Zeit soll herausgearbeitet werden, was bei der Entstehung von Pontoppidans Naturgeschichte als Wissen galt, auf welche Art und Weise es generiert, wie es in Form eines Buches geordnet und inszeniert wurde. Welche Fragen führten zu Wissen? Was wurde als gegeben und offensichtlich betrachtet, von welchen Wahrheiten ging man aus und welche Autoritäten zog man heran? Wie wurden Phänomene erklärt? Was war Ziel und Zweck von Wissen und wozu konnte Wissen verwendet werden?

Wenn man sich die vielfältigen Formen von Wissen in *Norges naturlige Historie* als Netz vorstellt, hat man die Möglichkeit, die einzelnen Diskursfäden und ihre Verknüpfungen unabhängig von einer linearen Ordnung sichtbar zu machen. Vor diesem Hintergrund setzt die mehrdimensionale methodologische Ausgangsposition meiner Arbeit im Grenzgebiet zwischen Literaturwissenschaft und Wissensgeschichte an, kombiniert mit Fragestellungen struktureller und buchwissenschaftlicher Art.

Die Arbeit basiert methodisch auf Close Reading der im Zentrum stehenden Naturgeschichte. Mit dieser Annäherungsweise wird ein Text nicht nur als Vermittler von Wissen über eine Wirklichkeit jenseits der Worte verstanden. Die Methode lässt es vielmehr zu, einen Text als eigenständigen historischen und kulturellen Ausdruck zu analysieren. Der Text nimmt Bezug auf die Wirklichkeit, er ist aber gleichzeitig auch Teil dieser Wirklichkeit[114] und schafft Wirklichkeit. Die Analyse der Wissensherstellung – Quellenanalyse, Argumentationsstrategien, Wissensfelder, Wissensordnung und Wissensinszenierung – ermöglicht es, einen Einblick in ein spezifisches Verständnis von Wissen zu erhalten und in die Art und Weise, wie es vermittelt wird. Dadurch wird die Subjektivität von Wissen innerhalb eines rahmenbildenden kollektiven Verständnisses von Wissen im Kontext des dänisch-norwegischen 18. Jahrhunderts sichtbar. Die Prämissen, von welchen Pontoppidan ausgeht, und die Bereiche, in welchen Klärungsbedarf herrscht, können ausgemacht werden. Ich ziehe somit nicht primär Vergleiche zwischen *Norges naturlige Historie* und anderen zeitgenössischen, älteren oder neueren Texten heran, um Antworten auf die Fragen nach der Wissenssituation in Pontoppidans Naturgeschichte zu finden. Vielmehr bin ich davon überzeugt, dass die Methode des Close Readings es ermöglicht, offenzulegen, wie naturhistorisches Wissen zu jener Zeit generiert, geordnet und im Medium Buch dargestellt wurde. Anhand eines spezifischen Textes, Pontoppidans Naturgeschichte, erhält man einen Einblick in eine mögliche Ausformung der dänisch-norwegischen Wissenskultur Mitte des 18. Jahrhunderts und in den kulturhistorischen Kontext, in dem das Wissensprojekt *Norges naturlige Historie* entstand.

---

[113] Vogl, Joseph. ‚Einleitung'. In: *Poetologien des Wissen um 1800*. Vogl, Joseph (Hg.), München, 1999.
[114] Eriksen (2007), S. 13.

Die Anlehnung der Arbeit an den New Historicism ist unübersehbar. Dies lässt sich bereits bei der Wahl des untersuchten Textes erahnen, handelt es sich bei Pontoppidans Naturgeschichte – wie ich bereits deutlich gemacht habe – doch keineswegs um einen in der Forschung zentralen und häufig verwendeten Text, vielmehr fügt er sich durch seine Unbekanntheit in die Reihe der üblicherweise von New Historicists untersuchten Texte ein.[115] Durch die Lesepraxis des Close Reading wird die Naturgeschichte einer textimmanenten Analyse unterzogen, gleichzeitig aber nicht losgelöst vom historischen Kontext analysiert, sondern in ihn zurückgesetzt und in ihm verankert. Die Naturgeschichtsschreibung wird nicht als lineares Phänomen verstanden, das sich durch kontinuierlichen Fortschritt auszeichnet, sondern in Anlehnung an Michel Foucault durch „Prinzipien von Setzung anstelle von Ursprung, Kontingenz und Vielfalt anstelle von Kausalität und einem alles dominierenden Machtprinzip anstelle von Vernunft, Erfolg und Teleologie".[116] Dasselbe gilt für den Begriff des historischen Kontexts. Dieser wird nicht als unverrückbare Wahrheit verstanden, sondern wie die Naturgeschichtsschreibung als Phänomen, das sich an den von Foucault formulierten Prinzipien orientiert, dessen Konstruktion Machtverhältnissen unterliegt, das diese aber auch ausdrückt, und als Text, der durch den Rückgriff auf verschiedene Textsorten und die Verwendung verschiedener rhetorischer Elemente zustande kommt. Dadurch kann der historische Kontext aus unterschiedlichen Perspektiven immer wieder anders umrissen werden. Aus diesen Ausführungen geht hervor, dass es schwierig ist, Text und Kontext voneinander abzugrenzen, vielmehr verschwimmt die Grenze zwischen ihnen bei näherer Betrachtung. Bis anhin wichtige Forschungstexte können jederzeit zum Kontext eines anderen Textes werden, umgekehrt können durch Verschiebung des Forschungsansatzes relativ marginal behandelte Texte plötzlich ins Zentrum des Interesses rücken und im Kontext von bekannten Texten untersucht werden. Diese Verschiebungen führen dazu, dass die Frage nach der Bedeutung eines Textes im Vergleich zu anderen Texten weniger wichtig wird. Ausschlaggebend ist ein bestimmter Zugang zu einem Text, der diesen, wie im vorliegenden Fall von *Norges naturlige Historie*, zum ‚zentralen Text auf Zeit' macht.

Nach diesen Ausführungen zum Primärmaterial *Norges naturlige Historie*, zu ihrem Autor, seiner Einbettung in den historischen Kontext, zu anderen von ihm verfassten Texten, zur Frage nach der Textsorte der Naturgeschichte, zu Grundsatzfragen sowie zu den theoretischen und methodischen Prämissen folgt ein kurzer Überblick über den Aufbau der vorliegenden Untersuchung und über die herangezogene Sekundärliteratur.

---

[115] Heitmann (1999), S. 11. Heitmann, Annegret. ‚Einleitung: Verhandlungen mit dem New Historicism'. In: *Verhandlungen mit dem New Historicism. Das Text-Kontext-Problem in der Literaturwissenschaft*. Glauser, Jürg und Heitmann, Annegret (Hg.), Würzburg, 1999.

[116] Heitmann (1999), S. 9f.

1.6 Zentrale Fragen und Vorgehen

Im auf die Einleitung folgenden zweiten Kapitel schaffe ich zunächst die Grundlage zur Untersuchung der Generierung, Ordnung und Inszenierung von Wissen. Der Begriff des Wissens wird eingeführt, umrissen, verortet und erklärt. Es wird aufgezeigt, wodurch er sich charakterisiert. Zu diesem Zweck ziehe ich unter anderem Texte von Michel Foucault,[117] Joseph Vogl, Nicolas Pethes[118] und Daniel Fulda[119] sowie Texte von Steven Shapin[120] und Peter Burke[121] heran. Von diesen theoretischen Erörterungen ausgehend richtet sich der Fokus auf den Wissenskontext von *Norges naturlige Historie*. Welche gegenseitigen Abhängigkeiten existieren im dänisch-norwegischen 18. Jahrhundert zwischen Wissen und Wissenschaften auf der einen Seite und auf der anderen Seite Religion und Politik? Ich frage nach den Institutionen des Wissens und danach, an welchen Orten geforscht wurde, bevor ich den Blick der Lese- und Schriftkultur im dänisch-norwegischen 18. Jahrhundert zuwende. Für einen Überblick über den religiösen Hintergrund halte ich mich vor allem an Texte von Henrik Horstbøll und Tarald Rasmussen, über die Lese- und Schreibfähigkeit unter anderem an Arne Apelseth, Jostein Fet,[122] Kjell Lars Berge[123] und Aleksander Frøland.[124] Im Bereich des allgemeinen Forschungsumfelds von Naturgeschichte im 18. Jahrhundert orientiere ich mich an Helge Kragh, Anne Eriksen und Alix Cooper.[125]

Im dritten Kapitel beschäftige ich mich in drei Bereichen mit der Generierung von Wissen. An erster Stelle untersuche ich, an welchen Quellen sich der Erzähler bedient und in welche Bereiche der Informationsbeschaffung die Quellen in Pontoppidans Naturgeschichte eingeteilt werden können. Danach untersuche ich die argumentativen Verfahren, mit welchen die zahlreichen Quellen heterogener Art zu spezifischem Wissen in *Norges naturlige Historie* zusammengefügt und gerechtfertigt werden. Wie setzt sich das ‚Äußerungsfeld' – der Begriff stammt von Michel Foucault[126] – zusammen?

---

[117] Foucault, Michel. *Die Archäologie des Wissens*. Frankfurt am Main, 1981.

[118] Pethes, Nicolas. ‚Literatur- und Wissenschaftsgeschichte. Ein Forschungsbericht'. In: *Internationales Archiv für Sozialgeschichte der deutschen Literatur*. Bd. 28/1. Bachleitner, Norbert u. a. (Hg.), Tübingen, 2003, S. 181–231.

[119] Fulda, Daniel. *Poetologie des Wissens. Probleme und Chancen am Beispiel des historischen Wissens und seiner Formen*. 20.6.2008. http://www.simonewinko.de/fulda_text.htm, 22.8.2010.

[120] Shapin, Steven. *Die wissenschaftliche Revolution*. Frankfurt am Main, 1998.

[121] Burke, Peter. *Papier und Marktgeschrei. Die Geburt der Wissensgesellschaft*. Berlin, 2002.

[122] Fet, Jostein. *Lesande bønder. Litterær kultur i norske allmugesamfunn før 1840*. Oslo, 1995.

[123] Berge, Kjell Lars. ‚Å beskrive og forandre verden. Om tekstkultur i dansk-norsk 1700-tall og studiet av den'. In: *Å beskrive og forandre verden*. KULTs skriftserie. Nr. 106. Berge, Kjell Lars (Hg.), Oslo, 1998, S. 7–40.

[124] Frøland, Aleksander. *Dansk boghandels historie. 1482–1945. Med et kapitel om bogen i oldtid og middelalder*. Kopenhagen, 1974.

[125] Cooper, Alix. *Inventing the Indigenous. Local Knowledge and Natural History in Early Modern Europe*. Cambridge u. a., 2007.

[126] Foucault (1981), S. 85.

Zeigt sich bei der Herstellung von Wissen die sich bildende Distanz zwischen Bezeichnung und Zeichen, die ebenfalls Foucault zufolge[127] ein Charakteristikum der klassischen Episteme ausmacht? Aus welchen Wissensfeldern werden häufig Argumente herangezogen und welche rhetorischen Verfahren werden angewandt? Hier leistete mir vor allem Wolfram Groddecks *Reden über Rhetorik*[128] gute Dienste. Das Kapitel wird abgeschlossen mit der Frage nach der Formierung von Wissen in Pontoppidans Naturgeschichte.

Das vierte Kapitel rückt die Ordnung des Wissens ins Zentrum. Zur Analyse der Wissensordnung greife ich auf die Theorien zur Systematisierung von Wissen von Foucault, Ann Blair[129] und Paul Michel zurück. Mitte des 18. Jahrhunderts existierten verschiedene Methoden nebeneinander, durch welche Wissenselemente auf unterschiedlichen Ebenen miteinander verknüpft und zu einem größeren Ganzen zusammengefügt werden konnten. Kann eine Anordnungsweise der Wissenselemente, die sich durch *Norges naturlige Historie* zieht, herauskristallisiert werden – und, falls ja, wie zeichnet sich diese aus?

Schließlich beschäftigt sich das fünfte Kapitel aus einer empirisch buchgeschichtlichen und einer medialitätstheoretischen Perspektive mit der Wissensinszenierung. Von Pontoppidans Naturgeschichte ausgehend untersuche ich, welche Möglichkeiten der Verortung das Medium Buch der Vermittlung eines schriftlichen Textes bietet, und ich frage nach dem Verhältnis von Textualität und Materialität. Daran schließt sich eine Analyse der Inszenierung von Wissen auf einigen ausgewählten Seiten von *Norges naturlige Historie* an. Ausgehend von der Untersuchung der Verortungs- und Inszenierungsmöglichkeiten leite ich zur Diskussion über die Hierarchie zwischen Haupt- und Paratext über mit besonderem Fokus auf die Marginalien. Ausgehend von Erkenntnissen aus der Untersuchung der Hierarchie zwischen den verschiedenen Elementen werfe ich schließlich einige Fragen zur medialitätstheoretischen Terminologie auf: Welcher Begriff soll dem Begriff des ‚Paratexts‘, – er wird im fünften Kapitel definiert – sinnvollerweise gegenübergestellt werden? Als theoretischer Hintergrund für diese Analyseteile dienten mir vor allem Tore Rems Buchgeschichte,[130] Gérard Genettes *Paratexte*[131] und Evelyn Tribbles Abhandlung über Marginalien[132] sowie ein Aufsatz, ebenfalls zur Marginalienthematik, von Davide Giuriato[133] und schließlich Texte von Christian

---

[127] Foucault, Michel. *Die Ordnung der Dinge*. Frankfurt am Main, 1974.
[128] Groddeck, Wolfram. *Reden über Rhetorik. Zu einer Stilistik des Lesens*. Frankfurt am Main/Basel, 2008.
[129] Blair, Ann. ‚Organizations of knowledge‘. In: *The Cambridge companion to Renaissance philosophy*. Hankins, James (Hg.), Cambridge, 2007, S. 287–303.
[130] Rem, Tore (Hg.). *Bokhistorie*. Oslo, 2003.
[131] Genette, Gérard. *Paratexte. Das Buch vom Beiwerk des Buches*. Frankfurt am Main, 1989.
[132] Tribble, Evelyn. *Margins and Marginality. The Printed Page in Early Modern England*. Virginia, 1993.
[133] Giuriato, Davide. ‚Prolegomena zur Marginalie‘. In: *„Schreiben heißt: sich selber lesen". Schreibszenen als Selbstlektüren*. Giuriato, Davide u. a. (Hg.), Paderborn, 2008, S. 177–98.

1.6 Zentrale Fragen und Vorgehen

Kiening beziehungsweise von Jürg Glauser und Christian Kiening.[134] Wichtige Informationen zur dänischen Buchdruck- und Buchgeschichte erhielt ich von Henrik Horstbøll[135] und Harald Ilsøe.[136]

So, wie mit dem dritten und vierten Kapitel aufgezeigt werden soll, dass *Norges naturlige Historie* als Wissensformation mit einem Knoten verglichen werden kann, durch den sich verschiedenste Wissenselemente aus unterschiedlichsten Wissenfeldern hindurchziehen, wird anhand des fünften Kapitels gezeigt, dass man es auch auf der Ebene des Mediums Buch nicht einfach mit Linearität zu tun hat. Die physische Form des Buches stellt nicht einfach einen Dokumententräger der Naturgeschichte dar, sondern sie ist mit ihr verbunden und somit Teil der komplexen, netzartigen Sinnproduktion. Durch den Einbezug der Materialität, die davon ausgeht, dass es keine Fixierung von Wissen in einem unveränderlichen Rahmen gibt, wird die Vorstellung einer linearen Entwicklung der Naturgeschichte ebenfalls abgeschwächt.

---

[134] Glauser, Jürg und Kiening, Christian. ‚Einleitung'. In: *Text, Bild, Karte. Kartographien der Vormoderne*. Glauser, Jürg und Kiening, Christian (Hg.), Freiburg im Breisgau, 2007, S. 11–35.
[135] Horstbøll, Henrik. *Menigmands medie. Det folkelige bogtryk i Danmark. 1500–1840*. Kopenhagen, 1999.
[136] Ilsøe, Harald. *Biblioteker til salg. Om danske bogauktioner og kataloger 1661–1811*. Kopenhagen, 2007, und *Bogtrykkerne i København*. Kopenhagen, 1992.

2 Wissen

2.1 Der Begriff des Wissens und das Konzept der wissenschaftlichen Revolution

Um überhaupt Fragestellungen nachgehen zu können, die sich mit der literarischen Verfasstheit von Wissen befassen, ist es notwendig, in einem ersten Schritt den Begriff des Wissens ins Blickfeld zu rücken. Es wird untersucht, was mit dem Begriff ‚Wissen' bezeichnet wird und wodurch er sich auszeichnet. Es wird nach dem Verhältnis gefragt, in dem die Begriffe ‚Wissen' und ‚Wissenschaft' zueinander stehen, und wodurch Wissen bestimmt wird. Wo wird es sichtbar, durch welche Vorgänge wird es sichtbar gemacht? Und nach welchen Regeln und in welchen Ausformungen entsteht Wissen? Weiter rücke ich im Zusammenhang mit der Annäherung an den Wissensbegriff die Schwelle zwischen dem Ende des 16. Jahrhunderts und dem Beginn des 18. Jahrhunderts, die traditionellerweise mit dem Bild einer wissenschaftlichen Revolution umschrieben wird,[1] in den Fokus.

Seit der Antike gibt es verschiedene Definitionen von Wissen. Ich verwende an dieser Stelle eine aktuelle transhistorische Definition aus dem *Historischen Wörterbuch der Philosophie*, das sich in begriffsgeschichtlicher Weise umfassend mit dem Begriff des Wissens auseinandersetzt.[2] Darin wird der Begriff ‚Wissen' als Fähigkeit verstanden, erstens „einen Gegenstand so aufzufassen, wie er wirklich beschaffen ist" (Hardy und Meier-Oeser, 2004, Sp. 855) und zweitens als Fähigkeit, damit erfolgreich umgehen zu können.[3] Wissen bezeichnet „den epistemischen Zustand, in dem man sich aufgrund der erfolgreichen Ausübung seiner Erkenntnisfähigkeit befindet, und teils auch den Inhalt, auf den eine erkennende Person sich dabei bezieht, sowie die Aussage, in der man das Ergebnis eines Erkenntnisvorgangs sprachlich zum Ausdruck bringt" (Hardy und Meier-Oeser, 2004, Sp. 855). Dem *Historischen Wörterbuch der Philosophie* zufolge zeichnet sich „Wissen […] in subjektiver Hinsicht durch das Merkmal der Gewissheit und in objektiver Hinsicht durch das Merkmal der Wahrheit aus" (Hardy und Meier-Oeser, 2004, Sp. 855).

Was mit Wissen bezeichnet wird, ist im Hinblick auf den historischen und sozialen Kontext variabel. Ordnungsmuster und Aneignungsformen von Wissen gestalten

---

[1] Shapin (1998), S. 10.
[2] Hardy, J. und Meier-Oeser, S. ‚Wissen'. In: *Historisches Wörterbuch der Philosophie*. Bd. 12. Ritter, Joachim u. a. (Hg.), Basel, 2004, Sp. 855f.
[3] Hardy und Meier-Oeser (2004), Sp. 855.

sich nicht immer gleich, sie sind abhängig von der Rahmung durch den Begriff ‚Wissen'. Dies kommt in der Forschungsposition von Michel Foucault zum Ausdruck, die wiederum Grundlage von meinem Verständnis von Wissen ist. Nach Michel Foucaults Konzept zeichnet sich ‚Wissen' als eine diskursive Praxis aus. Weder ist es möglich, die einzelnen Objekte dieser diskursiven Praxis in der Evolution einzelner wissenschaftlicher Disziplinen aufzulösen, noch in einer wissenschaftlichen Rationalität überhaupt.[4] Foucault macht das Konzept des ‚Wissens' „weit über die Grenzen der institutionalisierten Wissenschaften zur Matrix aller Aussagen" (Pethes, 2004, S. 344),[5] die während eines bestimmten Zeitraums überhaupt möglich sind. Wissen erstreckt sich über Äußerungsweisen verschiedener Ordnung und Art, es zeigt sich in der Fiktion, in Beweisführungen, in Berichten, in Experimenten, in Reflexionen oder in institutionellen Verordnungen und in alltäglichen Sätzen.[6] Es wird über die Grenzen der institutionalisierten Wissenschaften ausgedehnt. Das heißt, dass Wissen sich nicht in den Wissenschaften erschöpft. Wissen ist nicht an wissenschaftliche Institutionen gebunden und „die Gegenstände des Wissens [werden] nicht in den Wissenschaften und durch sie bereitgestellt und konstituiert" (Vogl, 1999, S. 12). Vielmehr überkreuzen und beeinflussen sich durch Wissenschaft generiertes Wissen und Allgemeinwissen auf vielen Ebenen, „das Wissen der Wissenschaften wird [...] mit seinen Kontexten und Voraussetzungen vor allem diskursiver Art in Verbindung gebracht" (Fulda, 20.6.2008, S. 8).

Eine solche von Foucault inspirierte Annäherung an Wissen ermöglicht es, Wissen als Diskursformation zu verstehen, die sich aus einzelnen, miteinander in Beziehung stehenden Äußerungen zusammensetzt, die sich immer wieder verändern, die verschwinden oder neu entstehen und deren Hierarchie Veränderungen ausgesetzt ist. Eine historisch spezifische Ausformung von Wissen wird, trotz der sich in der Moderne entwickelnden Aufteilung und Abgrenzung in verschiedene Fachgebiete, nicht nur von Elementen, die deutlich innerhalb dieser Fachgebiete liegen, gespiesen, sie bedient sich vielmehr grenzüberschreitend an diesen Fachbereichen, die mehr oder weniger festgefügt sind. Sie setzen sich aus Elementen zusammen, die sich durch eine unregelmäßige Streuung innerhalb der einzelnen Diskursformationen auszeichnen, die aber auch über die Grenzen der Formation hinausgehen. Dadurch wird die scheinbare Homogenität wissenschaftlicher Gegenstände und deren Dauerhaftigkeit aufgebrochen.[7]

Phänomene oder Objekte können somit in verschiedenen Diskursformationen in verschiedenen Versionen existieren und dies nicht nur über eine gewisse Zeitspanne, sondern auch zur selben Zeit, gar im Denken einer einzelnen Person. Dies erklärt sich

---

[4] Vogl (1999), S. 10.
[5] Pethes, Nicolas. ‚Poetik / Wissen. Konzeptionen eines problematischen Transfers'. In: *Romantische Wissenspoetik. Die Künste und die Wissenschaften um 1800*. Brandstetter, Gabriele und Neumann, Gerhard (Hg.), Würzburg, 2004, S. 341–72.
[6] Foucault (1981), S. 261. Vogl (1999), S. 11.
[7] Vogl (1999), S. 11.

2.1 Der Begriff des Wissens und das Konzept der wissenschaftlichen Revolution

dadurch, dass sie sich in verschiedene Praktiken einschreiben lassen.[8] Was Camilla Mordhorst über die Beziehung zwischen Interpretation und Gegenständen aufzeigt, übertrage ich auf die Beziehung zwischen Wissen und Phänomenen oder Objekten. Phänomene und Objekte werden demnach nicht als Elemente verstanden, über die es verschiedenes Wissen gibt, vielmehr entstehen sie nach den Praktiken der jeweiligen Wissensformation.

> Der findes med andre ord ikke en eller anden fast kerne, som fortolkningerne kan være længere fra eller tættere på. Alle parametre, hvorudfra en genstand kan kendes og genkendes, er variable [...]. Opfattelsen af, hvad man har med at gøre, skabes således af en bestemt praksis, og det er denne praksis' udvikling, afvikling eller ændring, der betegner omgangen med tingene (Mordhorst, 2009, S. 284).

> Es gibt mit anderen Worten nicht den einen oder den anderen festen Kern, von dem die Interpretationen weiter oder näher weg sind. Alle Parameter, von welchen ausgehend ein Gegenstand erkannt oder wiedererkannt werden kann, sind Varianten [...]. Die Auffassung davon, womit man es zu tun hat, wird somit durch eine bestimmte Praxis geschaffen, und die Entwicklung, Abwicklung oder Änderung dieser Praxis bezeichnet den Umgang mit den Dingen (Übersetzung d. V.).

Diese Aussage lässt sich gut auf das Verständnis des oben skizzierten Wissensbegriffs übertragen. Wissen ist veränderlich, seine Generierung, aber auch seine Anordnung und Inszenierung sind historisch und kulturell bedingt. Ein solcher Wissensbegriff erinnert an Joseph Vogls Konzept einer ‚Poetologie des Wissens'. In diesem Konzept, das Vogl in mehreren Texten ausführt,[9] geht er von den Grundlagen Foucaults zur Theorie des Wissens aus. Vogl stellt die Untersuchung der Bedingungen der Wahrheitsbildung in den Wissenschaften ins Zentrum und rückt die Überprüfung des Wahrheitsgehalts in den Hintergrund.[10] Dabei stehen die Regeln, nach welchen Wissen durch verschiedene Zeichen und auf verschiedenen Ebenen gebildet, vermittelt und rezipiert wird, im Vordergrund.

Obwohl sich Diskursformationen abhängig von Zeit und Raum immer wieder wandeln, scheint es mir möglich, sich den unscharfen Grenzen jeweiliger Diskursformationen anzunähern. Dies, weil gewisse Bedingungen eingehalten werden müssen, damit die Kommunikation und ein minimales Verständnis des vermittelten Wissens in einem

---

[8] Mordhorst (2009), S. 285. Mordhorst, Camilla. *Genstands Fortællinger. Fra Museum Wormianum til de moderne museer.* Kopenhagen, 2009.

[9] Zuerst in: Vogl, Joseph. ‚Mimesis und Verdacht. Skizze zu einer Poetologie des Wissens nach Foucault'. In: *Spiele der Wahrheit. Michel Foucaults Denken.* Ewald, François und Waldenfels, Bernhard (Hg.), Frankfurt am Main, 1991, S. 193–204.

[10] Pethes (2003), S. 209.

bestimmten Bereich überhaupt gewährleistet sind. Erst dann kann von einer Diskursformation gesprochen werden. Diskursformationen bilden sich auf der Basis von Codes, beziehungsweise etablieren eigene Codes. Diese beeinflussen die Erzeugung und Vermittlung von Wissen, an ihnen wird unbewusst, aber auch bewusst festgehalten. Gleichzeitig ergeben sich dadurch immer wieder Varianten. Die Beschaffenheit dieser Codes ist somit fragil. Sie sind ständig mehr oder weniger heftigen Veränderungen unterworfen. Dennoch wird durch sie das ‚Ereignis' der Vermittlung in gewissem Maße kontrolliert.

Wie in der Definition von Hardy und Meier-Oeser gesehen, zeichnet sich „Wissen […] in objektiver Hinsicht durch das Merkmal der Wahrheit aus" (Hardy und Meier-Oeser, 2004, Sp. 855). Der Kulturhistoriker Peter Burke verweist auf vier Gründe, aufgrund derer Aussagen als wahr akzeptiert werden: Gründe des Gefühls, der Autorität, der Vernunft und der Sinneswahrnehmung.[11] Die Gewichtung dieser vier Gründe ist nicht stabil. Sie verschiebt sich abhängig von Kultur und Epoche. Das gilt für die Rezipientenseite und für die Produktionsseite von Wissen gleichermaßen. Abhängig von Kultur und Epoche greifen die vier Gründe unterschiedlich dicht ineinander.

Jede Definition dessen, was ‚Wissen' ausmacht, impliziert bewusst oder unbewusst Abgrenzungen. Die gilt auch für den Begriff der ‚Wissenschaft' beziehungsweise der ‚Wissenschaften'. Gruppen bilden sich und begründen ihre Existenz und Identität auf der Basis eines bestimmten Wissens, das angeeignet, hervorgebracht und vermittelt wird. Es ist davon auszugehen, dass Wissen durch diejenige Gruppe als solches bestimmt wird, der es durch deren Definition am meisten zum eigenen Vorteil gereicht. Erweitertes Wissen durch neue Generierungsmethoden von Wissen wie Experimente oder die Anwendung neuster rechtlicher Praxen und seine Bewertung und Verwendung nach den Prämissen der jeweiligen Elite einer Wissensgesellschaft erzeugt Macht, die diese Gruppe wiederum stärkt und die Durchsetzung weiterer Geltungsansprüche ermöglicht. Neben ökonomischen und praktischen Gründen ist dies ein Grund, weshalb die staatliche Macht großes Interesse an der Kontrolle über Wissen hat, denn dadurch kann die eigene Autorität gesichert werden. Wie sie selbst von neuem Wissen profitiert, übt sie in großem Maß Einfluss auf den Inhalt von Wissen einer Wissensgesellschaft, auf dessen Generierung, Anordnung und Inszenierung, aus – durch staatliche Förderung von wissenschaftlichen Gesellschaften und Institutionen sowie durch Forschungsgelder.[12]

In der Wissenschaftsgeschichte wurde und wird teilweise immer noch davon ausgegangen, dass innerhalb der Kultur der frühen Neuzeit ein Bereich eingegrenzt werden kann, der sich durch revolutionäre Charakterzüge auszeichnet. Es herrscht die Vorstellung, dass sich durch diese Kultur eine Trennung zwischen alt und neu hindurchzieht,

---

[11] Burke (2002), S. 240.
[12] Konkreter geht beispielsweise Peter Burke auf dieses Zusammenspiel ein. Burke (2002), S. 139–75.

2.1 Der Begriff des Wissens und das Konzept der wissenschaftlichen Revolution

die auf der Entwicklung des mechanischen und materialistischen Denkens, auf der Mathematisierung der Naturphilosophie und der Entstehung einer gültigen Experimentalwissenschaft gründet.[13] Literatur, die von solchen Prämissen ausgeht und diese zu belegen versucht, wird von Steven Shapin im Zusammenhang mit der ‚wissenschaftlichen Revolution' als traditionelle Literatur bezeichnet.[14] Sie geht davon aus, „dass die wissenschaftliche Revolution einen scharfen, endgültigen Bruch mit der Vergangenheit bedeutet" (Shapin, 1998, S. 196). Daneben existierten aber auch immer Meinungen, die sich für Kontinuitäten im wissenschaftlichen Denken zwischen dem Mittelalter und der frühen Neuzeit und für den Fortbestand des aristotelischen Denkens in der frühen Neuzeit stark machten.[15] In jüngerer Zeit wurde und wird die Vorstellung einer wissenschaftlichen Revolution, die in der frühen Neuzeit stattgefunden haben soll, stark bezweifelt. Es herrscht Skepsis gegenüber der Annahme, dass in der frühen Neuzeit tatsächlich das Ereignis einer wissenschaftlicher Revolution stattgefunden habe. Die Vorstellung eines unumkehrbaren Wandels, der sich zwischen dem Ende des 16. und dem Beginn des 18. Jahrhunderts ereignet haben soll, und die daraus folgende klare Grenzziehung zwischen alt und neu, der Übergang in die Moderne, werden in Frage gestellt. Shapin schreibt: „Die wissenschaftliche Revolution hat es nie gegeben" (Shapin, 1998, S. 9). Er bezweifelt die Vorstellung, dass es sich dabei um die tiefgreifendste Revolution, welcher der menschliche Geist seit der Antike ausgesetzt war, handelt, dass sie der Ursprung des modernen Denkens ist, dass dabei alle Begriffe und Konzepte eine Wandlung erfuhren.[16] Ohne Zweifel fand man in der frühen Neuzeit neue Zugänge zur natürlichen Welt und neue Methoden des Wissenserwerbs, mit welchen man verlässliches Wissen erhalten konnte. Auch die Forschenden selbst bezeichneten ihre Praktiken als neu. Der Begriff einer zeitlich klar lokalisierbaren wissenschaftlichen Revolution aber wird in Zweifel gezogen, ebenso der Begriff von klar abgegrenzten Wissenschaften, die durch die eine Revolution hätten verändert werden können.[17] Auch Katharine Park und Lorraine Daston sprechen sich gegenüber der Auffassung dieser einen wissenschaftlichen Revolution kritisch aus:[18]

> The process of change was gradual and sporadic, shaped well into the first half of the seventeenth century by serious, widespread, and accepted efforts to accommodate ancient texts to newer methods and discoveries (Park und Daston, 2006, S. 8).

---

[13] Shapin (1998), S. 194.
[14] Shapin (1998), S. 196.
[15] Shapin (1998), S. 196f.
[16] Shapin (1998), S. 10.
[17] Shapin (1998), S. 11–14.
[18] Park, Katharine und Daston, Lorraine. ‚Introduction. The Age of the New'. In: *Early modern Science*. Park, Katharine und Daston, Lorraine (Hg.), Cambridge, 2006, S. 1–17.

Wissenschaften werden vielmehr aufgefasst als „ein Bündel vielfältiger kultureller Praktiken, die dem Ziel dienten, die natürliche Welt zu verstehen, zu erklären und zu beherrschen, die aber über je eigene Besonderheiten verfügten und sich auf je eigene Weise veränderten" (Shapin, 1998, S. 12). Die vorliegende Arbeit basiert auf einem solchen Verständnis von Wissenschaften als verschiedenen, gleichzeitig nebeneinander existierenden, sich überkreuzenden, einander beeinflussenden und ablösenden, älteren und neueren kulturellen Praktiken. Wissenschaften entwickeln sich nicht linear hin zu immer besseren Methoden, die ‚wahreres' Wissen erlauben. Bei der Veränderung von Wissenschaften handelt es sich um einen widersprüchlichen, unregelmäßigen Prozess. Auch wenn Pontoppidan seine Naturgeschichte als ersten Versuch einer solchen bezeichnet – dabei darf die rhetorische Wirkung dieser Aussage nicht außer Acht gelassen werden –, bedeutet dies keine plötzliche Veränderung auf allen Ebenen. Seine Feststellung impliziert zwar einen Bruch, nicht aber, wie bereits in der Einleitung aufgezeigt, einen alles umfassenden, vielmehr einen Bruch, der sich auf bestimmte Felder – inhaltlicher und methodischer Art – bezieht. Denn gleichzeitig bleiben gewisse Elemente vorhergehender älterer wissenschaftlicher Denk- und Schreibweisen erhalten, wodurch die heterogene Ausprägung der Naturerkenntnis sichtbar wird.

Ähnlich verhält es sich mit dem Begriff des Wissens, der, wie es die oben präsentierten Annäherungen an den Begriff deutlich machen, nicht als ein statisches Konzept charakterisiert werden kann. Was Wissen genau umfasst, was es bezeichnet, verändert sich mit unterschiedlicher Geschwindigkeit, abhängig vom jeweiligen zeitlichen Kontext und in unterschiedlicher Verbindung mit der jeweiligen Wissensgesellschaft. Aber auch innerhalb einer bestimmten Zeit ist die Verwendung nicht homogen und starr.

Verschiedentlich wurde ein solches Verständnis von Wissen, das von Foucaults Forschungsposition ausgeht, kritisiert und dafür plädiert, den Wissensbegriff einzuschränken. Gideon Stiening spricht in diesem Zusammenhang von der Gefahr eines ‚transdisziplinären Allerleis'.[19] Dass Wissen bisweilen, dem Diskurs ähnlich, als Allbegriff erscheinen kann, bestreitet auch Daniel Fulda nicht. Ihm zufolge wird die Anwendungsweite des Wissensbegriffs aber eingegrenzt „durch die Hinordnung des wissenspoetisch zu erforschenden Wissens auf die Wissenschaften: Als Wissen angesprochen werden diejenigen Kontexte von Wissenschaft, die sich als unentbehrlich für diese erweisen" (Fulda, 20.6.2008, S. 9).

Im Zusammenhang mit der Einschränkung von Wissen wird in der Forschungsliteratur bisweilen zwischen Wissen und Information unterschieden, gründend auf der Unterscheidung zwischen unpersönlicher Information und reflektiertem Wissen. Peter Burke verdeutlicht den Unterschied mithilfe eines Vergleichs aus der Gastrono-

---

[19] Stiening (2007), S. 242. Stiening, Gideon. ‚Am ‚Ungrund': Was sind und zu welchem Ende studiert man ‚Poetologien des Wissens". In: *KulturPoetik. Zeitschrift für kulturgeschichtliche Literaturwissenschaft.* Nr. 7/2. 2007, S. 234–48.

mie: Wird Information „für das, was roh, spezifisch und praktisch ist", verwendet, bezeichnet Wissen „das Gekochte [...], das gedanklich Verarbeitete oder Systematisierte" (Burke, 2002, S. 20). Für eine solche transhistorische Differenzierung plädiert Gideon Stiening.[20] Ausgehend von der Aussage Vogls, dass es „,Poetologien des Wissens' um die Erhebung und Verarbeitung von Daten ebenso wie um deren Repräsentationsformen in verschiedenen – literarischen, wissenschaftlichen oder technischen – Szenarien" (Vogl, 1999, S. 7) geht, kritisiert Stiening, dass für Poetologen und Poetologinnen des Wissens dieses mit Information identisch sei,[21] dass nicht unterschieden werde zwischen Explizitem und Angenommenem, wie dies Burke tut.[22]

In der vorliegenden Arbeit wird jedoch keine scharfe begriffliche Trennung zwischen Information und Wissen, das sich durch den Vorgang der Reflexion auszeichnet, vorgenommen, da mir eine klare Unterscheidung zwischen den beiden Begriffen in diesem Zusammenhang nicht möglich scheint, handelt es sich doch hierbei nur um eine relative Unterscheidung, wie Burke selbst bemerkt, „da unser Hirn alles verarbeitet, was wir wahrnehmen" (Burke, 2002, S. 20). Der Begriff des Wissens muss breit gefasst werden, da der Erzähler von Norges naturlige Historie zwar Grenzen zwischen unterschiedlichen Wissensformen und Aussagetypen zieht, sie aber ohne weiteres nebeneinander präsentiert. Somit gehe ich von der These aus, dass der Erzähler die verschiedenen Aussagetypen in Norges naturlige Historie durch unterschiedliche Verfahren überhaupt erst zu Wissen macht. Ich fasse unter dem Begriff des Wissens für diese Arbeit Formen von objektiviertem Wissen, das nach wissenschaftlichen Standards der damaligen Zeit generiert wurde, und Formen von Alltagswissen zusammen. Genauso zähle ich Formen von Wissen aus Quellen unterschiedlichen Alters, unterschiedlicher Herkunft und unterschiedlicher Textsorten dazu. Von diesen grundsätzlichen Annahmen hinsichtlich des Wissensbegriffs und der Kritik an einer ‚wissenschaftlichen Revolution' beziehungsweise an einem linearen Wissenschaftskonzept geht die vorliegende Arbeit aus.

2.2 Der Wissenskontext von *Norges naturlige Historie*

Orientiert man sich an einem solchen Konzept des Wissens, wie ich es oben umrissen habe, ist davon auszugehen, „dass jede Wissensordnung bestimmte Repräsentationsweisen ausbildet und privilegiert" (Vogl, 1999, S. 13). Grundsätzlich gilt, dass das, was schriftlich festgehalten werden kann, abhängig ist von einer angenommenen Ordnung zu einer bestimmten Zeit. Diese Ausgangslage ist auf sämtliche Zeichen übertragbar und somit auch auf sämtliches Wissen, das in irgendeiner Form von Zeichen

---

[20] Stiening (2007), S. 241ff.
[21] Stiening (2007), S. 241.
[22] Burke (2002), S. 20.

realisiert wird: in Form von Narration, Tabellen, Karten oder Bildern. Daraus resultiert im Zusammenhang mit Pontoppidans Naturgeschichte die Frage nach der Ordnung und der Gestaltung der Wissenssituation in Dänemark-Norwegen im 18. Jahrhundert. Mit welchem Kontext verwoben entstand diese eine bestimmte Repräsentationsweise von Wissen, wodurch wurde sie zu dieser Zeit, verfasst im nördlichsten Bistum der Doppelmonarchie, beeinflusst? Eine Skizzierung der Forschungskultur in Dänemark-Norwegen Mitte des 18. Jahrhunderts – vor allem an den Kopenhagener Institutionen des Wissens –, die den Rahmen, in dem *Norges naturlige Historie* zu verorten ist, umreisst, ist daher angebracht. Sie gibt Einblick in die damaligen Zugänge zum Forschungsgegenstand der Natur, in die Forschungsprämissen und in die Bedingungen der zeitgenössischen Forschung. Weiter macht sie die Breite der damaligen Forschungsinteressen in der Doppelmonarchie sichtbar und legt offen, welche Diskussionen Pontoppidans Naturgeschichte durchziehen und aus welchen sie schöpft.

2.2.1 Institutionen des Wissens

Das Vorwort von *Norges naturlige Historie* bietet einen Einblick in die Wissenssituation der ersten Hälfte des 18. Jahrhunderts:

> Naturens lærerige Bog har mange Blade, som ingen Dødelig endnu har udstuderet, skiønt vor Tider har havt den store Fordeel, at see fra dette Seculi Begyndelse, Natur-Lærens Fremgang befordret ved flere vigtige Opdagelser, end mange foregaaende Secula i Samfund betragtede. Hertil have de næsten i alle europæiske Lande nu omstunder florerende Lærde Selskaber fornemmelig hiulpet, ved indbyrdes Opmuntring, Veyviisning, Advarsel, beskeden Modsigelse, udsendte Observatores, anstillede Forsøg, og befundne Sandheders Meddelelse til almindelig Kundskab, ved aarlig udgivne Skrifter (Pontoppidan, 1977a, Fortale).
>
> Das lehrreiche Buch der Natur enthält viele Blätter, die noch kein Sterblicher durchstudiert hat, obschon unsere Zeiten den grossen Vortheil haben, die Aufnahme der Naturlehre vom Anfange dieses Jahrhunderts an durch viele wichtigere Entdeckungen beföedert [sic] zu sehen, als man in vielen vorhergehenden Jahrhunderten überhaupt nicht finden wird. Hierzu haben die anitzt fast in allen Europäischen Ländern blühende gelehrte Gesellschaften vornehmlich geholfen, und zwar durch innerliche Aufmunterung, durch Anweisuug [sic], durch Warnung, durch bescheidene Wiedersprüche, durch ausgesandte Beobachter, angestellte Versuche, und öffentliche Mittheilung der gefundenen Wahrheiten zur allgemeinen Nachricht in jährlich heraus gegebenen Schriften (Pontoppidan, 1753, Vorrede, S. 26f.).

Das Zitat legt verschiedene Perspektiven auf die Wissenssituation zur Zeit der Entstehung von Pontoppidans Naturgeschichte offen. Die zeitgenössische Forschungssi-

2.2 Der Wissenskontext von Norges naturlige Historie

tuation wird mit derjenigen früherer Jahrhunderte verglichen. Die Lesenden werden über den Kontext informiert und über zur Verfügung stehende Mittel für weitere Erkenntnisförderung in Kenntnis gesetzt. Die Entstehung von *Norges naturlige Historie* ist, aus dem Zitat zu schließen, in einem lebendigen Forschungsumfeld zu verorten, das dem Erzähler zufolge vor allem den aktiven Gelehrtengesellschaften in ganz Europa zu verdanken ist. Diese unterstützten die Forschungsbestrebungen durch Hilfsmittel ideeller, kommunikativer, materieller und finanzieller Art. Von besonderer Bedeutung war im Bereich der Kommunikation das Aufkommen wissenschaftlicher Zeitschriften, „aarlig udgivne Skrifter", „jährlich heraus gegebenen Schriften". Deren Artikel erschienen nicht länger auf Lateinisch, sondern auf Dänisch und Deutsch, wodurch der Inhalt einem breiteren Publikum zugänglich gemacht wurde.

Während der ersten Hälfte des 18. Jahrhunderts begannen sich im dänisch-norwegischen Reich die Wissenschaften in institutionellem Rahmen zu festigen. Dies vor allem in Kopenhagen, wo sich die wichtigsten ‚Sitze des Wissens'[23] der Doppelmonarchie befanden. Unter diesem Begriff fasst Burke traditionelle Stätten wie Klöster, Universitäten, Bibliotheken und Krankenhäuser, aber auch Gasthäuser oder Labors, Buchhandlungen, anatomische Hörsäle, Kanzleien etc. zusammen.[24] Die Etablierung verlief nicht, wie vielleicht anzunehmen wäre, über die 1449 gegründete Universität Kopenhagen, sondern vor allem über die im vorhergehenden Zitat erwähnten wissenschaftlichen Gesellschaften, die in den meisten Ländern Europas seit dem ausgehenden 17. Jahrhundert entstanden. Dänemark erhielt seine erste wissenschaftliche Gesellschaft 1742. Das Gründungsjahr der ersten norwegischen Gesellschaft war 1760.[25] Die damalige Universität wird als konservativ geprägter Betrieb beschrieben, in dem die Vermittlung bereits existierenden Wissens zentral war und aktive Forschung im Bereich der Naturwissenschaft nur auf einem äußerst bescheidenen Niveau betrieben wurde.[26] Es wäre jedoch allzu vereinfachend, das Verhältnis zwischen den neuen Institutionen und den Universitäten als eine polare Konstruktion zu schildern.[27] Vielmehr gab es auf personeller Ebene unterschiedlich starke Verknüpfungen, wie beispielsweise im Fall von Johan Ludvig Holstein zu sehen sein wird, da manche der Gelehrten verschiedenen Institutionen angehörten.

Mit den ungünstigen Bedingungen für zeitgenössische Forschungsmethoden auf universitärer Ebene wusste man umzugehen. Einerseits durch Forschungsimport: Dem König waren gewisse Möglichkeiten der Einflussnahme bei Anstellungen an der Universität gegeben. Er konnte außerordentliche Professuren verleihen und dadurch

---

[23] Burke (2002), S. 71.
[24] Burke (2002), S. 71.
[25] Supphellen und Søvik (1992), S. 7. Supphellen, Steinar und Søvik, Nils. *Det Kongelige Norske Videnskabers Selskab. Ein kort presentasjon*. Trondheim, 1992.
[26] Kragh (2005), S. 12 und S. 54.
[27] Burke (2002), S. 53f.

ausländische Wissenschaftler ins Kopenhagener Forschungsumfeld holen.[28] Andererseits schrieben sich dänische Studenten an ausländischen Universitäten ein, beispielsweise in Uppsala oder im deutschen Sprachraum, um in den Genuss aktueller Forschung zu kommen. Für das Studium an der Universität des pietistisch geprägten Halle, an welcher der Philosoph Christian Wolff lehrte, verteilte Christian VI. Stipendien.[29] Das hatte bei der Rückkehr der Studenten nach Dänemark-Norwegen nicht nur einen Forschungsimport im Bereich der Philosophie zur Folge, die Studenten brachten auch pietistisches Gedankengut mit, das der dänisch-norwegischen Staatsideologie zugute kam. Gleichzeitig förderte die Passivität der Universität die Entstehung außeruniversitärer, oft vom König approbierter Wissensinstitutionen: Neben der bereits erwähnten ‚Videnskabernes Selskab‘, die Ende des 18. Jahrhunderts ihre heute noch verwendete Bezeichnung ‚Det Kongelige Danske Videnskabernes Selskab‘ erhielt,[30] und ‚Det Trondhiemske Selskab‘, die 1767 sieben Jahre nach ihrer Gründung durch königliche Approbation offiziell zu ‚Det Kongelige Norske Videnskabernes Selskab‘ wurde,[31] entstanden ab Mitte des 18. Jahrhunderts weitere Gesellschaften: Im naturwissenschaftlichen Bereich waren dies ‚Natural- og Husholdnings-Cabinettet‘ (1759), ‚Det Kongelige Danske Landhusholdningsselskab‘ (1769) und ‚Naturhistorie-Selskabet‘ (1789). Die Approbation durch den König, die Akzeptanz des Staatsoberhaupt, war für die Gesellschaften und Akademien nützlich, verhalf sie doch zu größerem Ansehen im In- wie im Ausland.

Die Gesellschaften waren von der Universität losgelöst oder nur locker mit ihr verbunden und kamen in der Regel immer aufgrund privater Initiativen zustande. Finanziell getragen wurden sie in unterschiedlicher Zusammensetzung von privaten Investoren, öffentlichen Geldern und teilweise, wie bereits erwähnt, von Mitteln des Königs. Diese Gesellschaften zeichneten sich durch die Förderung neuer Denkweisen und durch die Förderung der Wissenschaften in unterschiedlichen Formen aus: durch Stipendien zur Unterstützung von Forschungsprojekten oder Exkursionen, durch die Herausgabe von Zeitschriftenreihen in der Volkssprache und durch öffentliche Vorträge. Sie stellten einen Ort des Wissensaustauschs dar, an dem Diskussionen angeregt wurden. Die neuen Gesellschaften „boten Möglichkeiten für Erneuerung, für neue Ideen, neue Denkweisen, neue Themen sowie für Erneuerer, egal, ob sie akademisch respektabel waren oder nicht. Aufmerksamkeit verdient auch die Tatsache, dass an diesen Orten die Diskussion gefördert wurde. Intellektuelle Debatten sind stark durch die Formen von Soziabilität bestimmt und durch die sozialen Netzwerke, in welchen sie stattfinden [...]. [S]ie förderten die Entstehung intellektueller Gemeinschaften, so-

---

[28] Kragh (2005), S. 14.
[29] Kragh (2005), S. 47 und S. 208.
[30] Kragh (2005), S. 58.
[31] Supphellen und Søvik (1992), S. 3.

2.2 Der Wissenskontext von Norges naturlige Historie

wohl kleiner, eher intimer Gruppen von Einzelpersonen als auch der größeren Gemeinschaft der Gelehrtenrepublik, die durch gegenseitige Besuche, vor allem aber durch Korrespondenz, ihren Zusammenhalt fand" (Burke, 2002, S. 58). Zugleich nahmen die verschiedenen Gesellschaften auch an Debatten innerhalb der Gemeinschaft der europäischen Gelehrtenrepublik teil. Zweck der naturwissenschaftlich ausgerichteten Gesellschaften war der Aufbau eines attraktiven und aktiven Forschungsumfelds und die Unterstützung von Forschenden. Durch gewonnenes Wissen wünschte man einerseits, in den europäischen Diskussionen der Zeit mithalten zu können, andererseits strebte man direkte Verbesserungen hinsichtlich der Herstellungsprozesse von eigenen Gütern und eine Steigerung der Gewinne an. Dadurch versuchte man, sich innerhalb der europäischen Wirtschaft eine bessere Ausgangslage zu verschaffen. Auch die Bildung der Allgemeinheit war bei gewissen Gesellschaften zentral. Es entstanden folglich Wechselwirkungen zwischen Forschenden und Investierenden, zwischen Naturwissenschaften und Religion und die Gesellschaftsmitglieder profitierten gegenseitig voneinander. Gelehrte Gesellschaften beschränkten sich nicht auf die Naturgeschichte und die Naturwissenschaften, wie ein Blick auf Dänemark-Norwegen zeigt: Im Jahre 1745 wurde ‚Det Kongelige Selskab for Fædrelandets Historie', die königliche Gesellschaft der Geschichte des Vaterlands gegründet,[32] neun Jahre später ‚Det Kongelige Danske Kunstakademi'[33] und im Jahre 1759 ‚Selskabet til de skjønne og nyttige Videnskabers Forfremmelse', die Gesellschaft zur Förderung der schönen und nützlichen Wissenschaften.[34]

So ähnlich die Grundzüge der Gesellschaften, von denen sich die meisten an denselben Vorbildern in Paris und London aus dem 17. Jahrhundert orientierten, so unterschiedlich waren sie ausgestattet. Die ‚Videnskabernes Selskab', die im Machtzentrum des dänisch-norwegischen Reichs angesiedelt war, wies beispielsweise gegenüber ‚Det Trondhiemske Selskab', die an der Peripherie der Doppelmonarchie lag, eine viel engere Anbindung an die Regierung auf, was sich auch an den Gründungsmitgliedern der jeweiligen Gesellschaft zeigt. Wurde die Gesellschaft in Trondheim von Bischof Johan Ernst Gunnerus, dem Rektor der Kathedralschule Gerhard Schøning und dem Staatsrat Peter Friderich Suhm ins Leben gerufen, die allesamt nicht zu den engsten Vertrauten des Königs gehörten, zählen zu den Gründern der dänischen Gesellschaft Personen aus dem engsten Regierungszirkel des Staatsapparats der Doppelmonarchie: Geheimkonferenzrat Johan Ludvig Holberg, der ihr erster Präsident war,[35] Justizrat und königlicher Historiograph Professor Hans Gram, Theologieprofessor Erik Pontoppi-

---

[32] Danmarks Nationalleksikon (1998b), S. 126. Danmarks Nationalleksikon. *Den Store Danske Encyklopædi*. Bd. 11. Kopenhagen, 1998b.
[33] Danmarks Nationalleksikon (1994), S. 177. Danmarks Nationalleksikon. *Den Store Danske Encyklopædi*. Bd. 1. Kopenhagen, 1994.
[34] Danmarks Nationalleksikon (1994), S. 176.
[35] Kragh (2005), S. 58.

dan sowie der Sekretär der dänischen Kanzlei Henrik Henrichsen. Diese Gesellschaft war somit nicht nur eng mit der Machtbasis in Kopenhagen verbunden, sondern auch mit der Universität, der Holberg als Patron vorstand – Kragh bezeichnet die Gesellschaft als inoffiziellen Teil des Staatsapparats.[36] Der Gesellschaft in Trondheim fehlte die Anbindung an eine Universität gänzlich, sie war aber mit Johan Ernst Gunnerus an der Spitze in den stärksten, am besten organisierten Teil des dänisch-norwegischen Staats, in die Kirchenadministration, eingebunden.[37]

Zu diesen außeruniversitären Institutionen des Wissens ist auch die etwas außerhalb Kopenhagens liegende ‚Sorøe Ridderlige Academie' zu zählen, die 1747 von Frederik V. wiedererrichtet wurde; ein Unterfangen, das durch die Zusammenarbeit von Hans Gram, Henrik Reuss, der zu dieser Zeit Amtmann des Regierungsbezirks Sorø war,[38] Johan Ludvig Holstein und Ludvig Holberg zustande kam. Dabei lieferte Holberg durch eine große testamentarische Donation die wirtschaftliche Grundlage der Akademie. Im Gegenzug erhielt er den Titel eines Barons.[39] Die Sorø Akademie war bereits 1623 von Christian IV. gegründet, ihr Betrieb aber nach den Schwedischen Kriegen im Jahr 1665 niedergelegt worden. Ziel der erneut aufgebauten Sorø Akademie war die Ausbildung junger Adeliger in Theologie, Philosophie, Mathematik, Beredsamkeit, Geschichte, Sprache und in den sogenannten Kameralwissenschaften, die Rechtswissenschaft, Staatskunde und Wirtschaft umfassten, um sie ganzheitlich auf eine Karriere als Hof- und Staatsbeamte vorzubereiten. Außerdem sollten die Studenten praktische Fähigkeiten wie Fechten, Tanzen und Reiten erlernen.[40] Diese Institution stellte folglich keine Konkurrenz zur Universität Kopenhagen dar, es wurde nicht primär auf Theologie, Rechtswissenschaft und Medizin fokussiert. Nicht-Adelige konnten zwar nicht in die Akademie aufgenommen werden, es war ihnen aber erlaubt, Vorlesungen zu besuchen.[41] Agronomische und naturhistorische Wissenschaften fehlten im Programm der Sorø Akademie und in den naturwissenschaftlichen Bereichen war die Akademie während dieser Zeit nur von geringer Bedeutung.[42] Allen voran setzte sich der dänische Philosoph Jens Kraft für ihr Bestehen ein, er erhielt im Gründungsjahr, in dem er auch in die dänische wissenschaftliche Gesellschaft aufgenommen wurde, eine Professur für Philosophie und Mathematik.[43]

---

[36] Kragh (2005), S. 58.
[37] Andersen (2009), S. 42. Andersen, Håkon With u. a. *Aemula Lauri. The Royal Norwegian Society of Sciences and Letters. 1760–2010.* Sagamore Beach, 2009.
[38] Jørgensen (1982), S. 157. Jørgensen, Harald. ‚Reuss, Heinrich VI'. In: *Dansk biografisk leksikon.* Bd. 12. Cedergreen Bech, Sven (Hg.), Kopenhagen, 1982, S. 157.
[39] Kragh (2005), S. 67.
[40] Koch (2003), S. 171. Koch, Carl Henrik. *Dansk oplysningsfilosofi.* Kopenhagen, 2003.
[41] Kragh (2005), S. 67f.
[42] Kragh (2005), S. 69.
[43] Gilje und Rasmussen (2002), S. 395.

2.2.2 Erforschung des Eigenen

Der Abschnitt des zu Beginn dieses Kapitels erwähnten Zitats: „flere vigtige Opdagelser, end mange foregaaende Secula i Samfund betragtede", „viele wichtigere Entdeckungen befödert zu sehen, als man in vielen vorhergehenden Jahrhunderten überhaupt nicht finden wird", spricht indirekt europäische Wissenschaftler an, die außerhalb des alten Kontinents auf der Suche nach dem Seltenen und Exotischen sind. Gleichzeitig macht er auf die Tatsache aufmerksam, dass Forscher die eigene, gewöhnliche Natur, von der sie selbst umgeben sind, wahrzunehmen beginnen; eine auseinanderdriftende Bewegung der Wahrnehmung der Natur, die seit der frühen Neuzeit im Gang ist. Die geschlossene Welt wird zu einem unendlichen Universum, Wissen erhält eine kumulative Konnotation.[44]

Als Beispiele für Forscher, die sich von Dänemark aus, dem Exotischen auf der Spur und auf neue Erkenntnis hoffend, über die Grenzen von Festlandeuropa hinaus begaben, sei hier auf Frederik Ludvig Norden, Eggert Ólafsson und Bjarni Pálsson verwiesen. Norden war von 1737 bis 1738 Leiter einer Expedition nach Afrika, die nicht primär auf die Generierung von neuem Wissen aus war, sondern beabsichtigte, mit dem Kaiser von Äthiopien Handelsverbindungen zu knüpfen. Dies gelang jedoch nicht, da die Reisenden noch vor dem eigentlichen Ziel umkehren mussten. Norden verfasste über diese Reise im Auftrag von Christian VI. einen Bericht, den die ‚Videnskabernes Selskab' posthum herausgab: *Voyage de l'Egypte et de Nubie* (1755).[45] Dieser Bericht stellt nicht die ursprüngliche Absicht des Unternehmens, die Aufnahme von Handelsbeziehungen mit dem Kaiser von Äthiopien ins Zentrum. Vielmehr wird die Reise als durch und durch wissenschaftliche Expedition im Dienst der Erkenntnisförderung dargestellt, der Bericht auf französisch verfasst und als Prachtausgabe präsentiert, wodurch sich die dänische Gesellschaft Ansehen in Europa erhoffte.[46] Die Wahl der Publikationssprache Französisch war eine Ausnahme. Die Sprache, die am häufigsten für dänische wissenschaftliche Texte verwendet wurde, die man außerhalb Dänemarks verkaufen wollte, war Deutsch.[47]

Anders verhielt es sich mit den beiden Isländern, mit Eggert Ólafsson und Bjarni Pálsson, welche die ‚Videnskabernes Selskab' konkret mit der Aufgabe, Island zu erforschen, in ihr Heimatland schickte. Die Resultate dieser Reise erschienen posthum im Jahre 1772 in *Reise igiennem Island*. Weitere Regionen, die von Festlanddänemark aus erforscht wurden, waren die zum Königreich zählenden Färöer und Grönland.

Von Interesse waren auch die von der Doppelmonarchie kolonialisierten Gebiete. Dazu gehörten Ende des 18. Jahrhunderts das in der Karibik liegende Dansk Vestindien

---
[44] Burke (2002), S. 136.
[45] Kragh (2005), S. 214.
[46] Kragh (2005), S. 214.
[47] Frøland (1974), S. 85.

(Jungfraueninseln), Tranquebar und Frederiksnagore (Serampore) an der indischen Ostküste sowie die Inselgruppe Niobarerne (Frederiksinseln) im Golf von Bengalen und Dansk Guinea, ein rund 200 km langes Gebiet an der westafrikanischen Küste. Dänemark-Norwegen hatte nur geringes Interesse an der wirtschaftlichen Entwicklung des tropischen Kolonialreichs, Naturalien und ethnographische Gegenstände waren aber begehrte Sammlerobjekte.[48]

Über die Beschreibung und den Import des Exotischen wurde die Erforschung des Eigenen angetrieben. Diese Bewegung hin zum Eigenen gründete auf der Annahme, dass auch eigene Pflanzenarten, das eigene Mineralienvorkommen, die eigene Natur versteckten Wert beinhalten könnte.[49] Phänomene und Objekte der umgebenden Natur wurden mithilfe von Wissen aus anderen Ländern erörtert, umgekehrt diente Wissen aus den eigenen geographischen Gebieten Forschern zur Erkenntnisgewinnung in fernen Ländern. Somit setzten eine Dokumentation der lokalen Natur und eine Systematisierung des Eigenen ein, die in örtlichen Floren oder Faunen oder in Naturgeschichten, die größere Gebiete umfassten, dargestellt wurden.[50] Zwei übergreifende Tendenzen kristallisierten sich heraus: Einerseits wurde durch diese Forschung das Wissen über die Natur im Allgemeinen, andererseits im Speziellen das Wissen über die eigene Natur gefördert.[51] Pontoppidans Naturgeschichte ist vor diesem Hintergrund zu positionieren, was in der Einleitung sichtbar wird:

> Norden for os boer intet poleret Folk, for hvis skyld nogen skulle foretage sig en Giennemreyse, hvilket ellers ofte giver Anledning til at oplyse andre Landes naturlige Historie. Just derfor kunde det saa meget destomere behøves, at den Deel af vores adelige of studerende Ungdom i Danmark, som anstiller kostbare Reyser for a besee fremmede Lande først forpligtedes til at perlustrere i det mindste paa et halv Aars Tiid, deet med Danmark saa nær foreenede Kongerige (Pontoppidan, 1977a, Fortale).

> Nordwärts von uns wohnt kein polirtes Volk, um deren Willen jemand durch Norwegen reisen sollte, welches sonst oft Anleitung giebt, die natürliche Historie anderer Länder aufzuklären. Eben daher könte es um so viel destonöthiger seyn, dass einige unserer in Dännemark studirenden jungen Edelleute, die, um fremde Länder zu besehen, kostbare Reisen in fremde Länder unternehmen, zuerst verpflichtet würden, zum wenigsten auf ein halb Jahr dieses mit Dännemark so nahe vereinigte Königreich zu betrachten (Pontoppidan, 1753, Vorrede, S. 37).

---

[48] Kragh (2005), S. 226.
[49] Cooper (2007), S. 10.
[50] Cooper (2007), S. 4.
[51] Cooper (2007), S. 2.

2.2 Der Wissenskontext von Norges naturlige Historie

Der Erzähler beklagt die Situation hinsichtlich des Forschungsinteresses von Dänemark und dem übrigen Ausland für die nördlicheren Regionen des dänisch-norwegischen Königreichs. Parallel zur Forderung von Ludvig Holberg in seiner Epistel 63,[52] die mehr „Fædernelandets Historie, Stæders og Provinciers Beskrivelser, Videnskaber" (Holberg, 1944, S. 273), also mehr über die Geschichte des Vaterlands, Beschreibungen von Orten und Provinzen, Wissenschaften, anstelle von unnützen Übersetzungen neuster englischer Romane verlangt, plädiert der Erzähler in *Norges naturlige Historie* dafür, obwohl Expeditionen in fremde Länder wünschenswert sind, zuerst die eigenen Regionen zu erforschen. Es wäre

> [...] vore unge Staats-Mænd uden Tvivl langt nyttigere end at kunde decidere, enten de Rhinske, Italienske, Franske eller Spanske Viine bør have Fortrinet. Men angaaende Fornødenheden af deres nøyere Kundskab om Norge, da meener jeg den falder, om ikke andre, saa dog en Normand strax i Øyet, ja i Haanden, naar han haandgribelig merker, at ofte mangen saadan god Mand eller Herre, som ellers med Føye beklæder et Ære-Sæde i en Over-Ret, et Regierings-Collegio eller deslige, undertiden ikke er forsiunet med noget rigtigt Begreb om det, som hører til Idiotismum Norvegicum, eller hvorved dette Lands Art og Egenskab aldeles viger af fra den Danske (Pontoppidan, 1977a, Fortale).

> [...] ohne Zweifel unsern jungen Staatsleuten weit nützlicher [...] als wenn sie unterscheiden können, ob die rheinschen, italiänischen, französischen oder spanischen Weine den Vorzug verdienen. Allein die Nothwendigkeit einer genauern Kenntniss von Norwegen betreffend, so glaube ich, es werde diese wo nicht andern, doch einem Normanne so gleich ins Auge, ja in die Hände fallen, wenn er handgreiflich bemerkt, dass oft mancher wackerer Mann oder Herr, der sonst mit allem Fug eine Ehrenstelle in einem Obergerichte, in einem Regierungsrathe und dergleichen bekleidet, zuweilen keinen richtigen Begriff davon hat, was zur eigentlichen und besondern Beschaffenheit von Norwegen gehöret, oder wiefern die Art und Eigenschaft dieses Landes gänzlich von Dänemark abweicht (Pontoppidan, 1753, Vorrede, S. 37f.).

Im Fokus steht der Wissenserwerb über die Besonderheiten und Eigenschaften der eigenen Umgebung.

2.2.3 Verortung von *Norges naturlige Historie* im Geflecht anderer Texte über die norwegische Natur

Ich verorte Pontoppidans Naturgeschichte, trotz ihres Titels *Første Forsøg paa Norges naturlige Historie*, der sie als ersten Versuch einer norwegischen Naturgeschichte bezeichnet, in einem Geflecht, das sich aus älteren und jüngeren sowie einigermaßen

---
[52] Holberg, Ludvig. *Epistler. Udgivne med Kommentar af F. J. Billeskov Jansen.* Bd. 1. Epistel 1–81. Kopenhagen, 1944.

zeitgleichen Darstellungen über die norwegische Natur zusammensetzt. Von einer Situierung in einem Geflecht spreche ich deshalb, weil die Naturgeschichte in dieser Abhandlung nicht als Produkt einer linearen Entwicklung vom erstmaligen Schreiben über die Natur bis ins 18. Jahrhundert verstanden wird. Die bisherige Forschung zeichnet sich, wie bereits in der Einleitung angesprochen, durch die Tendenz aus, *Norges naturlige Historie* in eine Traditionslinie zu setzen, ausgehend von der aus dem 16. Jahrhundert stammenden *Hamarkrønike*[53] oder von Absalon Pederssøn Beyers aus den 1560ern stammenden Text *Om Norgis Rige*,[54] der als ältester bekannter Versuch einer zusammenhängenden Schilderung Norwegens nach der Reformation gilt,[55] über die später erscheinenden Texte von Peder Claussøn Friis *Om Diur, Fiske, Fugle, og Træer udi Norrige* von 1599 und *Norriges oc omliggende Øers sandfærdige Bescriffuelse* aus dem Jahr 1632. Die Linie wird weiter gezogen über Jens Lauritzsøn Wolfs *Norrigia Illustrata* (1651) und Arent Berntsens *Danmarckis oc Norgis Fructbar Herlighed* (1656). Eine andere Forschungstradition sieht *Norges naturlige Historie* als Prototyp der topographischen Literatur, die oft von progressiven Pfarrern betrieben wurde, die sich der Untersuchung des Tier-, Pflanzen- und Mineralienreichs widmeten und sich mit sozialen und ökonomischen Fragen beschäftigten.[56]

Auf den ersten Blick zeigen sich Ähnlichkeiten, die zu einer Einreihung auf einer Zeitachse einladen. Eine scheinbare Ähnlichkeit zwischen Texten, die als Vorläufer oder Nachfolger von Pontoppidans Naturgeschichte zu bezeichnen wären, weist das im Buch vermittelte Wissen über die Natur des geographischen Gebiets Norwegen auf. Auch wenn in Texten, die vor, zeitgleich mit oder nach Pontoppidans Naturgeschichte publiziert wurden, von ‚Natur' gesprochen wird, hat der Begriff ‚Natur' einen anderen Inhalt, umfasst er anderes Wissen. Der Begriff der Natur wird aus als Wissen bezeichneten Elementen zu einer bestimmten Zeit und vor einem bestimmtem Hintergrund konstituiert, der sich durch unterschiedliche Tendenzen – beispielsweise durch ökonomische, historische oder pietistische – auszeichnet. Dasselbe gilt für den Begriff ‚Beschreibung' der in Holbergs *Danmarks og Norges beskrivelse* (1729) oder in Jonas Ramus 1715 erschienenen *Norriges Beskrivelse* Teil des Titels ist, außerdem auch bei Hans Strøms *Physisk og Oeconomisk Beskrivelse over Fogderiet Søndmør* (1762/66). Die drei Publikationen erschienen nur wenige Jahre vor und nach Pontoppidans Naturgeschichte und der Begriff der Beschreibung umfasst in jedem Text andere Elemente des Wissens. In Holbergs *Danmarks og Norges beskrivelse* bezieht er sich vor allem auf die historischen Verhältnisse und nicht auf die physischen oder topographischen Aus-

---

[53] Gilje und Rasmussen (2002), S. 263.
[54] Glauser (2006), S. 58. Glauser, Jürg. ‚Frühe Neuzeit (1500–1720)'. In: *Skandinavische Literaturgeschichte*. Glauser, Jürg (Hg.), Stuttgart/Weimar, 2006, S. 51–78.
[55] Bætzmann (1880), S. 1. Bætzmann, Fredrik (Hg.). *Norge. Uddrag af ældre og nyere Forfatteres Skrifter.* Kopenhagen, 1880.
[56] Kragh (2005), S. 114.

2.2 Der Wissenskontext von Norges naturlige Historie

prägungen der Doppelmonarchie. Er beinhaltet beispielsweise einen Überblick über die dänischen Könige der Oldenburger Linie oder informiert die Lesenden über die Religions- und Rechtsverhältnisse. In Jonas Ramus' *Norriges Beskrivelse, hvorudi dette Riges Strekning, Beskaffenhed og Deeling udi visse Lehn, Biskopsdømmer, Provstier, Præstegield, Laugdømmer, Fogderier, Tinglaug etc, Saavelsom Indbyggernes Tilstand og Næring forestilles* geht bereits aus dem ausführlichen Titel hervor, dass der Begriff der Beschreibung hier einen anderen Inhalt umfasst, beziehungsweise in einem anderen Kontext verwendet wird. Bei Strøm beschränkt sich im Gegensatz zu den anderen Texten die Beschreibung auf das geographische Gebiet von Sundmøre. Weder die beschriebenen Objekte und Phänomene noch das beschriebene geographische Gebiet oder die beschreibenden Methoden der Wahrheitsfindung sind durchgehend dieselben. In jedem neuen Text verbleiben gewisse Elemente, während weitere hinzukommen und/oder andere ablösen.

Dies soll kurz am Beispiel der Behandlung des ,Søorms', der Seeschlange, ausgeführt werden. Peder Claussøn Friis ist in *Norriges oc omliggende Øers sandfærdige Bescriffuelse* aus dem Jahr 1632[57] Gilje und Rasmussen zufolge der erste, der dieses Phänomen im Zusammenhang mit Norwegen auf eine systematische Weise diskutierte.[58]

> Udi forskreffne Lundevand sigis at være en stor Siøorm [...] lige som det oc er
> i det store vand Miøs paa Hedmarcken / huilcke store Hafforme / jeg tæncker
> at være kommen i disse ferske Siøer ved Regn (Friis, 1632, S. 59).

> Man sagt, dass es im beschriebenen Lundevand eine grosse Seeschlange gibt,
> wie auch eine im grossen See Miøs in Hedmarcken. Ich glaube, dass solch große
> Meerschlangen durch Regen in diese Seen gelangt sind (Übersetzung d. V.).

Dieser Ausschnitt aus der Schilderung über die Seeschlangen beruft sich auf Überlieferungen, die der Erzähler nicht überprüft. Er stellt die Existenz solcher Lebewesen nicht in Frage. Vielmehr geht er direkt dazu über, weiteres Wissen über sie zu vermitteln. Er erklärt, wie Seeschlangen vom Meer in Seen gelangen: Samen oder Jungtiere von Seeschlangen werden von tief über dem Meer liegenden Wolken emporgehoben und durch Regen in diese Gewässer transportiert[59] – eine Vermehrungstheorie, die vor allem im 17. Jahrhundert verbreitet war, auf die aber auch noch im 18. Jahrhundert, auch in *Norges naturlige Historie*, zurückgegriffen wird. Der Erzähler in Pontoppidans Naturgeschichte äußert zuerst Zweifel an den Geschichten über das Vorkommen von Seeschlangen. Anhand eines Protokolls über eine Zeugenbefragung in Bergen aus dem

---

[57] Friis, Peder Claussøn. *Norriges oc omliggende Øers sandfærdige Bescriffuelse. Indholdendis huis vært er at vide, baade om Landsens oc Indbyggernis Leilighed oc Vilkoor, saa vel i forum Tid, som nu i vore Dage.* Kopenhagen, 1632.

[58] Gilje und Rasmussen (2002), S. 271.

[59] Friis (1632), S. 59.

Abbildung 2.1: *Norges naturlige Historie*, 1977b, S. 318.

Jahr 1751, in dem zwei Seeleute den Bericht ihres Kapitäns von der Erfahrung mit einer Seeschlange beschwören, sichert er aber das Wissen über das Vorkommen dieser Geschöpfe ab. Im Gegensatz zu Claussøn Friis gründet seine Überzeugung auf einem Verifizierungsverfahren, in dem die Gewichtung der Augenwahrnehmung, die Beobachtung und die Erfahrung einzelner Personen zu einem bestimmten Zeitpunkt an einem bestimmten Ort relevant sind. Die aus dieser wahrheitsgenerierenden Methode resultierende Gewissheit zeigt sich in *Norges naturlige Historie* in zwei neuen Darstellungen von Seeschlangen (Abb. 2.1).

In Paragraph VII des Kapitels, das sich im zweiten Teil der Naturgeschichte mit den Meermonstern befasst, schreibt der Erzähler: „Derimod giver jeg en anden Tegning, mig tilstillet ved forbemeldte Velærv. Hr. Hans Strøm, hvilken han efter eget Øyesyn har forfærdiget" (Pontoppidan, 1977b, S. 323), er würde dagegen eine andere Zeichnung präsentieren, die ihm vom zuvor erwähnten ehrwürdigen Herrn Hans Strøm zugestellt wurde, die dieser nach seiner eigenen Wahrnehmung angefertigt hat. Dabei handelt es sich um jenen Hans Strøm, der sich einige Jahre später selbst in *Physisk og Oeconomisk Beskrivelse over Fogderiet Søndmør* (1762/66) mit dem Phänomen der Seeschlange auseinandersetzte. In diesem Text liest man:

> […] omendskiønt jeg for min Part ingen Aarsag har at tage dens Virkelighed i Tvivl, som af saa mange troværdige Mennesker bekræftes; saa er det dog langt fra, at jeg drister mig til at beskrive dens egentlige Skabning […]. De faa Gange

2.2 Der Wissenskontext von Norges naturlige Historie

> jeg selv har seet dette Phænomenon paa Søen, har det ikke viset sig saa tydelig over Havbrynen, at dets Skabning derefter kunde bestemmes; men en Deel Øiensynlige og meget troværdige Vidners Beretning har givet mig Andledning til at giøre et Udkast til dette Dyrs Aftegning saaledes, som det i foranførte Norg. Nat. Hist. 2. D. Pag. 318. i Kobberstik sees forestillet (Strøm, 1762, S. 206f.).

> [...] obschon ich für meinen Teil keinen Grund habe, ihre Existenz zu bezweifeln, die von so vielen glaubwürdigen Personen bestätigt wird; so bin ich aber weit davon entfernt, dass ich mich erdreisten würde, ihre eigentliche Erscheinung zu beschreiben [...]. Die wenigen Male, bei welchen ich dieses Phänomen auf dem Meer selbst gesehen habe, zeigte es sich nicht so deutlich am Meereshorizont, dass die eigentliche Gestalt hätte ausgemacht werden können; aber einige Schilderungen von äußerst glaubwürdigen Augenzeugen gaben mir Anlass dazu, einen Entwurf vom Abbild des Tiers anzufertigen, so, wie er in der zuvor erwähnten Norg. Nat. Hist. 2. D. Pag. 318. in einem Kupferstich dargestellt ist (Übersetzung d. V.).

Strøms Text, der auf die Zeichnungen verweist, die als Kupferstich in *Norges naturlige Historie* die Seeschlangen illustrieren, unterscheidet deutlich zwischen der eigenen Beobachtung und derjenigen anderer. Ausgehend von der Übereinstimmung der Aussagen von anderen glaubwürdigen Zeugen wird in diesem Text die Existenz von Seeschlangen akzeptiert.[60] Es folgen aber zwei auffällige Bemerkungen: „Den Slangeformige Bevægelse, som i en lang Række sees på det stille Hav, fører naturligviis med sig den Forestilling om en Orm eller Slange" (Strøm, 1762, S. 206f.), Die schlangenförmige Bewegung, die in einer langen Linie auf dem stillen Meer gesehen wird, führt natürlich zur Vorstellung eines Wurms oder einer Schlange (Übersetzung d. V.), und

> at der gives nogle, som holde for, at den usædvanlige og Slangeformige Bevægelse paa Søen, hvilken man i Almindelighed tilskriver Søe-Ormen, egentlig skulde foraarsages af visse Fiske (Strøm, 1762, S. 207).

> dass es einige gibt, die davon ausgehen, dass die außergewöhnliche und schlangenförmige Bewegung auf dem Meer, welche man üblicherweise der Seeschlange zuschreibt, eigentlich von gewissen Fischen verursacht werden soll (Übersetzung d. V.).

Während also Claussøn Friis' Text keine Zweifel äußert und sich der Erzähler auf die Autorität von Quellen aus zweiter Hand stützt, zweifelt der Erzähler in Pontoppidans Naturgeschichte zu Beginn an der Existenz solcher Lebewesen, verwirft die Zweifel aber angesichts des Eids der beiden Seeleute. In Strøms Text wird das Vorkommen der Seeschlangen zuerst nicht angezweifelt, der Erzähler bedient sich wie Claussøn Friis

---
[60] Gilje und Rasmussen (2002), S. 274.

der Methode der Wahrheitsfindung durch Rückgriff auf Bezeugung der Sache durch glaubwürdige, aber nicht beim Namen genannte Quellen. Der Glaube an die Existenz in Strøms Text wird dennoch doppelt in Frage gestellt. Erstens durch eine Art Verdrehung: Plötzlich steht nicht mehr die Seeschlange im Zentrum, sondern ein Phänomen auf der Wasseroberfläche, eine „Slangeformige Bevægelse", welche die Vorstellung einer Seeschlange erweckt, allein aber keinen Beweis erbringt. Und zweitens findet ausgehend von dieser Verdrehung eine Verschiebung des Analysefokus statt: Wenn diese schlangenförmigen Bewegungen möglicherweise gar nicht von einer Schlange verursacht werden, wer verursacht sie dann?

Alle drei Texte äußern sich zur Existenz von Seeschlangen. Sie gehen davon aus, dass solche Lebewesen existieren. Das Beispiel der Behandlung der Seeschlange zeigt aber, dass die Quellen, die verwendet werden, und die Argumentationsverfahren, die diese Behauptung zu ,wahrem' Wissen machen, sich trotz Ähnlichkeiten grundlegend unterscheiden.

Eine weitere scheinbare Ähnlichkeit zwischen Texten, die als Vorläufer oder Nachfolger von Pontoppidans Naturgeschichte zu bezeichnen wären, ist das Medium Buch, in dem das Wissen dargestellt wird. Aber auch die Materialität des Buches – die physische Form, von der ein Text abhängig ist, um als Text zu existieren[61] – verliert bei näherer Betrachtung die einheitliche Erscheinung, ganz abgesehen davon, dass gewisse Texte beispielsweise von Absalon Pederssøn Beyer lange Zeit nur als Handschriften vorhanden waren und erst viel später gedruckt wurden.[62] Die englische Übersetzung von *Norges naturlige Historie*, *The Natural History of Norway*, und die deutsche, *Versuch einer natürlichen Historie von Norwegen*, präsentieren sich hinsichtlich der Materialität in einer von der dänischen Originalausgabe völlig anderen physischen Form – eine Feststellung, auf die ich im fünften Kapitel zurückkehren werde. Aber auch Vergleiche zwischen den verschiedenen Texten, die sich vor, zeitgleich mit und nach *Norges naturlige Historie* mit der Beschreibung Norwegens beschäftigen, weisen Unterschiede in der physischen Form auf: Betrachtet man die paratextuellen Elemente wie Fußnoten, Marginalien, Titel oder Illustrationen, gestalten sich diese von Text zu Text anders, und in gegenseitiger Abhängigkeit ist dies ebenfalls bei der Strukturierung des naturhistorischen Wissens der Fall. Die physische Form erscheint als zusammenhaltende Einheit, als Form, die Diskurse zu einem bestimmten Zeitpunkt fassbar macht, als Medium, das eine Momentaufnahme präsentiert und durch die eben ihre eigene Materialität auf bestimmtes Wissen hinweist. Sie wird jedoch, abhängig von Zeit und kulturellem Kontext, durch andere Elemente konstituiert.

Schließlich positioniert auch der Erzähler *Norges naturlige Historie* nicht als Glied, das sich an eine lange Traditionskette von Naturgeschichten anhängt, wie bereits aus

---

[61] Asdal (2008), S. 141. Asdal, Kristin u. a. (Hg.). *Tekst og historie. Å lese tekster historisk*. Oslo, 2008.
[62] Bætzmann (1880), S. 1.

2.2 Der Wissenskontext von Norges naturlige Historie

der Einleitung zu dieser Arbeit hervorgeht.[63] Aus diesen Gründen betrachte ich *Norges naturlige Historie* als Knoten in einem Geflecht zwischen verschiedenen anderen Darstellungen über die norwegische Natur, älteren, zeitgleichen und neueren. In einem solchen Verständnis wird auch ihre Position als Prototyp der dänisch-norwegischen Naturgeschichte in Frage gestellt, auf welche die ab ca. 1760 im Bereich der naturhistorischen Literatur ansteigenden Publikationszahlen bisweilen zurückgeführt werden. Dieser Anstieg ist nur beschränkt auf *Norges naturlige Historie* zurückzuführen, vielmehr ist von einer Widerspiegelung der sich ändernden Situation im 18. Jahrhundert auszugehen: sich verändernde Textkulturen, politische Interessen und Gesellschaftsstrukturen.

2.2.4 Partizipationsmöglichkeiten am Wissensprojekt

Das Verständnis von Wissen und die Teilnahmebedingungen am Wissensprojekt einer gegebenen Zeit sind nicht vom politischen und religiösen Kontext zu trennen. Dänemark-Norwegen war im 18. Jahrhundert geprägt von der absolutistischen Verfassung aus dem Jahre 1660,[64] die unter Frederik III. (1648–1670) in Kraft trat, und beeinflusst von der pietistischen Bewegung, die gegen Ende der Regierungszeit von Frederik IV. (1699–1730) nach Dänemark-Norwegen gelangte und ihre größte Ausbreitung unter Christian VI. (1730–1746) als vorgeschriebene Staatsreligion erreichte. Die Bezeichnung dieser religiösen Bewegung stammt vom lateinischen Begriff ‚pietas', der Frömmigkeit. Zentral sind dabei die persönliche Gottesfurcht und der persönliche Glaube. Die zwei wichtigsten Vertreter des Pietismus waren Philipp Jakob Spener und Johann Hermann Franke.[65] Die pietistischen Strömungen gingen Ende des 17. Jahrhunderts von Deutschland aus. Sie hatten kirchen- und staatspolitische Bedeutung von Württemberg über Preußen bis nach Skandinavien.[66] Durch die Gründung der Dänisch-Halle-Mission 1705 und des ‚Missionary College' in Kopenhagen wurde der Pietismus zu einer dominierenden Kraft in der dänischen Kirche. Er begann sowohl in kultureller als auch in politischer Hinsicht eine wichtige Rolle zu spielen.[67] Christian VI., ‚Præstekongen',[68] begann schon am Anfang seiner Regierungszeit im Jahre 1730, die Religionspolitik im pietistischen Geist zu reformieren.[69] Er erließ strengere Regeln für den Kirchenbesuch und führte Sanktionen bei Verstößen dagegen ein.[70] Die religi-

---

[63] Pontoppidan (1977b), Fortale.
[64] Berge (1998), S. 10.
[65] Rasmussen (2004), S. 34.
[66] Horstbøll (2003), S. 118.
[67] Rasmussen (2004), S. 34.
[68] Nilsen (1897), S. 30.
[69] Rasmussen (2004), S. 34.
[70] Rasmussen (2004), S. 35.

öse Ausrichtung wurde Teil des absolutistischen Regierungsprogramms.[71] Der Professor für Kirchengeschichte Tarald Rasmussen macht in ‚Erik Pontoppidan. Opplyst pietisme' darauf aufmerksam, dass diese Verordnung von oben nach unten einen Gegensatz zum ursprünglichen pietistischen Erneuerungsgedanken nach Spener darstellte,[72] insofern für den Pietismus die persönliche Frömmigkeit und das innere Engagement für das Christentum im Zentrum stehen.

2.2.4.1 Veränderungen der Lese- und Schriftkultur

Neben dem Protestantismus, der dafür ausschlaggebend war, dass es immer üblicher wurde, Texte nicht mehr in der Gelehrtensprache Latein, sondern in den jeweiligen Volkssprachen zu verfassen, beeinflussten insbesondere die in den 1730er-Jahren eingeführten Gesetze im Zug der pietistischen Reformen durch Christian VI. die dänisch-norwegische Wissenssituation im 18. Jahrhundert und damit verbunden die Repräsentationsweise von Wissen in Buchform. Da die persönliche religiöse Erkenntnis nach pietistischer Überzeugung primär durch den Vorgang des Lesens erfolgt, stellte die Lesefähigkeit des einzelnen Bürgers einen Grundpfeiler zur Ausübung der Religion dar. Deshalb war der Zugang der Gesellschaft zur Lese- und Schriftkultur unerlässlich. Durch das Konfirmationsdekret von 1736, das Schulgesetz von 1739, das die allgemeine Schulpflicht einführte, und weitere regionale Schulgesetze ab den 1740er-Jahren eröffnete sich der Allgemeinheit grundsätzlich der Zugang zur Bildung. Die Lese- und Schriftkultur bildete aber über lange Zeit ein äußerst heterogenes Feld. Lese- und Schreibfähigkeit hielten beispielsweise nicht im Gleichschritt Einzug: Ein großer Teil der Bevölkerung bestand aus Semialphabeten, es war ihnen möglich, gedruckte dänische Texte zu lesen und zu verstehen, sie konnten aber nicht selbst schreiben.[73] Trotzdem hatten dieser Alphabetisierungsschub und die neue Art der öffentlichen Wissensdistribution in Form von in der Volkssprache verfassten Texten, die im das Kapitel einführenden Zitat mit „aarlig udgivne skrifter", „jährlich herausgegebenen Schriften", angesprochen werden, zur Folge, dass es verschiedenen Schichten theoretisch ermöglicht wurde, an den im 18. Jahrhundert aufstrebenden wissenschaftlichen Gesellschaften und am naturhistorischen Wissensprojekt teilzuhaben und selbst die Medienlandschaft anzuregen. Der verbreitete Zugang zu aktuellen Wissensdiskussionen über die auf Dänisch oder Deutsch gedruckten Artikel bildete unter den Lesenden eine Grundlage zur eigenen Diskussion und ermunterte sie, aktiv daran teilzunehmen. Neben der immer schon deutlichen Bewegung der Wissensvermittlung von oben nach unten wurde durch die Partizipation größerer Gesellschaftskreise an der Schriftkultur auch die umgekehrte Bewegung, die Wissensvermittlung von unten nach oben,

---
[71] Rasmussen (2004), S. 42.
[72] Rasmussen (2004), S. 42.
[73] Fet (1995), S. 24.

2.2 Der Wissenskontext von Norges naturlige Historie

sichtbar. Abgesehen vom Universitätsumfeld, in dem Latein vorerst Wissenschaftssprache blieb, nahm die Bedeutung der lateinischen Sprache in den neu gegründeten Akademien und Gesellschaften schnell ab. Bereits zwei Jahre nach der Gründung der dänischen ‚Videnskabernes Selskab' im Jahr 1742 wurde entschieden, dass die dazugehörige Schriftenreihe auf Dänisch publiziert werden müsse.[74] Somit übte die sogenannte zweite Reformation, begonnen mit dem Konfirmationsdekret, oder nach Ivar Welle der dritte große Schritt in der dänisch-norwegischen Kirchengeschichte nach der Christianisierung der Wikingerkönige und der Einführung der Reformation durch Christian III., einen entscheidenden Einfluss auf die Modernisierung des Ausbildungs- und Administrationssystems des absolutistischen Staates aus.[75]

Diese Prozesse standen in gegenseitiger Abhängigkeit von der Wissensproduktion, Wissensvermittlung und Wissensaneignung sowie Veränderungen auf dem Buchmarkt. Die neue Leserschaft eröffnete ab der Jahrhundertmitte einen neuen Markt, der zur Etablierung von Buchdruckereien und Verlagen beitrug. Dies spiegelt sich in der Anzahl von Druckereien der Zeit, deren gewinnbringendste Artikel religiöse Druckerzeugnisse waren. Die Waisenhausdruckerei in Kopenhagen war eine der erfolgreichsten Druckereien in Dänemark-Norwegen. Ab 1740 besaß sie das Monopol über Bibeldrucke. Dem Bibeldruckmonopol dieser Druckerei ging das Druckprivileg von 1737 für Pontoppidans pietistisches Lehrbuch *Sandhed til Gudfryktighed* voraus, das ab August 1738 alle Konfirmanden der Doppelmonarchie auf königlichen Befehl zu verwenden hatten. Die Druckerei hatte jährlich 1500 Exemplare gratis an Kinder abzugeben. Bis ins Jahr 1800 erschien dieser Text in 44 Ausgaben.[76] Bei der Herstellung dieses Lehrbuchs handelt es sich um eines der mengenmäßig größten Buchprojekte des 18. Jahrhunderts in Dänemark-Norwegen[77] und es war von enormer Wichtigkeit für die gleichzeitige Verbreitung der Lesefähigkeit in der dänisch-norwegischen Gesellschaft.

Als deutliches Zeichen für den sich verändernden Buchmarkt ist die Zunahme von Büchern in Erbmassen zu interpretieren. Diese wird auf die verbesserte wirtschaftliche Lage und die allgemein durch den Pietismus beeinflussten Verhältnisse, der vor allem auf Erkenntnis durch Lektüre und weniger durch Zuhören beruht, zurückgeführt.[78]

Mit diesen Veränderungen wirkte die aufkommende Presse zusammen: Erste Zeitschriften und Zeitungen erschienen, die von der aufstrebenden Position der Volkssprachen im schriftlichen Bereich und der wachsenden Leserschaft, entstanden durch pietistische Gesetze, profitierten. Es verhält sich aber so, dass viele der Elemente, die aus einer heutigen Perspektive als übliche Bestandteile einer Zeitung oder Zeitschrift gel-

---

[74] Kragh (2005), S. 11.
[75] Horstbøll (2003), S. 142.
[76] Ilsøe (2007), S. 116.
[77] Horstbøll (2003), S. 121.
[78] Fet (1995), S. 82–85.

ten, verschiedene Textsorten beispielsweise, im 18. Jahrhundert nicht in einer Zeitung gesammelt vorlagen, sondern vor allem in Form einzelner Texte, wie *Norsk presses historie* differenziert: „I stedet for å snakke om den tidlige pressen i denne perioden, bør en kanskje omtale det som skjer, som det ‚pressemessige', uavhengig av det vi i dag kaller presse" (Dahl, 2010, S. 32).[79] Ebenfalls im Bereich der weltlichen Literatur hielt der Roman in Dänemark Einzug.[80] Kragh zufolge werden diese Veränderungen dadurch sichtbar, dass eine neue Kategorie im kollektiven Bewusstsein durch eine neue Bezeichnung gefasst wurde: diejenige des Publikums. Ein Begriff, der im Verlauf des 18. Jahrhunderts Teil des dänisch-norwegischen Wortschatzes wurde.[81]

Ein Interesse an der Ausweitung der allgemeinen Lese- und Schriftkultur und damit der allgemeinen Bildung hatten sowohl religiöse als auch aufklärerisch orientierte Kreise. Auf der einen Seite förderte die veränderte Lese- und Schriftkultur den Zugang zum Glauben. Auf der anderen Seite erlaubte die neue Kultur durch vermehrte und breitere literarische Auseinandersetzungen in den unterschiedlichen Gesellschaftsschichten eine Erweiterung des Wissens. Im 18. Jahrhundert war in weiten Teilen Europas von Seiten der Regierungen ein großes Interesse an Informationsbeschaffung und Wissenserweiterung hinsichtlich der Ressourcen der Natur vorhanden. Das Interesse war in Dänemark-Norwegen, wie andernorts in Europa, einerseits als Mittel zur Förderung des Prestiges der jeweiligen Regierungen gegenüber dem Ausland zu erklären und andererseits mit kameralistischen Tendenzen in Verbindung zu bringen, da die Naturressourcen für den Staat in ökonomischer Hinsicht von größter Wichtigkeit waren. Gleichzeitig weist das Interesse an der Informationsbeschaffung und Wissenserweiterung auf ein Bedürfnis nach Kontrolle über die Bevölkerung und die Gesellschaftsverhältnisse hin.

In diesem Rahmen ist beispielsweise die Umfrage mit 43 Fragen zu Bereichen wie Sprache, Gesundheit, Kleidung, Essen, Wohnverhältnisse, Natur und Arbeit zu situieren, welche die dänische Kanzlei in Kopenhagen im Jahr 1743 an die Verwaltungen aller Teile der Doppelmonarchie sandte – auch an diejenigen von Island und den Färöern. Sie versuchte damit, systematisch Wissen über den Alltag und die wirtschaftlichen und topographischen Verhältnisse zu generieren. Vor allem die Naturwissenschaften bewertete sie als interessant, da sie den Manufakturen, der Land- und der Waldwirtschaft wie auch dem Staat zu wirtschaftlichem Gewinn verhalfen. Die Wichtigkeit der natürlichen Ressourcen des Landes wurde anhand ihres unmittelbaren, aber auch ihres längerfristigen Nutzens bemessen. „Die rhetorische Forderung nach Nützlichkeit war durchaus üblich, doch dass man den Nutzen von praktischem Wissen hervorhob, bedeutete eine Innovation" (Burke, 2002, S. 132). Arne Apelseth

---

[79] Dahl, Hans Fredrik (Hg.). *Norsk presses historie. (1660–2010)*. Bd. 1. Oslo, 2010.
[80] Frøland (1974), S. 83. Vgl. Stangerup (1936).
[81] Berge (1998), S. 18.

2.2 Der Wissenskontext von Norges naturlige Historie

spricht in diesem Zusammenhang vom sogenannten ‚Jordbrukspatriotisme', ‚Landwirtschaftspatriotismus'.[82] Durch das Abschwächen der Zensur vor allem in Texten über diese Themen wurde den Bestrebungen der Regierung Rechnung getragen. In *Norges naturlige Historie* ruft der Erzähler zur Forschung in konkreten Bereichen auf:

> Jeg vil ikkun tale om een Ting, som her i Norge kunde være af største Vigtighed, nemlig nogen Indsigt i Metallurgien, saavidt at man kiente Erz-Arter og Mineralier, kunde giøre et lidet Forsøg med deres Smeltning, og være i Stand til at skiønne om hvad der var værdt eller uværdigt at optage (Pontoppidan, 1977a, Fortale).

> Ich will nur von einer Sache reden, die hier in Norwegen von grösster Wichtigkeit seyn könnte, nämlich von einiger Einsicht in der Metallurgie, und zwar so weit, dass sie die Arten der Erzte [sic] und Mineralien kennen, einen kleinen Versuch mit deren Schmelzung machen können, und im Stande sind, zu urtheilen, was werth oder unwerth ist, aufgenommen zu werden (Pontoppidan, 1753, Vorrede, S. 34).

Die Naturgeschichte macht somit auf konkrete Forschungslücken aufmerksam, die es zu untersuchen und zu schließen gilt.

Im Zusammenhang mit dem neuen Respekt gegenüber zweckgebundenem praktischem Wissen sind auch die sich im Europa des 18. Jahrhunderts verbreitenden landwirtschaftlich-ökonomischen Gesellschaften zu verstehen[83] und die damit verbundenen oder auch unabhängigen Zeitschriften zur Wirtschaftsförderung. Diese Fachliteratur wirkte aber dem mit der Erweiterung des Wissens über die eigene Natur angestrebten Prestigegewinn entgegen, da sie nicht mehr in Latein, sondern in den jeweiligen Volkssprachen verfasst war, die nicht in ganz Europa verstanden wurden. 1755 veranlasste die Dänische Kanzlei eine Milderung der Zensurregeln für ökonomische Schriften, bei der laut Ivar Myklebust davon auszugehen ist, dass Pontoppidan selbst dahinterstand,[84] hatte er doch enge Verbindungen zu mächtigen Personen aus den Regierungskreisen der dänisch-norwegischen Monarchie. Die Optimierung der Landwirtschaft und der Lebensbedingungen der Bauern durch strukturelle und technologische Veränderungen ist Thema von Pontoppidans *Danmarks og norges oeconomiske Magazin*, das von 1757 bis zu seinem Tod 1764 achtmal erschien.[85]

Die vielen wichtigen Entdeckungen, „flere vigtige Opdagelser", die das Zitat zu Beginn dieses Kapitels anspricht, standen in gegenseitiger Abhängigkeit von neuen Formen der Sachlichkeit in der Forschungs- und Denkweise in großen Teilen Europas,

---

[82] Apelseth (1998), S. 46.
[83] Burke (2002), S. 133.
[84] Myklebust (1973), S. 38.
[85] Sæther (1981), S. 19. Sæther, Arild. *Den økonomiske tenkning i Danmark-Norge på 1700 tallet. Ludvig Holberg – Erik Pontoppidan – Otto Diderich Lütken*. Kristiansand, 1981.

die ab dem 16. Jahrhundert Einzug hielten. Zahlen und Statistiken wurden wichtig, sie brachten „das neue Ideal eines unpersönlichen oder unparteiischen Wissens zum Ausdruck, dessen, was man später Objektivität nannte" (Burke, 2002, S. 132).

Zentral im Kontext der Veränderungen wissenschaftlicher Denkweisen sind Verfahrensweisen, um den Wissenshorizont durch ein neues Konzept von Erfahrung auszudehnen, sowie neue Darstellungsweisen für deren Präsentation. Die Natur wurde aktiv untersucht durch eigene Beobachtung vor Ort oder durch „udsendte Observatores", „ausgesandte Beobachter", sowie durch das Experiment, „anstillede Forsøg", „angestellte Versuche", wie es im das Kapitel einleitenden Zitat formuliert wird. Das Sehen erhielt zunehmend Gewicht. Der Forscher fokussierte auf das Äußere, das Sichtbare, er betrachtete und sammelte in der Natur. Aber er konstruierte sich im Zusammenhang mit dem Versuch auch eine eigene Natur, in der er die Objekte verschiedenen Prozessen aussetzte und ihr Verhalten dabei beobachtete. Peter Dear geht davon aus, dass sich das Konzept der Erfahrung und ihrer Verortung hinsichtlich des Wissens über die Natur ausgehend von Veränderungen im Zusammenhang mit dem Begriff der Autorität verändert.[86] In seiner Untersuchung über die 1662 gegründete „Royal Society"[87] zeigt er auf, dass die Mitglieder dieser Gesellschaft die Autorität, die bis dahin auf älteren Texten, allen voran auf Aristoteles' Texten basierte, und die Erfahrung, die in Form von generellen Aussagen darüber erscheint, wie sich die Welt verhält, zurückwiesen. Vielmehr trat Erfahrung an ein einzelnes Ereignis geknüpft, unabhängig von einer Anbindung an einen älteren Text, in den Vordergrund.[88] Es handelt sich um eine Erfahrung, die es zulässt, etwas über ein Phänomen oder ein Objekt auszusagen, das sich zu einem gewissen Zeitpunkt an einem Ort einer bestimmten Person gezeigt hat.[89] Dear spricht von einer ‚discret experience', die sich als eine eigenständige historische Begebenheit und nicht als generalisierte Feststellung auszeichnet.[90] Bei dieser Form von Empirismus verleiht die spezifische und konsequente Art und Weise der Präsentation eines individuellen Berichterstatters der Erfahrung Autorität, „an authority functionally equivalent to, but different from, that deriving from the use of an authoritative ancient text" (Dear, 1985, S. 154). Forscher kommentieren folglich nicht länger alte Texte, sie schreiben über die Natur selbst.[91]

Die Verfahrensweisen im Zusammenhang mit einem neuen Konzept von Erfahrung sind verknüpft mit der neuen Textform des Forschungsberichts. Dadurch, dass die Glaubwürdigkeit eines geschilderten Ereignisses von der Erfahrung einer einzelnen

---

[86] Dear (1985), S. 146. Dear, Peter. ‚Totius in Verba. Rhetoric and Authority in the Early Royal Society'. In: *Isis*. Vol. 76. Nr. 2. 1985, S. 144–61.
[87] Kragh (2005), S. 169.
[88] Dear (1985), S. 159.
[89] Dear (1985), S. 152.
[90] Dear (1985), S. 154.
[91] Dear (1985), S. 151.

2.2 Der Wissenskontext von Norges naturlige Historie

Person abhängt – was sich in der häufigen Verwendung der ersten Person als Erzähler zeigt – zeichnen sich solche Forschungsberichte durch eine Menge von Einzelheiten bezüglich Zeit, Ort, Teilnehmende etc. aus, Informationen, welche die Wahrheit der Schilderung untermauern sollen und an Stelle von Verweisen auf passende Textstellen in älteren Werken, die zur Unterstreichung der Wahrheit herangezogen wurden, treten.[92] Die Veränderung in Bezug auf Erfahrung und Autorität und die Veränderungen der literarischen Form sind nicht auseinanderzuhalten, gemeinsam aber konstituieren sie eine neue Struktur eines naturphilosophischen Diskurses und einer naturphilosophischen Praxis.[93] Ziel war es dabei weiterhin, bis anhin noch unbekannte Seiten des Buches der Natur zu lesen, zu verstehen und ihren Inhalt aufzuzeigen. Es fand aber auch eine Relektüre bereits bekannter Seiten statt, wodurch traditionelle Annahmen mit dem durch eigene Erfahrung erlangten Wissen konfrontiert und überprüft wurden. Das Aufkommen von experimentellen und quantitativen Verfahren zur Wissensgenerierung unterstützte die Reformbestrebungen der dänischen Regierung im Hinblick auf die Inventarisierung der Natur und die Kontrolle der Bevölkerung. Diese wiederum förderte ihrerseits die neuen Verfahrensweisen.

2.2.4.2 Abhängigkeit von staatlichen Autoritäten

Trotz der neuen Möglichkeiten im Bereich der Lese- und Schriftkultur und der niedrigeren Schwelle hinsichtlich des Zugangs zum Wissensprojekt und trotz der Tendenzen der Herausbildung einer neuen Textsorte – des Forschungsberichts – stand die Wissensproduktion und -vermittlung immer noch in enger Abhängigkeit von der staatlichen Autorität. Die Macht des Königs und des gesamten Regierungszirkels war ein entscheidender Faktor bezüglich Wissen und Forschung im Wissenschaftssystem der Zeit. Wie aus Dedikationen und Widmungsschreiben damals publizierter Texte hervorgeht, scheint es für die einzelnen Wissenschaftler bis Mitte des 18. Jahrhunderts unerlässlich gewesen zu sein, mit den mächtigen Kreisen auf gutem Fuß zu stehen, um einerseits persönliche Rückendeckung und andererseits finanzielle Unterstützung zu erhalten. Freie schriftliche Meinungsäußerung war bis zur Mitte des 18. Jahrhunderts bis auf wenige Ausnahmen nicht möglich, und, wie aus Zueignungen und Widmungsschreiben hervorgeht, war bis gegen Ende des 18. Jahrhunderts die Anbindung eines Autors an einen aus regierungsnahen Kreisen stammenden Mentor finanziell wie politisch von großem Vorteil. Der erste Teil von Norges naturlige Historie ist „Deres Høy-Grævelige Excellence, Høy- og Velbaarne Herre, Hr. Johan Ludvig von Holstein, Græve til Grævedømmet Ledreborg, Ridder af Elephanten" (Pontoppidan, 1977a, Zueignung), Ihrer hoch-gräflichen Exzellenz, dem hoch- und wohlgeborenen Herrn, Herr

---

[92] Dear (1985), S. 152–61.
[93] Dear (1985), S. 161.

Johan Ludvig von Holstein, Graf der Grafschaft Ledreborg, Ritter des Elephanten (Übersetzung d. V.), gewidmet. Das Widmungsschreiben beginnt folgendermaßen:

> I det jeg giver mig den Ære, at dedicere Deres Høy-Grævelige Excellence denne Norges naturlige Historie, saa savner jeg ikke Grund og gyldig Anledning, men snarere Ord til at legge samme for Dagen med (Pontoppidan, 1977a, Widmungsschreiben).

> Wenn ich mir die Ehre gebe, diese norwegische Naturgeschichte Ihrer hochgräflichen Exzellenz zu widmen, so mangelt es mir nicht an Grund und triftiger Veranlassung, vielmehr an Worten, um sie auszudrücken (Übersetzung d. V.).

Im selben unterwürfigen Stil wie dieser erste Satz des Widmungsschreibens an Holstein werden im weiteren Verlauf eben diese gewichtigen Gründe für die Dedikation an just diesen Empfänger aufgelistet: Die Hilfe Holsteins zur Bekleidung verschiedener Ämter und die Dankbarkeit für die Ehre und Gunst, die Holstein bot.[94] Viel mehr jedoch als diese politische und finanzielle Unterstützung durch Holstein hebt das Widmungsschreiben die persönliche Einstellung des Mentors hervor:

> Men det som frem for nogen Ting tilskynder mig at dedicere Deres Høy-Grevelig Excellence dette Arbeyde, er paa den eene Side, de Opmuntringer, som jeg just fra Dem Selv har faaet til at fuldføre med Forsæt. Paa den anden Side, er det den hos høye Herrer af Deres Stand dobbelt priselige Omhue, ja jeg kand sige Jver og Nidkierhed, som for alt andet Got i Kirken og Landet, saa særdeles for Lærdoms og gode Videnskabers Fremgang (Pontoppidan, 1977a, Widmungsschreiben).

> Aber was mich vor allen Dingen antreibt, diese Arbeit Ihrer hoch-gräflichen Exzellenz zu widmen, sind einerseits die Ermunterungen, die ich von Ihr selbst erhalten habe, um meinen Vorsatz zu verwirklichen. Andererseits ist es die bei hohen Herren Ihres Standes doppelt lobenswerte Sorgfalt, ja, ich kann sagen Eifer und Gewissenhaftigkeit für alles andere Gute in der Kirche und im Land, so vor allem für den Fortschritt des Gelehrtentums und der guten Wissenschaften (Übersetzung d. V.).

Wie aus dem Zitat hervorgeht, wird die Förderung der Karriere primär durch die persönliche Ermunterung des Mentors und, wie auf dem Höhepunkt der Argumentationslinie ersichtlich wird, durch dessen bei Herren vom Stande Holbergs doppelt rühmenswerte Fürsorge nicht nur der Kirche und dem Land, sondern besonders der Gelehrtheit und der Entwicklung der Naturwissenschaften gegenüber, begründet. Dass es sich bei solchen Widmungsschreiben um übliche paratextuelle Elemente handelt, die gedruckten Texten dieser Zeit vorangehen, ist aus dem die Danksagung abschließenden ersten Abschnitt des Widmungsschreibens ersichtlich:

---
[94]Pontoppidan (1977a), Widmungsschreiben.

2.2 Der Wissenskontext von Norges naturlige Historie

> Efter almindelig Brug, kunde jeg endnu med Sandhed tage Anledning paa dette Sted, til at rose Deres Høy-Grævelige Excellece i adskillige andre Henseender, om ikke til Behag for Dem Selv, som jeg veed behøver ikke den Kost, saa dog til Dydens egen Priis (Pontoppidan, 1977a, Widmungsschreiben).

> Nach üblichem Brauch könnte ich an dieser Stelle wahrlich die Gelegenheit wahrnehmen, Ihre hoch-gräfliche Exzellenz in verschiedener anderer Hinsicht zu loben, wenn auch nicht zu Ihrem Gefallen, denn wie ich weiß, hat Sie diese Kost nicht nötig, dann aber zur Lobpreisung der Tugend (Übersetzung d. V.).

Die Widmungsschreiben dieser Zeit gliedern sich also nach einigermaßen standardisierten rhetorischen Mustern. Auf den Danksagungsteil würde in der üblichen Praxis nun ein lobender Abschnitt auf den Mentor Holstein folgen. Dies geschieht hier durch eine rhetorische Verdrehung und durch einen Trugschluss. Der Verweis darauf, dass der Bewidmete selbst weiteren Lobes nicht bedarf, obwohl dies andere Standespersonen zum Nachdenken anregen würde, zeichnet diesen mit dem Attribut der Bescheidenheit aus, was eine Verdopplung des Lobs gegenüber dem Mentor zur Folge hat. Das Attribut der Bescheidenheit leitet gleichzeitig einen Trugschluss ein: Geht man davon aus, dass der Teil des Widmungsschreibens, der den Empfänger der Widmung lobt, mit dem Verweis darauf endet, dass er weiteres Lob nicht nötig hat, täuscht man sich, wie das folgende Zitat zeigt:

> [...] ingen Sandheds Elsker kand modsige, nemlig at Sindets Dyrkelse ved nyttige Videnskaber, særdeles de man kalder Boglige Konster, her til Lands aldrig har havt meere Tilsyn, Pleye og Opmuntring, af nogen Stats-Ministre, end som af Deres Høy-Grævelige Excellence (Pontoppidan, 1977a, Widmungsschreiben).

> Kein Liebhaber der Wahrheit kann dem widersprechen, dass nämlich die Pflege des Geistes durch nützliche Wissenschaften, besonders derjenigen, die man Buchkünste nennt, hierzulande nie mehr Betreuung, Pflege und Ermunterung von einem Staatsminister erfahren hat, als von Ihrer hoch-gräflichen Exzellenz (Übersetzung d. V.).

Vom vermeintlichen Ende des Lobgesangs aus wird in einer argumentativen Linie hin zur wichtigsten Aussage dieses zweiten Teils der Dedikation gesteuert: Die Pflege des Geistes habe durch nützliche Wissenschaften in diesem Land von keinem anderen Staatsminister mehr Ermunterung erfahren als von Holstein.

Was aus heutiger Perspektive heuchlerisch wirkt, wurde im 18. Jahrhundert keineswegs als Heuchelei verstanden. Huldigungen waren Teil der öffentlichen Kultur. Liv Bliksruds Artikel ‚Nordmænd ere Kongen troe – panegyrikken i Norske Selskab' zufolge beruht ‚Panegyrik', eine Form poetischer Lobpreisung, die sich durch übertreibende Wertung auszeichnet, auf einer Art Abkommen zwischen der Person, die huldigt, und derjenigen, welche die Huldigung empfängt. Dadurch, dass sich die Panegyrik an eine öffentliche Person wendet und, losgelöst von der eigentlichen Persönlichkeit, ihre lobenswerten Eigenschaften und Tugenden hervorhebt, wird der Adressat aufgefordert, diese ihm zugeschrieben Ideale anzustreben und zu erfüllen. Gleichzeitig aber verpflichtet sich der Absender durch die Formulierung bestimmter Ideale gegenüber der Person oder der Institution, die er preist, was diese dazu berechtigt, Loyalität zu fordern.[95]

Weiter werden in den beiden Abschnitten des Widmungsschreibens aber auch konkrete Voraussetzungen angesprochen, die es überhaupt ermöglichten, dass der Text in offiziellem Rahmen gedruckt werden konnte. Rückendeckung von einflussreichen Personen war notwendig, ohne das Wohlwollen regierungstreuer Kreise wäre die Vermittlung von Wissen in der vorliegenden Form einer Naturgeschichte Mitte des 18. Jahrhunderts in Kopenhagen nicht möglich gewesen. Das Wohlwollen von Johan Ludvig Holstein und von Oberhofmarschall Adam Gottlob Moltke,[96] welchen die Naturgeschichte gewidmet ist, verankerte Pontoppidans Abhandlung in der vom König unterstützten Wissenschaft, dessen Interesse der ausschlaggebende Faktor im Wissenschaftssystem war.[97]

Ebenfalls im Zusammenhang mit den theoretischen Partizipationsmöglichkeiten der Allgemeinheit am Wissensprojekt ist ein Seitenblick auf die Voraussetzungen zu werfen, die es überhaupt erst ermöglichten, zu dieser Zeit einen Text in Druck zu geben. Die Finanzierung eines Druckes gestaltete sich nämlich meist schwierig. Die Verlage waren zu dieser Zeit in der Regel klein und hatten kein großes Kapital,[98] weshalb die Autoren selbst finanzielle Sicherheit für den Druck mitbringen mussten. Eine Möglichkeit war die Finanzierung über die Dedikation an einen mächtigen Schirmherren. Dieser Weg war aber laut Aleksander Frøland im 18. Jahrhundert bereits am Verschwinden.[99] Es kamen dagegen neue Finanzierungsmethoden wie die der Pränumeration auf, wobei es sich um eine teilweise oder ganze Vorausbezahlung oder bindende Verpflichtung (Subskription) für eine geplante Textausgabe handelte. Der Autor wandte sich dabei an Gönner, an Freunde oder an die Öffentlichkeit und versuchte die Herausgabe seiner Bücher auf diesem Weg zu sichern. Dabei wurde häufig die Liste der Subskribierenden in den Texten selbst abgedruckt.[100] Diese Methode entstand um

---

[95] Bliksrud (2000), S. 28f. Bliksrud, Liv. ‚Normænd ere Kongen troe – panegyrikken i Norske Selskab'. In: *1700-tallet. Artikler om språk, litteratur, musikk og estetikk.* Eliassen, Knut Ove u. a. (Hg.), Kristiansand, 2000, S. 27–39.

[96] Cedergreen Bech (1982), S. 16. Cedergreen Bech, Sven. ‚Moltke, Adam Gottlob'. In: *Dansk biografisk leksikon.* Bd. 10. Cedergreen Bech, Sven (Hg.), Kopenhagen, 1982, S. 15–18.

[97] Kragh (2005), S. 14.

[98] Frøland (1974), S. 87.

[99] Frøland (1974), S. 74.

[100] Burke (2002), S. 195.

2.2 Der Wissenskontext von Norges naturlige Historie

1650 in England, in Dänemark wendete sie Ludvig Holberg zum ersten Mal an.[101] Er lud 1729 zu einer Vorausbestellung seiner *Danmarks og Norges Beskrivelse* ein und zwei Jahre später zur Pränumeration seiner Komödien.[102] Später wurde Holberg selbst zum scharfen Kritiker dieses Systems, das viel zu viele Autoren mit unnützen Texten gefördert habe.[103] Peter Burke vermerkt, dass sich diese Praxis vor allem bei teuren Büchern durchsetzte.[104]

Trotz der Angaben in Neiiendams Biographie über Pontoppidan ist es nicht restlos klar, wer den Druck von *Norges naturlige Historie* finanzierte. Ob es sich um ein Auftragswerk handelte, ob ein Buchdrucker beziehungsweise ein Verleger oder ob tatsächlich Pontoppidan das Risiko allein auf sich nahm, das Werk herauszugeben, oder ob er wie bei *Den Danske Atlas* zur Subskription seines Werkes aufrief,[105] geht aus dem gesichteten Material zur Naturgeschichte nicht deutlich hervor.

Auch in Bezug auf Honorare gestaltete sich das Verhältnis zwischen den Autoren und den Verlagen schwierig. Meist bezahlten die Verlage keine Honorare, die Autoren erhielten lediglich Gratisexemplare des gedruckten Buches, die sie selbst verkaufen durften.[106] Es gibt aber ein Gegenbeispiel, wie Frøland in *Dansk boghandels historie* zeigt. Er schreibt, dass Erik Pontoppidan als Honorar für seine Abhandlung *Oeconomisk balance* Folgendes ausgehandelt habe: Im Falle seines Ablebens sollte das Wohnrecht in den Gemächern, die ihm als Prokanzler der Universität zugestanden hatten, auf seine Frau übertragen werden.[107]

Druckschriften waren in Dänemark-Norwegen bis zur Jahrhundertmitte generell der Zensur unterworfen. Diese Kommunikationskontrolle kann sich grundsätzlich „auf den Urheber (Schreibverbot), den materiellen Träger (Buchvernichtung), sowie auf die buch- und textverbreitenden Institutionen und ihre Träger (Einschränkung des Druckers, Verlegers und Händlers) richten" (Rautenberg und Wetzel, 2001, S. 48).[108] Findet die Prüfung und das Zensurieren eines Textes vor der Publikation statt, spricht man von einer Vorzensur, wird die Verbreitung eines publizierten Textes verboten, von einer Nachzensur.[109] Ziel der Zensur in der Doppelmonarchie war es, kontroverse Fragen zu unterdrücken, zu kontrollieren, dass keine der religiösen und theologi-

---

[101] Andersen (1962), S. 242. Andersen, Otto. ‚Prænumeration'. In: *Nordisk Leksikon for Bogvæsen*. Bd. 2. Dansten, Esli und Nielsen, Lauritz (Hg.), Kopenhagen u. a., 1962, S. 242.
[102] Frøland (1974), S. 87f.
[103] Andersen (1962), S. 36.
[104] Burke (2002), S. 195.
[105] Andersen (1956), S. 44. Andersen, Otto. ‚Prænumerationens velgerninger og vildfarelser'. In: *Bogvennen*. Forening for Boghaandværk (Hg.), Kopenhagen, 1956, S. 33–62.
[106] Frøland (1974), S. 75.
[107] Frøland (1974), S. 75.
[108] Rautenberg, Ursula und Wetzel, Dirk. *Buch*. Tübingen, 2001.
[109] Rautenberg und Wetzel (2001), S. 48.

schen Schriften von der offiziellen dänischen Kirchenlehre abwich, die Verleumdung zu verhindern und mögliche Kritik an der Regierung zu unterbinden.[110] Dadurch versuchte die absolutistische Regierung in Kopenhagen das Geistesleben zu regulieren und öffentliche Diskussionen in Übereinstimmung mit ihrer Politik zu bringen.[111] Die Zensur wurde je nach Bedarf eingeschränkt oder ausgeweitet.[112] Hinweise auf Vorzensur, beziehungsweise auf die Druckerlaubnis, sind in der Regel auf der Rückseite des Titelblatts des jeweiligen Buches zu finden, bisweilen versehen mit dem Namen des Zensors. In *Sandhed til Gudfryktighed* (1737) sieht die Erlaubnis folgendermaßen aus: „Imprimatur. C. L. Leth", im ersten Teil von *Menoza* (1742): „Imprimatur. Fide Protocolli Fac. Theol. S. Bloch", oder in *Oeconomisk Balance* von 1759: „Cum consensu Superiorum".

1737 wurde das „General-Kirke-Inspektionskollegium" gegründet, eine der wichtigsten Stützen des Pietismus in Dänemark,[113] das vor allem die Zirkulation unerwünschter Schriften, welche die Staatsmacht und die Kirche betrafen, zu unterbinden hatte; ein Zeichen für die starke Einflussnahme der Regierung auf die Wissensdiskurse der Zeit. Gleichwohl kam es ab Mitte des 18. Jahrhunderts zu Aufweichungstendenzen. Druckerzeugnisse von Personen oder Institutionen, die der Macht ideologisch nahestanden, wurden teilweise von der Zensur befreit,[114] beziehungsweise die Verfasser durften selbst Zensur üben. Im Jahr 1747 wurde es „Selskabet for Fædrelandets Historie og Sprog", der Gesellschaft der Geschichte und der Sprache des Vaterlands erlaubt, auf eigene Verantwortung zu publizieren.[115] Eine der ersten Zeitschriften, der Zensurfreiheit zugestanden wurde, war *Danmarks og Norges oeconomiske Magazin*.[116] Sie erschien ab 1757, bis 1764 war Pontoppidan ihr Redaktor. Daraus lässt sich schließen, dass er sich gegenüber der Regierung äußerst konform verhielt. Dafür spricht auch, dass er bereits zu Beginn der Ausübung seines Amtes als Bischof von Bergen im Jahr 1748 auf sein Ersuchen von der Zensur freigesprochen wurde.[117]

---

[110] Ilsøe (1973), S. 45. Ilsøe, Harald. ‚Historisk censur i Danmark indtil Holberg. Omkring censuren af Christen Aarslebs Frederik II.s historie'. In: *Fund og Forskning*. Bd. 20. Det Kongelige Bibliotek (Hg.), Kopenhagen, 1973, S. 45–70.

[111] Bentzen (1974), S. 71. Bentzen, Ingrid. ‚En advarsel til Københavns bogtrykkere'. In: *Fund og Forskning*. Bd. 21. Det Kongelige Bibliotek (Hg.), Kopenhagen, 1974, S. 71–80.

[112] Frøland (1974), S. 78.

[113] Frøland (1974), S. 78f.

[114] Berge (1998), S. 15.

[115] Nyrop (1870), S. 279f. Nyrop, Camillus. *Den danske boghandels historie*. Bd. 1. Kopenhagen, 1870.

[116] Berge (1998), S. 14.

[117] Nyrop (1870), S. 280.

2.2.5 Theologie und Naturwissenschaften

Naturwissenschaftliches Wissen als Voraussetzung für Diskussionen über die Verhältnisse in der Natur und als Grundlage weiterer Forschung, als wichtiges Mittel, Erneuerung in Gang zu setzen oder als Form von Aufklärung an sich, wird rückblickend oft als unvereinbar mit religiösem, in Dänemark-Norwegen vor allem pietistischem Gedankengut des 18. Jahrhunderts verstanden. Was zu einer solchen Annahme verleiten kann, illustriert das folgende Zitat aus *Norges naturlige Historie*. Es stammt aus dem Paragraphen, der sich mit den Gesteinsarten Norwegens beschäftigt und in dem der Erzähler seine Theorie zur Entstehung der Marmorstruktur mit derjenigen von Pitton de Tournefort vergleicht, wobei er von der obersten Gesteinsschicht ausgeht, die aus sogenannten Dachsteinen besteht:

> [...] naar Dag-Steenen afbrydes, som er den yderste poreuse Skorpe af en eller 2 Alens Tykhed, hvilken mod den derunder skulte fine og tette Marmor, seer ud som et lettere Væsen af Skum eller Fraade, og er her og der nedsiunken, i smaa rundagtige Huler, ligesom det øverste af smeltet Vox eller deslige, naar det størkner, hvormed jeg paa et andet Sted allerede har stadfæstet den derforuden af mange Grunde rimelige Meening, at Steen-Fieldene engang har været smeltede og i Flod. Havde den curieuse Mons. Pitton de Tournefort eftertænkt denne Sandhed og alt hvad som kan flyde deraf, da torde han ikke have seet sig nødet til, i sin Voyage du Levant. P. I. p. 73 at bifalde den underlige Setning om Marmor-Steenens Vegetation eller Væxt, i Anledning af de i Hulen paa den Øe Antiparos forefundne lange Tagger og Straaler af Marmor-Steen [...] ligesom det kunde være voxende Træer eller Planter, for hvilke han og virkelig giver dem ud (Pontoppidan, 1977a, 264f.).

> [...] wenn die Dachsteine abgebrochen werden. Diese sind die äusserste poröse Rinde, die etwa ein oder zwei Elen dicke ist, welche den darunter liegenden feinen und dichten Marmor bedeckt. Sie siehet aus wie ein leichteres Wesen von Schaum, und hier und da ist sie in kleine rundartige Höhlen niedergesunken, sowie das Oberste von geschmolzenen Wachse oder dergleichen, wenn es gerinnet und hart wird. Hiermit habe ich schon anderwärts die ohne dies auf manche Gründe gebauete Meynung bestärket, dass die Felsen ehmals geschmolzen und flüssig gewesen sind. Hätte der wissensbegierige Herr Tournefort dieser Wahrheit und allem dem, was daraus fliessen kann, besser nachgedacht, so würde er nicht nöthig gehabt haben, dem wunderlichen Satze vom Wachsthume des Marmors beyzufallen, und zwar bey Gelegenheit der in einer Höhle auf der Insel Antiparos gefundenen langen Zacken und Strahlen von Marmor, die man daselbst theils an dem Gewölbe oder dem Obertheile der Höhle hängend theils aus dem Grunde hervorschiessend antrifft, als ob sie wachsende Bäume oder Pflanzen wären, für welche er sie auch ausgiebt (Pontoppidan, 1753, S. 290).

Der Erzähler widerspricht de Tourneforts Ansicht, dass Marmor den Pflanzen entsprechend wachse, durch die Gegenüberstellung einer Analyse des in der Gesteinsstruktur Sichtbaren, welche die Annahme des Erzählers bestärkt, dass das Gebirge in einem früheren Stadium einmal flüssig gewesen sein muss. Die Argumentation scheint auf den ersten Blick rein naturwissenschaftlich, völlig losgelöst von jeglichem religiösen Diskurs. Geht man jedoch der Argumentation nach, die von einem stattgefundenen Schmelzprozess des Gesteins ausgeht, tritt in der Erörterung dieser geologischen Frage die enge Verknüpfung zwischen religiösem und neustem naturwissenschaftlichen Diskurs sofort hervor. Sie folgt den Ansichten von John Woodward,

> som i sin Physiske Jord. Beskrivelse p. m. 85. meener, at den ved Syndfloden opløste og paa nye sammensiunkende Materie af heele Jordens Klode er kort efter, da den tørredes og blev haard, ved en i Jorden selv skiult Aarsag [...] atter sønderreven og sat i Uorden (Pontoppidan, 1977a, S. 80).

> der in seiner physischen Erdbeschreibung meynet: Die durch die Sündflut aufgelösete und aufs neue zusammengesunkene Materie des ganzen Erdklosses sey kurz darnach, nachdem sie getrocknet und hart geworden, durch eine in der Erde selbst verborgene Ursache wieder zertrennet und in Unordnung gesetzt worden (Pontoppidan, 1753, S. 91).

Woodward und der Erzähler in *Norges naturlige Historie* verstehen die zuvor angesprochenen Schmelz- und die darauf folgenden Erstarrungsprozesse des Gesteins als Veränderungen, welchen die Erde im Zusammenhang mit der Sintflut ausgesetzt war. Die sichtbaren heterogenen Gebirgsstrukturen und Gebirgsformationen, die auffälligen Streifen und Adern im Gestein dienen als Beweis dafür, dass das Material nach der Sintflut flüssig gewesen war. Die Annahme wird gestützt durch die Aussage Johann Joachim Bechers in einer Fußnote, derzufolge Wasser und Feuer gleichzeitig die härtesten Steine auflösen können,[118] und weiter verifiziert durch Versuche, die bewiesen, dass „endnu ingen Steen-Malm være sig Kamp, Marmor eller Flint er saa haard, at den jo i sine allerinderste Deele kand opløses, smeltes, sættes i Flod, og paa nye vitrificeres, særdeeles ved et vel proportioneret Brænde-Glas" (Pontoppidan, 1977a, S. 85), „noch niemals die Steinarten, es mögen nun Feldsteine, Marmor oder Kieselsteine seyn, so hart gewesen, dass sie nicht in ihre allerkleinsten Theilchen sollten aufgelöset, geschmolzen, flüssig gemacht, und aufs neue vergläsert werden können, sonderlich durch ein wohleingerichtetes Brennglas" (Pontoppidan, 1753, S. 97).

Für den Erzähler in *Norges naturlige Historie* spiegeln und bekräftigen in der Natur wahrnehmbare Phänomene die Schöpfungsgeschichte:

---

[118] Pontoppidan (1977a), S. 85.

2.2 Der Wissenskontext von Norges naturlige Historie

> Dernæst vises Sagens Virkelighed tydelig nok for enhver Tvivlende, hvis han har Leylighed at see saadanne figurerede, colorerede, flammede, straaleviis staaende og mange indtrykte fremmede Corpora fremvisende Steen-Field og Klipper, som Norge, særdeeles ved Søe-Kanten, har Overflødighed af. Naar man betragter dem med Eftertanke, da tale de tydelig nok om, at deres Materie har været engang gandske blød og i Flod, men er stagneret (Pontoppidan, 1977a, S. 85f.).

> Hiernächst kann die Würklichkeit der Sache zur Genüge einem jeden Zweifelnden gezeiget werden, wenn man Gelegenheit hat, solche figurirte, colorirte, geflammte, strahlenweis stehende Steine, denen viele fremde Körper eingedruckt sind, und die uns Felsen, Gebürge und Klippen darreichen, zu sehen, und von denen Norwegen, insonderheit an den Seeküsten, einen grossen Ueberfluss hat. Wenn man diese mit Nachdenken betrachtet, so reden sie deutlich genug davon, dass ihre Materie ehmals ganz weich und fliessend gewesen, aber wieder gehärtet (Pontoppidan, 1753, S. 97f.).

Jedem Zweifler leuchtet beim Betrachten der Gesteinsstrukturen ein, dass das Material einst in einem flüssigen Zustand war, eine Argumentation, welche die Sintflut bestätigt. Umgekehrt modifiziert die Schöpfungsgeschichte die naturwissenschaftliche Erkenntnis, indem sie Theorien bevorzugt und andere verwirft, beispielsweise zu sehen in der Argumentation gegen die Idee eines ‚Zentralfeuers': Würde man nämlich von einem Zentralfeuer ausgehen, das der Auslöser der Auflösung der Erde war, wäre die Geschichte von Noah und dessen Tieren in der Arche unmöglich, außer man „atter vil tage sig den Frihed, ved en nye Supposition, at giøre denne Kaagning ey almindelig paa eengang, men binde den til visse Deele i Globo, og visse Egne af dens Overdeel" (Pontoppidan, 1977a, S. 83), „müsste sich denn wieder die Freyheit nehmen, durch einen neuen angenommenen Satz dieses Kochen auf einmal nicht allgemein zu machen, sondern es nur an gewisse Theile der Kugel und in gewisse Gegenden des Obertheils derselben zu setzen" (Pontoppidan, 1753, S. 95). Der Erzähler versteht, begründet mit der Geschichte der Arche Noah, den Schmelzprozess als ein Phänomen, das nicht die gesamte Erde gleichzeitig betraf, sondern jeweils nur gewisse Gebiete.

Aus den veschiedenen Quellen und ihrer Kritik in diesem Paragraphen geht hervor, dass Pontoppidans Naturgeschichte deutlich in der Physikotheologie zu verorten ist. In *Norges naturlige Historie* widerspiegelt die Natur die Größe Gottes. Die verschiedenen Diskurse der Zeit versuchen, sich das sich rasant erweiternde Wissen zunutze zu machen. Durch die neusten Erkenntnisse in den Naturwissenschaften wird das Bewusstsein vertieft, dass intensive Forschung in bestimmten Gebieten wie Botanik oder Mineralogie verbesserte Resultate in der Landwirtschaft erzielt und dadurch allgemein die wirtschaftliche Prosperität Dänemark-Norwegens gefördert werden kann. Anhand dieser Forschungsergebnisse erscheint aber auch Gottes Allmacht umso imposanter. Sie lassen die Art und Weise, wie er die Welt eingerichtet zu haben scheint, noch eindrücklicher werden, man erhält einen weiteren Einblick in Gottes Buch der Natur. Dazu tragen die Fortschritte der Technik bei: So wird der Gott, der sich in der von bloßem Auge wahrnehmbaren Welt zeigt, mithilfe des Mikroskops nun auch im immer Kleineren sichtbar. Die Erforschung der Natur treibt gleichzeitig die Erforschung von Gottes Schöpfung voran. Die Beschäftigung mit Naturwissenschaften und Religion bedeutet demzufolge keinen Widerspruch. Wissen ist im 18. Jahrhundert ein Produkt eines gleichzeitigen Zusammenwirkens verschiedener sich kreuzender Diskurse. Das zeigt sich darin, wie mit Wissen aus verschiedenen Epochen umgegangen wird: Erfahrungen der Jetztzeit können im selben Raum wie Erfahrungen aus der Vergangenheit situiert und mit diesen als gleichwertig kombiniert werden. Sie werden nicht durch Argumente, die auf eine Historizität, auf unterschiedliche Situierung der Erfahrungen auf einer Zeitachse verweisen, voneinander getrennt – Wissen ist nicht grundsätzlich weniger wahr, weil es älter ist, aber auch nicht wahrer, wie bereits gezeigt wurde. Die Chronologie spielt nicht dieselbe Rolle wie in der modernen Episteme, die sich im Vergleich zur klassischen durch das Interesse an der Zeit und der Datierung auszeichnet.

Wie religiöse und naturwissenschaftliche Erläuterungen nicht als zwei deutlich voneinander abzugrenzende Wissensfelder und Diskurse zu verstehen sind, überkreuzen sich auch die religiöse und naturwissenschaftliche Praxis der Geistlichen,

> [...] særdeles for de fleeste Candidatis, som komme til et Præste-Kald paa Landet, hvor deres Fundamenter i Natur-Læren ey allene ville udbrede sig hos dem selv og deres Tilhører i mange opbyggelige Betragtninger, af det Slags som Christ. Schriver i de saa kaldede Gottholds zufällige Andachten, giver Prøve paa, men de og kunde finde, foruden en ædel Amusement i Eenligheden, frem for mange Lærde i Stæderne, en beqvem Leylighed, af det som Naturen hos dem frembringer, at giøre een eller anden nyttig Opdagelse, Forfaring og Forbedring, deres Fæderne-Land, i hvilket de og bør være gode Borgere, til megen Velfærd i Fremtiden (Pontoppidan, 1977a, Fortale).

> [...] insbesondere denen meisten Candidaten, die aufs Land berufen werden, wo sie ihre Fundamente in der Naturlehre nicht allein bey sich selbst und bey ihren Zuhörern in manchen erbaulichen Betrachtungen ausbreiten können, nach der Art wie Scriver in Gottholds zufälligen Andachten eine Probe davon gegeben hat; sondern sie können auch, ausser einer edlen Beschäftigung in der Einsamkeit, besser als viele Gelehrte in den Städten, eine beqveme Gelegenheit finden, aus demjenigen, was die Natur bey ihnen hervorbringet, eine oder die andere nützliche Entdeckung, Erfahrung und Verbesserung in ihrem Vaterlande zu machen, worinn sie auch gute Bürger seyn sollen, und daher auch die Wohlfarth desselben aufs künftige zu befördern haben (Pontoppidan, 1753, Vorrede, S. 34).

Die Beschäftigung mit der Naturlehre bietet dem einsamen Gelehrten, dem Pfarrer auf dem Land nicht nur eine Grundlage zu erbaulichen Betrachtungen und eine Unterhal-

2.2 Der Wissenskontext von Norges naturlige Historie

tungsmöglichkeit. Vielmehr ist es ihm durch das Studium der Natur möglich, zu weiterer Erkenntnis in diesem Bereich zu kommen und seinem Land mit neuem Wissen zu dienen. Weiter eröffnet er durch sein eigenes Interesse an der Natur auch den Mitgliedern der Kirchgemeinde dieselbe Möglichkeit. Durch seine Vermittlung von Wissen animiert er sie, selbst aktiv am Projekt der Wissenserweiterung im nördlichen Teil der Doppelmonarchie teilzunehmen, deren absolutistische Regierung großen Wert auf neues kommerziell nutzbares Wissen legt. Aus der Verbindung vom ‚guten Bürger' im Dienst des Vaterlands mit der Aneignung und der Erweiterung von Wissen, das zur „Sandheds Oplysning" (Pontoppidan, 1977a, Fortale), „Aufklärung der Warheit" (Pontoppidan, 1753, Vorrede, S. 39f.), führt, geht hervor, dass sich das Wissensprojekt in Dänemark-Norwegen intensiv der Vermittlungskanäle der religiösen Institutionen bediente. Das Wissensprojekt war nicht nur religiös beeinflusst, sondern den kirchlichen Strukturen ähnlich organisiert.

Obwohl Religionserläuterungen und naturwissenschaftliche Erläuterungen im 18. Jahrhundert Hand in Hand gingen,[119] wurde an Pfarrern, die sich neben ihren seelsorgerischen Tätigkeiten dem Studium der Natur widmeten, immer wieder Kritik geübt.[120] Diese Zweifel an der Richtigkeit der intensiven Beschäftigung der Geistlichen mit der Natur kommen im Vorwort von Norges naturlige Historie auf: Der Erzähler verteidigt die Beschäftigung mit der Naturlehre insofern, als sie zwar nicht wie die Gottesfurcht in allen Dingen, so aber doch gewiss in den allermeisten Dingen in einem gewissen Grad nützlich sei.[121] Weiter unterstreicht er ihren absoluten Nutzen und zeigt mit einem deutschen Gedicht von Barthold Heinrich Brockes auf, weshalb die Auseinandersetzung mit der Natur, das Untersuchen und Aufzeigen der natürlichen Wahrheiten und Gottes Taten keineswegs die Grenzen des geistlichen Amtes überschreite:[122]

> Es ist Bedauerns wehrt, dass auch Theologi,
> (Denn viele nehm ich aus, und spreche nicht von allen)
> Sich um des Schöpfers Werk nicht die geringste Mueh
> Zu nehmen angewoehnt. Wie kan dis Gott gefallen,
> Dass seine Diener so von seinen Wundern schweigen,
> Wenn sie von aller Herrlichkeit,
> Macht, Majestaet, Vollkommenheit
> Des Schoepfers in den Creaturen
> Uns fast nicht die geringste Spuren,
> Weil sie sie selbst nicht kennen, auch nicht zeigen
>
> (Pontoppidan, 1977a, Fortale).

---

[119] Rasmussen (2004), S. 39.
[120] Midbøe (1960), S. 102. Midbøe, Hans. Det kongelige norske vidensкabers selskabs historie 1760–1960. Bd. 1. Trondheim, 1960.
[121] Pontoppidan (1977a), Fortale.
[122] Pontoppidan (1977a), Fortale.

Mit den Worten von Brockes, mit dem Hinweis auf ein internationales physikotheologisches Umfeld legitimiert der Erzähler die eigene Beschäftigung als Theologe mit der Natur und kritisiert die Gleichgültigkeit gegenüber physikotheologischem Gedankengut in der Doppelmonarchie. Er beklagt das Desinteresse und die Ignoranz vieler Theologen gegenüber den natürlichen Wundern Gottes. Dabei wäre es ihre Aufgabe, von diesen zu berichten, und es wäre wichtig, sich auch auf dem Gebiet der Religion das vergrößerte Wissen, das die Zeit prägt, zunutze zu machen.[123]

Das Vorwort von *Norges naturlige Historie* spricht zwar von einer sich verändernden Forschungs- und Wissenssituation, die sich dadurch auszeichne, dass seit dem Beginn des 18. Jahrhunderts mehr wichtige Entdeckungen hervorgebracht worden seien als in den Jahrhunderten zuvor. Gleichzeitig aber weist es auf den begrenzten Umfang dieser Veränderungen in Dänemark-Norwegen hin, auf das Desinteresse der Gesellschaft und auf den Mangel an exzellenten Wissenschaftlern, an optimalem Material, an Zeit und Möglichkeiten, um Forschung zu betreiben, wodurch es unmöglich sei, herrliche Entdeckungen zu machen, die das Wissen über die Natur vorantreiben. Dies äußert sich in einem Kommentar, in dem der Erzähler von den phantastischen Möglichkeiten des Mikroskops schwärmt:

> Og i den Henseende kunde her til Lands vel ogsaa giøres en Deel herlige Opdagelser af ubekiendte Insecter eller deslige smaa Dyr, hvis her fandtes en Swammerdam, Reaumur, eller deres Lige, forsynet med de beste Glas samt tilstrekkelig Tiid og Leylighed (Pontoppidan, 1977b, Fortale).

> Und in dieser Betrachtung könnte hier zu Lande auch wohl ein grosser Theil herrlicher Entdeckungen von unbekannten Insekten oder dergleichen kleinen Thierchen gemacht werden, wenn sich ein Schwammerdam, ein Reaumur, oder jemand ihres Gleichen hier befände, der mit den besten Gläsern nebst hinlänglicher Zeit und Gelegenheit versehen wäre (Pontoppidan, 1754, Vorrede, S. 9f.).

Diese Ansicht wird unterstrichen und durch eine Aussage in *Sandhed til Gudfryktighed* auf eine naturtheologische Ebene übertragen: „Ser jeg på vore forfædre, da synes mig, de gjorde mere, end de vidste, men vi véd meere, end vi gøre"(Pontoppidan, 1737, Forfatterens forord), Blicke ich auf unsere Vorfahren zurück, scheint mir, dass sie mehr taten als sie wussten, wir hingegen wissen mehr, als wir tun (Übersetzung d. V.). Dass sich die Phase, in der *Norges naturlige Historie* erschien, in der Doppelmonarchie nicht durch hervorragende naturwissenschaftliche Forschungstätigkeit auszeichnet, kommt in der Forschungsliteratur ebenfalls zum Ausdruck: Die dänische Naturwissenschaft produzierte im 18. Jahrhundert nur wenige Beiträge von internationaler Bedeutung[124]

---

[123] Rasmussen (2004), S. 39.
[124] Kragh (2005), S. 42.

2.2 Der Wissenskontext von Norges naturlige Historie

und die Naturforscher seien weit von Pionieren wie Tycho Brahe, Rasmus Bartholin, Steno oder Rømer entfernt gewesen.[125]

---
[125] Kragh (2005), S. 17.

3 Wissensgenerierung in *Norges naturlige Historie*

Das Vorwort des ersten Teils der Naturgeschichte beginnt mit einer programmatischen Ansage: Die Auseinandersetzung des Menschen, insbesondere der Theologen, mit der Natur wird legitimiert und gefordert.

> Imidlertid kand den almægtige og alviise Skaber ikke finde Mishag i, at vi med en ærbødig og kierlig Lærvillighed, tage hans Gierninger i Betragtning, og priise dem saa vidt vi forstaae dem, forsikrede om, at det som endnu maatte være os i disse nederste Lectier alt for høyt, vil herefter opklares for os i de nye Himle og den nye Jord, hvilken vi vente efter hans Forsættelse (Pontoppidan, 1977a, Fortale).

> Inzwischen kann der allmächtige und allweise Schöpfer keinen Missfallen daran haben, wenn wir mit einer ehrerbietigen Lehrbegierde seine Werke betrachten, und sie preisen, so weit wir sie verstehen; indem wir versichert sind, dass dasjenige, was uns in diesen untersten Klassen allzu hoch seyn mögte, uns hernach in dem neuen Himmel und auf der neuen Erde wird aufgekläret werden, welches wir nach seiner Verheissung erwarten (Pontoppidan, 1753, Vorrede, S. 40f.).

Aus dem Zitat wird deutlich, dass dem Erzähler seine unwichtige Position als Forscher gegenüber der göttlichen Natur bewusst ist. Die von ihm und seinen Zeitgenossen betriebene Forschung kratzt in beschränktem Umfang an der Oberfläche des göttlichen Natursystems, sie führt nur auf einem tiefen Niveau zu Erkenntnis und bisweilen ist sogar das Ausmachen von Spuren, die zur Erkenntnis führen könnten, unmöglich. Trotz der ziemlich deutlichen Meinung des Erzählers im Zitat spricht das Vorhandensein dieser Aussage dafür, dass der Erzähler mit Widerspruch rechnete. Die Frage der Erforschung der Natur musste zu Diskussionen geführt haben, in welchen sich der Erzähler zu positionieren hatte. Sonst wäre die Betonung dieser Ausgangslage und damit die gesamte Aussage unnötig. Sie legitimiert nicht nur die weitere Erforschung und die Wissenserweiterung in den Bereichen der Natur im Allgemeinen, sondern auch ganz konkret die Existenz der Naturgeschichte Pontoppidans, die erst aus einem solchen ideologischen Kontext hervorgehen konnte. Diese Absicherung schafft die Voraussetzungen zum Aufschlagen weiterer Seiten im Buch der Natur. Sie rechtfertigt die Generierung von Wissen – die Präsentation von neuen und bereits bekannten Wissenselementen – in Form eines realen Buches über die Natur.

Die Generierung von naturhistorischem Wissen in *Norges naturlige Historie* wird in folgenden Bereichen untersucht: Zuerst wird eine Quellenanalyse vorgenommen. Ich gehe der Frage nach, aus welchem Fundus Aussagen für die Generierung von Wissen in *Norges naturlige Historie* geschöpft wurden und richte den Fokus dabei vor allem auf die schriftlichen Quellen. In einem zweiten Schritt soll Klarheit darüber geschaffen werden, durch welche argumentativen Verfahren die Aussagen dieser Quellen zu Wissen in der hier im Zentrum stehenden Naturgeschichte wurden. Ich untersuche, auf welche Weise ihre Einfügung in *Norges naturlige Historie* legitimiert wird und richte den Blick insbesondere auf die „Sandheds Oplysning" (Pontoppidan, 1977a, Fortale), die „Aufklärung der Warheit" (Pontoppidan, 1753, Vorrede, S. 39f.) als eines der äußersten Ziele des Erzählers. Schließlich betrachte ich in einem dritten Schritt die naturhistorische Wissensformation in *Norges naturlige Historie*. Wie gestaltet sie sich? Welche Wissensfelder klingen in ihr an? Dabei gehe ich von einer Wissensgenerierung aus, die nicht primär als chronologische Abfolge von den Quellen über die Verfahren hin zur Wissensformation verstanden wird, sondern sich durch aufeinanderfolgende Prozesse in verschiedene Richtungen auszeichnet.

3.1 Quellen

Im Vorwort des ersten Teils von *Norges naturlige Historie* skizziert der Erzähler ihre Quellenlage:

> Nu skulle jeg og efter mit Løfte give nogen Beretning om de Kilder, af hvilke jeg har hentet det, som her meddeles. Disse ere deels det lidet som her og der har været at udsøge af andres Skrifter, Norge angaaende, deels min egen Forfaring, saavidt samme har kundet strække sig, deels de Observationer, som nogle gode Mænd have giort paa min Begiering (Pontoppidan, 1977a, Fortale).

> Nunmehr sollte ich meinem Versprechen gemäss einige Nachricht von den Qvellen geben, aus denen ich dasjenige, was allhier mitgetheilet wird, geschöpfet habe. Diese sind nun theils das wenige, was ich hin und wieder aus andern, Norwegen betreffenden Schriften ausgesucht habe, theils meine eigene Erfahrung, so weit sich diese erstrecken können, theils auch die Bemerkungen, die mir einige wackere Männer auf mein Begehren mitgetheilet haben (Pontoppidan, 1753, Vorrede, S. 41).

Die Naturgeschichte setzt sich mit enorm vielen verschiedenen Bereichen auseinander, der ausführliche Titel macht es deutlich: *Det første Forsøg paa Norges naturlige Historie forestillende Dette Kongeriges Luft, Grund, Fielde, Vande, Væxter, Metaller, Mineralier, Steen-Arter, Dyr, Fugle, Fiske og omsider Jndbyggernes Naturel, samt Sædvaner og Levemaade*. Demgemäß enthält sie auch eine große Bandbreite an Quellen unterschiedlicher Disziplinen und Sorten, die vermischt werden. Zur Diskussion spezifisch norwegischer Begebenheiten werden Informationen aus verschiedenen geographischen Ge-

3.1 Quellen 75

bieten zum Vergleich herangezogen. Um aktuelle Phänomene zu erörtern, kann Wissen aus Quellen beinahe ungeachtet ihrer Entstehungszeit in die Argumentation einbezogen werden. Nicht nur die behandelten Themen sind unterschiedlicher Art, sondern auch das ursprüngliche Medium der verwendeten Quellen: In den Text fließen sowohl mündliche als auch schriftliche Quellen sowie Beobachtungen des Erzählers ein.

3.1.1 Bereiche der Informationsbeschaffung

Die Informationsbeschaffung in Pontoppidans Naturgeschichte lässt sich in vier Bereiche einteilen: In einem ersten Bereich fasse ich Aussagen aus Handschriften und aus gedruckten Texten zusammen, beispielsweise aus klassischen, aus historischen und aus naturhistorischen Publikationen. In der Bemerkung zur Quellenlage im Vorwort von *Norges naturlige Historie* werden solche Quellen angesprochen: „Disse ere deels det lidet som her og der har været at udsøge af andres Skrifter, Norge angaaende" (Pontoppidan, 1977a, Fortale), „Diese sind nun theils das wenige, was ich hin und wieder aus andern, Norwegen betreffenden Schriften ausgesucht habe" (Pontoppidan, 1753, Vorrede, S. 41). Diese Aussagen werden vom Erzähler unabhängig von der Entstehungszeit oder dem Entstehungsort kompiliert. Nur selten kommt eine gewisse Form von Historizität ins Spiel, die in das argumentative Verfahren einbezogen wird. Dabei stellt der Erzähler Wissen aus alten Geschichten, die sich mit weit zurückliegenden Ereignissen beschäftigen, in Frage. Dies ist im neunten Kapitel von Teil II ersichtlich, in dem er die Frage nach dem Ursprung der norwegischen Bevölkerung, genauer den ersten Einwohnern des norwegischen Gebiets, mithilfe verschiedener Quellen abhandelt. Dazu dient unter anderem die Geschichte von König Haakon Magnusson. In einer Klammerbemerkung im Text reflektiert der Erzähler die Glaubwürdigkeit der Quellen dieses Abschnitts: „fast Grund har man ey at vente i de ældste Tiders Historier" (Pontoppidan, 1977b, S. 359), „feste Gründe hat man in den Geschichten der ältesten Zeit nicht zu gewarten" (Pontoppidan, 1754, S. 414f.). Auf Geschichten der ältesten Zeit sei nicht sicher zu bauen: Der Erzähler mahnt zu Quellenkritik.

Weitere Informationsquellen sind Briefe und Zeichnungen, die von Phänomenen und Objekten in der Natur berichten, angesprochen im einführenden Zitat mit: „Disse ere [...] deels de Observationer, som nogle gode Mænd have giort paa min Begiering" (Pontoppidan, 1977a, Fortale), „Diese sind nun theils [...] die Bemerkungen, die mir einige wackere Männer auf mein Begehren mitgetheilet haben" (Pontoppidan, 1753, Vorrede, S. 41). In diesen Bereich gehören auch von Bekannten zugesandte Protokolle wie dasjenige, das von einer Zeugenbefragung vor dem Thing, dem Gericht, in Bergen berichtet: Zwei Männer werden getrennt voneinander über die Begegnung mit einer

Seeschlange befragt und beschwören anschließend den Wahrheitsgehalt einer schriftlichen Aussage des Kapitäns, der damals das Schiff kommandierte.¹

Die Wissenselemente des dritten Bereichs setzen sich zusammen aus Erlebnissen und Geschichten, die dem Erzähler auf seinen Reisen zu Ohren gekommen sind. Dabei handelt es sich primär um die regelmäßigen Visitationsreisen durch den Distrikt, aber auch um eine Reise im Jahr 1749 von Bergen über das Filefjell nach Christiania.²

Im vierten Bereich fasse ich Beobachtungen, Untersuchungen und Berichte von Experimenten, die der Erzähler selbst gemacht hat, zusammen: „Disse [Kilder] ere [...] deels min egen Forfaring, saavidt samme har kundet strække sig" (Pontoppidan, 1977a, Fortale), „Diese [Quellen] sind nun theils [...] meine eigene Erfahrung, so weit sich diese erstrecken können" (Pontoppidan, 1753, Vorrede, S. 41). Oft beteuert der Erzähler, dass er gewisse Phänomene mit eigenen Augen gesehen habe, beispielsweise in der Einleitung von Kapitel V „Om Norges Fiske og Fiskerier i salte og ferske Vande", „Von den Fischen und Fischereien", in der er vom ungemeinen Fischreichtum Norwegens schwärmt:

> Her falder Fiskenes Mængde, særdeles Sild, Sey, Torsk, Makrel og Lax, visselig saa stor, [...] vil samme dog vist nok falde Læseren af enhver fremmed Nation vanskeligt at give Biefald, ligesom jeg selv ved min Ankomst her til Landet ikke heller kunde troe det, førend jeg af øyensynlig Forfaring og mange uforkastelige Vidner, blev overbeviist derom (Pontoppidan, 1977b, S. 170).

> Es fällt aber hier eine Menge von Fischen, insonderheit von Heringen, Sey, Dorsch, Makreel und Lachs, die gewiss so gross ist, dass es dem Leser einer fremden Nation ganz gewiss unglaublich vorkommen wird, wenn er dasjenige lesen wird [...]. Es wird [ihm, d. V.] gehen, wie mir selbst; denn bey meiner Ankunft hier im Lande konnte ich den mir gemachten Erzählungen anfangs auch nicht glauben, bis ich endlich durch die augenscheinliche Erfahrung, und durch manche unverwerfliche Zeugen davon überführt ward (Pontoppidan, 1754, S. 197f.).

Gewisse Aussagen über Phänomene werden folglich erst durch die eigene Erfahrung des Erzählers als Tatsache in die Naturgeschichte aufgenommen. Zu den eigenen Erfahrungen gehören auch die Experimente: „Nyelig har jeg faaet en Prøve af Blye-Ertz, som ved Smeltning fandtes meget riig og god" (Pontoppidan, 1977a, S. 331), „Neulich bekam ich eine Probe von Bleyerzt, das beym Schmelzen sehr reich und gut befunden ward" (Pontoppidan, 1753, S. 358). Beobachtungen bei den angeordneten Versuchen und Resultate aus Versuchen setzt der Erzähler dem Quellenmaterial der anderen Bereiche gleich.

---

[1] Pontoppidan (1977b), S. 319–23.
[2] Hofman (1874), S. 127–48. Hofman, Niels Erik (Hg.). *Prokantsler Erik Pontoppidans Levnetsbeskrivelse og hans Dagbog fra en Reise i Norge i Aare 1749, forfattede af ham selv.* Odense, 1874.

3.1 Quellen

Während der erste Bereich der Informationsbeschaffung Quellen aus ganz Europa beinhaltet und teilweise Reisebeschreibungen umfasst, die aus Persien, Afrika oder China berichten, beschränken sich die Quellen des zweiten Bereichs auf das Gebiet der Doppelmonarchie. Die Quellen des dritten Bereichs überschreiten hinsichtlich ihrer geographischen Herkunft die Grenzen Norwegens kaum. Sie stammen mehrheitlich aus dem Bistum Bergen, in dem Pontoppidan zur Entstehungszeit von *Norges naturlige Historie* Bischof war. Ähnlich wie bei der im Jahre 1743 von der Kanzlei in Kopenhagen initiierten Umfrage, die nach den natürlichen Ressourcen der einzelnen Kirchgemeinden der gesamten Doppelmonarchie fragte, lieferten vor allem die Kollegen Pontoppidans das Wissen dieses Quellenbereichs. In Untersuchungen zu dieser Umfrage zeigt sich, dass von allen Beamtengruppen diejenige der Pfarrer die meisten der gestellten Fragen beantworten konnte.[3] Die Mitarbeit der Pfarrer an der Wissenserweiterung allgemein und in *Norges naturlige Historie* im Besonderen ist folglich kein neues Phänomen. Die Pfarrer waren seit der Durchführung der Reformation 1536 die lokalen Vertreter des Königs und des Staats außerhalb des Machtzentrums in Kopenhagen. Diese Situation auferlegte ihnen neben den religiösen Aufgaben, zu welchen auch die Administration des Schul- und Armenwesens zählte, zahlreiche zivil-administrative Aufgaben, unter anderem hatten sie Verordnungen der Regierung oder neue Gesetze nach der Predigt von der Kanzel zu verlesen und immer wieder die Bevölkerung zum Gehorsam gegenüber der Obrigkeit aufzurufen.[4]

Die Aussagen der Quellen des vierten Bereichs beschränken sich ebenfalls vornehmlich auf das norwegische Gebiet:

> De Opdagelser, som jeg selv har kundet giøre, enten ved Siun eller Hørelse og nøye Prøvelse, maate giøre mig den beste Bistand. Hertil har jeg, som tilforn blev erindret, havt stor Leylighed og Anledning af mine aarlige Visitations-Reyser næsten i enver Krog af dette vidløftige Stift, hvilket dog ikke er den eeneste Provintz, som mig af nogenlunde Forfaring er bekiendt. Allene Tronhiems Stift har jeg ikke seet, men vel de andre ved Giennem-Reyse [...]. Dog skiønner enhver, at de Egne, jeg meest har havt Leylighed til at kiende af egen Forfaring saavelsom andres Vidnesbyrd, er Bergens Stift. Et Par Maaneder eller 3 tilbringes undertiden med Reyser, og som disse skaffe mig flere ledige Timer end jeg ellers ønskede, saa pleyer jeg, som man siger, af Nøden giøre en Dyd, og passerer dem til Deels i Samtale med en Hob saa kaldede Flytnings-Folk, bestemte til min Reyses Befordring. [...] Dernæst har jeg og ved samme aarlige Omreyser fundet Leylighed til at giøre en liden Samling i mit Musæo af Norske Naturalier,

---

[3] Røgeberg (2003), S. 16.
[4] Bregnsbo (2003), S. 196. Bregnsbo, Michael. ‚Danske præster som administratorer af enevældens sociale og politiske ideologi i en brydningstid (1750–1848)'. In: *Den norske pastorale opplysningen. Nye perspektiver på norsk nasjonsbygging på 1800-tallet.* Burgess, J. Peter (Hg.), Oslo, 2003, S. 195–219.

> saasom Steene, Ertzer, Fossilier, Søe-Træer, Coraller, Snegle, Muslinger, særdeles Skabinger af Fugle, Fiske og deslige, hvilket for en god Deel har tient til Original af de Kaaberstykker, med hvilke jeg har stræbt at oplyse denne Beskrivelse, saavelsom at forlyste Læseren (Pontoppidan, 1977a, Fortale).

> Die Entdeckungen, die ich selbst habe machen können, entweder durch das Gesicht oder durchs Gehör und durch genaue Prüfungen, mussten mir den besten Beystand leisten. Hierzu habe ich, wie ich zuvor erinnert habe, grosse Gelegenheit und Anleitung auf meinen jährlichen Visitationsreisen fast in einem jeden Winkel dieses weitläuftigen Stifts gehabt, welches doch nicht die einzige Provinz ist, die mir aus eigener Erfahrung bekannt ist. Blos das Stift Drontheim habe ich selbst nicht gesehen, aber wohl die andern im Durchreisen [...]. Doch ein jeder wird urtheilen, dass die Gegend, die ich aus eigener Erfahrung wie auch aus den Zeugnissen anderer zu kennen, am meisten Gelegenheit gehabt, das Stift Bergen ist. Zween oder drey Monate werden zuweilen auf Reisen zugebracht, und wie diese mir mehrere leere Stunden verschaffen, als ich wünsche, so pflege ich, wie man sagt, aus der Noth eine Tugend zu machen, und sie zum Theil mit Unterredungen mit vielen so genannten Flytningsleuten (Fuhr- oder Beförderungsleute), die dazu bestimmt sind, meine Reise zu befördern, zuzubringen. [...] Hiernächst habe ich auch bey diesen jährlichen Reisen Gelegenheit gefunden, eine kleine Sammlung von nordischen Naturalien, als Steinen, Erzten, Fossilien, Seebäumen, Korallen, Schnecken, Muscheln, verschiedenen besondern Vögeln, Fischen und dergleichen anzulegen, von denen verschiedene die Originale zu den Kupferstichen gewesen sind, mit denen ich mich bemühet habe, diese Beschreibung zu erläutern, und den Leser zu belustigen (Pontoppidan, 1753, Vorrede, S. 49ff.).

Das einzige Bistum, das der Erzähler nicht besucht hat, ist das Bistum Trondheim, das im 18. Jahrhundert die gesamte nördliche Hälfte Norwegens umfasste. Alle anderen Bistümer sind ihm von Reisen bekannt. Am besten kennt er dasjenige von Bergen, führen ihn doch seine Visitationsreisen in die abgelegensten Winkel dieses Gebiets. Dabei interessiert sich der Erzähler nicht nur für mündliche Quellen, für beschriebene Phänomene oder erzählte Geschichten. Er trägt auch zahlreiche Objekte für seine persönliche Sammlung zusammen, die er anschließend zu Hause einer genaueren Untersuchung unterzieht und als Vorlagen für Kupferstiche verwendet.

Bisweilen werden dem Erzähler auch Objekte zur Untersuchung oder zur Erweiterung seiner Sammlung überbracht oder zugesandt; Bohnen beispielsweise, getrocknete Fische oder Tang:

> At denne Tarre bærer Blomster som en anden Væxt, kand jeg vel ikke af egen Forfaring bevidne, men en god Ven har forsikret mig, at have seet dens Blomster, næsten som hviide Lilier svømmende ved Toppen paa Vandet, saa og lovet at forskaffe mig en Prøve deraf (Pontoppidan, 1977a, S. 244).

3.1 Quellen

> Dass dieses Tarre Blumen wie ein anderes Gewächs träget, kann ich zwar aus eigener Erfahrung nicht bezeugen, aber ein guter Freund hat mich versichert, er habe dessen Blumen, die fast den weissen Lilien ähnlich wären, mit dem Kopfe auf dem Wasser schwimmen sehen, und er hat versprochen, mir eine dergleichen Blume zu verschaffen (Pontoppidan, 1753, S. 269).

Der gute Freund, „god Ven", scheint als Quelle zuverlässig. Sie erläutert das vorliegende Phänomen und verspricht eine Probe der Wasserpflanze. Diese Absicherung der Information als zuverlässiges Wissen in Form einer Naturalienprobe ist aber, aus dem Aufbau des Zitats schließend, kaum nötig.

Die private Sammlung Pontoppidans war von nicht geringem Ausmaß, erfährt man doch im achten Kapitel von Teil II „Om adskillige lidet bekiendte Monstris Marinis og Udyr i Havet", „Von gewissen Seeungeheuern oder sonderbaren und ungewöhnlichen Seethieren", dass die Originalexemplare gewisser Meerestiere mehr als hundert Spezies ausmachen würden, „som enten friske eller tørrede eller i Spiritu vini ere komne mig til Haande" (Pontoppidan, 1977b, S. 298), „die mir [...] etweder frisch oder im Weingeist in die Hände gekommen sind" (Pontoppidan, 1754, S. 346). Einen Einblick in die private Wunderkammer Pontoppidans zum Zeitpunkt seines Todes 1764 gibt ein Auktionskatalog, der ein Verzeichnis über seine Sammlung von Erzen, Gesteins-, Erd- und Salzarten, Petrefakten, Amphibien, Fischen, Vögeln, Conchylien, Altertümern, Kunstobjekten, Schilderungen etc. beinhaltet und wohl um 1765 publiziert wurde. Der Katalog reiht die Objekte säuberlich in Kategorien unterteilt hintereinander auf und gibt an, welche Objekte in Alkohol konserviert wurden (Abb. 3.1 und 3.2).[5]

Pontoppidan war nicht nur ein Sammler von Naturalien, sondern auch von Büchern und Handschriften. Das geht aus der schriftlichen Quellenbasis von *Norges naturlige Historie* hervor und zeigt sich in weiteren Auktionskatalogen: Im Zusammenhang mit der Ernennung Pontoppidans zum Bischof von Bergen im Jahre 1747 übergab er rund die Hälfte sämtlicher Objekte aus seiner Bibliothek einer Auktion: 2457 Bücher, ca. 90 Handschriften, dazu eine kleine Sammlung dänischer Kupferstiche, Münzen, einige seltene Naturalien und Antiquitäten. Ein Grund für diese Auktion vor der Abreise Richtung Norden war Harald Ilsøe zufolge, dass in Kopenhagen für die zum Kauf stehenden Objekte bessere Preise erzielt werden würden als nach einem eventuellen Tod Pontoppidans in Norwegen.[6] Ein Jahr beziehungsweise zwei Jahre nach Pontoppidans Tod in Kopenhagen 1764 fanden zwei weitere Auktionen statt: Im Rahmen der ersten wurde seine Büchersammlung mit 2960 Bänden veräußert, bei der zweiten im Jahre

---

[5] Auktionskatalog (1765), S. 28f. Auktionskatalog. *Fortegnelse paa een Samling af Ertzer, Steen- Jord- og Salt-Arter, Petrefacter, Amphibier, Fiske, Fugle, Conchylier, Oldsager, Kunstsager, Skilderier med videre, som Sal. Hr. Procanceller Pontoppidan har efterladt sig, og Onsdagen den 27 Martii om Formiddagen Klokken 9 slet i Residencen paa Nørregaden ved offentlig Auction vorder bortsolgt.* Kopenhagen, 1765.
[6] Ilsøe (2007), S. 37.

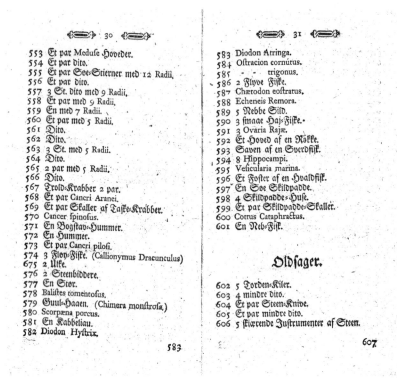

Abbildung 3.1: *Fortegnelse paa een Samling af Ertzer, Steen- Jord- og Salt-Arter, Petrefacter, Amphibier, Fiske, Fugle, Conchylier, Oldsager, Kunstsager, Skilderier med videre*, S. 30f.

1766 eine Handschriftensammlung, die Restauflagen seiner eigenen Schriften sowie Manuskripte, Kupferstiche und Platten zum dritten Band des *Danske Atlas*.[7]

Die Nennung des Ursprungs der mündlichen Quellen ist in *Norges naturlige Historie* uneinheitlich. An einer Stelle erfährt man den genauen Namen der Person, die etwas ausgesagt hat, ihren Wohnort und ihren Beruf, an anderer Stelle nur den Namen oder nur den Beruf in Kombination mit der geographischen Herkunft der Quelle. Manchmal wird bloß darauf verwiesen, dass das Wissen aus einer mündlichen Quelle stammt. Im letzten Fall wird oft ein Attribut der Glaubwürdigkeit oder der Verlässlichkeit hinzugefügt.

Die schriftlichen Quellen werden meist ziemlich genau mit Angaben zum Autor und zum jeweiligen Medium (Brief, Zeitschrift etc.) versehen. Titel von Monographien,

---

[7] Ilsøe (2007), S. 164.

3.1 Quellen

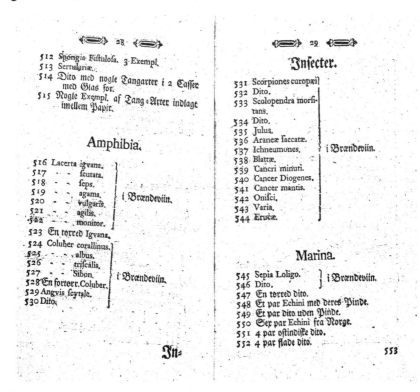

Abbildung 3.2: *Fortegnelse paa een Samling af Ertzer, Steen- Jord- og Salt-Arter, Petrefacter, Amphibier, Fiske, Fugle, Conchylier, Oldsager, Kunstsager, Skilderier med videre*, S. 28f.

Zeitschriften oder Aufsätzen erscheinen oft in abgekürzter Form, bisweilen verweisen Inhalts- oder Überschriftsstichworte auf sie oder sie werden ins Dänische übersetzt. Die Quellenhinweise sind im Haupttext typographisch hervorgehoben oder in Fußnoten verzeichnet.

Am Ende der Naturgeschichte finden sich zwei Verzeichnisse, die es erlauben, die Quellen punktuell zu erschließen. Dies unterscheidet *Norges naturlige Historie* von den meisten anderen Texten Pontoppidans. Das erste Verzeichnis, überschrieben mit „Register", beinhaltet Ortsnamen, Namen von Naturobjekten und -phänomenen sowie einige Personennamen. Das zweite Verzeichnis ist mit „Register over de anførte Skribenteres Navne" bezeichnet und bietet einen Überblick über die Autoren, deren Schriften verwendet wurden, und über die herangezogenen Zeitschriften. Die Texte sind nicht nach inhaltlichen Kriterien wie Bedeutung, Epochen oder Textsorten geordnet. Beide Register basieren auf einer alphabetischen Ordnung. Die Titel der Zeitschriften werden mit den Namen der Autoren vermischt: Bei Buchstabe ‚T' folgen auf „Tornæus Joh" „Transactions Philosoph" und „Tulpius Nico". Beide Register am Ende von *Norges naturlige Historie* sind unvollständig. Die im Haupttext von *Norges naturlige Historie* verwendeten mündlichen Quellen sind nur in seltenen Fällen über das erste Register, das Ortsnamen, Namen von Naturobjekten und -phänomenen umfasst, erschließbar. Im zweiten Register wird nicht unterschieden zwischen Zitaten aus erster und zweiter Hand. Autoren, die indirekt zitiert werden, erscheinen im Quellenregister neben direkt zitierten. Im Vergleich der Anzahl Nennungen im Register mit den tatsächlichen Nennungen im Haupttext zeigt sich, dass die Zahlen nicht übereinstimmen. Weiter sind im Register über die Autoren und deren herangezogene Texte weder die vom Erzähler verwendeten Bibelverse – die Bibel galt als eine ausgezeichnete historische Quelle – noch eingefügte Paragraphen der Gesetzessammlung verzeichnet. Solche werden beispielsweise in Kapitel „Om Norges tamme og vilde fire-føddede Dyr", „Von den vierfüssigen Thieren", herangezogen, um über die Besitzverhältnisse bezüglich eines Bären Auskunft zu geben: „Saa længe Biørnen ligger i sin Hie, er hans Eyermand den, som Skoven eyer, efter Norske Lovs pag. 832" (Pontoppidan, 1977b, S. 27), „So lange der Bär in seinem Lager liegt, gehört er, nach dem nordischen Gesetzbuche, S. 832, dem Eigner des Waldes eigenthümlich zu" (Pontoppidan, 1754, S. 32). Ich gehe davon aus, dass die Rückgriffe auf diese beiden Quellensammlungen im zweiten Register nicht festgehalten sind, weil der Erzähler sie als selbstverständlich erachtet und weil es zudem nicht möglich ist, solche Textstellen der Hand eines bestimmten Autors zuzuordnen. Den Lesenden wird folglich mit den beiden Registern ein Hilfsmittel zur Orientierung im Text geboten. Es ist jedoch nicht ganz zuverlässig.

3.1.2 Zusammensetzung der schriftlichen Quellen

Im Folgenden betrachte ich anhand des zweiten Registers „Register over de anførte Skribenteres Navne" die Zusammensetzung der schriftlichen Quellen in *Norges naturlige Historie* genauer. Das Register umfasst über 170 Autoren, von welchen in unterschiedlichem Umfang Informationen aus Bereichen wie Zoologie, Botanik, Geologie, Geschichte, Medizin oder Linguistik in die Naturgeschichte einfließen. Die Autoren sind meist im Zusammenhang mit jeweils einer oder mehreren Monographien repräsentiert und/oder mit Abhandlungen in Akten, Kommentaren, Zeitschriften, Periodika oder Lexika vertreten.

Bei den Monographien tauchen dem Register zufolge die Dänen Olaus Worm und Lucas Debes mit 22 beziehungsweise 20 Hinweisen zu Textstellen in *Norges naturlige Historie* am häufigsten auf. Zwanzigmal verweist oder zitiert der Erzähler Debes Beschreibung der Färöer von 1673, was sich mit seiner Aussage im Vorwort deckt, dass

3.1 Quellen

ihm Lucas Debes eine wichtige Quelle gewesen sei.[8] Von den 22 Hinweisen auf Texte von Worm entfallen 16 auf den Text *Museum Wormianum* (1655), der ein Jahr nach Worms Tod erschienen war. Auf Debes und Worm folgen mit je 16 Hinweisen Plinius der Ältere, Jonas Ramus und Thomas Bartolin, mit 15 Hinweisen Carl Linné, mit 14 Hinweisen Johann Anderson und mit deren 12 Francis Willoughby, Olaus Magnus und Tormodus Torfæus. Hinsichtlich der geographischen Herkunft der im Register aufgeführten Autoren zeigt sich, dass der Quellenschwerpunkt primär auf skandinavischer Literatur liegt, aber auch mittel- und südeuropäisches Quellenmaterial vertreten ist. Die am häufigsten zitierten Autoren sind dem 17. und beginnenden 18. Jahrhundert zuzuordnen. Den zeitlichen Rahmen im „Register over de anførte Skribenteres Navn" bilden die Texte *Historia Animalium* von Aristoteles und die Juniausgabe des *London magazine, or, Gentleman's monthly intelligencer* von 1752.

Ausgehend vom „Register over de anførte Skribenteres Navne" wird deutlich, dass in Pontoppidans Naturgeschichte enorm viele schriftliche Quellen verwendet werden, bedenkt man, dass es erstens nicht vollständig ist und sich zweitens auf Monographien, Lexika, Zeitschriften und Periodika verschiedener Art beschränkt und keine Hinweise auf schriftliche Quellen wie die Bibel, Gesetzessammlungen, Gerichtsakten, Briefe, niedergeschriebene Reden und Skizzen beinhaltet.

Viele bekannte europäische Gelehrte werden in *Norges naturlige Historie* zitiert, dennoch beklagt sich der Erzähler darüber, dass die Arbeitsbedingungen in Bergen nicht optimal seien: „endogsaa uden at see mig forsiunet med alle de Hielpe-Midler, samt al den Tiid og Leylighed, som et Arbeid af den Natur kunde udkræve" (Pontoppidan, 1977a, Fortale), „ob ich schon so gar ohne alle Hülfsmittel gewesen bin, und es mir an Zeit und Gelegenheit gemangelt hat, die zu einer Arbeit von dieser Beschaffenheit erfordert werden" (Pontoppidan, 1753, Vorrede, S. 34). Mit Hilfsmitteln sind wohl auch Texte gemeint, die dem Erzähler in Bergen nicht zugänglich sind. Daneben bedauert er den Verlust von Abhandlungen, die als Quellen hätten verwendet werden können, wären sie nicht bei Bränden zerstört worden. Er erwähnt das Schicksal von Jens Spidbergs Bibliothek in Kristiansand, die dem Stadtbrand von 1734 zum Opfer fiel. Aus einem zitierten Brief von Spidberg an Pontoppidan erhält man genauere Informationen über diesen Verlust. Spidberg schreibt, dass er bei dem Brand

> mistede [...] tilligemed 6000 Bøger i alle Slags Sprog og Videnskaber, alle mine MSSter og Samlinger, saa jeg deraf beholdt ikke det ringeste tilbage, uden hvad Hukommelsen kunde bevare, og jeg siden har observeret (Pontoppidan, 1977a, Fortale).

> nebst 6000 Büchern in allerhand Sprachen und Wissenschaften, alle meine Manuscripte und Sammlungen [verlor], dass ich auch nicht das Geringste davon

---
[8] Pontoppidan (1977a), Fortale.

übrig behielt, ausser was etwa mein Gedächtniss aufbehalten hatte, und was ich hernach beobachtet habe (Pontoppidan, 1753, Vorrede, S. 48).

Aus einer anderen Textstelle in *Norges naturlige Historie* geht hervor, dass Spidbergs Büchersammlung vor allem Texte zur norwegischen Natur beinhaltet hatte, Bücher, die für das Verfassen von Pontoppidans Naturgeschichte von großem Interesse gewesen wären.

Neben den schriftlichen und mündlichen Quellen stammen, wie erwähnt, viele Informationen aus den Beobachtungen, Erfahrungen, Versuchen und aus der privaten Naturaliensammlung des Erzählers. Es ist schwierig, herauszufinden, welchen mengenmäßigen Anteil dieses eigene empirische Wissen hat. Es macht einen großen Teil aus, doch der kompilatorische Vorgang der Faktensammlung scheint mir von größerer Bedeutung. Diese Behauptung illustriere ich mit folgendem Ausschnitt aus der sich über mehrere Seiten hinziehenden Beschreibung des Wals in *Norges naturlige Historie*: „Jeg har ikke sett den tiere end enn gang her ved Sognefæste, da den allene viiste sin Ryg, som syntes en Snees Alne lang, men strax dukkede under igien" (Pontoppidan, 1977b, S. 192), „Ich habe ihn nur einmal bey Sognefäste gesehen, da er uns aber blos seinen Rücken zeigete, der über zwanzig Elen lang zu seyn schien; allein er tauchte sogleich wieder unter Wasser" (Pontoppidan, 1754, S. 223). Der Erzähler hat das beschriebene Objekt nur einmal kurz gesehen und dennoch liefert er eine umfangreiche Beschreibung: Er berichtet über seine Größe und Gestalt, seine Ernährungsgewohnheiten, seinen Nutzen in der Natur und erläutert, was Gott mit diesem Tier bezweckt. Er vermittelt Wissen über die Feinde des Wals im Meer, über den Walfang und über den Geschmack des Fleischs. Dies gelingt ihm durch die Verbindung von Aussagen aus schriftlichen Quellen von Francis Willoughby oder Thomas Bartolin mit Aussagen aus zugesandten Schriften anderer Forscher und mit Informationen aus Gesprächen mit Fischern und Bauern. Die eigene Beobachtung und Erfahrung des Erzählers machen zwar einen gewissen Teil dieser Walbeschreibung aus. Die Mehrheit des vermittelten Wissens jedoch kommt über Aussagen aus anderen Quellen zustande.

3.2 Argumentationsstrategien

Wie wird nun aber mit der heterogenen Vielzahl von Quellen umgegangen, wie werden sie verarbeitet? Durch welche Prozesse stellt der Erzähler in *Norges naturlige Historie* ‚wahres' Wissen her? Wie wird zur Aufklärung der Wahrheit vorgedrungen? In einem einleitenden Teil zeige ich, wie der Erzähler mit den Quellen umgeht, wie er sie miteinander in Beziehung setzt. Danach frage ich nach den Bereichen, aus welchen er auffällig häufig Argumente heranzieht. Schließlich richte ich das Augenmerk auf die rhetorischen Verfahren, mit welchen er ‚verlässliches' Wissen generiert und überzeugend vermittelt.

3.2 Argumentationsstrategien

Zuerst aber folgen einige Ausführungen zur Erzählsituation in Pontoppidans Naturgeschichte. In *Norges naturlige Historie* wird man von einem expliziten Ich-Erzähler geführt, wodurch die Subjektivität des Diskurses ersichtlich oder zumindest nicht durch das Fehlen einer deutlichen Erzählinstanz verhüllt wird. Die einzelnen Wissenselemente werden durch diesen Erzähler präsentiert. Sie werden ergänzt durch Beobachtung und Dokumentation, durch Narration verbunden und in einen Sinnzusammenhang gesetzt, der eine bestimmte Aussage ausgehend von bestimmten Prämissen zum Ziel hat. Eine Autorität wird sichtbar, nach deren Interessen naturhistorisches Wissen als solches definiert und dadurch ‚Wahrheit' generiert wird.

Foucault untersucht in seiner *Archäologie des Wissens* die Organisation des Äußerungsfelds, in dem bestimmte Begriffe auftauchen und zirkulieren. Er schlägt eine Dreiteilung der Faktoren vor, die dieses Feld der Aussagen konfigurieren. Zunächst führt er die Formen der Abfolge aus. Dazu zählen Anordnungen der Äußerungsfolgen. Hierbei kann es sich um „die Ordnung von Interferenzen, von sukzessiven Implikationen, von demonstrativen Überlegungen [handeln]; um die Ordnung der Beschreibungen, die Schemata der Verallgemeinerung oder der fortschreitenden Spezifizierung, welchen sie gehorchen; um die räumlichen Verteilungen, die sie durchlaufen; oder [um] die Ordnung der Erzählungen und die Weise, auf die die Ereignisse der Zeit in der linearen Folge der Aussagen aufgeteilt sind" (Foucault, 1981, S. 83f.). Zu den Formen der Abfolge zählt Foucault weiter die verschiedenen Abhängigkeitstypen der Aussagen, „die nicht stets identisch oder den manifesten Abfolgen der Äußerungsfolge überlagerbar sind" (Foucault, 1981, S. 84), und die diversen rhetorischen Schemata, die der Kombination von Aussagegruppen dienen. An die Formen der Abfolge schließen sich die Formen der Koexistenz an, die Foucault in ein Feld der Präsenz, ein Feld der Begleitumstände und in das Erinnerungsgebiet einteilt. Auf diese Formen wird zu einem späteren Zeitpunkt der Untersuchung eingegangen. Den dritten Teil bilden schließlich die Prozeduren der Intervention, die auf Aussagen angewendet werden. Diese unterscheiden sich abhängig von der jeweiligen diskursiven Formation. Sie erscheinen in Techniken der Neuschreibung und Methoden der Transkription.[9]

Diese heterogenen Faktoren, die Foucault zufolge das Äußerungsfeld einer Aussage konfigurieren, bilden einen aufschlussreichen Hintergrund, um sich den einleitenden Fragestellungen zu nähern. Sie erlauben es, den Blick auf Regeln formaler Konstruktion und auf rhetorische Gewohnheiten zu richten, es wird auf die innere Konfiguration des Textes und auf die Art der Beziehung und Interferenz zwischen den verwendeten Texten fokussiert.[10]

Durch das kumulative Wissen in *Norges naturlige Historie*, durch die immense thematische Breite und die Vielzahl zitierter Quellen entsteht bei einem oberflächlichen

---

[9] Foucault (1981), S. 83–88.
[10] Foucault (1981), S. 88.

Lesen der Eindruck, der Erzähler der Naturgeschichte habe sich keine feste Quellenbeschränkung auferlegt. Er scheint alle ihm zugänglichen passenden Quellen heranzuziehen, unabhängig davon, ob diese der Bestätigung von Wissen oder dessen zusätzlicher Illustration dienen oder aber dazu verwendet werden, eine ‚neue', revidierte Wahrheit aufzuzeigen. Eine klare Argumentationsstruktur zeigt sich nicht sofort. Der erste Blick täuscht aber.

Deutliche Hinweise zum Aufbau der Argumentation im Text finden sich in *Norges naturlige Historie* nicht. In einem Lehrbuch für Pastoraltheologie von Erik Pontoppidan hingegen, in *Collegium Pastorale Practicum* von 1757, werden Kriterien der Argumentation angesprochen. Da dieser Text von Pontoppidan nur wenige Jahre später erschien und dieselbe physikotheologische Ausrichtung wie *Norges naturlige Historie* aufweist, gehe ich davon aus, dass der Naturgeschichte ähnliche Beschränkungen bezüglich der Auswahl von Quellen zugrunde liegen wie in *Collegium Pastorale Practicum*. Darin äußert sich der Erzähler mit folgenden Worten zum Aufbau einer Argumentation:

> [...] argumenta sunt ponderanda, non numeranda. Några predikanter hafva den vanan, att de till bevis utsöka sig af concordantier snart alla de språk, som kunna finnas under samma titel, uppstapla dem på hvarandra, citera derjemte mångfaldiga tal af kapitel och versar utan all nödvändighet, ja, till ledsnad för aktsamme åhörare. Ett, två eller högst tre språk äro nog att citera i ett ämne, och, om så behöfves, bör en kort förklaring tilläggas (Pontoppidan, 1866, S. 215).

> [...] argumenta sunt ponderanda, non numeranda. Gewisse Pfarrer haben die Gewohnheit, sich als Beweise Übereinstimmungen aus beinahe allen Sprachen, die es zum selben Thema gibt, auszusuchen, diese aufeinanderzustapeln, aus ihnen zahlreiche Kapitel und Verse ohne jegliche Notwendigkeit, ja zum Ermüden eines aufmerksamen Publikums zu zitieren. Es ist genug, aus einer, zwei oder höchstens drei Sprachen in einer Sache zu zitieren, und, wenn es ein Bedürfnis gibt, soll eine kurze Erklärung hinzugefügt werden (Übersetzung d. V.).

Die Bedeutung einer Argumentation sei nicht abhängig von der Anzahl der aufeinanderfolgenden Argumente. Vielmehr sei um des aufmerksamen Publikums Willen nach der Strategie zu verfahren, die gewichtigsten Argumente zu verwenden. Diese, liest man in derselben Homiletik weiter, sollen umso stärker in Szene gesetzt werden. Damit sie zur vollen Wirkung gelangen, müssen sie kräftig zugespitzt werden; ein Vorgang, der mit dem Zerreiben von Kräutern und Gewürzen verglichen wird, die dadurch ihren Duft voll entfalten.[11] Ausgegangen wird von der Bibel, der Vernunft und der Erfahrung sowie vom Wissen über die Welt, die dazu dienen, zur Wahrheit zu finden und diese auf angenehme und überzeugende Art darzustellen.[12] *Norges naturlige Historie* gibt also keine deutlichen Hinweise zum Aufbau der Argumentation. Bei genauerem Lesen

---

[11] Pontoppidan (1866), S. 221.
[12] Pontoppidan (1866), S. 219.

3.2 Argumentationsstrategien

zeigen sich in den Reflexionen des Erzählers aber Tendenzen hin zu denselben Argumentationsstrategien, wie sie in Pontoppidans *Collegium Pastorale Practicum* geäußert werden.

3.2.1 Umgang mit Quellen

Um ‚wahres' Wissen zu generieren, Aberglaube und falsches Wissen aufzudecken und zu verwerfen, werden in *Norges naturlige Historie* die diversen Quellen, das Gelesene, das Gehörte, das Erfahrene sowie das im Auftrag des Erzählers von anderen Forschenden Ermittelte einer gründlichen Quellenkritik unterzogen. Die unterschiedlichen Quellen werden gegeneinander abgewogen. Durch verschiedene Techniken, durch „kompilieren, prüfen, übersetzen, herausgeben, kommentieren, kritisieren, synthetisieren und, wie man damals sagte, resümieren und methodisieren" (Burke, 2002, S. 93) werden die Quellen in Wissen verwandelt, beziehungsweise in das, was für den Erzähler als Wissen gilt. Dieses Wissen wird durch Nachforschungen, Versuche und Beobachtungen des Erzählers und vorausgesetztes Allgemeinwissen der Zielgruppe des Textes ergänzt. Bei der Wissensgenerierung handelt es sich folglich nicht um einen linearen Vorgang, vielmehr um ein unregelmäßiges Hin und Her zwischen der Konsultation von Quellen und der Texterzeugung beziehungsweise der Erzeugung von Wissen. Diese Gleichzeitigkeit zeigt sich in *Norges naturlige Historie* darin, dass bisweilen neulich entdeckte Aussagen einer bereits geführten Argumentation nachgeliefert werden, entweder als Bestätigung eines Gedankengangs, als Ergänzung oder als Revision des ursprünglich als wahr vermittelten Wissens.

Der Erzähler geht in *Norges naturlige Historie* bewusst mit den Quellen um. Er verweist darauf, welcher Art die Quellen sind, die er verwendet, und aus welchen Gründen sie Eingang in die Naturgeschichte finden. Der Wahrheitsgehalt von gewissen Aussagen in den Quellen wird seinen Hinweisen in der Abhandlung zufolge genau geprüft. In Kapitel VIII, Teil II, das sich mit der Existenz von Meermonstern befasst, kommt die Reflexion über den bewussten Umgang mit den Quellen zum Ausdruck. Der Erzähler macht auf die schwierige Aufgabe des Naturhistorikers aufmerksam, einen Mittelweg zwischen Leichtgläubigkeit und zu großer Skepsis zu finden:

> Imidlertiid er det vist, at som man paa den eene Side, ikke tør være alt for lettroende, eller lader sig binde paa Ermet, alt hvad een og anden Fisker eller Skipper, enten paa sine Ligemænds Credit, eller dog med temmelig Forandring og Tillæg vil berette om rare Udyr i Havet; Saa meener jeg, at den anden Yderlighed viger lige saa langt af fra Sandhed, nemlig naar man intet usædvanligt eller uventeligt, skiønt efter Naturens faste Love, mueligt, vil troe og give Bifald, fordi man derom ikke kand have saa evident og aabenbar Kundskab som forlanges. Paa den Afvey tabes alt det man kalder fidem historicam, og jeg kunde da tvile om det og er sandt, at der ere Hottentotter til (Pontoppidan, 1977b, S. 301).

> Inzwischen ist dieses gewiss, dass, wenn man auf einer Seite nicht allzu leichtgläubig seyn darf, und man sich nicht alles, was etwa ein Fischer oder Schiffer, entweder auf Credit seines gleichens, oder doch mit ziemlichen Veränderungen und Zusätzen von den seltenen Seethieren berichten mögte, auf den Ermel soll binden lassen, man eben so wohl, wie ich glaube, auf die andere Art eben so weit von der Wahrheit abweichen könne, nämlich, wenn man nichts ungewöhnliches und unerwartetes, ob es schon nach dem festen Gesetze der Natur möglich ist, glauben oder ihm Beyfall geben will; und zwar weil man davon keine in die Augen fallende und so offenbare Kenntniss haben kann, als man verlanget. Auf diesem Abwege muss man allen historischen Glauben verläugnen, und auf diese Art könnte ich auch zweifeln, dass Hottentotten in der Welt wären (Pontoppidan, 1754, S. 349f.).

Es werden zwei Probleme hinsichtlich der Generierung von Wissen angesprochen: die Gefahr des unkritischen Blickes und diejenige der zu großen Zurückhaltung im Umgang mit Quellen, deren Wahrheitsgehalt aus Mangel an Evidenz nicht bewiesen ist, obwohl er den Naturgesetzen zufolge Gültigkeit haben könnte. Diese Schwierigkeiten bringt Ludwig Holberg in *Uten Hoved og Hale*[13] von 1725 auf den Punkt: „Jeg holder det lige saa daarligt at forkaste alle Historier, som at troe dem alle; jeg gaar altid Middelvey imellem Vantroe og Overtroe" (Holberg, 1970, S. 149f.), Ich halte es für ebenso falsch, alle Geschichten zu verwerfen, wie alle zu glauben; ich halte mich immer an einen Mittelweg zwischen Unglauben und Aberglauben (Übersetzung d. V.). Beide im Zitat aus *Norges naturlige Historie* angesprochenen Probleme unterstreichen ein Bewusstsein des Erzählers hinsichtlich einer überdachten und seriösen Arbeit mit Quellen. Beide resultieren aus denselben Schwierigkeiten im Prozess der Generierung von Wissen: Gewisse Aussagen können wegen fehlendem örtlichen oder historischen Zugang weder durch eigene Beobachtung noch durch eigene Experimente überprüft werden; das Wissen über die Hottentotten wurde an einem geographisch weit entfernten Ort generiert, weswegen dem Naturhistoriographen nichts anderes übrig bleibt, als der Aussage nach möglichst gründlicher Überprüfung Glauben zu schenken oder das eben nicht zu tun.

Der kritische Umgang mit Quellen ist immer wieder ein Thema, so im Zusammenhang mit der Beschreibung von gewissen Vierfüßern und Vögeln.

> skiønt nogle af dem endda kunde have udkrævet langt nøyere Efterretning, end den jeg var i Stand til at give med Vished efter egen eller andre paalidelige Correspondenters Forfarenhed. Thi disse Grændser har jeg nøye iagttaget, og uden for dem paastaaer jeg ingen Vished, naar noget meldes efter et ikke noksom bestyrket Rygte (Pontoppidan, 1977b, Fortale).

---

[13] Holberg, Ludwig. *Værker i tolv bind. Komedier*. Bd. 5. Kopenhagen, 1970.

3.2 Argumentationsstrategien

> obschon einige derselben noch eine weit genauere Nachricht erfordern können, als ich mit Gewissheit, nach eigener oder anderer fleissiger Correspondenten Erfahrung, zu geben im Stande bin. Denn diese Gränzen habe ich genau in Acht genommen, und ausser selbigen leiste ich keine Gewissheit, wenn etwas blos aus einem nicht zur Genüge bestätigtem Gerüchte gemeldet wird (Pontoppidan, 1754, Vorrede, S. 13).

Wie aus dem zitierten Abschnitt hervorgeht, werden, um annähernde Gewissheit über eine Sache zu erlangen, Erfahrungen von vertrauenswürdigen Korrespondenten oder eigene Erfahrungen vorausgesetzt. Weiter ist es möglich, sich durch die Überlieferung derselben Feststellung von mehreren Personen der Wahrheit über eine natürliche Sache zu vergewissern. Dies wird bei der Beschreibung des Verhältnisses zwischen Schlangen und Vögeln ersichtlich:

> Et andet singulare physicum, som jeg af mange øyensynlige og troværdige Vidner har hørt stadfæste, maa her berettes om Slangens Magt, endog over Fugle (Pontoppidan, 1977b, S. 59).

> Eine andere physikalische Besonderheit, die mir von vielen glaubwürdigen augenscheinlichen Zeugen ist bekräftiget worden, und die die Macht der Schlangen auch über Vögel, die ihnen doch gar nicht unterworfen zu seyn scheinen, betrifft, muss ich hier noch [...] berichten (Pontoppidan, 1754, S. 69).

Die von zahlreichen Zeugen bestätigten, übereinstimmenden Angaben beziehen sich auf die Erklärung, wie es einer Schlange möglich ist, tief fliegende Vögel aus der Luft zu schnappen:

> At dette skeer, er vist, men hvorledes man skal giøre tilstrekkelig Regnskab for den Straale-viis opskydende vis attractiva, med hvilken Ormen ligesom suer Fuglen til sig, overlader jeg andres nøyere Randsagelse (Pontoppidan, 1977b, S. 59f.).

> Dass dieses würklich geschiehet, dieses ist gewiss genug; aber wie man die Strahlenweise hinaufschiessende anziehende Kraft, mit welcher die Schlange den Vogel gleichsam an sich sauget, durch hinlängliche Gründe erläutern und erklären soll, dieses überlasse ich andern zur genauerer Untersuchung (Pontoppidan, 1754, S. 70).

Die Zeugengruppe, auf die sich das Wissen über dieses natürliche Phänomen stützt, besteht nicht aus beim Namen genannten Einzelkorrespondenten. Sie setzt sich vielmehr zusammen aus nicht näher definierten Individuen, „øyensynlige og troværdige Vidner" (Pontoppidan, 1977b, S. 59f.), „glaubwürdigen augenscheinlichen Zeugen"

(Pontoppidan, 1754, S. 69). Dadurch, dass mehrere Zeugen dem Erzähler zufolge dieselbe Aussage über ein bestimmtes Phänomen machen, kann die Aussage als zuverlässig gelten.

Der Erzähler berichtet, dass er sich auf seinen Visitationsreisen die Gelegenheit nicht entgehen lässt, mit dem Reisegefolge ins Gespräch zu kommen:

> Hvad disse svare mig paa adskillige Spørsmaal, derom consulerer jeg siden deres Præst eller nogen anden Mand, bekiendt i samme Egn, og hvis jeg hører det samme af mange bekræftes, men af ingen tages i Tvivl, ikke heller nogen naturlige Modsigelse deri, da pleyer jeg at indføre det i mine Miscellan-Observationer, samt siden ved min Hiemkomst see mig om i visse, særdeles biergagtige eller og i anden Henseende med Norge overeensstemmende Landes Beskrivelser (Pontoppidan, 1977a, Fortale).

> Was diese mir auf meine verschiedene Fragen antworten, darüber ziehe ich hernach den Prediger, oder einen andern bekannten Mann, der dieselbe Gegend kennet, zu Rathe, und wenn ich höre, dass es von vielen bekräftiget, aber von niemand in Zweifel gezogen wird, oder kein Wiederspruch darinn vorkommt: so pflege ich es in meine Miscellanbeobachtungen einzutragen, und nach meiner Zuhausekunft sehe ich mich darnach in den Beschreibungen gewisser, insonderheit bergichter oder in einer andern Absicht mit Norwegen übereinkommender, Länder um (Pontoppidan, 1753, Vorrede, S. 50f.).

Dieses Zitat illustriert nicht nur das Interesse des Erzählers am Wissen der lokalen Reisebegleiter, die einen Teil der mündlichen Quellengruppe ausmachen. Es zeigt vor allem die Generierung von ‚wahrem' Wissen, den Überprüfungsprozess, dem das Wissen dieser mündlichen Quellen unterzogen wird, um verlässlich zu werden. Kann der Erzähler selbst keinen natürlichen Widerspruch feststellen, löst er das Wissenselement aus dem Zusammenhang vor Ort heraus und übernimmt es in seine Notizen. In der privaten Bibliothek sucht er später passende Literatur zu diesem Wissen und kontextualisiert es. Die Quellenkritik erfolgt zuerst draußen auf dem Feld und wird später am Schreibtisch fortgesetzt, entsprechend der Vermischung zweier Gelehrtheitstraditionen: der Kompilation von Texten und der Feldforschung.

Wie in der Analyse des Registers am Ende von Pontoppidans Naturgeschichte gesehen, werden für den Generierungsprozess von wahrem Wissen zahlreiche schriftliche Quellen durchkämmt. Auch in Bezug auf diese stellt sich, wie bei den mündlichen Quellen und vertrauenswürdigen Korrespondenten des Erzählers, wiederum die Frage, wie er im Verlauf der Arbeit mit der Schwierigkeit der historischen Gewissheit, der Glaubwürdigkeit der Quellen und der darin enthaltenen Elemente des Wissens umgeht: kurz wie er Quellenkritik übt. Einerseits versucht der Erzähler, die schriftlichen Quellen durch Vergleiche mit anderen schriftlichen Zeugnissen, mit den eigenen Erfahrungen und Beobachtungen anderer zu ergründen und abzusichern. Andererseits

3.2 Argumentationsstrategien

überträgt er die Verantwortung über den Wahrheitsgehalt des in Quellen vermittelten Wissens durch genaue bibliographische Angaben dem Autor der verwendeten Quelle selbst. Die Quelle wird somit zwar verwendet, die Verantwortung im Falle einer Unwahrheit aber an ihren Urheber zurückgegeben.

Auf einen bewussten Umgang mit Quellenmaterial lassen auch Bemerkungen wie die folgende schließen:

> Den Engelske Original har jeg ikke ved Haanden, men af den 1743 i Hamborg paa tydsk udgivne Oversettelse, kaldet: Unterricht an einen Freund, wie man die Trägheit und den Rückfall im Christenthum verhüten soll, vil jeg anføre Ordene (Pontoppidan, 1977a, S. 36).

> Das englische Original habe ich nicht bey der Hand; ich will aber aus der in Hamburg im Jahr 1743 herausgekommenen deutschen Uebersetzung, die den Titel führt: Unterricht an einen Freund, wie man die Trägheit und den Rückfall im Christenthum verhüten soll, die Worte [...] anführen (Pontoppidan, 1753, S. 41f.).

Der Erzähler legt Wert darauf, zu differenzieren, ob er mit Quellen in der Originalsprache oder mit deren Übersetzung arbeitet, können diese doch unter Umständen stark voneinander abweichen.

Das Interesse an einer gewissenhaften Abwägung der Quellen zeigt sich nicht nur im Haupttext der beiden Teile von *Norges naturlige Historie*, sondern auch in den beiden Vorworten der Naturgeschichte. In demjenigen des zweiten Teils bezieht der Erzähler die Lesenden in den Prozess der Wahrheitsfindung mit ein. Er fordert sie dazu auf, die Eigenheiten der norwegischen Nation, die in den letzten beiden Paragraphen des zweiten Teils beschrieben sind, selbst zu beurteilen:

> Om samme er treffet eller ikke, maa Læseren selv dømme af de anførte og mestendeels in facto grundede Beviisligheder, til hvilke ogsaa undertiden føyes nogle argumenta a priore, som ikke just give saa gandske vis Slutning, men dog en rimelig Formodning (Pontoppidan, 1977b, Fortale).

> Ob ich sie nun getroffen habe oder nicht, dieses mag der Leser selbst aus dem angeführten, und meistentheils in der Würklichkeit gegründeten, Erweislichheiten schliessen, denen auch zuweilen einige argumenta a priore beygefüget worden, die zwar nicht einen ganz gewissen Schluss, doch aber eine nicht ungereimte Muthmassung veranlassen (Pontoppidan, 1754, Vorrede, S. 14).

Betrachtet man die Struktur des Zitats, wird jedoch deutlich, dass die Ermunterung der Lesenden zur eigenen Auseinandersetzung mit dem vermittelten Wissen vor allem als rhetorisches Mittel einzustufen ist. Die Beschreibung basiert auf Beweisen, die zum größten Teil auf nachgewiesenen Fakten beruhen. Dazu kommen gewisse Vorurteile, die zwar keine sicheren Schlüsse zulassen, jedoch in eine Richtung deuten. Das heißt, dass von den für die Argumentation verwendeten Wissenselementen nur ein geringer Teil überhaupt in Zweifel gezogen wird, der größte Teil aber abgesichert zu sein scheint. Deshalb kann die Aufforderung, sich mit der Richtigkeit des Inhalts dieser beiden Paragraphen zu befassen, als rhetorisches Stilmittel ähnlich einer Apostrophe verstanden werden, einer Gedankenfigur, die üblicherweise „die Abwendung des Redners von seinem Publikum durch die Hinwendung zu einer anderen, imaginären Person oder zu der Personifikation einer Sache" (Groddeck, 2008, S. 198) bezeichnet. Wir haben es in diesem Ausschnitt mit einem Heraustreten aus der für *Norges naturlige Historie* typischen Erzählsituation zu tun, in welcher der Erzähler für einmal explizit fiktive Lesende erwähnt. Dadurch findet ein Perspektivenwechsel statt.

Meist lassen sich die Elemente des Wissens, die in der Naturgeschichte erscheinen, auf eine bestimmte Quelle und auf deren genauen Urheber oder einen Zeugen zurückführen. Ist dies nicht der Fall, werden die Lesenden über die Anonymität der Quelle informiert, wie dies bei der Beschreibung der Feinde des Wals geschieht:

> En ubekiendt Auctor til den Beretning, som findes sammenføyet med vores Danske Oversettelse af Mons. Peirere hans Islandske Beskrivelse, melder [...] om en Fisk, som har skarpe Takker paa Ryggen og med dem opriver Hvalfiskens Bug (Pontoppidan, 1977b, S. 198).

> Ein unbekannter Verfasser eines Berichts, der unserer dänischen Uebersetzung der Beschreibung von Island des Peirere beygefügt ist, gedenket eines Fisches, der auf dem Rücken scharfe Zacken hat, mit denen er den Bauch des Wallfisches aufreisset (Pontoppidan, 1754, S. 231).

Die Lesenden werden auf die Unbekanntheit des Urhebers dieser Quelle hingewiesen. Dadurch aber, dass sie zusammen mit der dänischen Übersetzung der Islandbeschreibung des bekannten Isaac Peirere erschien, erhält sie eine gewisse Verlässlichkeit.

Werden Quellen nicht explizit einem Urheber zugeordnet, geschieht dies aus unterschiedlichen Gründen. Wie im oben aufgeführten Ausschnitt kann der Ursprung einer Aussage tatsächlich im Dunkeln liegen. Fehlende Hinweise auf die Herkunft von Quellen sind aber auch Zeichen dafür, dass der Erzähler die Informationen nicht anzweifelt oder dass er das vermittelte Wissen selbst in Erfahrung gebracht hat, entweder durch eigene Untersuchungen oder durch Untersuchungen anderer. Ein expliziter Urheber kann auch nicht ausgemacht werden, wenn er sich aus einer Gruppe von nicht näher identifizierten Menschen zusammensetzt. Solche Zeugengruppen scheinen für die Generierung und Legitimierung von Wissen in *Norges naturlige Historie* von großer Zuverlässigkeit. Im zweiten Paragraphen des vierten Kapitels in Teil I wird berichtet, dass trotz der geringen Humusmenge jedes Jahr Getreide gesät wird:

3.2 Argumentationsstrategien

> [...] men det Korn, den giver, er, efter alles Tilstaaelse, langt større og meere kiernefuldt, end det der indføres fra Damnark [sic] eller Tydskland, vigende allene det Engelske Korn, som Nordmannen har best Smag paa (Pontoppidan, 1977a, S. 159f.).

> [...] so ist auch das Korn, was die Felder bringen, nach dem allgemeinen Geständnisse, weit grösser, und die Aehren weit voller, als das Korn, das aus Dännemark oder Deutschland nach Norwegen geführt wird, und es weichet blos dem englischen Korne, welches den Normännern am besten schmeckt (Pontoppidan, 1753, S. 180).

Es sei nicht nur möglich, trotz geringem Humusvorkommen Getreide anzupflanzen, es würden auch stets Ernten von außergewöhnlicher Qualität erwartet. Das zeige sich durch die Größe und Qualität der Getreidekörner. Dieses Wissen wird bestätigt „efter alles Tilstaaelse". Dasselbe geschieht im ersten Kapitel „Om Norges vilde og tamme fire-føddede Dyr", „Von den vierfüssigen Thieren", in Teil II der Naturhistorie, an dieser Stelle jedoch durch eine etwas andere Formulierung. Es wird erklärt, wie eine Frau reagieren muss, wenn sie im Wald auf einen gefräßigen Bären trifft:

> [...] da vide de af indbyrdes Forfarenhed et eeneste usvigeligt Middel at gribe til, hvilket jeg holdt for en Fabel og Digt, indtil mange med een Mund forsikrede mig derom, ligesom det her af ingen tages i Tviil, nemlig s. v. sublatis vestimentis, ostendunt id, qvod reconditum vult natura (Pontoppidan, 1977b, S. 24).

> [...] so wissen sie aus der ihnen beywohnenden Erfahrung ein einziges Rettungsmittel zu ergreifen, welches ich so lange für eine Fabel oder Erdichtung gehalten habe, bis mir die Wahrheit desselben verschiedene Leute ganz sicher bestätiget haben; nämlich: s. v. sublatis vestimentis, ostendunt id, quod reconditum vult natura (Pontoppidan, 1754, S. 28).

Durch die Formulierung „mange med een Mund forsikrede mig derom" wird das vermittelte Wissen gleich abgesichert. Drei weitere Formulierungen flankieren es: „indbyrdes Forfarenhed" und „hvilket jeg holdt for en Fabel og Digt", die eine Kehrtwende einleiten, und die Aussage, dass diese Tatsache vor Ort von niemandem in Zweifel gezogen werde. Auf diese Weise mehrfach zementierte Aussagen von nicht näher definierten Zeugengruppen sind von großer Überzeugungskraft. Dies gilt aber nicht für alle Zeugengruppen. Die Klärung der Frage, ob Seeschlangen existieren, scheint nicht leicht zu sein, obwohl es dafür unter den erfahrensten Seemännern und Fischern wohl mehrere hundert Zeugen gäbe, „som vidne derom efter eget Øyesyn og temmelig nøye stemme overens i deres Beskrivelse" (Pontoppidan, 1977b, S. 319), „die aus eigenem Augenscheine die Gewissheit des Seewurmes bezeugen, und die in ihrer Beschreibung ziemlich genau übereinstimmen" (Pontoppidan, 1754, S. 369). Doch in diesem Fall scheinen dem Erzähler die zahlreichen übereinstimmenden Aussagen der Zeugengruppe, die homogen ist, für die Generierung von wahrem Wissen wie bei den vorhergehenden beiden Beispielen nicht zu genügen.

Nicht bezweifelt werden offizielle Zeugenaussagen, die in amtlichen Protokollen erschienen. Ein Protokoll, das die Schilderung eines Aufeinandertreffens des „Kongelige Søe-Capitaine, nu Commandeur og Oberlotz her paa Stedet Høyædle og Velbr. Hr. Lorentz de Ferry" mit einer Seeschlange auf der Heimreise von Trondheim nach Molde im Jahr 1746 beinhaltet, wird in seinem gesamten Umfang angeführt. Die Schilderung wird von zwei Seemännern, die ebenfalls an Bord gewesen waren, folgendermaßen bezeugt:

> [...] ved aflagte corperlig Eed, med oprakte Fingre efter Loven vidnede og bekræftede, at det sig saaledes i alle Maader forholder, og er passeret, som bemeldte Missive og Forklaring indeholder (Pontoppidan, 1977b, S. 323).

> [...] durch einen abgelegten körperlichen Eid, mit aufgehobenen Fingern gesetzmässig bezeuget und bekräftiget, dass sich solches alles solchergestalt verhält und zugetragen hat, so wie es in bemeldten Schreiben erkläret und enthalten ist (Pontoppidan, 1754, S. 373).

Weitere Quellen, die nicht erst auf ihren Wahrheitsgehalt hin untersucht werden müssen, die grundsätzlich als verlässlich gelten, werden im Vorwort des ersten Teils der Naturgeschichte explizit genannt. Namentlich erwähnt sind Robert Boyle, Bernhard Nieuventyt, François Fenelon, Johann Jacob Scheuchzer und William Derham. Dem Erzähler zufolge zählen sie zu der Gruppe von Forschern, die den Inhalt der Naturlehre auf die endgültige Wahrheit beziehen.[14] Sie gehen davon aus, dass es einen Gott gibt. Dieser wohnt zwar, wie im ersten Vorwort ausgeführt wird, in einem unzugänglichen Licht und kann nicht von sterblichen Augen entdeckt werden, der menschliche Sinn sieht ihn aber und nimmt seine Taten wahr.[15] Diese vorbehaltlos akzeptierte Annahme bildet die Grundlage des naturtheologischen Weltverständnisses des Erzählers in *Norges naturlige Historie*. Diese schriftlichen Quellen gelten primär als glaubwürdig, da deren Elemente des Wissens vor einer ähnlichen Folie wie derjenigen des Erzählers in *Norges naturlige Historie* in einen Sinnzusammenhang gesetzt werden. Üblicherweise ist der Schöpfer nicht direkt in der Argumentationsstruktur erkennbar, er steht vielmehr als selbstverständliche Instanz dahinter. Dies kann für das Lesen aus einer modernen Perspektive zur Folge haben, dass Erklärungen fälschlicherweise als rein naturwissenschaftlich aufgefasst werden und man sie als Widerspruch zu den Argumentationsstrukturen versteht, in welchen Gott direkt herbeigezogen wird.

---

[14] Pontoppidan (1977a), Fortale.
[15] Pontoppidan (1977a), Fortale.

3.2.2 Argumente des ‚richtigen' Glaubens

Ein Gegenpol zur Wahrheit in diesem physikotheologischen Sinn ist der Aberglaube. Dieser Begriff bezeichnet laut dem *Ordbog over det Danske Sprog* ein in der herrschenden Religion oder dem herrschenden Naturverständnis übertriebener oder widersinniger Glaube an etwas Mystisches oder Übersinnliches.[16] Pontoppidan bekämpft abergläubische Strömungen nicht nur in Schriften zum Thema, beispielsweise in *Everriculum fermenti veteris* (1736) oder *Fejekost. Til at udfeje den gamle surdejg* (1923), sondern auch in seinen zeitgenössischen naturhistorischen Abhandlungen wie bei der Beschreibung der Heringe in *Norges naturlige Historie*. Den Makrelen gleich würden sie jeweils in großen Scharen umherziehen, angeführt von einem auffällig großen Exemplar, das die Fischer nicht zu töten wagen:

> Om denne beretter Martin i hans Descript. of the Western Island of Scotland p. 143. at Fiskerne kalde den Silde-Konge, og tør ikke tage den af Havet, holdende det for crimen læsæ Majestatis (pettitreason), at ødelegge en Fisk, der bærer saadant Navn. Snarere er det vel en Overtroe eller Frygt for at deres Fiskerie derved skulle skades i Fremtiden, thi af de Regler, som sigte derhen, har Almuen her ogsaa en stor Mængde blant sig, og efterleve dem langt nøyere end Guds Ord (Pontoppidan, 1977b, S. 232f.).

> Martin berichtet, die Fischer nennten ihn den Heringskönig, und sie dörften ihn nicht aus der See nehmen, weil sie es für ein Laster der beleidigten Majestät (pettitreason) hielten, einen Fisch, der diesen Namen führte, zu tödten. Es ist dieses wohl vielmehr ein Aberglaube, oder eine Furcht, ihre Fischerey mögte dadurch in der Folge Schaden leiden. Der gemeine Mann allhier hat auch eine grosse Menge solcher Regeln, die dahin zielen, und er lebet ihnen weit genauer nach, als dem Worte Gottes (Pontoppidan, 1754, S. 272).

Einerseits wird im Zitat durch das Bild, das die Bezeichnung des auffallenden Fisches als Heringskönig generiert, das natürliche Verhalten dieser Fischart dargestellt. Andererseits aber wird den Lesenden der Aberglaube vor Augen geführt, der die Fischer davon abhält, besagten Hering zu fangen: Es käme einem Majestätsverbrechen, „crimen læsæ Majestatis", gleich, den König der Heringe, einen Fisch, der solch einen Namen trägt, zu töten. Der Erzähler vermutet aber hinter dieser Haltung einen tiefer liegenden Aberglauben: die Angst, dass sich die vorsätzliche Tötung dieses speziellen Fisches auf die lokale Fischerei auswirken würde. Am Ende des Zitats stellt er den Aberglauben Gottes Wort gegenüber, nach dem gelebt werden soll. Dadurch verwirft er die Erklärungsweise vor dem Hintergrund eines abergläubischen semiotischen Kosmos, nach dem alles Sichtbare und Vorsichgehende von Bedeutung ist.

---

[16] Det danske sprog- og litteraturselskab (Hg.) (1936), S. 184. Det danske sprog- og litteraturselskab (Hg.). *Ordbog over det danske sprog*. Bd. 16. Kopenhagen, 1936.

Der Erzähler kontrastiert Aberglaube nicht nur mit dem ‚richtigen' Glauben basierend auf Gottes Wort, sondern stellt ihn auch als Gegenpart zu wissenschaftlicher Erkenntnis dar, wodurch er ebenfalls negativ bewertet wird. So weist der Erzähler unter anderem darauf hin, dass es an der norwegischen Küste einen viel größeren Reichtum an merkwürdigen Fischen gebe als in anderen europäischen Ländern. Diese Tatsache werde jedoch durch abergläubisches Denken beinahe gänzlich verdeckt. Es sei kaum möglich, die extreme Artenvielfalt zu entdecken, da außergewöhnliche Fischexemplare als Wunder-Fische, wie sie in *Zedlers Universal-Lexicon* genannt werden,[17] sofort über Bord geworfen würden und dadurch der genaueren Erforschung unzugänglich blieben.

Ein ähnliches Konzept, in dem die Menschen bei einem Fehlverhalten von Gott durch die Natur bestraft werden, zeigt sich in der Vorstellung des Erzählers bei der Beschreibung der Lemminge. Diese Tiere vermehren sich rasch und hinterlassen auf ihrem Weg durch die Natur großen Schaden:

> Meget yngelsom maae disse Udyr være, efterdi man seer dem, skiønt, Gud skee Lof, saare sielden, nemlig i 20 Aar eengang eller to, at fremkomme af deres Boeliger, og da at sankes i store Flokke af nogle Tusinde, ligesom Guds Hær til at udrette hans Villie, nemlig at straffe de nærboende Indbyggere, med deres Sæde-Korns og Græsses Ødeleggelse (Pontoppidan, 1977b, S. 50).

> Diese Thiere müssen sehr fruchtbar seyn, weil man sie, obschon, Gottlob! sehr selten, nämlich in zwanzig Jahren ein- oder zweymal aus ihren Wohnungen in grossen Haufen von etlichen tausenden kommen sieht, gleichsam als ein Heer Gottes, seinen Willen auszurichten, nämlich, die da herum wohnenden Leute durch Verheerung ihres Saatkorns und Grases zu strafen (Pontoppidan, 1754, S. 59f.).

Lemminge scheinen laut dem Erzähler von *Norges naturlige Historie* eine in der norwegischen Landwirtschaft periodisch vorkommende Plage zu sein. Ihre Raubzüge sind von einem solchen Ausmaß, dass er ihr Auftreten nur vor dem Hintergrund einer bestrafenden Instanz erklären kann. Gott erscheint hier nicht diskret hinter einer naturwissenschaftlich hergeleiteten Erklärung einer natürlichen Sache. Seine Anwesenheit ist nicht indirekt wahrnehmbar, vielmehr scheint der Schöpfer in dieser Argumentation aktiv in die Naturverhältnisse einzugreifen. Der Erzähler verwendet ihn direkt als Erklärung des Phänomens. Die Lemminge, die als Untiere bezeichnet werden,[18] rücken durch die Metapher „Guds Hær", „Heer Gottes", in einen völlig neuen Kontext. Anstatt sie als furchtbare Schädlinge zu bezeichnen, versteht man sie als gerechte Wesen, die Gottes Willen ausführen und die Menschen bestrafen. Eine vergleichbare

---

[17] Zedler (1963), S. 2115. Zedler, Johann Heinrich. *Grosses vollständiges Universal-Lexicon [1732–54]*. Bd. 59. Graz, 1963.
[18] Pontoppidan (1977b), S. 50.

3.2 Argumentationsstrategien

Konstruktion, die ebenfalls dem Konzept der Bestrafung folgt, wird in der Schilderung von gefräßigen Würmern sichtbar, die bei Schneefall im Frühling in Massen auftreten: „Ligeledes An. 1709. var denne Guds Hær udsendt til at ødelegge Kaal, Græs, Hør og Hamp, men ikke Korn-Sæd, hvilken de havde Ordre at gaae forbi" (Pontoppidan, 1977b, S. 73), „Im Jahr 1709 ward dieses Heer Gottes ebenfalls ausgesandt, um den Kohl, Gras, Flachs und Hanf zu verderben, allein die junge Saat vom Korne hatten sie keinen Befehl anzurühren" (Pontoppidan, 1754, S. 84). Wie im Zitat die Lemminge betreffend interpretiert der Erzähler das Auftreten dieser Tiere als Entscheidung Gottes, Zerstörung anzurichten. Wiederum trifft es landwirtschaftliche Erzeugnisse, Teil der Grundnahrung von Mensch und Tier. Die Würmer werden in der erwähnten Erklärung dieses natürlichen Phänomens nicht nur mit Gottes Heer verglichen. Sie sind vielmehr explizit Gottes ausgesandtes Heer, „denne Guds Hær" (Pontoppidan, 1977b, S. 73), das dessen Befehle auszuführen hat.

Die Interpretation der beiden Phänomene ist interessant. Wie kann der in einem physikotheologischen Verständnis weise und gütige Gott, der die Welt so gut eingerichtet hat und im Gleichgewicht hält, dennoch so hart bestrafen? Das Konzept dieser Bestrafung erinnert an die Heuschreckenplage, eine von zehn Plagen aus dem zweiten Buch Mose, in welchen die Allmacht Gottes sichtbar wird.[19] Der Balancegedanke, der große Teile von *Norges naturlige Historie* durchzieht, ist nur im Fall der Lemminge präsent. Ihr Auftreten verspricht Jagderfolg, die Zerstörung, die sie anrichten, wird durch die Aussicht auf eine günstige Jagd neutralisiert.[20] Bei der Zerstörung durch die Würmer zeigt er sich nicht oder nur indirekt. Die Menschen werden bestraft und daraus resultiert im besten Fall auf einer sekundären Ebene ein Ausgleich in Form einer eventuellen Besserung des Menschen. Dass diese Form von Bestrafung dem Naturverständnis Pontoppidans zufolge der Natur innewohnt, geht bereits in Teil II aus dem zweiten Paragraphentitel in Kapitel I hervor: „Af vilde Dyr, som tiene til Menniskets Føde eller Klæde, deels ogsaa til Straf og Reffelse, findes her i Norge, først Hiorte" (Pontoppidan, 1977b, S. 16), „Von wilden Thieren, die dem Menschen zur Speise und zur Kleidung, theils auch zur Strafe und Züchtigung dienen, werden hier in Norwegen erstlich die Hirsche gefunden" (Pontoppidan, 1754, S. 18).

3.2.3 Argumente der Etymologie

In *Norges naturlige Historie* wird zuverlässiges Wissen über natürliche Objekte teilweise durch die Etymologie, durch die Aufschlüsselung ihrer Eigennamen gewonnen. Namen haben, wie dies Udo Friedrich zufolge auch in der mittelalterlichen Naturkunde

---

[19] Kirchenrat der Evangelisch-reformierten Landeskirche des Kantons Zürich (Hg.) (2007), S. 84–94. Kirchenrat der Evangelisch-reformierten Landeskirche des Kantons Zürich (Hg.). *Zürcher Bibel*. Zürich, 2007.
[20] Pontoppidan (1977b), S. 52.

der Fall ist, eine doppelte Funktion: Sie stellen einerseits Referenzen her und dienen somit der Identifizierung, andererseits setzen sie Zeichen, die einem breiten Spektrum von Deutungen offenstehen. Daran knüpfen die unterschiedlichen Interessen von Naturkunde und Naturdeutung an.[21]

Der ‚Fløy-Fisk' oder ‚Flyvende-Fisk' beispielsweise trägt den Namen ‚Fliegender Fisch', da es ihm möglich ist, kurze Strecken über dem Wasser zu fliegen. Durch den Eigennamen, der die Zugehörigkeit zu den Fischen in sich trägt, wird außerdem bestätigt, was aufgrund seiner Gestalt naheliegend scheint:

> Foruden de sædvanlige Finner have de under Halsen trende brede og temmelig lange Finner af anden subtilere Structur, næsten saa tynde som Flue-Vinger, men styrkede med en halv Snees mellemløbende Straaler av Been (Pontoppidan, 1977b, S. 180).

> Ausser den gewöhnlichen Flossfedern haben diese Fische unter dem Halse drey breite und ziemlich lange Flossfedern von einer andern feinern Art, fast so dünne, wie die Flügel an den Fliegen, sie sind aber durch zehn zwischen durchlaufende Gräten verstärkt (Pontoppidan, 1754, S. 210).

Der Eigenname und die Gestalt lassen das vermittelte Wissen, dass dieser Fisch fliegen kann, wahrscheinlich werden. Dabei handelt es sich um einen Zirkelschluss. Die sprachlichen Zeichen werden als das analoge Abbild der Dinge aufgefasst. Auch bei der ‚Elveritze' ist ein ähnliches Phänomen zu sehen: „Elveritze, en liden Fisk, som af Elverne, hvor den fanges, har sit Navn" (Pontoppidan, 1977b, S. 178), „Elveritze (Elritze), ein kleiner Fisch, der von den Elven (Strömen), worinn er gefangen wird, seinen Namen hat" (Pontoppidan, 1754, S. 207). Der Eigenname gibt hier zwar keine Auskunft darüber, ob das Lebewesen den Fischen zuzuordnen ist, aber er informiert über den Lebensraum des Fisches, wodurch das Wissen darüber, dass dieser Fisch in Flüssen vorkommt, bestätigt wird. Die Analyse der Eigennamen kann folglich dazu beitragen, Wissen über eine natürliche Sache zu erschließen und es gleichzeitig abzusichern.

Ähnlich verhält es sich teilweise bei den Bezeichnungen von Pflanzen: „Lolium. Svimling, fordi det tager Hovedet ind og giør svimlende" (Pontoppidan, 1977a, S. 192), „Lolium. Svimling, weil es den Kopf einnimmt und taumelnd macht. (Lülch, Kuhwaitzen)" (Pontoppidan, 1753, S. 215). Der Effekt dieser Pflanze ist an ihrem Namen abzulesen. Er ist das Abbild des Effekts und vermittelt ihre Wirkung nach der Konsumation. Die Bezeichnung und das bezeichnete Objekt spiegeln sich gegenseitig, es wird kein Unterschied zwischen der sprachlichen Repräsentation und dem Repräsentierten gemacht.

---

[21] Friedrich (1995), S. 91. Friedrich, Udo. *Naturgeschichte zwischen artes liberales und frühneuzeitlicher Wissenschaft. Conrad Gessners „Historia animalium" und ihre volkssprachliche Rezeption.* Tübingen, 1995.

3.2 Argumentationsstrategien

Bei der Frage nach dem Ursprung der Bezeichnung ‚Qvener', mit der in den zur Verfügung stehenden Quellen ein uraltes Volk bezeichnet wird, stehen die Etymologie und ‚verlässliches' Wissen in einem etwas anderen Verhältnis. Der Erzähler führt Olof Rudbecks Auffassung der Herkunft der Bezeichnung an:

> Det navnkundige District Qvænanger i Nordlands Amt, hvor den fabulerende Rudbeck behager at supponere sine Nordiske Amazoninders qvindelige Republique (Pontoppidan, 1977b, S. 358).

> Der wohlbekannte Distrikt Quänanger im Amte Nordland, wo es dem fabelhaften Rudbeck gefallen, die weibliche Republik seiner nordischen Amazonen hinzusetzen (Pontoppidan, 1754, S. 413).

Er verweist auf Ortsnamen, die diese Bezeichnung beinhalten wie

> Berg Qvinens eller Qvenensheide, item Qvinsfiord, Qvinens eller Qvenens-Elv og Qvendal i Lister-Lehn, saa og Qvenshagen i Lærdal (Pontoppidan, 1977b, S. 358).

> Berg Quinens oder Quenensheide, ingleichen Quinsfiord, Quinens oder Quenens-Elv und Quendal im Lehn Lister, wie auch Quenshagen in Lärdal (Pontoppidan, 1754, S. 413).

Dann zieht er die geographische Bezeichnung „Qveen-Herret (corrupte Qvind-Herred, efter en ugrundet Tradition at alle Mændene der skulde være ihielslagne)" (Pontoppidan, 1977b, S. 358), „Queen-Herret (corrupte Quind-Herret oder die Weiber-Herrschaft, nach einer ungegründeten Ueberlieferung, dass daselbst alle Männer von den Weibern wären erschlagen worden)" (Pontoppidan, 1754, S. 413), heran, die mit ‚Qvener' in Zusammenhang gebracht werden könnte. Weiter führt er zur Diskussion der Etymologie an, dass Qveen-Heeret

> maaske [conserverer] Ihukommelsen af det Navn, som de ældste Norske, eller dog en Deel af dem, kand have baaret, ligesom deres fordrevne Landsmænd paa Kølens Field endnu kaldes Qveener og deres Sprog det Qveenske (Pontoppidan, 1977b, S. 358).

> vielleicht noch das Andenken dieses Namens, als der ältesten Normänner, erhält, oder doch eines Theils desselben, den sie können geführet haben, so wie deren vertriebene Landsleute auf dem Gebirge Kölen annoch Queener und in ihre Sprache die Queensche gennet werden (Pontoppidan, 1754, S. 413).

Auch Gerhard Schönings Vorschlag in einer zu Pontoppidans Zeit herausgegebenen Schrift wird den Lesenden nicht vorenthalten: „det Ord Qvener eller Qvæner efter

§. 11. p. 29. siges at betyde Overløbere eller et ustadigt Folk" (Pontoppidan, 1977b, S. 359), „das Wort Qveener oder Qväner bedeute Ueberläufer oder ein unstätiges Volk" (Pontoppidan, 1754, S. 415).

Die Diskussion über Herkunft und Geschichte der Bezeichnung ‚Qvener' trägt zur Generierung von Wissen über dieses Volk bei. Wiederum scheint die Bezeichnung Teil des Bezeichneten sowie das Bezeichnete Teil der sprachlichen Repräsentation zu sein. Doch in dieser Diskussion schließt sich der Erzähler weder der einen noch der anderen Meinung an. Er beendet die Diskussion mit der Aussage: „Men ligemeget, thi Lyden av et Navn giver mig ingen fast Grund til en Historisk Sandhed" (Pontoppidan, 1977b, S. 360), „Allein gleichviel, denn der Ton eines Namens reichet mir keinen festen Grund zu einer historischen Wahrheit dar" (Pontoppidan, 1754, S. 416). Sprachliche Zeichen müssen sich nicht mit der bezeichneten Sache, hier mit dem Volk der ‚Qvener', decken. Er unterscheidet zwischen Bezeichnung und Bezeichnetem und zwischen der sprachlichen Repräsentation des Volks und diesem selbst.

Der Umgang mit der Bezeichnung und dem Bezeichneten ist in *Norges naturlige Historie* somit uneinheitlich. Einerseits werden Verfahren der Generierung und der Absicherung von Wissen durch den Rückgriff auf sprachliche Zeichen sichtbar. Durch die Analyse von Namen wird die Verbindung von Namen und Dingen nachgewiesen,[22] die Etymologie dient der Sichtbarmachung der Eigenschaften eines bezeichneten Objekts. Diese Vorgehensweise ist nach Foucault in *Die Ordnung der Dinge* teilweise bis ins 17. Jahrhundert üblich, weil die Zeichen bis zu diesem Zeitpunkt Teil der Dinge waren und erst danach als Repräsentation verstanden wurden.[23] „Die Geschichte eines Lebewesens war dieses Wesen selbst innerhalb des ganzen semantischen Rasters, der es mit der Welt verband" (Foucault, 1974, S. 169). Andererseits gibt es eine Handhabung von Bezeichnung und Bezeichnetem, die sich durch eine sich in unterschiedlichem Maß eröffnende Distanz auszeichnet, mit Foucault gesprochen: einer Distanz zwischen Wörtern und Dingen.[24] Diese Handhabung hat andere Konsequenzen für die Beschreibungsweise von Objekten und Phänomenen, insbesondere für die Ordnung von Beschreibungen. Wenn nicht mehr vom Laut eines Namens auf eine historische Wahrheit zu schließen ist, zerbricht die Sprache ihre alte Verwandtschaft mit den Dingen.[25] „Die Zeichen verlieren ihre Spiegelbildlichkeit gegenüber der bezeichneten Sache, sie werden zu autonomen Repräsentanten der Dinge und gehorchen ihrer eigenen, taxonomischen, formalisierbaren Logik" (Sarasin, 2005, S. 76).[26] Dies wird im Kapitel zur Wissensordnung aufgezeigt.

---

[22] Friedrich (1995), S. 95.
[23] Foucault (1974), S. 169f.
[24] Foucault (1974), S. 170.
[25] Foucault (1974), S. 81.
[26] Sarasin, Philipp. *Michel Foucault zur Einführung*. Hamburg, 2005.

3.2 Argumentationsstrategien

So oder so bieten die Eigennamen der beschriebenen Objekte aber immer wieder Anlass zur Unsicherheit in der Generierung von Wissen, was der Erzähler beispielsweise bei der Beschreibung verschiedener Fischarten äußert:

> Gorkyter nævnes af Hr. J. Ramus p. 252. men ere mig aldeles ubekiendte, skiønt jeg har spurdt mange derom. Vel mueligt at Navnet allene giør dem fremmede, thi samme er efter Stederne adskilligt (Pontoppidan, 1977b, S. 182).

> Gorkyter wird vom Herrn Ramus angeführt, mir ist er aber gänzlich unbekannt, ob ich schon vielfältig darnach gefraget habe. Es ist möglich, dass ihn der Name fremd macht, denn dieser ist insgemein nach den Gegenden verschieden (Pontoppidan, 1754, S. 212).

Jonas Ramus erwähnt einen Fisch, der dem Erzähler in *Norges naturlige Historie* gänzlich unbekannt ist, und es war diesem trotz weiterer Nachforschungen unmöglich, mehr über ihn zu erfahren. Daraus schließt der Erzähler aber nicht, dass Ramus falsches Wissen über die Natur Norwegens verbreitete, und seine eigene Unkenntnis über diesen Fisch begründet er nicht damit, dass dieser in Norwegen fremd sei. Er führt sein eigenes Unwissen vielmehr auf das Problem der zahlreichen Synonyme zurück, die an unterschiedlichen Orten für dieselben Objekte verwendet werden. Dass dies nicht unüblich ist, zeigt die Reflexion des Erzählers im Abschnitt über den Knurrhahn:

> Knurhane, item Reinald. Det første Navn har den deraf, at man hører den knurre vel en halv Time, efter at den er dragen af Vandet, og da dens Kiød tillige ligner Makrelens, formoder jeg, skiønt i Uvished, at det kunde være den samme, som paa Sundmøer kaldes Aaskiær-Niot, hvorom tilforn er talet, i hvilket Fald den havde 3 Navne i eet Sprog (Pontoppidan, 1977b, S. 209).

> Knurhane, ingleichen Reinald (Knorrhahn). Den ersten Namen hat er davon erhalten, weil man ihn wohl eine halbe Stunde, nachdem er aus dem Wasser gezogen worden, knorren höret. Und weil sein Fleisch zugleich dem Makreel gleichet, so vermuthe ich, obschon ohne gehörige Gewissheit, dass er eben der Fisch seyn könnte, den man auf Sundmör: Aaskiär-Niot, nennet, von welchem Fische ich schon oben geredet habe. Und in diesem Falle hätte er in einer einzigen Sprache drey Namen (Pontoppidan, 1754, S. 244).

Bei der Inventarisierung der natürlichen Objekte Norwegens stellt sich dem Erzähler immer wieder die Frage, ob das Fehlen eines Objekts auf dessen tatsächliche Abwesenheit zurückzuführen ist oder ob es schlicht anders genannt wird. Im vorliegenden Fall geht der Erzähler davon aus, dass die drei Fischnamen, von welchen nur der erste auf seine Etymologie hin untersucht wird, Bezeichnungen für ein und denselben Fisch sind. Solche nomenklatorische Probleme führen vor allem in Abhandlungen zu

Schwierigkeiten, in welchen die Sichtung und Homogenisierung der gesamten Quellenlage intendiert ist, und bei Pflanzenarten und Fisch- oder Vogelarten, die in weiten Teilen Norwegens zu finden sind.

Ähnlich wie die Semantik der Eigennamen wird gelegentlich Homophonie als Quelle von Wissen herangezogen, beispielsweise bei der Beschreibung der ‚Brosme':

> Maaske det er dem, som i Frankrig kaldes Hav-Brasen, Brame de Mer, dog det er kun en Gisning efter Navnet (Pontoppidan, 1977b, S. 178).

> Vielleicht ist dieses eben der Fisch, der in Frankreich See-Brassen, Brame de Mer, genennet wird; doch diese Muthmassung gründet sich nur auf den Namen (Pontoppidan, 1754, S. 207).

Der Erzähler markiert hier den Eintritt in ein unsicheres Feld deutlich. Die Homophonie legt zwar eine Übereinstimmung nahe. Außer, dass durch sie ein mögliches Verfahren, Wissen zu generieren, aufgezeigt wird, dient sie nicht zur Überzeugung der Lesenden.

3.2.4 Argumente der Physikotheologie

Hayden White schreibt im 1987 erschienenen Buch *Die Bedeutung der Form*: „Wo immer in einer Schilderung der Wirklichkeit Narrativität gegenwärtig ist, da ist gewiss auch Moral oder ein moralisierender Impuls präsent" (White, 1990, S. 37).[27] In der Darstellung der Natur in *Norges naturlige Historie* ist Narrativität präsent, angezeigt durch die verschiedenen Quellenarten und die Subjektivität des durch den Text führenden Ich-Erzählers. In der Überkreuzung von der Lobpreisung Gottes mit der Verbreitung naturhistorischen Wissens und mit der mehrfachen Verbindung der Huldigung des Gönners und der Legitimation des Buches im Vorwort wird eine bestimmte Moral, eine bestimmte Haltung gegenüber der Gesellschaft ausgedrückt und gleichzeitig gerechtfertigt.

Die Grundhaltung aus Pontoppidans *Collegium Pastorale Practicum*: „Näst Skriften är förnuftets lära, i synnerhet philosophia moralis, den andra källa, hvar af en grundlig predikant må taga sin predikan" (Pontoppidan, 1866, S. 271) kann auf den Entstehungsprozess einer Naturgeschichte im Kontext pietistischen Denkens im 18. Jahrhundert in Dänemark-Norwegen übertragen werden: Neben der Heiligen Schrift ist es die Lehre der Vernunft, vor allem der Moralphilosophie, die den Ausgangspunkt für eine Argumentation bildet, über die eine Aussage in einem Text zustande kommt. Auch die dritte Quelle, woraus der Pfarrer Pontoppidans Homiletik zufolge schöpfen soll, ist

---

[27] White, Hayden. *Die Bedeutung der Form. Erzählstrukturen in der Geschichtsschreibung*. Frankfurt am Main, 1990.

3.2 Argumentationsstrategien

auf das Verfassen einer Naturgeschichte übertragbar. Sie entspringt aus des Predigers Herzen und seiner Erfahrung.[28] Dadurch wird die Subjektivität der Argumentation in einer Predigt oder eben einer Naturgeschichte ersichtlich.

Der vorliegende Text dient folglich nicht nur als Vermittler zwischen Gott und dem Menschen, sondern kann teilweise auch als Vermittler von Moral und religiösen und gesellschaftlichen Werten begriffen werden. Er ist in einem Entstehungskontext anzusiedeln, in dem physikotheologische Ansichten, Morallehre, Pietismus und ökonomisches Denken zusammenspielen und auf das Natur- und das Wirtschaftsverständnis grossen Einfluss haben. Aus diesem Grund erstaunt es nicht, dass sich der Erzähler von einem rein mechanistischen Weltverständnis wie in Julien la Mettries *L'homme machine* (1747) deutlich abgrenzt, beispielsweise bei der Beschreibung der Eigenschaften des Fuchses:

> Dog alligevel ere visse almindelige Ting ved fleere Exempler bekiendt i eet Land end i det andet, og saavidt vil jeg erindre, at den Norske Bonde fortæller de allerfleeste Exempler paa den List og Underfundighed, som Ræven allevegne med god Grund er udraabt for, saa at om man, med visse Philosophis, vilde dømme alle andre Dyr fra deres Forstand eller nogen Grad af Forestillelses og Overleggelses Kraft, giørende dem saa got som til Machiner, da gik det dog allermindst an med Ræven, ligesom nogle af Biørnens tilforn anførte Historie vise det samme (Pontoppidan, 1977b, S. 36).

> Doch gleichwohl sind gewisse allgemeine Sachen in einem Lande durch mehrere Exempel bekannter als in einem andern Lande, und insofern will ich erinnern, dass der nordische Bauer die allermehrersten Exempel von der List und Spitzfündigkeit zu erzählen weiss, weswegen der Fuchs überall nicht ohne guten Grund beschrieen ist. Wenn man daher auch mit gewissen Philosophen allen andern Thieren ihren Verstand oder einen Grad der Vorstellungs- oder Ueberlegungskraft absprechen, und sie zu blossen Maschinen machen wollte: so würde doch dieses mit dem Fuchse am wenigsten angehen, so wie auch einige bereits erzählte Histörchen vom Bär ebenfalls nicht damit übereinstimmen würden (Pontoppidan, 1754, S. 42f.).

In diesem Satz werden mehrere Wissenselemente miteinander verknüpft. Unter anderem werden die streng mechanistischen Theorien durch den beschriebenen Charakter des Tiers, der gegen eine Auffassung der Tiere als funktionierende Maschinen ohne Verstand spricht, widerlegt. Der Hinweis auf die Parallelen in gewissen Berichten über den Bären einige Paragraphen zuvor bekräftigt die Widerlegung zusätzlich. An dieser Stelle ist jedoch anzumerken, dass sich Pontoppidans Naturgeschichte nicht grundsätzlich gegen mechanistische Erklärungen richtet. Bisweilen wird davon ausgegangen, dass die Natur nach Gesetzen funktioniert und gewisse Regelmäßigkeiten

---
[28] Pontoppidan (1866), S. 272.

aufweist. Meist jedoch dominiert die teleologische Betrachtung der Phänomene und Objekte.

Wissen, das in der Naturgeschichte generiert wird, dient auch dazu, unklare Stellen in der Bibel zu erläutern. In Kapitel II des ersten Teils von *Norges naturlige Historie*, genauer im neunten Paragraphen „Hvad Hinder og Skade Norge har af sine mange Field og Bierge", „Was für Hindernisse und Schaden Norwegen aus so vielen Felsen und Gebürgen hat. Berg-Rap", wird in einer Fußnote geschildert, was mit einer Person oder einem Tier geschieht, wenn diese von einem Felsen stürzen:

> [...] man [merker], at den saa hæftig mødende Luft, længe før de naae Grunden, ey allene qvæler dem og dræber dem, men ogsaa at den kommer deres Bug til at briste, saa Tarmene strax udvelte, hvilket kiendelig sees, naar de falde paa en Fiord eller andet Vand, hvor alle Lemmerne blive heele, men Bugen opreven. Ved denne Sandhed oplyses det, som ellers kunde synes noget mørkt, særdeeles efter Lutheri og vore ældre Danske Bibel-Versioner, om Juda Ischarioth. Actor. I. v. 18 (Pontoppidan, 1977a, S. 95).

> [...] merket man dieses an: dass die dem Herabstürzenden so heftig entgegen kommende Luft, lange zuvor, ehe er den Grund erreichet, ihn nicht allein erstickt und umbringet, sondern es geschicht auch, dass der Bauch berstet, und die Gedärme stracks herausspringen. Dieses wird sehr deutlich bemerkt, wenn sie in eine Bucht oder in ein andres Wasser fallen, da denn alle Glieder ganz bleiben, der Leib aber aufgerissen ist. Durch die Wahrheit dieser Sache wird dasjenige erkläret, was sonst dunkel zu seyn scheint, insonderheit nach Luthers und nach unsern dänischen Uebersetzungen der Bibel; wenn nämlich vom Judas Ischarioth gesagt wird in der Ap. Geschichte I.v 18 (Pontoppidan, 1753, S. 109).

Das Zitat nimmt Bezug auf die folgende Stelle in der Apostelgeschichte:

> Brüder! Das Schriftwort musste in Erfüllung gehen, das der heilige Geist einst durch den Mund Davids gesagt hat über Judas, der zum Anführer derer geworden ist, die Jesus verhafteten, da er ja zu uns gehörte und am gleichen Dienst teilhatte. Dieser kaufte von dem Lohn für seine Untat ein Grundstück; dort stürzte er, riss sich den Leib auf, und alle seine Eingeweide quollen heraus (Kirchenrat der Evangelisch-reformierten Landeskirche des Kantons Zürich (Hg.), 2007, S. 183).

Dem Erzähler erscheinen die Verletzungen, die sich Judas bei seinem Sturz zuzieht, merkwürdig. Mithilfe von Parallelen in der Natur gelingt es ihm jedoch, diese Bibelstelle zu klären. Durch solche Beobachtungen, die als verbürgtes Wissen, als „Sandhed", in *Norges naturlige Historie* einfließen, legt der Erzähler in *Norges naturlige Historie* Bibelstellen verständlicher aus; sie machen es möglich, Gottes Schöpfung näherzukommen.

3.2 Argumentationsstrategien

Verknüpft mit der Generierung von wahrem Wissen mithilfe physikotheologischer Argumente sind Verfahren, die auf der Erdtheoriediskussion der Zeit beruhen. Brita Brenna verweist in *Negotiation the History of the World* im Zusammenhang mit Pontoppidans *Avhandling om Verdens Nyehed eller Naturlig og Historisk Beviis paa at Verden ikke er af Evighed* darauf, dass viele merkwürdige Fakten in der Natur mithilfe erdtheoretischer Argumente erklärt und begründet wurden.[29] Dies gilt auch für Pontoppidans Naturgeschichte. Die Auflösung der Erde während der Sintflut wird in *Norges naturlige Historie* dazu verwendet, natürliche Phänomene aller Art zu erläutern: Gebirgsformationen, Vorkommen von Mineralien und Metallen oder unterirdischen Wasserläufen. Der Generierung von verlässlichem Wissen dienen zahlreiche Verfahren. Aber an die unerhörten Möglichkeiten, die das Heranziehen von Gottes unergründlichem Walten als letzte Erklärung bietet, wenn der Erzähler an die Grenzen seiner Einsicht in die Phänomene und Objekte gerät, kommt von allen anderen Verfahren keines heran. Denn Gott bleibt als übergeordnetes Element des gesamten Systems unveränderlich und die Bibel beinhaltet die nicht diskutierbare wahre Geschichte der Welt.[30]

Mit verschiedenen Verifikationsverfahren wird versucht, zu wahrem Wissen über die Schöpfung vorzudringen. Das Ziel von deren lückenloser Beschreibung wird aber im ersten Vorwort der Naturgeschichte deutlich als Illusion und Unmöglichkeit bezeichnet. Dem Erzähler ist es nicht nur mangels eines Physikstudiums unmöglich, den immanenten Zusammenhang der Dinge aufzuzeigen. Es scheint ihm grundsätzlich nicht realistisch, die verschlungenen Wege, die Gott bei der Schöpfung verfolgt hat, ganz zu enthüllen.[31] Das Bewusstsein der Unmöglichkeit einer alles umfassenden Beschreibung und Erklärung der natürlichen Dinge, der Entdeckung der letzten Wahrheit, wird klar formuliert.

3.2.5 Rhetorische Verfahren

Eingangs wurde die Frage aufgeworfen, wie aus zahlreichen, aus verschiedenen schriftlichen und mündlichen Quellen extrahierten Aussagen und eigenen Erfahrungen sogenannt ‚wahres' naturhistorisches Wissen, zusammengehalten in *Norges naturlige Historie*, generiert und legitimiert wird. Ein grundlegender Punkt in diesem Prozess ist, wie gesehen, die Untersuchung der herangezogenen Quellen auf ihre Verlässlichkeit. Ausgehend von dieser Basis werden einzelne Aussagen zu einem sinngebenden Text verwoben, wodurch das spezifische Wissen eines Textes erst entsteht und sichtbar wird. Die Aussagen der einzelnen Quellen, nach welchen bisweilen gezielt für die Argumentation gesucht wird, können nicht bloß übernommen und aneinandergehängt werden,

---
[29] Brenna (2009), S. 136.
[30] Brenna (2009), S. 124.
[31] Pontoppidan (1977a), Fortale.

ohne dass sie gegeneinander abgewogen werden. Es reicht nicht, sie aneinanderzufügen, sie ohne logische Argumentation und zusammenhaltende Erzählung aufeinanderfolgen zu lassen, vermischt mit Berichten über eigene Experimente und Erfahrungen. Damit ‚wahres' Wissen in einem Text hervorgebracht und legitimiert werden kann, müssen die einzelnen Elemente miteinander durch Sinn verbunden werden, das Wissen muss verarbeitet, ergänzt und korrigiert werden.

Betrachtet man nur schon die Diskussion über die Vogelfangmethode der Schlange im zweiten Kapitel von Teil II „Om Norges Orme og Insecter", „Vom Gewürme und von den Insekten", die vor allem in einer Fußnote geführt wird, erkennt man einige der oben genannten Verfahren. An die Schilderung des Verhaltens der beiden Tiere fügt sich, bevor ein Asterisk zum Lesen der Fußnote einlädt, die folgende, die Diskussion im Haupttext abschließende Aussage an:

> Saa meget seer man, at Naturens Herre, som bestemmer eet Dyr til det andets Føde, har givet Slangen et Privilegium, hvilket ellers ikke syntes at rime sig med hans Skabning (Pontoppidan, 1977b, S. 60).

> So viel siehet man daraus, dass der Herr der Natur, der ein Thier zur Unterhaltung des andern bestimmet hat, der Schlange eine vorzügliche Freyheit ertheilet hat, die sich sonst mit ihrer Gestalt nicht zu reimen scheint (Pontoppidan, 1754, S. 70).

Erscheint eine festgestellte Verknüpfung von Elementen der Schöpfung im Rahmen der Vernunft unerklärlich, in diesem Beispiel die Tatsache, dass es einer Schlange möglich ist, scheinbar ohne Aufwand einen Vogel zu fangen, wird eine theologische Erklärung herbeigezogen, hier als ein von Gott verliehenes Privileg. In der Fußnote wird die Diskussion über die Vogelfangtechnik der Schlange breiter und mit anderen Verfahren fortgesetzt, jedoch nur, um das im Haupttext bereits herausgearbeitete und mehrfach überprüfte Wissen zu bestärken:[32]

> Om et Slags store Slanger i Phrygia beretter Ælianus Lib. II. de Animal. cap. 21. det samme at siges [...]. P. S. Da jeg skriver dette, møder i Biblioth. Britannique, Tom XII. P. I. p. 136. en Extract af Philosoph. Transactions de Anno 1734. M. Jun. Jul. Aug. og deri Art. I. en Afhandling, kaldet conjectures sur le pouvoir de charmer ou de fasciner, qu'on attribue aux Serpens à Sonnettes. Den berømte Ridder Slaone, saasom Autor, mener, at de Americanske Klapper-Slanger [...] skulle først med deres Bid have saaret Fuglen, og siden oppasset den under Grenen af et Træ, hvor den kunde være opsløyet, da den siden kunde falde død ned i

---

[32] Darauf verweisen folgende Aussagen: „mange øyensynlige og troeværdige Vidner" (Pontoppidan, 1977b, S. 59f.), „vielen glaubwürdigen augenscheinlichen Zeugen" (Pontoppidan, 1754, S. 69), und „At dette skeer, er vist" (Pontoppidan, 1977b, S. 59f.), „Dass dieses würklich geschiehet, dieses ist gewiss genug" (Pontoppidan, 1754, S. 70).

3.2 Argumentationsstrategien

> Munden paa sin Bane-Mand. Her til Lands forsikrer man tvertimod, hvad tilforn er meldet om den Muntre Fugls Svæven i Luften over Ormens opladte Mund. Det synes ikke heller rimeligt, at Slangen skulde slippe sit Rov eengang af Munden, for at tage det anden gang igien med mindre Vished. Imidlertid kand jeg herom ikke vidne efter egen Forfaring, men allene efter deres, som jeg ikke har Aarsag at mistænke. I det Hamborgske Magazin Tom. IV. p. 85. læses Doct. C. J. Sprengels Experiment med en Muus, som blev løsladt paa Gulvet hos en Natter-Slange giorde nogle Vendinger omkring den, peeb lidet, og løp saa lige ind i den stille liggende Orms aabne Mund (Pontoppidan, 1977b, S. 60f.).

> Aelian berichtet von einer Art grosser Schlangen in Phrygien eben dieses [...]. Indem ich dieses schreibe, fällt mir in der Biblioth. Britannique. Tom. XII. P. I. p. 136. ein Auszug aus den Philosoph. Transact. vom Jahr 1734. Mens. Iun. Iul. Aug. und darinn Artik. I. eine Abhandlung in die Augen, unter der Aufschrift: conjectures sur le pouvoir de charmer ou de fasoiner, qu'on attribue aux serpens à sonnettes. Der Verfasser derselben, der berühmte Ritter Sloane, meynet, ‚dass die amerikanischen Klapperschlangen (hier wird dieses der gemeinen Art von Schlangen oder Ottern beygelegt) den Vogel erst mit ihrem Bisse sollten verwundet, und hernach unter dem Zweige eines Baumes, worauf er mögte geflogen seyn, aufgepasset haben, da er denn hernach todt in den Mund seines Mörders fallen könnte.' Allhier im Lande versichert man hingegen, so wie ich zuvor gemeldet habe, dass der Vogel ganz munter in der Luft über dem aufgesperrten Munde der Schlange schwebte. Es scheint sonst nicht wahrscheinlich zu seyn, dass die Schlange den schon einmal im Munde gehabten Raub sollte fahren lassen, um ihn ein andermal mit weniger Gewissheit wieder zu bekommen. Inzwischen kann ich dieses nicht aus eigener Erfahrung bezeugen, sondern aus dem Berichte derjenigen, denen ich nicht Ursache miszutrauen habe. Im Hamburgischen Magazin B. IV. S. 85. lieset man Doktor C. J. Sprengels Erfahrung von einer Maus, die auf dem Boden gegen eine Natter losgelassen ward, da sie denn einige Wendungen um diese herum machte, ein wenig qvikte, und darauf gerade in den offnen Mund der stille liegenden Natter hinein lief (Pontoppidan, 1754, S. 70f.).

Betrachten wir in einem ersten Schritt die verwendeten Quellen in der in diesem Abschnitt über den Vogelfang geführten Diskussion, geht hervor, dass der Erzähler nichts aus eigener Erfahrung beitragen kann. Hingegen fliessen allgemeines Wissen und Geschichten anderer in die Erörterung hinein und es werden zahlreiche schriftliche Quellen verschiedener Art verwendet, die sich in der Diskussion über den Vogelfang der Schlange mit den Tiergeschichten des Aelianus aus der Antike und dem Aufsatz Sprengels über die Nattern von 1749 durch ein breites zeitliches Spektrum auszeichnen. Wissen aus an den Erzähler adressierten Briefen oder Zeichnungen werden hier nicht verwendet.

Wie werden diese Quellen nun zu ‚wahrem' naturhistorischem Wissen verbunden, auf welche Art und Weise kommt eine Sinnbildung zustande? Bei der Diskussion der Vogelfangmethode der Schlange werden verschiedene Verfahren zur Untersuchung herangezogen. Die bereits im Haupttext bestätigte Beschreibung, wie Schlangen tief fliegende Vögel fangen, wird in der Fußnote mit schriftlichen Quellen unterschiedlicher Herkunft und unterschiedlichen Alters verglichen: einem antiken lateinischen Zitat von Aelianus und einem Auszug aus einem zeitgenössischen Artikel aus den *Philosophical Transactions*.[33] Kann bei Aelianus ein inhaltlicher Parallelismus festgestellt und dadurch die Aussage der glaubwürdigen Zeugen untermauert werden, ist dies bei Sloanes Behauptung nicht der Fall. Den Wissenselementen dieser widersprechenden Quelle wird auf doppelte Weise die Glaubwürdigkeit entzogen. Erstens dadurch, dass die anderen Quellen in Norwegen angeblich mehrfach bestätigt wurden: „Her til Lands forsikrer man tvertimod, hvad tilforn er meldet om den Muntre Fugls Svæven i Luften over Ormens opladte Mund", und zweitens durch eine Aussage, die auf Vernunft beruht: „Det synes ikke heller rimeligt, at Slangen skulde slippe sit Rov eengang af Munden, for at tage det anden gang igien med mindre Vished". Diese endgültige Feststellung ist der Höhepunkt der Diskussion über die Art und Weise des Vogelfangs durch Schlangen. Ihr Ergebnis wird durch eine Aussage des Erzählers ergänzt: Er kann sich nicht auf eigene Erfahrung stützen, sondern verlässt sich völlig auf seine Verfahren der Quellenkritik und schenkt derjenigen Quelle Glauben, die er für vertrauenswürdig hält.[34] Den Abschluss der Diskussion bildet ein Bericht über ein Experiment, der das Zusammentreffen von Natter und Maus schildert, eine Ausgangslage, die als analoge Situation verstanden wird. Das Resultat des Experiments deckt sich mit den schriftlich festgehaltenen Beobachtungen der Natur, denen, laut Erzähler, am meisten Vertrauen geschenkt werden kann, und bestärkt diese durch einen inhaltlichen Parallelismus noch ein letztes Mal. In nur dieser einen Diskussion, die in einer Fußnote geführt wird, treten mehrere der zuvor angesprochenen Verfahren hervor.

Grundlegend hinsichtlich der Verfahren zur Herstellung von verlässlichem Wissen über die Natur sind die Prämissen, von welchen der Erzähler ausgeht, und die angepeilte, durch Beweisführung zu erreichende Aussage, das ‚wahre' Wissen, das den Lesenden der Naturgeschichte vermittelt werden soll. Meist wird bei der Abhandlung eines Objekts oder eines Phänomens zuerst auf seine Gestalt und sein Verhalten eingegangen. Oft folgt darauf sogleich aus einer theologischen Perspektive die Darstellung des Beschriebenen als Beweis der Fürsorge Gottes. Durch den Rückgriff auf die gut eingerichtete Schöpfung Gottes wird die Wahrheit des vermittelten Wissens über das Objekt oder das Phänomen bereits abgesichert und es bedarf eigentlich gar keiner weiteren Beweise und Argumentationsverfahren mehr. In einem dritten Schritt wer-

---

[33] Hier handelt es sich wohl um einen Text von Sir Hans Sloane (1660–1753).
[34] Pontoppidan (1977b), S. 61.

3.2 Argumentationsstrategien

den weitere, aus verschiedenen Quellen extrahierte Wissenselemente einander gegenübergestellt und/oder durch illustrierende Wissenselemente ergänzt. Dies geschieht vor allem mithilfe rhetorischer Griffe. Die Verbindung von beobachtetem und dokumentiertem Wissen mit narrativen Elementen konkretisiert die Behauptungen.

Die Generierung und die Legitimierung von ‚wahrem' naturhistorischem Wissen in *Norges naturlige Historie* gestaltet sich ähnlich. Es werden ähnliche Anordnungen der Äußerungsfolgen verwendet, die Struktur der Abhängigkeit zwischen den Aussagen gleicht sich und es wird auf vergleichbare rhetorische Schemata zurückgegriffen, mit welchen die einzelnen Wissenselemente oder auf einer umfassenderen Ebene ganze Aussagegruppen kombiniert werden können. Im Folgenden werden durch den Rückgriff auf einschlägige Beispiele häufig auftretende rhetorische Verfahren in *Norges naturlige Historie* präsentiert und dadurch als charakteristische rhetorische Verfahren der gesamten Naturgeschichte statuiert.

Bei der Generierung von Wissen greift der Erzähler in *Norges naturlige Historie* immer wieder auf den Vergleich zurück. Er verwendet ihn vor allem in den Kapiteln, in welchen Objekte beschrieben werden, wie dies bei der Beschreibung des Vogels ‚Solsort' der Fall ist:

> Solsort, ligner næsten en Drossel eller Stær, og hører vel til dens Slægt, søges ogsaa ligesom hine til at spise. Den distinguerer sig ved at synge om Sommer-Aftener indtil Midnat (Pontoppidan, 1977b, S. 158).

> Soolsort. Dieser Vogel ist der Drussel oder dem Star ähnlich, und er gehört auch wohl zu deren Geschlechte, wie man ihn denn auch wie diese aufsucht, um ihn zu speisen. Er unterscheidet sich von ihnen dadurch, dass er in den Sommerabenden bis Mitternacht singt (Pontoppidan, 1754, S. 183).

Wissen über die Amsel wird in diesem Beispiel ausgehend vom Vergleich mit den Vögeln Drossel und Star, denen sie ähnlich sieht, generiert. Dasselbe Vergleichsverfahren wird bei der Vermittlung von Wissen über den Ochsen und die Kuh benutzt: „Norske Øxen og Køer, næsten alle af guul Farve, ere, ligesom Hestene, ikkun smaa, i Ligning mod de Danske" (Pontoppidan, 1977b, S. 7), „Die nordischen Ochsen und Kühe sind fast alle, so wie die Pferde, von Farbe gelb, und in Vergleichung mit den Dänischen nur klein" (Pontoppidan, 1754, S. 8). Das Wissen über die Größe dieser Tiere entsteht über einen zweifachen Vergleich: einerseits mit den zuvor abgehandelten Pferden und andererseits mit den dänischen Ochsen und Kühen.

Durch die Verwendung eines Vergleichs, der auf etwas hinweist, das den Lesenden bereits bekannt ist, wird unmittelbar ein Prozess in Gang gesetzt, der das noch Unbekannte zu etwas Bekanntem macht, wie dies Sissel Lie aufzeigt.[35] Grundsätzlich werden bei einem Vergleich zwei Bereiche ausgehend von einem tertium comparationis

---

[35] Lie (1995), S. 183. Lie, Sissel. ‚Uten din pust på mine ord blir det ingen mimosa. Fagtekstens retorikk'. In: *Virkelighetens forvaltere. Norsk Sakprosa*. Bd. 1. Johnsen, Egil Børre (Hg.), Oslo, 1995, S. 173–85.

verbunden. Die Satzstruktur zeichnet sich dabei üblicherweise durch eine Vergleichspartikel aus, welche die beiden Bereiche in ein gleichwertiges Verhältnis bringt. Während das Beispiel der Ochsen und Kühe durch „ligesom" dieser Struktur entspricht, wird der Vergleich im Beispiel der Amsel durch das Verb „ligner" ausgedrückt.

Im Vorwort des zweiten Teils von Norges naturlige Historie reflektiert der Erzähler seine Arbeitsweise. Dabei wird sichtbar, dass der Prozess des Vergleichens von verschiedenen Quellen zentral ist:

> Andre Hav-Dyrs eller Fisk-Arters Classer kunde maaskee ogsaa blive noget fuldstændigere ved dette Arbeid; thi da jeg har holdt mine fra adskillige observatoribus indkomne Efterretninger mod det, som læses i andre Landets Skribentere, den Materie angaaende, saa savnes vel her mange Fiske, som findes paa nogle andre Steder, men ogsaa findes her de, som mange andre ikke vide af, eller som jeg i det mindste ikke har kundet enføre til de species, som angives af hine, og det Slags er det jeg begierligst har opsanket (Pontoppidan, 1977b, Fortale).

> Die Klassen anderer Seethiere oder Fischarten könnten durch diese Arbeit vielleicht auch etwas vollständiger werden; denn da ich meine von verschiedenen Bemerkern erhaltene Nachrichten gegen dasjenige halte, was bey den Skribenten anderer Länder in Ansehung dieser Materie gefunden wird: so fehlen zwar allhier viele Fische, die in einigen andern Gegenden gefunden werden; allein es finden sich auch hier diejenigen, von denen man an vielen andern Orten nichts weis, oder die ich wenigstens zu keiner der Arten habe rechnen können, die von jenen angegeben werden. Und diese habe ich insonderheit ausgesucht (Pontoppidan, 1754, Vorrede, S. 12).

Die Bestandesaufnahme der norwegischen Natur entsteht vor allem auf der Basis von Vergleichen. Das Verfahren erlaubt es dem Erzähler zufolge, zu denjenigen Objekten vorzustoßen, die ihm für seine Sammlung besonders wichtig sind – zu Objekten und merkwürdigen Begebenheiten, die noch weithin unbekannt sind.

Das von Anne Eriksen in Topografenes Verden formulierte Verhältnis von Historiographie und Interpretation in einer ahistorischen Auffassung des Erfahrungsraums ist in modifizierter und ergänzter Form auf die Beziehung zwischen Naturgeschichtsschreibung und Interpretation übertragbar.[36] Dabei geht Eriksen von der Aussage historia magistra vitæ – Die Geschichte ist die Lehrmeisterin des Lebens – aus, die von Cicero formuliert wurde. Sie stellt in der älteren Geschichtsschreibung eine grundlegende Auffassung dar. Zentral ist dabei die Vorstellung der Geschichte als eine Folge von Erzählungen über menschliche Eigenschaften und Handlungen. Die Geschichte ist gesammeltes, erfahrungsbasiertes Wissen, sie bietet Beispiele, von denen die Menschen lernen können. „Som læremester forvalter historien dermed [...] en norm, og danner

---
[36]Eriksen (2007), S. 22.

3.2 Argumentationsstrategien

målestokk også for nåtiden" (Eriksen, 2007, S. 22), Als Lehrmeisterin verwaltet die Geschichte damit eine Norm und bildet auch für die Jetztzeit einen Maßstab (Übersetzung d. V.). Dabei ist vom Exemplarischen auf das Allgemeine zu schließen, was bedeutet, dass es sich bei einer historischen Analyse ausgehend von einer ahistorischen Auffassung um einen Vergleich, bei historischem Wissen um Parallelität dreht. Es geht folglich bei der Interpretation eines bestimmten Ereignisses der Jetztzeit oder der Vergangenheit darum, eine Parallele aus der Beispielsammlung der Geschichte zu finden. Dabei besteht die Herausforderung darin, die richtige Parallele zu finden. Geschichtswissen bedeutet in diesem Sinn nicht primär detailliertes Wissen über eine Epoche, sondern Zugang zu einer großen Auswahl an möglichen Parallelen und ein Verständnis dafür, welche Botschaft aus welcher Erzählung herausgefiltert werden kann.[37] Übertragen auf die Generierung und Vermittlung von Wissen in *Norges naturlige Historie* bedeutet dies, dass es darum geht, ein bestimmtes Phänomen oder ein Objekt, das sich in der Jetztzeit zeigt oder in der Vergangenheit sichtbar war, in einen Kontext zu rücken, es zu interpretieren. Die Interpretation des Phänomens oder des Objekts kommt in Pontoppidans Naturgeschichte dadurch zustande, dass aus der Beispielsammlung der Naturgeschichte, unabhängig von Zeit und Quellenart, ein Element zum Vergleich herangezogen wird, das sich eignet, eine Parallele oder eine Analogie zu schaffen. Ebenso wie bei der Historiographie liegt die Herausforderung darin, das richtige Element für den Vergleich zu finden, auf dem die Interpretation konstruiert werden soll. Dies verlangt eine gewisse Kenntnis von dem zu interpretierenden Phänomen beziehungsweise Objekt und einen Überblick über mögliche heranzuziehende Quellen. Damit dies funktioniert, müssen das Phänomen oder das Objekt, das erklärt wird, und die zur Erläuterung verwendete Quelle eine Form von gemeinsamer Identität aufweisen,[38] der Vergleich der beiden muss den Lesenden glaubwürdig erscheinen. Dasselbe gilt ebenso für das Verwerfen von behauptetem Wissen. Soll bestimmtes Wissen als unwahr verurteilt werden, gilt es, ein geeignetes entgegengesetztes Geschehnis oder eine gegenläufige Situation zu finden, um den Gegenbeweis zu erbringen. Durch Erforschung, Vermittlung, Aneignung oder Übertragung von Wissen ist es folglich möglich, zu „befundne Sandheder", „befundenen Wahrheiten", zu finden oder sich wahres Wissen mithilfe einer Anweisung anzueignen: *Anviisning til Sandheds Kundskab til Gudelighed, udi en tydelig, kort, dog tilstrækkelig Forklaring over Sal. Doct. Mart. Luthers liden Catechismo, paa Kgl. allern. Befaling til almindelig Brug for alle Kircker og Skoler udi det Førstendom Schleszwig hvor det Danske Sprog bruges*, wie es der Titel des bekannten religiösen Lehrbuchs von Pontoppidan formuliert.

Werden folglich verschiedene Elemente miteinander verglichen, ergeben sich unterschiedliche Wissenserweiterungen. Parallelismen, Analogien, Synthesen oder Gegen-

---

[37] Eriksen (2007), S. 22.
[38] Eriksen (2007), S. 22f.

sätze bieten Möglichkeiten, das Thema weiter zu erörtern. In Kapitel VI des zweiten Teils von Norges naturlige Historie, das sich unter anderem ausführlich mit dem Hering auseinandersetzt, wird vom zahlreichen Auftreten dieses Fisches berichtet: Er bringe den Menschen großen Nutzen, auch vielen Fischen diene er als Nahrung und die Strandvögel verzehrten am meisten Heringfleisch, dennoch scheine die Zahl der Heringe Bestand zu haben; Wissen, dem der Erzähler durch einen inhaltlichen Parallelismus Nachdruck verleiht:

> At nu Silde-Slægten endda ikke ødelegges eller formindskes, hvad Havet i Almindelighed angaaer, det er uden Tviil ogsaa Tegn til en særdeles Forsorg og Understøttelse af den, som opholder alle de Ting, der ellers maate forgaae. I den Henseende synes mig Sildenes Skæbne nogenlunde kand lignes ved Israeliternes, som ey allene fordum saaes i Ægypten, men sees ogsaa endnu i alle Lande, hvor de meest trykkes og plages, meest at mangfoldiggiøres (Pontoppidan, 1977b, S. 240).

> Dass nun auch das Heringsgeschlecht niemals vertilget oder verringert wird, das ist ohne Zweifel auch ein Zeichen einer besondern Vorsorge und Unterstützung dessen, der alle Dinge erhält, die sonst vergehen müssten. In dieser Betrachtung scheint es mir, dass das Schicksaal der Heringe einigermassen mit dem Schicksaale der Israeliten könne verglichen werden, die, so wie ehmals in Egypten, also auch annoch in allen Ländern, wo sie am meisten gedruckt und geplaget werden, am meisten und am häuffigsten gefunden werden (Pontoppidan, 1754, S. 282).

Das oben präsentierte Wissen über die Stabilität des Heringsbestands wird vom Erzähler durch einen Vergleich „kand lignes" parallel neben das Schicksal der Juden gestellt, wodurch die Aussage über die Heringe an Glaubwürdigkeit gewinnen soll.

Ein vergleichbares Beispiel findet sich bei der Beschreibung der Lemminge im Kapitel über die Vierfüßer. Diskussionspunkt ist die Vermehrung dieser Tiere. Der Erzähler geht davon aus, dass die Samen der Lemminge durch Wirbelwinde verbreitet, beziehungsweise in den Himmel erhoben werden, wo sie sich entwickeln und dann auf die Erde fallen. Dass diese Vermutung durchaus wahr sein könnte, wird mit einer Verbindung von Debes' Beschreibung der Färöer mit einem inhaltlich parallelen Erklärungsansatz der Einwohnerinnen und Einwohner von Nordskandinavien unterstrichen:

> Skal jeg sige min uforgribelige Meening, da gives indtil videre og vissere Decouverte Hr. Lucas Debes Biefald, naar han i Færøernes Beskrivelse pag. 13. tilskriver en Slags Hvirvel-Vind, kaldet Øes, fordi den øser og opdrager endogsaa hele Læster Sild af Havet og kaster dem paa Fieldene, den Virkning, som Finlappen tillegger den tykke Taage, om hvilken Øes tilforn er talet videre (Pontoppidan, 1977b, S. 53).

3.2 Argumentationsstrategien

> Wenn ich meine unvorgreifliche Meynung davon sagen soll: so gebe ich bis auf weitere und gewissere Entdeckung dem Herrn Lucas Debes Beyfall, wenn er einer Art des Wirbelwindes diese Wirkung zuschreibt, die die Finlappen dem dicken Nebel beymessen. Dieser Wirbelwind wird Oes gennet, weil er auch so gar eine ganze Last Heringe aus der See öser (schöpfet) und in die Höhe ziehet, wie ich denn schon anderwärts von diesem Oes geredet habe (Pontoppidan, 1754, S. 62).

Dass die Samen von Lemmingen durch den Wind oder sogar durch Nebel in die Luft emporgehoben und verteilt würden, gehört Gilje und Rasmussen zufolge zum Wissensfundus der Forscher in der Spätrenaissance.[39] Dieser Erklärungsansatz wurde anscheinend auch während des 18. Jahrhunderts als gültiges Wissen gehandelt.

Die rhetorische Figur des inhaltlichen Parallelismus, auf die der Erzähler oft zur Bestätigung des vermittelten Wissens zurückgreift, wird in Pontoppidans *Collegium Pastorale Practicum* reflektiert: „Parallelismus mere verbalis är en farlig sak att bygga på, ty af den kunna äfven de uppenbaraste orimligheter besmyckas" (Pontoppidan, 1866, S. 216). Das Zitat macht deutlich, dass sich der Erzähler der Homiletik des Charakters des Parallelismus bewusst ist; er bezeichnet ihn im Zitat als eine gefährliche Sache und weiß um dessen überzeugende Ausstrahlung.

Neben inhaltlichen Parallelismen werden in *Norges naturlige Historie* oft syntaktische Parallelismen verwendet. Ein syntaktischer Parallelismus setzt sich aus sich symmetrisch wiederholenden, syntaktisch äquivalenten Einheiten zusammen – im Gegensatz zum Chiasmus, der sich durch eine syntaktische Überkreuzstellung auszeichnet. Durch die Wiederholung der gleichen syntaktischen Struktur erzeugt dieses rhetorische Stilmittel eine verstärkende Wirkung der jeweiligen Aussage. Syntaktische Parallelismen können inhaltliche Parallelismen unterstützen, durch die parallele syntaktische Struktur können aber auch antithetische Gedanken und Sachverhalte betont werden.

Das *Historische Wörterbuch der Rhetorik* geht davon aus, dass ein Parallelismus im weiteren Sinne „auch für die wiederholte Schilderung von Geschehnissen, Dingen, Personen o. ä." (Ostrowicz, 2003, Sp. 547) erscheint.[40] Parallelismen dieser Art sind in *Norges naturlige Historie* ebenfalls auffällig. Bestimmte Elemente des Wissens, gar ganze Textpassagen, werden in beinahe derselben Form, jedoch in neuen Erklärungszusammenhängen wiederholt erwähnt. Die Tatsache, dass norwegische Fischer aus Aberglaube und aus Angst vor den Konsequenzen für ihre Verdienst- und Nahrungsgrundlage unbekannte oder außergewöhnlich aussehende Fische sofort über Bord werfen und als Trold-Fisk bezeichnen, wird sowohl in Teil II, Kapitel VIII „Om adskillige li-

---

[39] Gilje und Rasmussen (2002), S. 272f.
[40] Ostrowicz, Ph. ‚Parallelismus'. In: *Historisches Wörterbuch der Rhetorik*. Bd. 6. Ueding, Gert (Hg.), Tübingen, 2003, Sp. 546–52.

det bekiendte Monstris Marinis og Udyr i Havet", „Von gewissen Seeungeheuern oder sonderbaren und ungewöhnlichen Seethieren", als auch im Vorwort des ersten Teils bezeugt. Bisweilen wiederholen sich Elemente des Wissens sogar in ein- und demselben Paragraphen, was durch die refrainartige Wirkung eine spezielle Betonung des Gesagten zur Folge hat.

Ein anderes, oft verwendetes Verfahren bei der Generierung von Wissen ist die Verwendung einer Analogie. Analogien erlauben es, „Unbekanntes aus Bekanntem zu erschließen [...]. Dies geschieht aufgrund von Ähnlichkeit, oder enger gefasst und dem relationalen Charakter der Analogie Rechnung tragend, aufgrund von Verhältnisgleichheit bzw. Verhältniseinheit" (Hoenen, 1992, Sp. 498).[41] Ein solches Verfahren zeigt sich im achten Kapitel des zweiten Teils, das sich mit Meeresungeheuern beschäftigt:

> Anseer man Sagen forfra (a priore), og spørger, om det er rimeligt, ja venteligt, at i Havet skulde findes en Fisk eller et Dyr, der ligner meere Menniket end noget andet, da kand dette ikke negtes i Betragtning af den Analogie, Liighed eller Overeensstemmelse, som sees imellem adskillige andre Species af Land- og Vand-Dyr. Har man dog Hav-Heste, Hav-Køer, Hav-Ulve, Marsvin, Sælhunde ec. (Pontoppidan, 1977b, S. 304).

> Siehet man die Sache von vorne (a priore) an, und fragt: ob es wahrscheinlich, ja zu vermuthen wäre, dass in der See ein Fisch oder ein Thier zu finden seyn sollte, der dem Menschen ähnlicher als einem andern Geschöpfe wäre? so kann dieses in Betrachtung der Analogie, der Aehnlichkeit oder Uebereinstimmung, die man zwischen verschiedenen andern Arten der Land- und Wasserthiere findet, gar nicht geläugnet werden. Man hat ja Seepferde, Seekühe, Seewölfe, Meerschweine, Seehunde, u. d. g. (Pontoppidan, 1754, S. 353).

Der Erzähler geht davon aus, dass, wenn es an Land Pferde, Kühe oder Schweine gibt und diese sich im Wasser als Seepferde, Seekühe und Meerschweine finden, es auch möglich sein könnte, dass analog zum Menschen an Land Meermenschen im Wasser existieren. Diese Frage ist Teil einer Diskussion, die sich mit den allgemein als „mørke problemata" (Pontoppidan, 1977b, S. 301), „dunkle Aufgaben" (Pontoppidan, 1754, S. 349), bezeichneten Meerestieren beschäftigt. Man hat es hier mit einer hergeleiteten Analogie zu tun, die das Ziel hat, Ähnlichem Ähnliches zuzuschreiben und dadurch wahres Wissen zu erzeugen. Es handelt sich jedoch um eine Analogie, die der Erzähler später verwerfen wird. Die Konstruktionsweise von Parallelismen und Analogien bewirkt, dass inhaltlich weit auseinanderliegende Behauptungen einfach und

---

[41] Hoenen, M. J. F. M. ‚Analogie'. In: *Historisches Wörterbuch der Rhetorik*. Bd. 1. Ueding, Gert (Hg.), Tübingen, 1992, Sp. 498–514.

3.2 Argumentationsstrategien

überzeugend miteinander verbunden werden können. Es ist möglich, den Zusammenhang verschiedener Wissensbereiche begrifflich zu vermitteln, Parallelismen und Analogien sind dabei praktische Werkzeuge zur Herstellung von Gewissheit.

Ich habe bereits angesprochen, dass sich durch das in Pontoppidans Naturgeschichte vermittelte Wissen ein Balancegedanke zu ziehen scheint, der stark strukturierend auf den Text einwirkt. Es kommt die Vorstellung eines Gleichgewichts zum Vorschein, das die Einrichtung der Natur spiegelt, eine Vorstellung, die grundlegend ist für die Generierung und Legitimierung von ‚wahrem' Wissen in *Norges naturlige Historie*. Im Bereich der Rhetorik wird dieser grundlegende Gedanke häufig durch das Gegeneinanderhalten von gegensätzlichem Wissen ersichtlich. In einer Argumentation werden zwei oder mehrere aus gegensätzlichen Bereichen stammende Wissenselemente einander gegenübergestellt und dann in einem konstruktiven, teleologischen Sinn verbunden. Dieses Vorgehen erinnert an die Konstruktion von Antithesen. Dem *Historischen Wörterbuch der Rhetorik* zufolge geht es dabei um „eine Zusammenstellung von gegensätzlichen Worten oder Aussagen, die gleichermaßen in kritisch-trennender wie in synthetischer Absicht erfolgen kann" (Villwock, 1992, Sp. 722).[42] Die Erzeugung des Balancegedankens in *Norges naturlige Historie* entspricht folglich der zweiten geschilderten Ausprägung der Antithese. Ausdrücke, Gedanken oder Sachverhalte aus unterschiedlichen Bereichen werden einander nicht in einem gegensätzlichen Verhältnis gegenübergestellt, um sie voneinander zu trennen, sondern um sie miteinander zu verbinden. Bei der Betrachtung der kleinsten Naturobjekte, in denen sich der Schöpfer dem Erzähler zeigt, wird bei diesem sogleich die Erinnerung an die größten Dinge der Natur geweckt, in denen die Präsenz des Schöpfers noch deutlicher ist.[43]

Oft findet durch die Vermittlung von Wissen im Text eine Positivierung von scheinbar Negativem statt. Vorgänge in der Natur, die auf den ersten Blick unverständlich und vordergründig vom Schöpfer schlecht eingerichtet scheinen, werden durch die Argumentation zu etwas Gutem und Nützlichem gemacht. Im zweiten Paragraphen von Kapitel II in Teil I „Om Norges Grund, Fielde og hvad derved er merkværdigt", „Vom Grund und Boden des Landes", wird geschildert, wie von den Berghängen Erde, die dort niemandem dient, in die Täler geschwemmt wird und dort der Landwirtschaft dient:

> Fielde-Skreed og Elve-Brud, som paa et Sted har giort Skade, og taget bort, hva det paa et andet nærliggende Sted har henlagt i disse ordentlige Qvadrater, formerede ved Vandets Løb og den løse Jords eller Sands Skriden og Løben over hinanden (Pontoppidan, 1977a, S. 60).

---

[42] Villwock, J. ‚Antithese'. In: *Historisches Wörterbuch der Rhetorik*. Bd. 1. Ueding, Gert (Hg.), Tübingen, 1992, Sp. 722–50.
[43] Pontoppidan (1977b), Fortale.

> [...] herabgestürzte Felsen und durch ausgerissene Ströme erwachsen, die an einem Orte grossen Schaden gethan, und dasjenige weggeführet haben, was sie darauf an einem andern nächstgelegenen Orte in diese ordentliche Vierecke wieder hingelegt haben, die denn durch den Lauf des Wassers, durch die darauf geführte lockere Erde und den darauf geschwemmten Sand also übereinander sind formiret worden (Pontoppidan, 1753, S. 68).

Das Verfahren der Wissensvermittlung enthüllt ein Konzept der Vorhersehung und Organisation in der Natur, die durch Gott zustande kommt. Steinlawinen und Überschwemmungen durch Bergbäche und Flüsse schaffen Zerstörung, andernorts aber durch die Ablagerung von Erde gleichzeitig Fruchtbarkeit. Schaden und Nutzen halten sich die Waage oder heben sich gar auf. Gerade deswegen wird das Gebirge nicht als Ausdruck des Schrecklichen wahrgenommen, die Fruchtbarkeit in den Tälern symbolisiert nicht das Liebliche. Gebirge und Täler sind trotz gegensätzlicher Konstruktion eng miteinander verbunden, in diesem Beispiel dadurch ausgedrückt, dass das vom Gebirge heruntergetragene Material Terrassen bildet, auf denen geschützt Landwirtschaft betrieben werden kann, „ikke anderledes end det kunde være Festnings-Volde eller Skandser" (Pontoppidan, 1977a, S. 60), „nicht anders, als ob sie Wälle der Festungen oder Schanzen wären"(Pontoppidan, 1753, S. 68). Das eine ist ohne das andere im ausgeglichenen Verhältnis der Weltsicht des Erzähler nicht denkbar. Gott hat die Natur so eingerichtet, dass die Ordnung und das Gleichgewicht in der Welt durch Organismen und Phänomene, die sich gegenseitig bedingen, bestehen bleiben.

Wo befürchtet wird, dass den Lesenden unter Umständen ein unvorteilhafter Eindruck vom Gleichgewicht der Schöpfung vermittelt werden könnte, zieht der Erzähler ergänzende Wissenselemente heran, die ein eventuelles Ungleichgewicht verschwinden lassen. Dies geschieht häufig in Form einer Aufzählung. Ein solches Verfahren der Wissensvermittlung kommt bei der Beschreibung der Winterkälte in Norwegen zum Tragen: Nachdem in Paragraph VII des Kapitels „Om Norges Luft og det som deri yttrer sig", „Von der Luft und von dem, was sich darinnen äussert", in Teil I die strenge Kälte im Landesinnern mit verschiedenen Beispielen ausführlich illustriert wurde, folgt im achten Paragraphen die Aufzählung der verschiedenen Mittel, die den Menschen dagegen zur Verfügung stehen:

> [...] saasom først med mange og store Skove, som give overflødig Brændeved og Bygnings-Tømmer til tætte Huuse; dernæst med Faarenes Uld og mange vilde Dyrs Skind til Peltzer, Underfoer og Senge-Dekkener; for det tredie med vilde Fugle-Fieder til Dyner; for det fierde med Lyye og Læe af Biergene selv, hvis Overdeel er ubeboelig for Kulds og Ufrugtbarheds skyld, men imellem deres manfoldige steile Kanter og Viiger [...] kand det være temmelig luunt. Overalt maa man erindre, at den kolde Luft skaffer selv Varme i Menneskets Legemen, derved at dens sammentrykkende Kraft giør Legemerne tætte, sterke, faste til

3.2 Argumentationsstrategien

> Modstand, samt holder den naturlige Varme tilbage fra de udvortes til de indvortes Deele, i sær til Maven, so hos Nordiske Folk, frem for hos andre, er i Stand til at fordøye røget Kiød, tør Fisk og anden haard Mad (Pontoppidan, 1977a, S. 31f.).

> [...] erstlich viele und grosse Wälder darinnen, die ihnen überflüssiges Brennholz und Zimmerholz, dichte Häuser zu bauen, darreichen. Hiernächst erhalten sie durch die Wolle der Schaafe und durch die Felle und Pelze der wilden Thiere warme Unterfutter zu ihren Kleidern und gute Bettdecken. Drittens dienet ihnen auch das Gefieder der wilden Vögel zu Dunen oder Pflaumfedern. Viertens dienen ihnen die Berge selbst zu Bedeckungen und Schutzwehren, deren Obertheil wegen Kälte und Unfruchtbarkeit unbebauet ist, aber zwischen den Bergen können vielfältige steile Seiten und abhängige Strecken, insonderheit wo ihre Richtung nicht gegen Norden oder Osten ist, ziemlich gemässigt seyn. Ueberhaupt ist zu merken, dass selbst die kalte Luft in den Körpern der Menschen Wärme verursachet, und zwar dadurch, dass ihre zusammendrückende Kraft die Körper dichter, stark und zum Wiederstande fester macht, indem dadurch die natürliche Wärme von den äusserlichen Theilen zurück zu den innerlichen Theilen, insonderheit zum Magen gehalten wird. Wie man denn von den nordischen Leuten weiss, dass sie vor allen andern Völkern geräuchert Fleisch, gedörrete Fische und andere harte Speisen verdauen können (Pontoppidan, 1753, S. 36f.).

Die Ausgeglichenheit der Schöpfung wird hier mithilfe dreier Gegensatzpaare beschrieben: Das erste Gegensatzpaar zeigt sich in der Schilderung der außerordentlichen Kälte im vorhergehenden Paragraphen und der im anschließenden Paragraphen durchnummerierten, parallel strukturierten Aufzählung der verschiedenen Mittel, die der Abwehr dieser kalten Temperaturen und der Erzeugung von Wärme dienen. Darin erkennt man ein zweites Gegensatzpaar: Das Gebirge wird als ein die Gegensätze vereinendes Element der Natur hervorgehoben, einerseits durch die Unbewohnbarkeit in den höchsten Lagen, andererseits durch die gemäßigten Temperaturen in den Tälern. Ein drittes Gegensatzpaar zum Beweis der Ausgeglichenheit der Schöpfung wird durch das Aufeinandertreffen von kalter Luft und Mensch konstruiert: Dabei erzeugt die kalte Luft eine gegensätzliche Wirkung, sie erzeugt Wärme im menschlichen Körper. Dieses Gegensatzpaar bietet die Möglichkeit zu einem kleinen biologischen Exkurs: Unter dem Vorwand der Klimadiskussion wird den Lesenden Wissen über die besondere physische Konstitution der nordischen Menschen vermittelt, deren Körper sich durch „tætte, sterke, faste til Modstand" Glieder auszeichnen. Weiter bietet sich dem Erzähler die Gelegenheit, von den Essgewohnheiten der im Norden lebenden Menschen zu berichten, deren Magen „frem for hos andre" imstande sei, spezielles Essen zu verdauen. In diesem kurzen Abschnitt erhalten die Lesenden aufgrund der

Konstruktion von Gegensätzen nicht nur den Eindruck einer ausbalancierten Schöpfung, sondern gleichzeitig Wissen aus den Bereichen Klima, Forstwirtschaft, Hausbau, Fauna und Handarbeit, Topographie sowie Biologie und Ernährung.

Die Vermittlung von Wissen geschieht hier über die Beschreibung einer natürlichen Sache mithilfe von Satzkonstruktionen, die gegensätzliche Elemente verschiedener Art miteinander verbinden. Dadurch wird auf der einen Seite konkretes, aus verschiedenen Bereichen stammendes Wissen über ein Phänomen, ein Objekt vermittelt, auf der anderen Seite der Gedanke der ausgewogenen Schöpfung zementiert. Bisweilen bestätigt der erste Vorgang den zweiten, bisweilen verhält es sich auch umgekehrt.

Somit erscheint der Balancegedanke im Zusammenhang mit der Erklärung von natürlichen Dingen nicht nur als sekundäre Aussage, er dient nicht nur als Erklärungsgrundlage für im Text zu ermittelnde Wahrheiten. Die Vorstellung der umfassenden Balance, welche die Schöpfung zusammenhält, ist selbst Primärwissen, das den Lesenden in *Norges naturlige Historie* aufgezeigt wird. Im ersten Paragraphen von Kapitel V des zweiten Teils der Naturgeschichte „Om Norges Fiske og Fiskerier i salte og ferske Vande", „Von den Fischen und Fischereien", in dem in einer Fußnote vom jährlichen isländischen Fischexport berichtet wird, wird dies deutlich:

> Men vist nok er dette, at da Island just ligger lige for Fiske-Skarens første Udfart, saa kunde der fanges i det mindste ti gange fleere, hvis ikke Landet fattedes Skov, følgelig Baade og Skibe, hvilket burde erindre vore Nordmænd om, at holde deres Skove i bedre Agt og Hævd, end de giøre her paa Vester-Kanten. Thi posito det er mueligt, at Skoven her omsider kand ødelegges, da er Fiskeriet tillige øde, naar saa mange Baade og nogle 100000 Fustagier, som aarlig udkræves, faldt alt for dyre (Pontoppidan, 1977b, S. 169).

> Es ist gewiss genug, dass, da Island just vor der ersten Ausflucht dieser Schaaren von Fischen lieget, daselbst zum wenigsten zehnmal mehr Fische könnten gefangen werden, wenn selbiger Insel nicht Holzungen mangelten, und folglich Boote und Schiffe. Dieses sollte unsere Norweger daran erinnern, auf ihre Waldungen besser Achtung zu geben, als hier an der Westküste insgemein geschieht. Dann gesetzt, dass es möglich, dass die Holzungen allhier könnten gänzlich verdorben werden, und also eingehen: so sind die Fischereien zugleich mit ruiniret, wenn so viele Böte und einige hundert tausend Gefässe, die jährlich dazu erfordert werden, allzu theuer werden sollten (Pontoppidan, 1754, S. 197).

Der Inhalt des Zitats basiert auf einer chiastischen Vorstellung der Fisch- und Waldvorkommnisse an den Küsten Islands und Norwegens. Island verfügt dank seiner geographischen Position über die besseren Fischfangmöglichkeiten als Norwegen. Erklärt wird dies damit, dass sich die Fischzüge jeweils vom Nordpol aus im Atlantik verbreiten. Dieser Vorteil zugunsten Islands wird aber dadurch eingeschränkt, dass es auf der

3.2 Argumentationsstrategien

Insel keinen Wald gibt. An der Westküste Norwegens hingegen finden sich große Wälder, die eine umfangreiche Boot- und Fassproduktion ermöglichen. Es ziehen jedoch weniger Fische vorbei, die gefangen und konserviert werden können, was zu einem ausgeglichenen Verhältnis führt; weder Island noch Norwegen sind benachteiligt. Ausgehend von diesem in der Natur angelegten Gleichgewicht wird die norwegische Bevölkerung getadelt. Der Erzähler fordert sie zu einer besseren Pflege des Waldes und zu einem schonenden Umgang damit auf – durch Holzmangel würde der gesamten Fischerei die Grundlage entzogen. Der kausale Zusammenhang zwischen Wald, Fischerei und Verdienst beziehungsweise Nahrung wird einprägsam aufgezeigt. Außerdem werden die Konsequenzen einer Zerstörung des ausgewogenen Verhältnisses mithilfe der Parallele zu den isländischen Waldverhältnissen vor Augen geführt.

Einen ähnlichen Appell hinsichtlich des schonenden Umgangs mit dem Wald beinhaltet Paragraph V des fünften Kapitels in Teil I „Videre Fortsættelse om Landets Væxter", „Fortsetzung der Beschreibung der Gewächse des Landes", in dem es um die verschiedenen Baumarten Norwegens geht:

> Med Gran-Skoven omgaaes og den Norske Bonde saa umildelig, at man maatte tænke, han holdt det for sin Pligt, at ruinere den, stoelende paa, at den i de vidtløftige Eyendomme ikke kand runieres, men altiid groer overflødig igjen (Pontoppidan, 1977a, S. 231).

> Die nordischen Bauern gehen auch mit den Fichtenwäldern so unbarmherzig um, dass man dencken sollte, sie hielten es für ihre Pflicht, sie zu verderben, indem sie sich darauf verlassen, dass sie in solchen weitläuftigen Gegenden nicht zu ruiniren sind, sondern allezeit überflüssig wieder wachsen (Pontoppidan, 1753, S. 256).

Der Tadel fällt hier auf den ersten Blick ebenso deutlich aus. Es geht aber in diesem Beispiel nicht darum, aufzuzeigen, dass allzu intensiv mit dem Wald gearbeitet wird, dass das Gleichgewicht, das die Schöpfung zusammenhält, durch die übermäßige Abholzung bedroht wird. Primär handelt dieser Abschnitt von der Wichtigkeit der Fichte für die norwegische Gesellschaft. Die Bauern schlagen so viele Fichten, dass der Erzähler ironisch den Verdacht äußert, sie glaubten wohl, dass es ihre Aufgabe sei, sämtliche Fichtenwälder zu roden. Die Ironie in der Schilderung des Verhältnisses zwischen Norwegern und Fichtenwald verbirgt sich im ersten Nebensatz, „at man maatte tænke, han holdt det for sin Pligt, at ruinere den". In diesem Teilsatz wird das Gegenteil dessen gesagt, was tatsächlich der Fall ist. Die Fichte ist für das alltägliche Handwerk unabdingbar und der norwegische Bauer kann sie als Grundmaterial nur mit schwerwiegenden Konsequenzen entbehren. Ironie wird grundsätzlich „nach dem Kriterium des Gegensatzes bestimmt" (Groddeck, 2008, S. 269), durch sie wird das Gegenteil des

Gemeinten geäußert, man gibt das Gegenteil von dem zu verstehen, was man sagt.[44] Wie aus dem obenstehenden Zitat hervorgeht, ist der Kontext unverzichtbar. Ähnlich der Lüge ist Ironie von Beginn weg doppelzüngig, denn sie basiert auf einer absichtsvollen Täuschung.[45] Im Unterschied zur Lüge ist es jedoch das Ziel, dass die Lesenden die Ironie, die Täuschung, selbst bemerken. Ihre einfachste Ausprägung findet sich in der Antiphrasis, die einen Vorgang bezeichnet, in dem ein Wort durch ein anderes Wort entgegengesetzen Sinns, durch ein Antonym, ersetzt wird.[46] Im vorliegenden Zitat hat die Verwendung von Ironie eine verstärkende Wirkung auf die Aussage; der Fichtenwald ist im norwegischen Alltag nicht nur wichtig, sondern unverzichtbar. Dadurch ist die Ironie ebenfalls zu den Verfahren zu zählen, mit denen in *Norges naturlige Historie* Wissen hergestellt und als ‚wahr' vermittelt wird.

Einen ähnlichen Effekt hat die Verwendung von Übertreibungen. Übertreibungen und Untertreibungen werden in der rhetorischen Figur der Hyperbel gefasst.[47] Zugunsten der Anschaulichkeit eines Gedankens oder eines Sachverhalts wird die Glaubwürdigkeit eben dieser Sache überschritten.[48] Die Überschreitung kann im Bereich des tendeziell Möglichen bleiben, aber auch ins Unmögliche und Undenkbare hinausführen. In der Abhandlung des Klimas in Paragraph X des ersten Kapitels in Teil I von *Norges naturlige Historie* verweist der Erzähler auf eine Aussage des Engländers Simon Patrick, der den Norweger als Menschen darstellt, der noch nie eine Rose gesehen habe: Der Norweger „frygtede for at røre derved, og tænkte det var en Glød" (Pontoppidan, 1977a, S. 36), „der sich fürchtete, sie anzurühren, weil er glaubte, sie wäre Feuer" (Pontoppidan, 1753, S. 41), eine Aussage die keine Gültigkeit haben kann, kommen doch dem Erzähler in Pontoppidans Naturgeschichte zufolge in Norwegen Rosen im Überfluss vor. Auf die zitierte Aussage des Engländers hin schmiedet der Erzähler eine sich steigernde Argumentationskette, mit der aufgezeigt wird, weshalb es dem Engländer klar sein sollte, dass diese Pflanze auch in Norwegen heimisch ist. Sie schließt mit der folgenden Aussage:

> [...] item at der daglig komme Nordmænd nok til Engeland, og gierne kunde føre Rosen-Vand derover tilkiøbs, om de ventede nogen Fordeel af den Handel (Pontoppidan, 1977a, S. 3).

> Ueberdieses so kommen ja täglich Normänner genug nach Engelland, die gerne Rosenwasser zum Verkauffe hinüber bringen würden, wenn sie einigen Vortheil aus diesem Handel erwarten könnten (Pontoppidan, 1753, S. 42).

---

[44] Behler (1998), S. 599f. Behler, E. ‚Ironie'. In: *Historisches Wörterbuch der Rhetorik*. Bd. 4. Ueding, Gert (Hg.), Tübingen, 1998, Sp. 599–624.

[45] Groddeck (2008), S. 269.

[46] Groddeck (2008), S. 271.

[47] Groddeck (2008), S. 232.

[48] Naschert (1998), S. 115. Naschert, G. ‚Hyperbel'. In: *Historisches Wörterbuch der Rhetorik*. Bd. 4. Ueding, Gert (Hg.), Tübingen, 1998, Sp. 115–22.

3.2 Argumentationsstrategien

Die Norweger könnten ohne weiteres Rosenwasser nach England exportieren, eine Feststellung, die unterstrichen wird durch den Hinweis, dass täglich Norweger nach England reisen. Im vorliegenden Ausschnitt werden die zwei aufeinanderfolgenden Hyperbeln zu klärenden Zwecken verwendet. Die Aussage von Simon Patrick wird durch die Zuspitzung im Rahmen dieser rhetorischen Figur widerlegt. Die Hyperbel dient folglich der Legitimierung von generiertem und als wahr vermitteltem Wissen. Außerdem geht aus dem letzten Teilsatz des Beispiels hervor, dass die Hyperbel eng mit der Ironie verbunden ist. Wie bei der Ironie handelt es sich bei ihr um eine Differenzfigur, bei der die Erkennung des Unterschieds zwischen Gesagtem beziehungsweise Geschriebenem und Gemeintem, zwischen Darstellung und Wirklichkeit Voraussetzung ist.[49]

Die Figur der Dubitatio ist ebenfalls ein rhetorisches Mittel, um die Wahrheit von ausgewähltem Wissen stärker zu betonen und sie als vertrauenswürdig erscheinen zu lassen. Dies ist in der Naturgeschichte deutlich im Abschnitt über den Getreideanbau Norwegens zu Beginn von Paragraph I des vierten Kapitels „Om Norges Afgrøde i Væxter og Vegetabili", „Die Fruchtbarkeit Norwegens in verschiedenen Gewächsen, Pflanzen und Stauden" von Teil I ersichtlich. Der Paragraph beginnt mit einer Schilderung der grundsätzlich miserablen Anbaubedingungen. Danach aber führt der Erzähler den Lesenden mithilfe zahlreicher Beispiele und Erklärungen Gottes Nachsicht vor Augen, dass nämlich in Norwegen dennoch überraschend viel Getreide angebaut werden könne. Diese Ansicht wird schließlich mit einer Dubitatio zementiert:

> Denne Frugtbarhed endogsaa i Norges nordligste Provintz mod Findmarken, paa 68 Grade, maa nu hos eftertænksomme Folk opvække stor Forundring i den Henseende, at naar man fra midt i det frugtbare Nordlands-Amt, saasom fra Saltens Fogderie, drager en Linie i Øster over Kølens Field og indtil den Svenske Lapmark, da finder man der, nemlig i Pithaa-Lapmark, ja end ogsaa langt længere ned ad i Sønder, idel ufrugtbart og udyrket Land (Pontoppidan, 1977a, S. 157).

> Diese Fruchtbarkeit auch so gar in den nordlichsten Provinzen Norwegens gegen Finmarken zu unter dem 68sten Grade muss bey nachdenkenden Leuten eine grosse Verwunderung erwecken, in Ansehung dessen, dass wenn man von der Mitten dieses fruchtbaren Amtes Nordland, so wie von der Vogtey Salten eine Linie gen Osten über das Gebürge Kölen und bis in schwedisch Lappland ziehen würde, man daselbst, nämlich in Lappland Pithaa, ja auch so gar noch weiter gen Süden herab, lauter unfruchtbares und unbebautes Land findet (Pontoppidan, 1753, S. 177f.).

Die Tatsache der überraschend guten Anbaubedingungen in Nordnorwegen werden durch die Gegensatzkonstruktion, in der das Nordland Amt Nordschweden gegen-

---
[49] Naschert (1998), Sp. 116.

übergestellt wird, durch bewussten Zweifel in Frage gestellt. Dabei erscheint der Erzähler als bescheiden, hilflos, unsicher und gerade deswegen als glaubwürdig.[50] Gleichzeitig werden die Lesenden aufgefordert, sich selbst in dieser Sache eine Meinung zu bilden. Die Sorge aber, dass aufmerksame Lesende sich möglicherweise über diese Behauptung wundern würden, wird vorgeschoben, um in einem letzten Schritt die Meinung des Erzählers hinsichtlich dieser Sache umso glaubwürdiger bekräftigen zu können. Dieses Verfahren bietet bei der Wissensvermittlung zusätzlich die Möglichkeit, unterschiedliche Meinungen gleichzeitig zu präsentieren. Manchmal ist aber auch tatsächlicher Zweifel bei der Wissensgenerierung in Norges naturlige Historie zu spüren, wenn bei der Bewertung unterschiedlicher Meinungen und Hypothesen eine gewisse Zurückhaltung geübt wird. Dies ist bei der Erörterung der Umstände für das Erscheinen des Nordlichts der Fall. Der Erzähler zieht verschiedene schriftliche Quellen dafür heran, um sie dann allesamt mit der folgenden Bemerkung zur Seite zu schieben: „Maaskee vore Efterkommeres Forfaring kand finde noget rimeligere, hvilket jeg lader staae derhen" (Pontoppidan, 1977a, S. 12), „Vielleicht kann die Erfahrung unserer Nachkommen etwas wahrscheinlichers Erfinden" (Pontoppidan, 1753, S. 16). Bei der Erörterung dieser Frage scheinen echte Zweifel zu bestehen. Es wird bewusst ein Fragezeichen hinter die Möglichkeit gesetzt, inwiefern über diese Sache Gewissheit zu erlangen sei, was den Erzähler aber nicht davon abhält, im weiteren Textverlauf seine eigene Meinung zu diesem Phänomen zu erläutern.

In der Nähe der Dubitatio ist die Exklamatio angesiedelt. Auch hier haben wir es mit einer Inszenierung des Redens in der Rede[51] zu tun. Diese Figur unterscheidet sich jedoch von der Dubitatio insofern, als das Publikum, im Fall von Norges naturlige Historie die Lesenden, nicht direkt angeregt wird, mitzudenken und sich eine Meinung zu bilden.[52] Eine Exklamatio findet sich bei der Beschreibung der winterlichen Lichtverhältnisse in Norwegen:

> Imidlertid er denne Dagskier ikke det eeneste Lys, som hine Nordiske Provintzers Indbyggere forsynes med til deres Fiskerie og anden udenhuses Gierning at indrette. Ney! den viise og gode Skabere har ikke glemt at giøre Anstalt til deres Hielp (Pontoppidan, 1977a, S. 6).

> Inzwischen ist diese Dämmerung nicht das einzige Licht, womit die Einwohner dieser nordischen Provinzen zu ihren Fischereyen und andern Verrichtungen ausserhalb ihrer Häuser versehen sind. Nein! der weise und gütige Schöpfer hat nicht vergessen, andere Anstalten zu ihrer Hülfe in dieser oder jener Absicht zu verfügen (Pontoppidan, 1753, S. 9).

---

[50] Ueding und Steinbrink (1986), S. 287. Ueding, Gerd und Steinbrink, Bernd. *Grundriss der Rhetorik. Geschichte, Technik, Methode.* Stuttgart, 1986.
[51] Groddeck (2008), S. 189.
[52] Groddeck (2008), S. 189.

3.2 Argumentationsstrategien

Die Exklamatio „Ney!" verwandelt den vorhergehenden Aussagesatz in einen Ausruf und verstärkt die in Form einer Negation ausgedrückte Aussage: Die Einwohner Norwegens müssen sich im Winter nicht nur mit dem Licht der Dämmerung begnügen. Durch diesen gespielten Ausruf wirkt das in diesem Ausschnitt präsentierte Wissen unanzweifelbar, durch die darauf folgende Erwähnung des Schöpfers wird dessen Wahrheitsgehalt definitiv zementiert.

Ebenfalls in der Nähe der Dubitatio und der Exklamatio ist die Interrogatio oder die rhetorische Frage zu verorten. Der zweite Paragraph „Frugtbarheden er større, end Fremmede kunde forestille sig, og det af tvende Hoved-Aarsager", „Die Fruchtbarkeit Norwegens ist grösser, als Fremde sich vorstellen können. Ursachen dieser", aus Kapitel IV in Teil I „Om Norges Afgrøde i Væxter og Vegetabili", „Die Fruchtbarkeit Norwegens in verschiedenen Gewächsen, Pflanzen und Stauden", reiht verschiedene Merkmale aneinander, die auf die ausgezeichnete Fruchtbarkeit des Bodens in den Gegenden um Bergen verweisen. Noch bevor das aber geschieht, erläutert der Erzähler den Grund für diese Fruchtbarkeit:

> Jeg skal strax melde lidet meere om hver Slags Grøde i Særdeelesshed, men maa først svare den Fremmede, som spørger efter Aarsagen til denne uventede, dog meget sandfærdige Beretning, nemlig: Den i sin Huusholdning med Menneskene saa viise, almægtige og gode Skabere [...], han synes og med Fliid at legge dobbelt Velsignelse i de smaa Stykker god Jord (Pontoppidan, 1977a, S. 160).

> Ich werde sogleich etwas ausführlicher von jeder Art des Geträydes insonderheit reden. Da man aber nach der Ursache dieser so unerwarteten Fruchtbarkeit fragen könnte, so will ich den Fremden oder Unkündigen folgenden wahrhaften Bericht zur Antwort geben: Der in seiner Haushaltung mit dem Menschen so weise, allmächtige und gütige Schöpfer [...] scheinet mit allem Fleisse doppelten Seegen auf kleine Stücke gutes Erdreich zu legen (Pontoppidan, 1753, S. 180).

Die Erläuterung der Fruchtbarkeit erfolgt nicht unaufgefordert, vielmehr erkundigt sich in diesem Abschnitt eine fiktive Person danach. Hierbei handelt es sich um eine Form einer rhetorischen Frage. Üblicherweise wird sie vom Erzähler gestellt und es wird keine Antwort darauf erwartet, da sie als Ausdrucksform einer Feststellung zu verstehen ist.[53] Im vorliegenden Ausschnitt verhält es sich aber anders. Die Frage wird nicht vom Erzähler gestellt, sondern einem potenziellen, mit den Verhältnissen unvertrauten, fremden Leser in den Mund gelegt. Damit verschafft sich der Erzähler die Möglichkeit, mit der Beantwortung der Frage nach der Ursache und damit verbunden dem Rückgriff auf den Schöpfer seine „meget sandfærdige Beretning", die große Fruchtbarkeit, unumstößlich zu sichern.

---

[53] Groddeck (2008), S. 187.

Zu Beginn der Analyse der Verfahren der Wissensgenerierung wurde danach gefragt, wie in *Norges naturlige Historie* mit der Masse an Aussagen umgegangen, wie in die Aussagen eingegriffen wird und welche Verfahren verwendet werden, um ‚wahres' Wissen zu generieren, dieses adäquat darzulegen und zu legitimieren. Wie bei der Quellenlage, die sich durch eine starke Heterogenität auszeichnet, sind die verwendeten Verfahren der Generierung von Wissen beziehungsweise der Formierung der Wissenselemente in Pontoppidans Abhandlung unterschiedlich. Das geht aus den aufgezeigten Beispielen hervor. Dennoch kristallisieren sich gewisse Regelmäßigkeiten in der Anordnung der Aussagen heraus. Dazu gehört die Quellendiskussion, in der die Inhalte unterschiedlicher Quellen gegeneinander gehalten, auf ihre Verlässlichkeit überprüft und miteinander sinnvoll verbunden werden. Dazu gehören Ergänzungen, die in Frage gestellt, gegebenenfalls korrigiert oder verdeutlicht werden. In Kombination mit der der Aussage eigenen Materialität – von der Typographie über Tabellen bis hin zur direkten Illustration durch Kupferstiche – findet das Wissen seine spezifische naturhistorische Form, in der es sich in *Norges naturlige Historie* präsentiert. Neben den Regelmäßigkeiten bezüglich der Anordnung der Aussagen sind Kombinationsschemata auszumachen: auf eine Hypothese folgt ein Versuch der Verifizierung, auf die Behauptung einer Sache mögliche Kritik. Weiter sind die verwendeten rhetorischen Figuren wichtig. Zentral ist der Vergleich. Soll wahres Wissen generiert und den Lesenden als gesichertes Wissen präsentiert werden und bieten sich dazu mehrere Quellen zur Erörterung an, werden sie in einem ersten Schritt miteinander verglichen. Darauf basierend zeigen sich folgende Verfahren: Parallelismen und Analogien können konstruiert werden, um bestimmtes Wissen zu verdeutlichen. Es kann Zweifel gesät werden, um im darauf folgenden Schritt das zuvor Geäußerte umso nachdrücklicher zu bestätigen. Durch eine Gegenüberstellung werden Gegensätze erst geschaffen oder verstärkt, die bestimmte Wissensformationen unterstützen und als wahr kennzeichnen, andere wiederum bestreiten oder gar verwerfen. Dazu gesellt sich ein ganzes Set weiterer rhetorischer Figuren wie die Wiederholung, die Übertreibung, die Ironie oder rhetorische Fragen, um die einzelnen Elemente des Wissens sinnvoll zu naturhistorischem Wissen zu verbinden.

Elemente des Wissens erscheinen in Pontoppidans Naturgeschichte bisweilen aber auch nackt, präsentiert ohne Quellenvergleich, ohne eingehende Analyse, ohne sichtbares Generierungsverfahren, das sie als wahr kennzeichnen würde. In diesem Fall stellt die nackte Präsentation das Verfahren selbst dar. Das Wissen über ein Phänomen oder Objekt, ob es nun ursprünglich auf Erfahrungen des Erzählers zurückgeht oder ob es sich dabei um Allgemeinwissen handelt, von dem der Erzähler annimmt, dass es den Lesenden bekannt ist, wird mit einer solchen Vehemenz vorgetragen, dass es durch diese Präsentation der Nichtrahmung, des Nichtvergleichs und des Nichtabwägens einen unanzweifelbaren Status erhält.

3.2 Argumentationsstrategien

Was den verschiedenen Verfahren gemeinsam ist, sind der Ausgangspunkt und das Ziel. Es geht um die Harmonisierung von Elementen des Wissens zu naturhistorischem Wissen innerhalb von *Norges naturlige Historie*. Naturgeschichte schreiben bedeutet vorab, wie Friedrich es formuliert, Texte zu lesen, auszuschreiben und ihren Informationsgehalt zu harmonisieren.[54] Eine Aussage, die im Zusammenhang mit der Quellenlage in Pontoppidans Naturgeschichte zwingend ausgeweitet werden muss. Das Ziel geht über die Harmonisierung hinaus. Die verschiedenen Verfahren der Wissensgenerierung werden an bestimmten Punkten herangezogen, um die verschiedenen Elemente des Wissens miteinander zu verbinden, und so, ausgehend von Prämissen, bestimmte Zwecke zu erreichen und auszudrücken. Dabei ist es erlaubt, mit der Hilfe von Sprache, die Christian Kock zufolge interessensbestimmte Handlung sei,[55] durch die aufgezeigten Verfahren die Argumente so schwerwiegend und überzeugend wie möglich vorzubringen. Durch das Heranziehen von möglichst vielseitigen, gewichtigen, vor allem aber passenden Argumenten aus diversen Bereichen wird durch scheinbare Objektivität Wissen generiert. Die Subjektivität versteckt sich hinter diesen Verfahren der Generierung – und damit die Tatsache, dass alle diese Prozesse vor dem Hintergrund einer naturtheologischen Betrachtungsweise der Natur geschehen, für die der Rückgriff auf die Unergründlichkeit der Schöpfung Gottes und seiner Vorhersehung im Falle eines Erklärungsnotstands charakteristisch ist.

Gewisse Ansätze einer sich im Lauf des 17. Jahrhunderts veränderten Naturgeschichtsschreibung, wie sie Foucault postuliert, sind in *Norges naturlige Historie* sichtbar:

> Was aber im 17. Jh. geändert worden ist und das Auftauchen und die Rekurrenz der Begriffe für die ganze Naturgeschichte beherrschen wird, ist die allgemeine Anordnung der Aussagen und ihre serielle Anordnung in determinierten Gesamtheiten; ist die Art, das umzuschreiben, was man beobachtet, und entlang dem Faden der Aussagen eine perzeptive Bahn wiederherzustellen; es ist die Beziehung und das Spiel von Subordination zwischen Beschreiben, Indistinktiven-Zügen-Artikulieren, Charakterisieren und Klassifizieren; es ist die reziproke Position von Einzelbeobachtungen und allgemeinen Prinzipien; es ist das Abhängigkeitssystem zwischen dem, was man gelernt hat, was man gesehen hat, was man ableitet, was man als wahrscheinlich annimmt, was man fordert. Die Naturgeschichte ist im 17. und 18. Jh. nicht mehr einfach eine Form von Erkenntnis, die den Begriffen ‚Gattung' oder ‚Merkmal' eine neue Definition gegeben und die neue Begriffe wie den der ‚natürlichen Klassifikation' oder ‚Säugetier' eingeführt hat; vor allem handelt es sich um eine Menge von Regeln, um Aussagen in einer Folge anzuordnen, eine obligatorische Menge von

---

[54] Friedrich (1995), S. 75.
[55] Kock (2003), S. 17. Kock, Christian. ‚Retorikkens relevans'. In: *Retorikkens relevans*. Andersen, Øivind und Berge, Kjell Lars (Hg.), Oslo, 2003, S. 17–29.

Abhängigkeits-, von Ordnungs- und Abfolgeschemata, worin sich die rekurrenten Elemente verteilen, die als Begriffe gelten können (Foucault, 1981, S. 84f.).

Die textgenerierenden Verfahren, die im Zitat aus der *Archäologie des Wissens* genannt werden, sind in Pontoppidans Naturgeschichte eruierbar. Verlässliches Wissen über die Natur wird nicht nur durch bloße Überzeugung, Annahme oder Ableitung erhalten, sondern zugleich durch das sich Hin- und Herbewegen zwischen eigenen Beobachtungen und allgemeinen Prinzipien, zwischen dem, was gelesen, gehört oder durch eigene Untersuchungen entdeckt wurde. Weiter können gewisse Bereiche durch Ordnungen von Wissen charakterisiert werden, die sich tendenziell durch eine gewisse Reduktion und eine Serialität der Beschreibungs- und Argumentationsmuster auszeichnen. Dies ist vor allem in den Paragraphen der Fall, die sich mit der Beschreibung gewisser Pflanzen- oder Tierarten in einer alphabetischen Reihenfolge beschäftigen, beispielsweise den Bäumen Norwegens. Ein Merkmal, das im Kapitel zur Wissensordnung wieder aufgenommen werden wird.

Durch die Bandbreite der benutzten Quellen, durch die verschiedenen Verfahren, welche die einzelnen Wissenselemente zu wahrem, gesichertem Wissen machen, wird sichtbar, dass *Norges naturlige Historie* nicht einen Punkt auf einer isolierten Linie der sich entwickelnden dänisch-norwegischen topographischen Literatur einnimmt, an dem sich der Übergang von theologischen zu naturwissenschaftlichen Erklärungen der Natur manifestiert. Vielmehr sprechen die Quellen und die Verfahren für verschlungene, sich kreuzende und sich in alle Richtungen bewegende Prozesse der Wissensgenerierung, die sich nicht durch eine klare Linearität auszeichnen. Sie sprechen für eine Wissensgenerierung, die sozial und historisch bedingt ist. Diese Tatsache machen die beiden folgenden Sequenzen deutlich, insbesondere, wenn dabei die zuvor zitierte Aussage Foucaults aus der *Archäologie des Wissens* mitgedacht wird, der eine gewisse Gültigkeit für die Wissensgenerierung in *Norges naturlige Historie* zugestanden werden kann.

Die Wissensvermittlung über die präsentierten Objekte, beispielsweise der Vierfüßer, folgt keinem einmalig bestimmten Muster hinsichtlich der zu beschreibenden Elemente oder Eigenheiten. Sich bildende Muster, ausgehend von Gestalt, Größe oder Farbe, werden immer wieder durch die Einfügung anderer Beschreibungselemente wie geographische Verbreitung, Menge des Nachwuchses, Ernährungsgewohnheiten, Charakterzüge, Fabeln etc. unterbrochen. Vielen dieser Beschreibungen ist aber mindestens eine Information gemeinsam: die Schilderung der Relation zwischen dem beschriebenen Objekt und dem Menschen. Eine solche Schilderung resultiert gleichzeitig in der Beschreibung des Menschen, da das eine nicht ohne das andere ausgeführt werden kann. Über die Wissensvermittlung bestimmter natürlicher Objekte wird demnach gleichzeitig Wissen über den Menschen vermittelt. Analysiert man aus diesem Blickwinkel den Abschnitt über den Bären im ersten Kapitel „Om Norges tamme og

3.2 Argumentationsstrategien

vilde fire-føddede Dyr", "Von den vierfüssigen Thieren", des zweiten Teils der Naturgeschichte, wird dies ersichtlich: Nachdem der Erzähler ausführlich über Gestalt, Farbe und Größe des Bären, über seine Gefährlichkeit für die Umwelt, seine Nahrung, seine Vernunft und sein Winterlager Auskunft gegeben hat, berichtet er zuletzt über die Jagd, aus der mal der Mensch, mal der Bär siegreich hervorgeht:

> Undertiden lader Biørnen det blive derved, at han banker sin overvundne Fiende med Labberne, indtil han er eller synes død, da han merker, om Aanden ikke længer drages og lader af, hvorved Livet undertiden frelses. Men bliver Bonden Mester, som gierne skeer, da flaaer han Biørnen, og hefter dens Hoved, som et Seyer-Tegn og Tapperheds Beviisning, med et Søm paa sin Huusgavl, hvilke Slags Trophæa jeg undertiden har fundet 3 à 4 tillige at pryde en Bonde-Gaard (Pontoppidan, 1977b, S. 28f.).

> Zuweilen lässet sich der Bär damit begnügen, dass er seinen überwundenen Feind mit seinen Tatzen so lange prügelt, bis er stirbt, oder todt zu seyn scheint, und wenn er bemerkt, dass er keinen Odem mehr holet, so lässet er von ihm ab; wodurch zuweilen das Leben gerettet wird. Allein wird der Bauer Meister, wie insgemein geschicht, so zieht er dem Bär die Haut ab, und den Kopf heftet er, als ein Siegeszeichen und als ein Beweis seiner Tapferkeit, mit einem Nagel an den Giebel seines Hauses. Ich habe gefunden, dass zuweilen drey bis vier solche Siegeszeichen einen einzigen Bauerhof gezieret haben (Pontoppidan, 1754, S. 34).

Verbunden mit der Information über die Kampftechnik des Bären vermittelt der Erzähler Wissen darüber, wie ein Mensch unter Umständen lebend aus einer solch ausweglos scheinenden Situation herauskommt, und weiter, wie der Norweger verfährt, wenn er den Bären getötet hat. In Paragraph VII wird folglich nicht nur Wissen über den Bären präsentiert, sondern durch eine Schilderung aus einer volkskundlichen Perspektive ebenfalls Wissen über das Verhältnis zwischen diesem Tier und dem Menschen. Es wird ein Bogen zur norwegischen Identität gespannt. Die Lesenden erfahren vom Mut und der Tapferkeit des Norwegers, der sich nicht nur aus einem unerwarteten Zusammentreffen mit einem Bären retten kann, sondern dieses Zusammentreffen vielmehr aktiv sucht, indem er sich auf Bärenjagd wagt, und dies sogar immer wieder, wie aus den Siegestrophäen an den Dachgiebeln der Bauernhöfe hervorgeht. Auch im letzten Teil dieses Paragraphen bleibt die Perspektive eine volkskundliche:

> Huden koster gemeenlig 4 à 6 Rdl. Kiødet, siger man, smager ikke ilde, dog noget alt for lebberagtig, undtagen naar det saltes, da en feed Biørne-Skinke berømmes af dem, som smage den, og giør, endog i et Bryllups-Maaltiid, Verten saa stor Ære, som hans Giester Fornøyelse (Pontoppidan, 1977b, S. 29).

> Die Haut kostet gemeiniglich vier bis sechs Reichsthaler. Man sagt, dass das Fleisch nicht übel schmecken soll, doch soll es etwas zu weichlich seyn, ausgenommen, wenn es gesalzen wird. Ja es wird ein fetter Bärschinken von denen, die ihn gespeiset haben, sehr gerühmet, und er gereichet auch so gar auf Hochzeiten dem Wirthe zu grosser Ehre und den Gästen zum Vergnügen (Pontoppidan, 1754, S. 34).

Es ist nicht naturwissenschaftliches Wissen über den Bären selbst, das hier im Zentrum steht, sondern ökonomisches und volkskundliches, das der Erzähler in der Fußnote mit einer kleinen Geschichte über die Bärenfleischtradition beim chinesischen Kaiser weiter ausführt.[56]

Wenden wir uns nochmals dem Paragraphen in Kapitel I aus Teil II von *Norges naturlige Historie* zu, der sich mit der Beschreibung der verheerenden Zerstörung durch Lemminge befasst:

> Spaaer dette Utøy ikkun slet Høst, hvor deres Vey falder, da venter dog Landmanden god Jagd paa Biørne, Ræve, Maar og deslige, som følge efter og giøre deres Delicatesse deraf. Ligesom nu alt dette kand holdes troeværdigt efter Sandsagn og saa mange gode Mænds nøyere Observationer (Pontoppidan, 1977b, S. 52).

> Wohin nun dieses Ungeziefer seinen Weg nimmt, da verkündigt es nur eine schlechte Erndte, doch erwartet alsdann der Landmann eine gute Jagd auf Bären, Füchse, Marder und dergleichen, welche Thiere jenem Ungeziefer nachfolgen, und es mit Vergnügen verzehren. So wie nun alles dieses für ganz glaubwürdig kann gehalten werden, weil es mit der Wahrheit übereinstimmt, und durch genauere Bemerkungen vieler braven Männer bekräftiget wird (Pontoppidan, 1754, S. 61).

Wiederum wird die klug ausbalancierte Schöpfung betont, die den zerstörerischen Lemmingen größere Raubtiere hinterherschickt, von denen sich der Jäger gute Beute versprechen kann. Doch der Balancegedanke soll an dieser Stelle nur im Hintergrund stehen. Das Verb, auf dem an dieser Stelle die Vermittlung von Wissen basiert, ist ‚spaa', ‚voraussagen'. Kommt es zu einer Invasion von Lemmingen, deutet dies auf einen Jagderfolg hin. Die Verwüstung der Lemminge wird als Zeichen für etwas anderes gedeutet, aufgrund des Verhaltens der Lemminge wird eine Prophezeiung ausgesprochen. Um die der Natur innewohnenden, durchdachten Strategien zu illustrieren, die auf schlechte Ereignisse gute folgen lassen, wird auf eine Argumentation zurückgegriffen, die aus moderner Sicht auf abergläubischen Vorstellungen beruht, ausgedrückt durch ‚spaa', ‚voraussehen'. Solche Konstruktionen sowie die Einbindung von Geschichten fabelähnlichen Charakters sind nicht selten in Pontoppidans Naturgeschichte. Mit diesen

---
[56] Pontoppidan (1977b), S. 29.

3.2 Argumentationsstrategien

Elementen des Wissens wird nicht anders verfahren als bereits beschrieben. Sie werden bekräftigt, im vorliegenden Fall mit dem Verweis darauf, dass dieses Wissen für glaubwürdig gehalten werden könne, weil es wahr sei, und unterstrichen mit „mange gode Mænds nøyere Observationer", genaueren Beobachtungen vieler guter Männer. Dies kommt einer ziemlich starken Absicherung des vermittelten Wissens gleich. Gleichzeitig bemüht sich der Erzähler in *Norges naturlige Historie* aber auch darum, abergläubische Vorstellungen aufzudecken und als falsches Wissen zu entlarven, was bereits im Zusammenhang mit den Trollfischen angesprochen wurde. Daraus wird ersichtlich, dass zur Zeit der Publikation von Pontoppidans Naturgeschichte für die Generierung von Wissen beziehungsweise für die Erörterung von Wahrheit unterschiedlichste Parameter verwendet werden. Die verschiedenen Verfahren erlauben aus moderner Perspektive eine unerhört heterogene Argumentationsweise. Im Zweifelsfall ist es möglich, transzendentale Ursachenerklärungen heranzuziehen und auf Gottes Größe und seine verschlungenen Wege, denen die Menschen nicht immer folgen können, zurückzugreifen. Gott übernimmt in diesen Erörterungen die Funktion eines *deus ex machina*, der jeweils in einer ausweglos erscheinenden Situation herangezogen wird, um ein Problem zu lösen.

Dass die Äußerungen, aus welchen naturhistorisches Wissen generiert wird, aus unterschiedlichen Arten von Quellen stammen, verschwindet hinter dem Wissen selbst. Gedichte können ohne weiteres neben Texten von Autoritäten der Insektenforschung stehen, mündlich Überliefertes neben brieflich Vermitteltem und selbst Beobachtetem. Trotz der Vermengung dieser verschiedenen Quellen in ein und derselben Beschreibung eines Objekts in *Norges naturlige Historie* ist es dem Erzähler bewusst, mit welchen Quellenarten er jeweils arbeitet. In diesem Verständnis differenziert er zwischen Observation, Dokumentation und Fabel, eine Unterscheidung, deren Entstehung Foucault in *Die Ordnung der Dinge* bereits zwischen dem 16. und Mitte des 17. Jahrhunderts verortet. Er geht von Jan Jonstons *Historiae naturalis* von 1657 als symbolischem Markstein aus, die sich gerade in diesem Punkt von der nur wenige Jahre zuvor publizierten *Serpentum et draconum historiae libri duo* (1640) von Ulisses Aldrovandi unterscheidet. Foucault zufolge existierte die Dreiteilung zwischen Beobachtung, Dokument und Fabel bis zu Aldrovandis Geschichte der Schlangen und Drachen nicht, die Geschichte war eine verwirrende Masse von Zeichen.[57] Dann ereignet sich die „plötzliche Abklärung zweier künftig verschiedener Erkenntnisordnungen im Gebiet der *historia*" (Foucault, 1974, S. 169). Das semantische Raster fällt weg, das Sehen und das Beobachten rücken in den Vordergrund. „Die Naturgeschichte findet in dieser jetzt offenen Distanz zwischen Wörtern und den Sachen ihren Platz, in jener schweigsamen Distanz, die rein von jeder sprachlichen Ablagerung und dennoch nach den Bestandteilen der Repräsentation gegliedert ist, nach jenen Bestandteilen, die mit vollem Recht

---
[57] Foucault (1974), S. 169.

benannt werden können" (Foucault, 1974, S. 170). Die Verwendung der Quellen in der Naturgeschichte Pontoppidans ist somit bisweilen von einer anderen Art, als es für die klassischen Episteme, die Foucault ab Mitte des 17. Jahrhunderts ansetzt, gängig ist.

Die verwendeten Quellentypen sind – wie gesehen – vor allem schriftlicher Art. Sie umfassen sowohl textsortenspezifisch, geographisch als auch zeitlich eine große Bandbreite. Sie stammen aus der Antike und reichen bis in Pontoppidans Zeit, bis zum Jahr vor dem Erscheinen der Naturgeschichte. Im zweiten Teil werden den Lesenden gar neuste Erkenntnisse, die zwischen dem Erscheinen der beiden Teile von *Norges naturlige Historie* gemacht wurden, präsentiert, im ersten Teil getätigte Äußerungen können im darauf folgenden Teil korrigiert werden. Im Vorwort des ersten Teils der Naturgeschichte berichtet der Erzähler von einem in Peder Clausen Undals *Chorographie* zitierten Text mit dem Titel *Speculum Regale*, der von Haselzweigen im Birkedals Moor in Sundmøre handelt, die im Laufe von drei Jahren zu Stein würden. Pontoppidan schließt aus der bei Undal zitierten Stelle, dass sich das *Speculum Regale* anscheinend ebenfalls mit naturgeschichtlichen Fragen beschäftigt habe, „at samme har havt Henseende til den naturlige Historie" (Pontoppidan, 1977a, Fortale), „dass dieses angeführte Buch auf die natürliche Historie gerichtet ist" (Pontoppidan, 1753, Vorrede, S. 44). Leider sei aber davon auszugehen, dass dieser Text wohl bereits vor langer Zeit einem Brand zum Opfer gefallen sei. Im Vorwort des zweiten Teils von *Norges naturlige Historie* hingegen ist zu lesen:

> Een Ting, Historiam Litterariam angaaende, maa jeg endnu ved denne Leylighed melde, nemlig, at da jeg i Fortalen til dette Skrifts første Deel har regnet det saa kaldte Speculum Regale blant de fortabte Bøger, og beklaget Undergangen af de Efterretninger, som deri havde været med nærværende Øyemerke vedkommende, saa underrettes jeg nu, til stor Fornøyelse, om contrario, formedelst Høyædle og Velbaarne Herr Stats-Raad Lüxdorphs høystærede Skrivelse af 20. Jan. sidstleden. Deraf seer jeg, skiønt denne gang alt for sildig, at den ældgamle codex under bemeldte Navn endnu er tilovers i en Afskrift paa Universit. Bibliotheque (Pontoppidan, 1977b, Fortale).

> Ich muss bey dieser Gelegenheit noch eine Sache, die die gelehrte Historie betrifft, anführen. Ich hatte nämlich in der Vorrede zum ersten Theile dieser Schrift das so genannte Speculum Regale unter die verlornen Bücher gerechnet, und den Verlust der Nachrichten beklagt, die etwa meiner gegenwärtigen Absicht zum Besten vorkommen mögten. Allein werde ich durch ein höchstgeehrtes Schreiben des Hochwohlgebohrnen Herrn Etaatsraths Luxdorphs vom 20 Jänner 1753 zu meinem grossen Vergnügen des Gegentheils versichert. Ich ersehe daraus, obschon nunmehr zu spät, dass dieser uralte codex unter bemeldten Namen in einer Abschrift auf der Universitäts-Bibliothek in Kopenhagen vorhanden ist (Pontoppidan, 1754, Vorrede, S. 14).

3.2 Argumentationsstrategien

Der Erzähler nimmt Bezug auf seine Aussage im ersten Teil der Naturgeschichte und revidiert sie: Zu spät, aber zu seiner großen Freude habe er einem aktuellen Schreiben von Staatsrat Luxdorph entnommen, dass dieser Kodex in einer Abschrift erhalten sei. Neustes Wissen, das Informationen des ersten Teils widerlegt oder ergänzt und dem Erzähler als vertrauenswürdig erscheint, wird den Lesenden nicht vorenthalten. Inwiefern dies im zweiten Teil der Naturgeschichte aber konsequent gehandhabt wird, ist unmöglich auszumachen. Doch wird durch diese Aussage des Erzählers sein Interesse an der Revision und Aktualisierung von Wissen sichtbar.

Im Zusammenhang mit dem Bewusstsein des Erzählers in Bezug auf die Aktualität der verwendeten Quellen ziehe ich an dieser Stelle die der *Archäologie des Wissens* von Michel Foucault entnommene Frage nach dem Deckungsgrad vom ‚Feld der Präsenz' mit dem ‚Erinnerungsgebiet' heran. Das ‚Feld der Präsenz' ist Teil der Konfigurationen eines Äußerungsfelds, das weiter das ‚Feld der Begleitumstände' und schließlich das ‚Erinnerungsgebiet' umfasst.[58] Unter dem Feld der Präsenz ist ein zu einer bestimmten Zeit gültiges, gegebenes und nicht angezweifeltes Wissen zu verstehen. Das Feld der Begleitumstände dient der Analyse: Aus fremden Diskurstypen werden Aussagen herangezogen, um bestimmtes Wissen, beispielsweise durch Analogien, zu bestätigen. Beim Erinnerungsgebiet schließlich „handelt [es] sich um die Aussagen, die nicht mehr zugelassen und nicht diskutiert werden, die infolgedessen kein Korpus von Wahrheiten oder ein Gültigkeitsgebiet definieren, sondern in Hinblick auf die sich Beziehungen der Ableitung, der Genese, der Transformation, der historischen Kontinuität und Diskontinuität herstellen" (Foucault, 1981, S. 86). Dieses Gebiet beinhaltet keine Wahrheiten mehr oder vorgängige, überwundene Wahrheiten einer anderen Episteme. Fragt man nun nach dem Deckungsgrad vom Feld der Präsenz und dem Erinnerungsgebiet in *Norges naturlige Historie*, zeigt sich eine gewisse Kongruenz. Die Behandlung der verschiedenen Quellen im Prozess der Wissensgenerierung zeigt eine mehrheitlich atemporale Handhabung. Ältere Quellen haben meist denselben Status wie neuste Erkenntnisse und werden vor demselben Hintergrund verwendet, ohne dass ihre zeitliche Herstellungsphase und ihre Aktualität eine Rolle spielen. Die Zeit, aus der die Quellen stammen, wird als alles umfassender Erfahrungsraum wahrgenommen. Sie werden auf einer Fläche ausgebreitet, es findet kein Eintreten in eine historische Tiefe statt. Die schriftlichen Quellen werden zwar in den meisten Fällen mit ausführlichen bibliographischen Angaben und dem Entstehungsdatum versehen, wodurch sie in einem definierten Verhältnis zueinander stehen, dieses ist aber nicht zeitlicher Art. Die Quellen werden nicht als Punkte in unterschiedlichen Abständen auf einer Zeitachse wahrgenommen, wodurch sich eine historische Wahrnehmungsweise äußern würde. Alle Quellen werden als Teil desselben Erfahrungsraums verstanden. Dies heißt aber nicht, dass das aus den verwendeten Quellen generierte ‚wahre' Wissen in *Norges*

---
[58] Foucault (1981), S. 85f.

naturlige Historie ewige Gültigkeit hätte. Der Erzähler reflektiert seine Position in Bezug auf seine Erkenntnis. Es scheint ihm bewusst zu sein, dass sich die Wissenschaften ständig verändern, weshalb er zuweilen Zweifel an der Unumstößlichkeit eines Schlusses ausdrückt. Doch der mögliche künftige Erkenntnisgewinn wird nicht als Punkt auf einer zeitlichen Achse angesiedelt, die nach Pontoppidans Naturgeschichte Richtung Zukunft weist. Möglicher Erkenntnisgewinn wird als Unterstützung bereits vorhandenen Wissens oder als gegensätzlich dazu in die Fläche des Erfahrungsraums eingefügt und als Teil desselben Erfahrungsraums aufgefasst, in dem sich der Erzähler bei der Generierung von Wissen in *Norges naturlige Historie* befindet.

3.3 Naturhistorische Wissensformierung in *Norges naturlige Historie*

Das naturhistorische Wissen in Pontoppidans Naturgeschichte beruht also inhaltlich auf verschiedenen Quellen und Verfahren zur Wissensgenerierung. In einem weiteren Schritt werde ich nun darlegen, wie die Formierung des Wissens in *Norges naturlige Historie* zustande kommt. Es soll gezeigt werden, wie sich dieser Prozess in der Naturgeschichte gestaltet, aus welchen Wissensfeldern der Zeit Elemente zur Formierung des Wissens dieser Naturgeschichte des dänisch-norwegischen 18. Jahrhunderts herangezogen werden, inwiefern Pontoppidans Haltung und Bedürfnisse einen Einfluss auf diesen Prozess haben und ob überhaupt von einer naturhistorischen Wissensformierung gesprochen werden kann.

Unter einem Wissensfeld verstehe ich ein Gebilde, das durch die Formierung von verschiedenen Wissenselementen, die miteinander auf vielfältige Weise in Beziehung stehen, zustande kommt. Wissensfelder sind nicht stabil, sondern sozial und historisch bedingt, gleichzeitig beeinflussen sie den sozialen und historischen Kontext. Es gestaltet sich schwierig, die verschiedenen Wissensfelder voneinander abzugrenzen. Die Ränder überlappen sich, die Grenzen sind durchlässig, sie verschieben sich je nach den gegebenen Umständen und Absichten immer wieder. Das Zentrum eines Wissensfelds zu einer bestimmten Zeit an einem bestimmten Ort hingegen bleibt relativ stabil. Auf *Norges naturlige Historie* übertragen bedeutet dies, dass ihre Formierung von Wissen im Kontext von Zeit und Ort zu verstehen ist. Sie kann nicht losgelöst werden von der naturhistorischen Wissenskultur des dänisch-norwegischen 18. Jahrhunderts, deren Strömungen und Ausprägungen innerhalb der sich verändernden Lage der Institutionen des Wissens und der Lese- und Schriftkultur dieser Zeit.

Die Quellenanalyse hat aufgezeigt, dass es sich bei dem in *Norges naturlige Historie* oder allgemein bei in einem Buch gefassten Material um Wissenselemente verschiedenster Herkunft und Ausprägungen handelt. Das Buch ist, um mit Foucault zu sprechen, „in einem System der Verweise auf andere Bücher, andere Texte, andere Sätze

3.3 *Naturhistorische Wissensformierung in* Norges naturlige Historie

verfangen: ein Knoten in einem Netz" (Foucault, 1981, S. 36). Der Begriff des Buches täuscht eine geschlossene Einheit vor. Das Buch ist aber vielmehr als Vermittler zu verstehen, der mehrere Diskursstränge zu einem bestimmen Zeitpunkt fasst und abbildet. Die Einheit des Buches ist variabel und relativ, „sie wird erst ausgehend von einem komplexen Feld des Diskurses konstruiert" (Foucault, 1981, S. 36). Jede bestimmte Wissensformierung, die sich in einem Buch zeigt, ist überdies geprägt von den am Buchherstellungsprozess beteiligten Personen. Hierzu ist nicht nur der Autor zu zählen, sondern auch andere Involvierte wie Verleger beziehungsweise Drucker, Kupferstecher oder Setzer und außerdem die Lesenden selbst. Finanzielle und ästhetische Voraussetzungen tragen folglich ebenfalls zur Formierung des Wissens bei. Hier stehen aber nicht die Personen im Zentrum, sondern die Zusammensetzung der Wissensformation beziehungsweise des Wissensfelds und vor allem die Frage nach ihrem Kernbereich und ihren Rändern.

Um die spezifische Wissensformierung in Pontoppidans Naturgeschichte zu untersuchen, muss man sich zuerst einmal für eine Weile vom Titel *Norges naturlige Historie* lösen, der das zwischen die Buchdeckel gefasste Wissen als Naturgeschichte und die Art und Weise, wie darüber geredet wird, als naturhistorisch bezeichnet. Die übliche Positionierung als naturhistorischer Text wird bewusst in Frage gestellt, um diese entweder zu bestätigen oder zu verwerfen. Dadurch erhält man einen anderen, neuen Zugang zum Text. Das heißt, es wird versucht, sichtbar zu machen, aus welchen Wissensfeldern die verschiedenen in Pontoppidans Text enthaltenen Wissenselemente übernommen sind. Durch diese Analyse kann auf das damalige Zustandekommen der Wissensformation in der Abhandlung Pontoppidans geschlossen werden.

Das Zentrum einer Wissensformation scheint ein Kern zu bilden, oder vielmehr ein Kernbereich, der als solcher durch seine Veränderlichkeit und die unterschiedlich starken Ausformungen, durch die auch die Wissensformation selbst geprägt wird, nicht scharf umrissen werden kann. In *Norges naturlige Historie* wird er durch Äußerungen, die vor dem Hintergrund einer physikotheologischen Weltvorstellung entstehen, gebildet. Anhand dieser wird deutlich, was als Wissen gehandelt wird und Eingang in Pontoppidans Naturgeschichte findet. Dies wird im Vorwort von Teil I durch die folgende Aussage deutlich: „Saa Tiene da Guds Gierninger til den naturlige, saavelsom hans Ord til den aabenbarede Theologie at grundfæste og bestyrke" (Pontoppidan, 1977a, Fortale), „Es dienen also die Werke Gottes zur natürlichen, so wie seine Worte zur geoffenbareten Theologie gehören, um sie zu gründen und zu bevestigen" (Pontoppidan, 1753, S. 32). Der Erzähler geht davon aus, dass Gottes Taten, hier vor allem die in der Schöpfung ersichtlichen, die natürliche Theologie bestärken. Die Natur der Natur wegen zu untersuchen, was aus moderner Perspektive auf den ersten Blick in einer Abhandlung über die Natur naheliegend scheinen würde, ist nicht die primäre Motivation des Erzählers. Sein Antrieb ist vielmehr die Lobpreisung des Schöpfers durch die Betrachtung der erschaffenen Dinge.⁵⁹ Wohl geht es um die Untersuchung der norwegischen Natur, doch dienen die Beschreibungen zuallererst der Lobpreisung Gottes und erst in einem zweiten Schritt dem Erkenntnisgewinn über die einzelnen Phänomene und Objekte der Natur selbst. Dieser Grundsatz bildet das System, das die Abhandlung von Pontoppidan zusammenhält. Ohne solch richtungsweisende Prämissen und Ideen kann keine Beschreibung vorgenommen werden. Es wird immer von bestimmten Vorstellungen oder Theoriestandpunkten aus argumentiert, wodurch immer ein gewisses Maß an Subjektivität vorhanden ist. Das bedeutet, dass es sich grundsätzlich um eine Illusion handelt, die Natur der Natur wegen, gänzlich losgelöst von irgendwelchen Voraussetzungen, zu beschreiben. Dabei besteht die Gefahr, dass das angewendete System dazu führt, den Untersuchungsgegenstand, die norwegische Natur, „praktisch zu ‚vorschematisierten Geständnissen'" (Kögler, 2004, S. 131) zu zwingen.⁶⁰

In der Wissensformation von *Norges naturlige Historie* verschiebt sich das Verhältnis zwischen dem physikotheologischen Kernbereich und den ihn umgebenden anderen Teilbereichen, die dieser spezifischen Wissensformation angehören, immer wieder. Die Teilbereiche können sich, neben der Tatsache, dass sie sich auch gegenseitig teilweise überlagern, mit dem Kernbereich überschneiden. Dies ist vor allem beim als naturwissenschaftlich gekennzeichneten Teilbereich häufig der Fall. Bisweilen deckt er sich beinahe gänzlich mit dem Kernbereich, ist jedoch nie kongruent. Der Kernbereich wird nie völlig überdeckt oder gar als Kernbereich abgelöst durch den naturwissenschaftlichen Teilbereich, da auch die naturwissenschaftliche Weltvorstellung und die Betrachtung der Natur aus dieser Perspektive vor dem physikotheologischen Hintergrund zustande kommt. Die Physikotheologie charakterisiert sich durch eine zweifache Bewegung: Einerseits wird die Natur erforscht, um Gott zu huldigen und um dessen Größe aufzuzeigen, denn der Schöpfer zeigt sich in den Elementen der Schöpfung und ist an ihr ablesbar. Andererseits dienen die Naturerforschungen einer aufklärerischen Absicht im Sinne der Vermittlung von Wissen über die Natur, das in die Praxis einfließen soll. Diese Bewegungen werden in den Verschränkungen zwischen dem physikotheologischen Kernbereich und dem ihm am nächsten stehenden naturwissenschaftlichen Teilbereich in der Formierung von Wissen in *Norges naturlige Historie* ersichtlich. Beide Bewegungen haben ein Interesse an weiterem Erkenntnisgewinn im Bereich der Natur, beide haben dadurch ein Interesse an der Erweiterung des Spektrums technischer Hilfsmittel zu weiteren Forschungsmöglichkeiten:

> Siden man har bragt Microscopia eller Forstørrelses-Glas til den Fuldkommenheds Grad, at ikke allene smaa Dyr og andre Ting gandske nøye kunde betragtes, men endogsaa det, der tilforn saa got som gandske undflyede vore Øyne, opdages, saa har man paa den Side seet Natur-Rigets Grendser merkelig udvidede,

---
⁵⁹ Pontoppidan (1977a), Fortale.
⁶⁰ Kögler, Hans-Herbert. *Michel Foucault*. Stuttgart, 2004.

3.3 Naturhistorische Wissensformierung in Norges naturlige Historie

og de levende Creatures Tal meer end een, ja meer end 1000. gange fordoblet (Pontoppidan, 1977b, Fortale).

> Seit dem man die Microscopia oder Vergrösserungsgläser zu dem Grade der Vollkommenheit gebracht hat, dass nicht allein kleine Thiere und andere Dinge ganz genau können betrachtet werden, sondern auch dasjenige, was unsern Augen ganz und gar entwischte, zu entdecken ist: so hat man auf dieser Seite die Gränzen des Naturreiches merklich erweitert gesehen, und die Anzahl der lebendigen Kreaturen hat sich mehr als einmal, ja mehr als tausendmal verdoppelt (Pontoppidan, 1754, Vorrede, S. 8f.).

Neu entwickelte Werkzeuge und verbesserte Messgeräte, hier wird konkret das Mikroskop angesprochen, ermöglichen nicht nur einen tieferen Einblick in die natürlichen Zusammenhänge der Schöpfung, sondern übernehmen die Funktion von Vermittlern zwischen natürlichen Phänomenen und Objekten und der Naturwissenschaft auf der einen Seite und der Theologie auf der anderen. Die neusten technischen Erfindungen zur weiteren Ergründung der Natur dienen der Verankerung von Gott in der Natur und der Natur in Gott, ein Vorgang, der die Gedanken der Physikotheologie spiegelt, die im Zentrum der Wissensformation in Pontoppidans Naturgeschichte steht. Das vermittelte Wissen in *Norges naturlige Historie* wird zusammengehalten durch die Ideen der Physikotheologie und es entsteht gleichzeitig vor dieser Folie.

Nach dem Blick auf den sich herauskristallisierenden Kern der Wissensformation in Pontoppidans Naturgeschichte interessieren nun seine Ränder und der Bereich dazwischen. Der folgende Ausschnitt aus dem zweiten Vorwort von *Norges naturlige Historie* gewährt einen Einblick in die Prinzipien der Formierung ihres Diskurses. Es wird angestrebt, Wissen über Objekte und Phänomene zu vermitteln,

> [...] særdeles saa vidt Norge deri har enten noget forud, eller og noget som adskiller sig fra det Almindelige, i det mindste noget som hidindtil ikke har været alle saavel bekient (Pontoppidan, 1977b, Fortale).

> [...] und zwar in so weit Norwegen etwas darinn vor andern voraus hat, oder sich auch von dem Allgemeinen unterscheidet, zum wenigsten was dasjenige betrifft, was bisher nicht eben sonderlich bekannt gewesen (Pontoppidan, 1754, Vorrede, S. 7).

In *Norges naturlige Historie* geht es vor allem um die Vermittlung von Wissenselementen über Norwegen, insofern diese besonders oder aber zum Zeitpunkt der Entstehung der Naturgeschichte noch nicht so bekannt sind. Was nichts Besonderes ist, bleibt außen vor, was bereits allen bekannt ist, ebenfalls. Nach diesen Kriterien dienen Wissenselemente aus spezialisierten Wissensfeldern der Zeit der Wissensformierung in der Naturgeschichte Pontoppidans. Die Verwendung des Formationsbegriffs macht es möglich, die Tatsache auszudrücken, dass die einzelnen Wissenselemente einer Zeit nicht nur innerhalb eines spezifischen Wissensfelds verwendet werden, sondern gleichzeitig an verschiedenen Formierungen beteiligt sind. Die Ränder von Wissensfeldern sind nicht klar definierbar, was bedeutet, dass die Beziehungen zwischen den bereits spezialisierten Wissensfeldern und der sich bildenden Formation von *Norges naturlige Historie* in diesen Randgebieten der jeweiligen Wissensfelder stattfinden. Um eine bestimmte Formation zu untersuchen, muss der Blick somit vor allem auf die Vorgänge in ihrem Grenzbereich gerichtet und es muss nach den vorhandenen Beziehungen zu verschiedenen Wissensfeldern gefragt werden.

Aufgrund der in *Norges naturlige Historie* in unterschiedlich ausgeprägten Verbindungen zueinander stehenden Wissenselementen kann bis zu einem gewissen Grad auf die Vorgänge in den Grenzbereichen der Wissensformation während des Formierungsprozesses geschlossen werden. Dort werden Wissenselemente vor allem aus religiösen, naturwissenschaftlichen und physikotheologischen Feldern geboten und verhandelt, die mit Elementen aus politischen und ökonomischen, aber auch linguistischen oder volkskundlichen Feldern des 18. Jahrhunderts vermengt werden. Durch die eine spezifische Form von *Norges naturlige Historie* ist es möglich, Wissenselemente aus nicht miteinander vereinbar scheinenden oder jedenfalls weit auseinanderliegenden Wissensfeldern zu verbinden und in einen sinnvollen Zusammenhang zu bringen. Dabei muss in Erinnerung behalten werden, dass die Grenzen zwischen den einzelnen Wissensfeldern durchaus durchlässig sind. Die Verwendung von Wissenselementen verschiedener Wissensfelder, deren enge Verbindungen und Verflechtungen in einem neuen Zusammenhang findet man in allen Schriften Pontoppidans. In der Homiletik *Collegium Pastorale Practicum* beispielsweise werden grundsätzlich Wissenselemente aus ähnlichen Wissensfeldern verwendet wie in *Norges naturlige Historie*, vor allem religiöse und naturwissenschaftliche, wodurch inhaltliche Parallelen auszumachen sind. Die gewählten Wissenselemente bilden aber die spezifische Wissensformation dieser einen Homiletik, die sich durch eine eigene Streuung und Gewichtung der Wissenselemente und durch einen besonders gestalteten Kernbereich als *Collegium Pastorale Practicum* auszeichnet.

Neben den allgemeinen kontextuellen Einflüssen des dänisch-norwegischen 18. Jahrhunderts schlagen sich auch Pontoppidans eigene Haltung und seine Bedürfnisse in dieser Naturgeschichte nieder. Sie beeinflussen die Auswahl des präsentierten Wissens und die Verkettung der verschiedenen Formen von Aussagen zu einem Sinn. Neben der primären Motivation, durch die Darstellung der Naturgeschichte den Schöpfer zu preisen, neben dem Interesse Pontoppidans an der Sache der Natur und ihrer Erforschung und der Bekämpfung von Aberglaube und Unglaube ist das Verfassen dieser Abhandlung eng im Zusammenhang mit Pontoppidans beruflicher Zukunft innerhalb des dänisch-norwegischen Königreichs zu verstehen. Es kann vermutet werden, dass die Motivation, eine solche Naturgeschichte zu schreiben, mit dem persönlichen Be-

3.3 Naturhistorische Wissensformierung in Norges naturlige Historie

dürfnis Pontoppidans verbunden war, sich trotz seiner Stellung als Bischof von Bergen und der dadurch vorhandenen Entfernung zum Kopenhagener Hof in seinem sozialen Umfeld in Kopenhagen aktiv in Erinnerung zu halten, um möglicherweise nach einigen Jahren wieder in die Hauptstadt zurückkehren zu können.

Wie ich bereits im Kapitel, das sich mit dem Wissenskontext von *Norges naturlige Historie* beschäftigt, anhand des Widmungsschreibens an Johan Ludvig Holstein aufgezeigt habe, war es zu dieser Zeit üblich, Abhandlungen an eine oder mehrere politische Autoritäten in der Hauptstadt der Doppelmonarchie zu richten. Schreibende des dänisch-norwegischen 18. Jahrhunderts befanden sich in finanziellen und politischen Abhängigkeitsverhältnissen zu unterstützenden Personen: Einerseits waren, um überhaupt eine Publikation realisieren zu können, Geldgeber von Nöten, andererseits war Rückendeckung einer mächtigen Person von Vorteil in einem Umfeld, das geprägt war von der Zensur. Zu dieser Autoritätsthematik schreibt Hayden White, dass man, wird man sich der Autoritätsthematik in einem Text bewusst, erkennt, „wie sehr die Wahrheitsansprüche der Erzählung, ja in der Tat geradezu das Recht, zu erzählen, von einem bestimmten Verhältnis zur Autorität per se abhängig sind" (White, 1990, S. 31). Somit handelt es sich beim präsentierten Wissen in Pontoppidans Naturgeschichte um Wissen einer spezifisch historischen Ordnung, das nicht nur an eine Autorität gerichtet, sondern vom Verhältnis zu dieser Autorität geprägt ist. Voraussetzungen, die an Köglers Aussage der vorschematisierten ‚Geständnisse' erinnern.[61] Das Verhältnis zu dieser Autorität aber, in diesem Fall zum Kopenhagener Machtzirkel, verschafft wiederum Pontoppidans Text und dem in ihm präsentierten Wissen Autorität. Dasselbe gilt in Bezug auf die Autorität des Schöpfers, an den sich *Norges naturlige Historie* ebenfalls richtet, wie aus dem Titelblatt hervorgeht: „Den viise og almægtige Skaber til Ære" (Pontoppidan, 1977a, Titelblatt), Dem weisen und allmächtigen Schöpfer zu Ehren (Übersetzung d. V.).

Beide Teile von *Norges naturlige Historie* sind politischen Schwergewichten der damaligen dänisch-norwegischen Politik gewidmet: Teil I Johan Ludvig von Holstein, „Græve til Grævedømmet Ledreborg, Ridder af Elephanten, Hans Kongelige Majestets Høystbetroede Geheime-Raad og første Ministre i Conseilet, Geheime Conference-Raad" (Pontoppidan, 1977a, Dedikation), Teil II Adam Gottlob Moltke, „Greve til Bregentved, Ridder af Elephanten, Hans Kongl. Majestæts Høystbetroede Geheime-Raad og Ober-Hof-Marschal" (Pontoppidan, 1977b, S. Dedikation). Es kann vermutet werden, dass die Entstehung der Naturgeschichte nicht nur aufgrund des persönlichen Interesses am Material zustande kam, sondern auch aufgrund von Pontoppidans Bedürfnis, die eigene Position im Kopenhagener Umfeld zu stabilisieren, und zwar durch die Generierung von Wissen, das mit den Regierungsinteressen kompatibel war und die staatliche Macht nicht brüskierte. Ebenso wie die Wissenselemente der verschie-

---

[61] Kögler (2004), S. 131.

denen Wissensfelder der Generierung von gesichertem naturhistorischen Wissen dienen, werden sie verwendet, um die spezifische Ordnung herzustellen, die das Recht zu erzählen voraussetzt. Durch die Betonung der Vorteile, Charakteristika und Besonderheiten Norwegens erscheint das zu Dänemark gehörende Reich von außen beziehungsweise für die Lesenden im besten Licht, und wegen fehlender Kritik an der Regierung der beiden Reiche in Kopenhagen breitet sich diese Wahrnehmung auf die gesamte Doppelmonarchie aus und unterstützt sie gleichzeitig. Dadurch kann von einem deutlichen politischen Nutzen der Naturgeschichte für das absolutistische Dänemark-Norwegen gesprochen werden. Dieser politische Nutzen und zugleich der persönliche Vorteil im Sinne der Festigung von Pontoppidans Position in den Regierungskreisen Kopenhagens werden durch Wissenselemente aus anderen Wissensfeldern zu stärken versucht, beispielsweise aus dem ökonomischen:

> Imidlertid vil man, særdeeles paa Landet, efterhaanden vel lære at bruge Leer til Tag-Steene, siden den Birke-Bark eller saa kaldede Næver, med hvilken man hindindtil har tækket Husene, bliver aarlig dyrere, og forderver mange Træer af det Slags (Pontoppidan, 1977a, S. 62).

> Inzwischen wird man, sonderlich auf dem Lande, nach und nach wohl lernen, den Leim zu Dachsteinen zu gebrauchen, seit dem die birkne Rinde oder so genannte Näver, (Baumschale) mit der man bisher die Häuser gedecket hat, jährlich kostbarer wird, und dadurch manche Bäume verdorben werden (Pontoppidan, 1753, S. 70).

Innerhalb dieses Satzes, welcher der Beschreibung des Lehms aus dem zweiten Kapitel in Teil I „Om Norges Grunde, Fielde og hvad derved er merkværdigt", „Vom Grund und Boden des Landes", entnommen ist, werden die Lesenden über die Art und Weise, wie Dächer auf dem norwegischen Land gedeckt werden, unterrichtet: Auf ein kulturgeschichtliches Element des Wissens, dass Dächer nun mit Ziegelsteinen aus Lehm statt mit Birkenrinde gedeckt werden, folgen zwei einem wirtschaftlichen Wissensfeld zuzuordnende Elemente des Wissens. Dabei geht es darum, darzulegen, weshalb dieser Übergang vom einen Material zum anderen stattfindet: Erstens wird Rinde immer teurer und zweitens schadet die Gewinnung der Rinde den Bäumen. In der Naturgeschichte finden sich zahlreiche Hinweise darauf, dass die Doppelmonarchie das Ziel verfolgt, durch eine wirtschaftlichere Handhabung der Ressourcen ihres nördlichen Teils die ökonomische Abhängigkeit vom Ausland zu reduzieren. Konkrete Beispiele zur Erreichung dieses Ziels werden geliefert wie die Verbreitung norwegischer Töpfereien, die Vorantreibung des Bergbaus und die Verbesserung der Getreideproduktion. Die bisherigen Erfolge in diesen Bereichen werden dem Publikum mit Tabellen vor Augen geführt. Durch diese auffallende Inszenierung des bereits sprachlich vermittelten Wissens wird der Reichtum von Dänemark-Norwegen doppelt wirksam präsen-

3.3 *Naturhistorische Wissensformierung in* Norges naturlige Historie

tiert. Gleichzeitig rühmt die Naturgeschichte die bereits vorherrschende Situation, die Nutzung des wirtschaftlichen Potenzials des Landes im Vergleich zu früheren Zeiten:

> [Det bliver] nok unegteligt [...] at Aserne deels fordreve og deels med sig foreenede Nordens ældre eenfoldige Jndbyggere [...] hvilke antoge Asa-Maal og Asa-Sæder, begyndte at dyrke Jorden og at forlade deres Forfædres slettere Levemaade (Pontoppidan, 1977b, S. 360).

> [Es ist] unläugbar genug, dass die Asen [...] die alten einfältigen Bewohner Norwegens [...] theils vertrieben, theils mit sich vereiniget haben; welche denn die Gewohnheiten und Lebensarten der Asiater annahmen, und anfiengen, die Erde zu bebauen, und die schlechtere Lebensart ihrer Vorältern zu verlassen (Pontoppidan, 1754, S. 416).

Die Landwirtschaft beziehungsweise das Bauerntum ist für den Erzähler in Pontoppidans Naturgeschichte neben der Fischerei einer der Grundpfeiler der Existenz der norwegischen Bevölkerung. Der Übergang vom Nomadentum zur Sesshaftigkeit wird als Zeichen eines Aufstiegs in eine höhere Zivilsationsstufe gewertet, im Zitat ausgedrückt durch die Feststellung, dass man begann, die Erde zu bebauen und die schlechtere Lebensart der Vorfahren hinter sich zu lassen. Gleichzeitig wird dieser Übergang als eine bessere Nutzung der Ressourcen verstanden, was eine kurz darauf folgende Textsequenz bestärkt:

> Den nyere Norske Nation, hvilken da haver været her, ligesom i hele Norden, en Blanding af overblevne Celter og nye ankomne Aser, udbredede og bestyrkede sig ved en bedre Levemaade (Pontoppidan, 1977b, S. 364).

> Diese neuere nordische Nation, welche damals diese Gegend, so wie ganz Norden, bewohnte, eine Vermischung von den übriggebliebenen Celten, und neu angekommenen Asen, breitete sich aus, und verstärkte sich durch eine bessere Lebensart (Pontoppidan, 1754, S. 420).

Durch die Sesshaftigkeit, „en bedre Levemaade" versus „slettere Levemaade" (Pontoppidan, 1977b, S. 360), breitete sich dem Erzähler zufolge die „nyere Norske Nation" aus, was bedeutet, dass der Übergang vom Nomadentum zum Ackerbau erst die Ausbreitung dieser „nyere Norske Nation" ermöglichte, deren Identität im Bauerntum verwurzelt ist. Immer wieder geht aus *Norges naturlige Historie* hervor, dass es die Aufgabe des Menschen sei, die zur Verfügung gestellten Naturressourcen zu erforschen und Kenntnis über ihre Verwendung oder gar ihre Verbesserung zu erlangen. Der Mensch ist mit der Natur eng verbunden, er ist von ihr abhängig und wird aufgefordert, mithilfe der durch Gott grundsätzlich im Gleichgewicht erschaffenen Welt sich selbst eine prosperierende Grundlage zu schaffen.

Elemente des ökonomischen Wissensfelds zeigen sich auch bei der unterschiedlichen Handhabung bezüglich der Ausführlichkeit, mit der einzelne Fischarten abgehandelt werden. Bei den Beschreibungen der üblichen und allgemein bekannten Fischarten würde er, so der Erzähler, nur kurz verweilen. Dies ganz nach den einleitend kommunizierten Vorsätzen, dass er in dieser Naturgeschichte nur das Besondere Norwegens schildere und all jenes, was noch nicht allen so gut bekannt sei.[62] Den Fischarten aber, von denen im Vergleich zu andernorts besonders viele gefangen werden, widmet sich der Erzähler hingegen ausschweifend:

> Sild og Torsk ere i sig saa bekiendte i de fleste Lande, at deres blotte Navn er nok. Men da just disse tvende Arter indbringe dette Land aarlig mange Tønder Guld, saa har jeg agtet det fornødent, at opholde mig noget længer ved deres Fangst og Behandling (Pontoppidan, 1977b, Fortale).

> Der Hering und der Dorsch ist in den meisten Ländern so bekannt, dass es an dem blossen Namen genug gewesen wäre. Allein da eben diese beyde Fischarten diesem Lande jährlich viele Tonnen Goldes einbringen, so habe ich es für nöthig erachtet, mich etwas länger bey ihrem Fange und bey der Art, mit ihnen umzugehen, aufzuhalten (Pontoppidan, 1754, Vorrede, S. 12f.).

Der Erzähler stellt folglich einen grundlegenden Vorsatz hinsichtlich des naturgeschichtlichen Wissens, das in *Norges naturlige Historie* präsentiert werden soll, zugunsten der Vermittlung von ökonomischem Wissen über die Doppelmonarchie zurück, denn sowohl Hering und Dorsch gehören zu den üblichsten Fischen des Nordatlantiks und bedürfen kaum einer Beschreibung. Der Abschnitt, in dem diese Fischarten mit Gestalt, Größe und Farbe beschrieben werden, fällt verhältnismäßig kurz aus. Viel mehr Platz wird für die Beschreibung des Verhältnisses zwischen ihnen und den Menschen verwendet. Die Zeilen über den Hering beispielsweise dienen vor allem dazu, aufzuzeigen, dass sich an der Westküste Norwegens Tausende von Familien von diesen Fischen ernähren, auf welche Art und Weise der Fisch am gesündesten zubereitet wird und wieviel davon die Menschen fangen und zu welcher Jahreszeit.[63] Bei der Schilderung des Dorsches ist das Verhältnis der Aussagen, die sich tatsächlich auf den Dorsch selbst beziehen, und denjenigen, die sich aus der Perspektive des menschlichen Nutzens mit diesem Fisch beschäftigen, ebenfalls unausgeglichen: Die Schilderung der Vorteile des Dorsches für die Wirtschaft ist zentral. Das vermittelte Wissen besteht beinahe ausschließlich aus Informationen über den Fang, die verschiedenen Arten der Zubereitung und den Export. Weiter wird auf anfallende Nebenprodukte wie Kaviar und Lebertran aufmerksam gemacht. Zieht man zum Vergleich die Beschreibung

---

[62] Pontoppidan (1977b), Fortale.
[63] Pontoppidan (1977b), S. 231–40.

3.3 *Naturhistorische Wissensformierung in* Norges naturlige Historie

einer für die Wirtschaft der Doppelmonarchie weniger interessanten Fischart heran, die Beschreibung der Brasse, wird der Stellenwert der Wissenselemente des ökonomischen Felds in der Wissensformation von Pontoppidans Naturgeschichte offensichtlich: „Brasen velbekiendt, falder i Øster-Landet" (Pontoppidan, 1977b, S. 177), „Brasen (Brasse) ist bekannt, man findet ihn im östlichen Theile des Landes" (Pontoppidan, 1754, S. 206). Zur Brasse, die wie Hering und Dorsch allgemein bekannt ist, wird nur ein Hinweis auf ihre geographische Verbreitung gegeben. Sie scheint in keinerlei Hinsicht von ökonomischem Interesse zu sein, weshalb eine Schilderung des Verhältnisses zwischen dieser Fischart und dem Menschen ausbleibt und sich der Erzähler an seinen Vorsatz aus dem Vorwort des ersten Teils hält, nur Besonderheiten und Unbekanntes über Norwegen zu beschreiben.[64]

Neben Wissen aus dem ökonomischen Feld durchziehen auch Wissenselemente aus dem religiösen Wissensfeld *Norges naturlige Historie*. Ebenso wie die ökonomischen Wissenselemente einerseits Wissen aus dieser Perspektive über die norwegische Natur in Pontoppidans Abhandlung vermitteln und andererseits dabei an der spezifischen Ordnung bauen, um das Recht des Erzählens zu behalten, ist dies auch der Fall bei den Wissenselementen aus dem religiösen Wissensfeld. Brita Brenna schreibt hierzu: „Pontoppidan's pietism was convergent with the regime of Christian VI., now under the new king, he was still a pietist, but he could use old currency in a new way, by employing the pietist enlightenment and industriousness into coins in a discourse aimed at resource management and cost-effectiveness – a discourse where the natural sciences had a privileged position" (Brenna, 2009, S. 128f.). Pontoppidan habe unter dem Nachfolger von Christian VI. die pietistischen Begriffe der ‚Aufklärung' und des ‚Fleißes' umgemünzt auf den im neugestalteten Regierungsprogramm geführten Diskurs, der den Naturwissenschaften eine bevorzugte Position zugestand.

Pontoppidan gilt als Hauptideologe des dänisch-norwegischen Staatspietismus, der unter Christian VI. in der ersten Hälfte des 18. Jahrhunderts seine Blütezeit erlebte. Nach dem Tod von Christian VI. im Jahre 1746 wurden durch die Machtübernahme von Frederik V. und die daraus resultierenden kirchenpolitischen Veränderungen die einflussreichsten Verfechter des Pietismus vom Kopenhagener Hof verwiesen. Ob es sich bei der Versetzung Pontoppidans nach Bergen tatsächlich um eine Art Verweisung aus der Hauptstadt handelte, weil Frederik V. den pietistischen Schlosspfarrer loswerden wollte, wie Gilje und Rasmussen behaupten,[65] ob es sich um eine maskierte Zwangsversetzung handelte, wie es Neiiendam bezeichnet,[66] oder ob sich Pontoppidan tatsächlich angesichts der dänischen Lebensart und nach so vielen Jahren als

---

[64] Pontoppidan (1977b), Fortale.
[65] Gilje und Rasmussen (2002), S. 283f.
[66] Neiiendam (1933), S. 141.

Hofpfarrer langweilte und nicht wagte, das Angebot abzulehnen, wie Nilsen[67] es formuliert, ist nicht mit voller Bestimmtheit auszumachen. Tatsache aber ist, dass Pontoppidan nach dem Tod des Bergenser Bischofs Ole Barneman (1747) dessen Amt angeboten wurde.[68] Er trat im Frühsommer 1748 das Amt als Bischof an.[69] Wie bereits gesehen, ist Norges naturlige Historie einflussreichen Mitgliedern der unter dem neuen König amtierenden Regierung gewidmet. Nicht nur dieser Zug bestätigt die dänisch-norwegische Regierung. Es ist auch davon auszugehen, dass bei der Formierung von Wissen in Pontoppidans Naturgeschichte bewusst auf verschiedene Elemente aus unterschiedlichen Wissensfeldern zurückgegriffen wurde, um spezifisches, die Haltung und die Ideen der Regierung stützendes naturhistorisches Wissen zu generieren. Durch die Übertragung der pietistischen Hauptbegriffe in ein Wissensfeld, das sich mit der Verwaltung von Ressourcen und Kosteneffektivität auseinandersetzte, in dem die Naturwissenschaften eine besondere Stellung hatten, durch eine bewusste Modifizierung des Pietismus war es möglich, die Gunst der Regierung der Doppelmonarchie, die sich durch eine weniger radikale Form des Pietismus auszeichnete, zu gewinnen beziehungsweise zu halten.

Im Vergleich zu älteren Schriften Pontoppidans fehlt in diesem Sinne in Norges naturlige Historie direkte Kritik an nicht streng nach pietistischen Grundsätzen lebenden Glaubensgemeinschaften der Zeit. Kritik wird jedoch indirekt sichtbar im die Naturgeschichte durchziehenden Kampf gegen den Aberglauben. Sie zeigt sich auch im Kapitel mit der Beschreibung der norwegischen Nation, das unter anderem ausführt, weshalb man unter den nach Vinland emigrierten Norwegern keine Christen zu erwarten hätte, denn die

> Overfart skeede just da man først begyndte at plante den Christelige Religion i Norge, og Aarsagen til mange Colonisters Udreise i de Dage var, foruden Staats-Raisons, hos nogle en Afskye for den Haardhed, med hvilken Kong Olaus Trygonis, efter de Tiders og den Papistiske Aands Principia, indførte den Christelige Religion, eller egentlig, hos de fleeste, ikkun dens hykkelske Bekiendelse (Pontoppidan, 1977b, S. 377).

> Ueberfahrt geschah eben zu der Zeit, als man erst anfieng, die Christliche Religion in Norwegen zu pflanzen, und die Ursache zur damaligen Ausreise vieler Colonisten war, ausser den Staatsursachen, bey einigen der Abscheu von der Härte, mit welcher König Olaus Trygonis nach der Beschaffenheit damaliger Zeiten und des Papistischen Geistes die Christliche Religion, oder eigentlich, bey den meisten nur ein heuchlerisches Bekenntniss derselben, einführte (Pontoppidan, 1754, S. 435).

---

[67] Nilsen (1897), S. 31.
[68] Dahl (2004), S. 76.
[69] Neiiendam (1933), S. 142.

3.3 Naturhistorische Wissensformierung in Norges naturlige Historie

In die Diskussion über eine vermutlich norwegische Kolonie in Amerika fügt der Erzähler eine Polemik gegen die Katholiken ein. In *Norges naturlige Historie* wird folglich Kritik an einer anderen Religionsauffassung geübt, jedoch nicht in dem Maße, wie dies in Pontoppidans *Fejekost. Til at udfeje den gamle surdejg* (lat. 1736, dän. 1923) geschieht. Die Kritik wird nicht direkt geäußert, sondern in vergangener Zeit angesiedelt. Einerseits richtet sie sich gegen Papisten und ihre Bekehrungspraxis, die nichts taugt, außer den Menschen ein heuchlerisches Bekenntnis zum christlichen Glauben abzuringen. Andererseits richtet sie sich gegen Heuchler, was in dieser Konstruktion wiederum auf die Papisten zurückverweist. Mit der letzten Bemerkung, „ikkun dens [den Christelige Religion] hykkelske Bekiendelse", wird die Nutzlosigkeit der religiösen Praktiken der Papisten betont, bei welchen es nicht um die eigentliche Bekehrung, sondern nur um leere Worte gehe. Die Kritik gilt aber nicht nur den Papisten, sie ist in Bezug auf die Bekehrungspraxis auch gegen die orthodoxen Lutheraner der ersten Hälfte des dänisch-norwegischen 18. Jahrhunderts gerichtet. Im pietistischen Verständnis hat die Bekehrung eine zentrale Bedeutung. Sie ist ein Beweis für echtes Christentum und basiert auf einem grundlegenden Erlebnis, das an die Erfahrung von Sünde gekoppelt ist.[70] Eine Bekehrung nur durch Änderung der religiösen Gewohnheiten ist im pietistischen Sinn unmöglich. Dieser Glaube und die Bezeichnung der nicht nach pietistischer Vorstellung bekehrten Christen als Heuchler tauchen in Pontoppidans Texten immer wieder auf: in theologischen Texten, im Reiseroman *Menoza* oder in der Naturgeschichte Norwegens.

Somit kann festgestellt werden, dass pietistische Gelehrte die Wissenschaften der Zeit beeinflussten, beziehungsweise dass in Pontoppidans Text gewisse pietistische Merkmale sichtbar sind. Helge Kraghs Behauptung, dass die Pietisten damals keinen besonderen Einfluss auf die naturwissenschaftlichen Aktivitäten gehabt hätten,[71] wäre wohl etwas differenzierter zu formulieren.

Die Übertragung pietistischer Hauptbegriffe wie ‚Aufklärung' und ‚Fleiß' in den naturwissenschaftlichen Diskurs ab Mitte des 18. Jahrhunderts erlaubte es, das Prinzip, das Studium der Natur als Mittel zur Bestätigung des Glaubens zu verstehen, weiterzuführen. Oder mit Brenna gesprochen: „Truth is certain, what has to be found is how to confirm it" (Brenna, 2009, S. 125). Dies führt zum physikotheologischen Wissensfeld, dessen Wissenselemente ebenfalls einen Teil zur Formierung des Wissens in *Norges naturlige Historie* beitragen. Es wird versucht, die Veränderungen, die in den Naturwissenschaften des vorhergehenden Jahrhunderts vor sich gingen und teilweise in neuen Theorien bezüglich der Entstehung der Erde resultierten, mit der Schöpfungsgeschichte in Einklang zu bringen. Dabei wird weitere Klarheit in der Frage erwartet, welche Pläne und Ziele Gott in der Natur und mit dem Menschen verfolgt. Der Er-

---

[70] Rasmussen (2004), S. 37f.
[71] Kragh (2005), S. 30.

zähler geht von einer teleologischen Vorstellung der Welt aus, er versteht die Natur als ein durch den Schöpfer geplantes und angestoßenes System, das auf bestimmten Gesetzen basiert. Er hofft, sich diesem System durch die Erforschung der Natur und durch die Enthüllung dieser Gesetze zu nähern. Diese Ansicht geht aus dem einleitenden Paragraphen des fünften Kapitels in Teil II über die Fische hervor, in dem solche Regeln und Gesetze, die der weiteren Einsicht in Gottes System dienen, aufgezeigt werden. Gesetze, nach welchen Fische zu unterschiedlichen Jahreszeiten unter dem Eis am Nordpol hervorkommen und nach welchen der Wal, dessen Unterbediente das Meerschwein oder der Seehund und andere Tiere dieser Art bereitstehen, um Gottes Befehl auszuführen, nämlich die Fische Richtung Küste zu den Menschen zu treiben.[72] Die Herrlichkeiten der Natur werden erforscht, um darin neue Bestätigung für die Wahrheit der Bibel und für Gottes wunderbare Schöpfungskraft zu finden, die den Glauben rechtfertigen:

> Hvad mere er, en Guds Ords Elsker, som ellers giør Profession af andre verdslige Videnskaber, maa bekiende, at Naturens Randsagelse bliver ham dobbelt søt, om han finder deri tilfældig-viis den Fordeel, han ellers af Begyndelsen ikke ventede, nemlig sin Troes Bestyrkelse, hvilken atter driver ham til med fornyet Lyst at randsage videre paa samme Vey (Pontoppidan, 1977a, Fortale).

> Was noch mehr! Ein Liebhaber des Wortes Gottes, der sich sonst eigentlich auf andere weltliche Wissenschaften geleget hat, muss bekennen, dass ihm die Erforschung der Natur doppelt süsse ist, und dass er darinn zufälligerweise den Vortheil erhält, den er sonst anfangs daraus nicht erwartet hatte, nämlich die Bestärkung seines Glaubens. Und dieses treibet ihn an, mit erneuter Lust auf diesem Wege weiter nachzuforschen (Pontoppidan, 1753, Vorrede, S. 31f.).

Ein Gläubiger, der weltlichen Wissenschaften nachgehe, müsse zugeben, dass sich die Untersuchung der Natur doppelt so angenehm gestalte, wenn dadurch überraschend sein Glaube bestärkt werde, was ihn wiederum dazu treibe, sich erneut der Untersuchung der Natur anzunehmen. Dieser als beinahe endlos geschilderte Prozess beschreibt die Verschränkung von Naturwissenschaften und Religion, durch die sich ein physikotheologisches Weltverständnis auszeichnet, ein Weltverständnis, das in Pontoppidans Texten beispielsweise auch in *Den Danske Atlas* (1763–1781) oder *Afhandling om Verdens Nyehed eller Naturlig og Historisk Beviis paa at Verden ikke er af Evighed, men maa for nogle tusende Aar siden, have taget sin Begyndelse* (1757) vorkommt.[73] Durch wissenschaftliche Fakten, durch die Phänomene und Objekte der Natur als Vermittlerinstanzen sollen die Aussagen der Bibel bewiesen werden. Hinsichtlich der Sintflut beispielsweise stellt sich nicht die Frage, ob diese tatsächlich stattgefunden hat oder

---

[72] Pontoppidan (1977b), S. 169.

[73] Kragh bezeichnet die zuletzt genannte Schrift wegen des Untertitels als geo-theologisch. Kragh (2005), S. 34.

3.3 Naturhistorische Wissensformierung in Norges naturlige Historie

nicht. Es wird gefragt, was mit der Erde während der Zeit der Sintflut geschah, wie sich die Berge verflüssigten und danach wieder in neue Formationen gedrängt wurden. Der Erzähler vereint die zeitgenössische naturwissenschaftliche Erkenntnis mit einer christlich-teleologischen Wirklichkeitsauffassung,[74] weshalb er rein mechanische Vorstellungen innerhalb der Schöpfung wie bei der Beschreibung des Fuchses im Rahmen der verwendeten physikotheologischen Argumente verwirft. Den Tieren wird eine eigene Intentionalität und ein eigener Verstand zugestanden. Handlungen werden aus eigenem Antrieb vorgenommen, aber grundsätzlich aus der weisen Voraussicht Gottes heraus. Verbunden mit dieser teleologischen, anti-mechanischen Weltauffassung ist der Gedanke der ausbalancierten Ordnung in der Natur. Die Elemente bedingen sich gegenseitig, was aber nicht heißt, dass dem Menschen sämtliche Verantwortung für den Umgang mit der Natur abgesprochen wird. Aus der Ermahnung hinsichtlich des schonenden Umgangs mit dem Wald an der Westküste beispielsweise kann geschlossen werden, dass die durch die Schöpfung zur Verfügung gestellten Ressourcen ohne direkte Einmischung Gottes nach dem Gutdünken der Menschen verwendet werden. Diese Vorstellung wirkt sich auf das wirtschaftliche Denken und die Morallehre aus.

In Pontoppidans Naturgeschichte werden Themen wie Bildung, Volksleben, Landwirtschaft, nützliche Wissenschaften, Religiosität und Säkularisierung erörtert. Die Wissensformierung geht im Kontext von naturwissenschaftlichen, religiösen und damit verbunden physikotheologischen Wissensfeldern vor sich. Sie bedient sich an Wissenselementen der politischen und wirtschaftlichen sowie an volkskundlichen Wissensfeldern. Diese Verflechtung von Elementen verschiedener Wissensfelder in der spezifischen Wissensformation von *Norges naturlige Historie* wird bisweilen mit in die Abhandlung gestreuten Bemerkungen reflektiert, beispielsweise bei der Frage nach dem Vorkommen von Gold in Norwegen: „[...] da her spørges om Tingenes Natur, og ikke strax om Profiten" (Pontoppidan, 1977a, S. 296), „[...] da hier die Rede ist von der Natur der Dinge, und nicht sogleich vom Nutzen" (Pontoppidan, 1753, S. 322). Der Erzähler verweist darauf, dass hier, in dieser Naturgeschichte, primär die Natur der Dinge im Vordergrund stehe und erst dann Möglichkeiten, diese wirtschaftlich zu nutzen. Dass ein solches Zitat nicht nur als einschränkende und abschließende Aussage eines Themenkomplexes verwendet wird, sondern als rhetorisches Mittel eine Plattform für weitere Ausführungen aus dem eben ausgegrenzten Bereich bietet, hier der mögliche Profit durch Gold für die Doppelmonarchie, wurde bereits aufgezeigt. Die spezifische Wissensformierung, aus der *Norges naturlige Historie* hervorgeht und die sie zugleich begrenzt, ist vor diesem Hintergrund zu verstehen, durchwirkt mit den persönlichen Ansichten und Bedürfnissen Pontoppidans: einerseits dem Wunsch, dem Schöpfer durch die Naturgeschichte Ehre zu bezeugen, und andererseits seine soziale Bindung zum Machtzirkel in Kopenhagen durch die Analyse von Naturphänomenen

---
[74] Gilje und Rasmussen (2002), S. 285.

und -objekten des nördlichen Teils der Doppelmonarchie zu stärken. Es handelt sich folglich nicht um eine Wissensformation, die im reinen Raum der Wissenschaft zu verstehen ist, sondern, wie es Foucault im Zusammenhang mit dem Diskurs ausdrückt, um eine Wissensformation, die auch Begehren ausdrückt.[75] Aus den Ausführungen geht aber hervor, dass man die Wissensformation, die in Pontoppidans Naturhistorie sichtbar wird, durchaus als naturhistorische Wissensformation in einer spezifischen Ausformung des dänisch-norwegischen 18. Jahrhunderts verstehen kann.

---

[75] Foucault (2001), S. 11. Foucault, Michel. *Die Ordnung des Diskurses*. Frankfurt am Main, 2001.

4 Wissensordnung in *Norges naturlige Historie*

Nachdem im vorhergehenden Kapitel untersucht wurde, wie Wissen in *Norges naturlige Historie* generiert und als wahr vermittelt wird, soll nun beleuchtet werden, in welcher Ordnung diese zahlreichen Wissenselemente in Pontoppidans Naturgeschichte präsentiert werden.

Jeder Text, und dazu zähle ich auch Pontoppidans Naturgeschichte aus dem 18. Jahrhundert, hat eine ihm innewohnende Ordnung, eine innere Gliederung, die unsichtbar oder sichtbar die einzelnen Teile in eine Reihenfolge und zu einem funktionierenden Ganzen zusammenfügt. Der Begriff ‚Ordnung' umfasst dabei dem *Ordbog over det danske sprog* zufolge:[1]

> [...] (et vist) inbyrdes forhold ml. (to ell. især) flere personer, ting, forhold osv., der (if. naturen, vedtægt, beslutning) har deres plads ved siden af hinanden, kommer efter hinanden olgn.; (naturlig, vedtagen) indbyrdes placering; rækkefølge; tidsfølge; tække; følge (Det danske sprog- og litteraturselskab (Hg.), 1934, Sp. 1197).

> [...] (ein gewisses) gegenseitiges Verhältnis zwischen (zwei oder besonders) mehreren Personen, Dingen, Verhältnissen usw., die (auf Grund der Natur, Vorschrift, Beschluss) ihren Platz nebeneinander haben, aufeinander folgen und Ähnliches; (natürliche, vorgenommene) gegenseitige Verortung; Reihenfolge, Zeitfolge, tække, følge (Übersetzung d. V.).

In Joachim Heinrich Campes *Wörterbuch der Deutschen Sprache* – die Erstausgabe in fünf Bänden stammt aus den Jahren 1807–11 – heißt es:

> Die Übereinstimmung des Mannichfaltigen nach einer gemeinschaftlichen Regel zur Erreichung eines Zweckes, sowohl in Ansehung seiner Folge im Raume und in der Zeit, als auch in Ansehung seines Verhältnisses zu einander, damit es zu einem übereinstimmenden Ganzen werde (Campe, 1969b, S. 564).

Dieses Verständnis von Ordnung als „ein geordnetes Ganzes, das aus mehreren ähnlichen Einzeldingen oder Einzelwesen besteht" (Campe, 1969b, S. 565), liegt der folgenden Analyse zugrunde.[2] Dabei bezeichne ich die Anordnung der Wissenselemente in *Norges naturlige Historie* mit dem Begriff ‚Wissensordnung'. An dieser Stelle geht es

---

[1] Det danske sprog- og litteraturselskab (Hg.). *Ordbog over det danske sprog*. Bd. 15. Kopenhagen, 1934.
[2] Campe, Peter. *Wörterbuch der deutschen Sprache*. Bd. 3. [1809]. Hildesheim/New York, 1969b.

nicht um die Ordnung der Natur, die Johann Heinrich Zedlers *Grossem vollständigen Universal-Lexicon aller Wissenschafften und Künste* aus dem 18. Jahrhundert zufolge die Regeln ausmacht, „darnach die Veränderungen in der Natur sich ereignen und die cörperlichen Dinge zusammen gesetzet sind" (Zedler, 1961b, Sp. 1836),[3] und die „schwer zu erkennen [ist], und [...] auch von den wenigsten erkennet [wird], deswegen, weil dasjenige, was hier die Ähnlichkeit in der Folge auf und nach einander ausmacht, verstecket ist, dass es von den wenigsten wahrgenommen wird" (Zedler, 1961b, Sp. 1836). Solche Fragen werden in *Norges naturlige Historie* zwar erörtert, dieser Aspekt der Ordnung der Natur ist aber bei der Untersuchung der Wissensordnung der in Pontoppidans Naturgeschichte präsentierten Phänomene und Objekte nicht zentral. Vielmehr steht in diesem Kapitel die Ordnung, in der sich die in Pontoppidans Naturgeschichte erläuterten Phänomene und Objekte zeigen, ihr „Zustand des Geordnetseins" (Pfeifer, 1993, S. 954), ein Zustand, der unabdingbar ist, wenn Wissen zugänglich sein soll,[4] im Zentrum des Interesses.[5] Es wird analysiert, auf welche Weise der Erzähler sie in Kapitel und Paragraphen zusammenfasst und welche Kapitel und Paragraphen er aufeinander folgen lässt. Es handelt sich folglich um eine Untersuchung der Ordnung des vermittelten Wissens.

Welcher Gliederung werden die Wissenselemente unterworfen, in welcher Weise werden sie aneinandergefügt und übereinandergeschichtet? Wie gestaltet sich die Anordnung von Phänomenen und Objekten zu einem Ganzen und wodurch zeichnet sich das Verhältnis zwischen ihnen aus? Hat die Ordnung der Wissenselemente eine Hierarchie zwischen diesen zur Folge und wenn ja, wie sieht diese aus? Der Blick wird auf die verschiedenen Verknüpfungsstrukturen von Wissenselementen innerhalb des Haupttexts von *Norges naturlige Historie* gelenkt. Damit verbunden rückt das Problem des sich Entscheidens bezüglich der Zuordnung der Wissenselemente in bestimmte Bereiche der Ordnung sowie der Handhabung der Mehrschichtigkeit von Wissenselementen und deren Anknüpfungsmöglichkeiten an verschiedene Bereiche in den Fokus. Im Weiteren soll nun danach gefragt werden, wie sich dieser Text gegenüber einer „stummen Ordnung" (Foucault, 1974, S. 23) des Denkens während einer bestimmten Epoche verhält, die von Foucault mit dem Begriff der Episteme, als „historisch je spezifische Erkenntnislogik oder allgemeine Wissensordnung einer Epoche" (Sarasin, 2005, S. 71) gefasst wird, und ob die Naturgeschichte Pontoppidans allgemeinen epochenspezifischen Wissensordnungen folgt. Durch eine Analyse der Wissensordnung in *Norges naturlige Historie* werden verschiedene Möglichkeiten der Wissensorganisation Mitte des 18. Jahrhunderts in Dänemark-Norwegen aufgezeigt. Es soll beurteilt werden, welche Form von Wissensorganisation dieser einen bestimmten Naturgeschichte

---

[3] Zedler, Johann Heinrich. *Grosses vollständiges Universal-Lexicon* [1732–54]. Bd. 25. Graz 1961b.
[4] Michel (2002), S. 35.
[5] Pfeifer, Wolfgang. *Etymologisches Wörterbuch des Deutschen*. Bd. 2. 2. erg. Aufl. Berlin, 1993.

zugrunde liegt, ob überhaupt von einer konsequenten Form gesprochen werden kann, die sich durch den gesamten Haupttext zieht und das Wissen immer nach demselben Muster anordnet.

Dies ist nur eine Möglichkeit von vielen, wie mit dem Begriff der Wissensordnung umgegangen werden kann. Wissensordnungen sind in zahlreichen Zusammenhängen verschiedentlich analysierbar. Es kann danach gefragt werden, wie sich Wissensordnungen in Bibliotheken auszeichnen, in Museen, an Universitäten, in privaten oder öffentlichen Bereichen. Die große Anzahl an verschiedenen Wissensordnungen und der Wunsch, Teile zu einem geordneten Ganzen zu verbinden, hängen mit den Unmengen unterschiedlichster Eindrücke zusammen, welchen man ausgesetzt ist. Um ob der zahlreichen Eindrücke die Fähigkeit nicht zu verlieren, sich zu orientieren und zu handeln, ist es notwendig, die Eindrücke auf fassliche Größen zu reduzieren und zu ordnen: „Das oft Diffuse, Komplexe, Viel-Aspektige muss (I) zu kategoriell Gefasstem und in (II) Speichern Abgelegtem werden, damit es verfügbar wird, für uns selbst wie allenfalls für andere" (Michel, 2002, S. 35). Den erstgenannten Prozess bezeichnet Michel mit dem aus der Lexikologie stammenden Begriff als ‚Lemmatisieren‘, den zweiten als ‚Disponieren‘.[6] Auf verschiedene Dispositionstypen wird im Verlauf dieses Kapitels eingegangen. Hier ist jedoch anzufügen, dass die beiden Prozesse nicht klar voneinander abzugrenzen sind, vielmehr hängen sie zusammen und beeinflussen sich gegenseitig.

Heute ist man sich bei der Erstellung von Ordnungen von bestimmtem Wissen meist bewusst, dass eine bis in letzte Detail perfekte Ordnung unmöglich ist und jede Ordnung einer gewissen Willkürlichkeit unterliegt. Man nimmt Vereinfachungen durch pragmatische Kriterien zugunsten der Effizienz oder der deutlicheren Darstellung in Kauf. Doch das war laut Ann Blairs Artikel *Organizations of knowledge* nicht immer so:

> [...] this skeptical attitude toward the possibility of any organization matching the reality of knowledge or of the world is a fairly modern development, articulated for example in Jean Le Rond d'Alemberts ‚preliminary discourse‘ to the *Encyclopédie* of 1751 (Blair, 2007, S. 287).

Blair zufolge waren in der Renaissance viele Forscher bestrebt, zu einer idealen Wissensordnung vorzustoßen, in der jedem Objekt und Phänomen eine bestimmte Stelle in der großen Ordnung der Welt zugewiesen werden kann. Die Vorstellung einer solch idealen Weltordnung wird in Zedlers *Universal-Lexicon* zu Beginn des Artikels über die ‚Ordnung der Welt‘ erzeugt:

> *Ordo Mundi, Ordo Universi.* In dem grossen Welt-Gebäude treffen wir die schönste Ordnung an. Denn was die Creaturen betrifft, so sind deren viel u.

---

[6]Michel (2002), S. 35.

mancherley, welche so neben einander existieren, dass sie unter sich in einem zusammen stimmen indem sie unter sich verwandt sind, und eins dem andern trefflichen Nutzen und Vortheil schaffet. Dergleichen schöne Ordnung nehmen wir auch in den natürlichen Begebenheiten mehr [sic], die in Anstehung der Zeit und des Raums dermassen auf einander folgen, dass sie zur Erhaltung des von Gott intendirten Zwecks auch zusammen stimmen (Zedler, 1961b, Sp. 1836f.).

In der Welt herrscht also Mitte des 18. Jahrhunderts die schönste Ordnung. Diese setzt sich wiederum zusammen aus weiteren schönen Ordnungen, die sich vor allem dadurch auszeichnen, dass sie, wie eine Wiederholung betont, zusammenstimmen. Für die Bestrebungen nach einer vollkommenen und idealen Ordnung wurden aber auch in der Renaissance, abhängig vom jeweiligen Kontext, pragmatische, vor allem alphabetische Ordnungsweisen von Wissen verwendet.[7]

Die Art und Weise, wie Wissensordnungen die Aussagen eines Textes beeinflussen, hängt stark davon ab, ob die Ordnungen bewusst oder unbewusst erzeugt und ob sie im ersten Fall offengelegt wurden. In beiden Fällen werden gewisse Punkte betont und andere rücken in den Hintergrund. Wird die einem Text innewohnende Ordnung im Text selbst auf einer Metaebene vom Erzähler kommentiert, tritt deren subjektiver Charakter an den Tag. Durch eine solche Reflexion des Erzählers werden die Lesenden über die bewusst gewählte Ordnung informiert und gleichzeitig dazu aufgefordert, sie für sich abzuwägen, sie als sinnvoll oder als weniger sinnvoll zu beurteilen oder sie gar zu verwerfen. Eine bewusst gewählte Ordnung eines Textes kann jedoch auch unkommentiert bleiben. Dann gestaltet es sich schwierig, sie aufzuspüren, offenzulegen und Prozesse der Kritik einzuleiten. Die Ordnung bleibt den Lesenden unter Umständen verborgen. Dadurch wird es für den Erzähler möglich, mit Zirkelschlüssen zu operieren: Gewisse im Text getätigte Aussagen werden durch eine Ordnung, die dem Text unverrückbar immanent scheint, bestätigt, wodurch er als Gesamtes objektiv wirkt. Ann Blair spricht von sogenannt „explicit and tacit classifications of knowledge" (Blair, 2007, S. 287). Aus dieser Zweiteilung geht aber nicht hervor, was mit „tacit classifications of knowledge" gemeint ist. Sie präzisiert nicht, ob es sich dabei um eine stille oder stillschweigende beziehungsweise bewusst verschwiegene Ordnung handelt.

Wie es sich bei Wissen um ein subjektives Konstrukt handelt, ist auch die Anordnung von Wissen ein Ort des subjektiven Einflusses. Dies sieht man deutlich daran, dass verschiedene Ordnungsmöglichkeiten zur Wahl stehen. In Bezug auf Enzyklopädien sind beispielsweise nach Peter Burke in der westlichen Welt grundlegend zwei wesentliche Arten der systematischen Anordnung von Informationen möglich: das enzyklopädische Prinzip, basierend auf einer thematischen Organisation, und das me-

---

[7] Blair (2007), S. 287.

4 *Wissensordnung in* Norges naturlige Historie

thodische Prinzip des Sachwörterbuchs, die alphabetische Ordnung.[8] Die Wahl einer bestimmten Ordnung ist außerdem stark mit ihrer Tauglichkeit für die jeweilige zu ordnende Materie verbunden und den Ansprüchen, die man an eine Ordnung stellt. Aber auch dann, wenn nicht bewusst eine Ordnung gewählt wird, und trotz aller Bemühungen um Objektivität kommen Ordnungen vor einem lebensweltlichen Hintergrund zustande. Ordnungen sind nie neutral, sie tragen immer subjektive Züge, wodurch ihr Erstellen als Mittel zur Ausübung von Macht dienen kann. Dass der lebensweltliche Hintergrund bei Ordnungen, in welchen der Mensch im Zentrum steht, eine Rolle spielt, fällt bald ins Auge. Dass dies aber auch bei künstlichen Ordnungen, die beispielsweise auf Deduktion basieren, der Fall ist, entdeckt man erst bei genauem Hinsehen. Stellt die erste Ordnungsmethode automatisch Hierarchien her, obwohl die beschriebenen Phänomene und Objekte grundsätzlich nichts mit sozialen Machtpraktiken zu tun haben, jedoch innerhalb lebensweltlicher Machtstrukturen beschrieben werden, kann sich auch die zweite Ordnungsmethode, obwohl die Phänomene und Objekte in einer solchen Ordnung objektiver und unabhängiger vom sie umgebenden Kontext beschrieben werden als in der ersten, trotz einer gewissen Isoliertheit nicht ganz vom machtbestimmten Hintergrund lösen. Jedes gewählte Kriterium beinhaltet eine Aussage und rückt andere mögliche Gesichtspunkte in den Hintergrund.[9] Ordnungen können somit durch ihre bestimmten Ausprägungen für wissenschaftliche, moralische oder politische Aussagen und Haltungen instrumentalisiert werden. Sie sind eingebettet in den historischen und kulturellen Kontext und können sich nicht von ihm lösen. Sie werden durch ihn beeinflusst und beeinflussen ihn wiederum. So führt Peter Burke den Ursprung für die Übernahme des Alphabets als ordnende Methode auf ein Gefühl der intellektuellen Überforderung zurück – Wissen, das zu schnell in das üblicherweise verwendete System eindrang, um verarbeitet zu werden.[10] Auch Udo Friedrich begründet die Entstehung neuer Ordnungsweisen in *Naturgeschichte zwischen artes liberales und frühneuzeitlicher Wissenschaft* mit der im Vergleich zur mittelalterlichen Tradition um ein Mehrfaches größere Datenfülle des 16. Jahrhunderts.[11] Es sind aber weitere beeinflussende Faktoren, die in diesen Prozess hineinspielen, und die Interaktion zwischen Ordnung und zu Ordnendem mitzudenken, will man sich nicht von einem Verständnis linearer Abfolgen auf kausaler Basis verleiten lassen. Was Hans-Herbert Kögler in *Michel Foucault* über den ‚Wissenschaftler' und die Konstitution des Subjekts bemerkt, ist auf das Wesen der Ordnung übertragbar:

---

[8] Burke (2002), S. 215. Burke bezieht sich hier auf die Vorrede zur *Encyclopédie ou dictionnaire raisonné des sciences, des arts et des métiers* von Jean D'Alembert.
[9] Kögler (2004), S. 129.
[10] Burke (2002), S. 134.
[11] Friedrich (1995), S. 54f.

Die Foucaultschen Überlegungen der Konstitution des Subjekts betreffen somit auch die Erfahrungsstruktur des Wissenschaftlers, der zu einem gewissen Grade immer von lebensweltlichen Einflüssen, die in sein implizites Hintergrundwissen eingehen, beeinflussbar bleibt (Kögler, 2004, S. 134f.).

Michel Foucault vertritt die Meinung, dass „die Geschichte des Wissens und von Wissenschaften im engeren Sinne auf epochenspezifischen gemeinsamen Ordnungsstrukturen oder Logiken" (Sarasin, 2005, S. 77) gründet. Hinsichtlich der Ordnung von Wissen setzt er Mitte des 17. Jahrhunderts einen epistemischen Bruch an: den Bruch der alten Verwandtschaft der Sprache mit den Dingen.[12] Diese Theorie eines epistemischen Bruches wird in der vorliegenden Arbeit bereits im Kapitel zur Wissensgenerierung angesprochen, bei der Herstellung von Wissen durch den Rückgriff auf die Etymologie eines Objekts. Vor diesem Bruch wird Wissen Foucault zufolge nach der Logik der Ähnlichkeit strukturiert: Im 16. Jahrhundert „signalisierte sich jede Art selbst und drückte ihre Individualität unabhängig von allen anderen aus" (Foucault, 1974, S. 188). Die Wörter und die damit bezeichneten Dinge bestehen aus denselben Zeichen, die Bezeichnungen entsprechen Spiegelungen der Dinge. Es gibt vor diesem Bruch keinen Unterschied zwischen dem Bezeichnenden und Bezeichneten, „das Gesetz der Zeichen zu suchen, heißt die Dinge zu entdecken, die ähnlich sind" (Foucault, 1974, S. 60). In der darauf folgenden klassischen Episteme, wie die zwischen der Mitte des 17. und dem Ende des 18. Jahrhunderts liegende Zeit von Foucault genannt wird, befreien sich die Zeichen und die Dinge aus ihrer gegenseitigen Verknüpfung durch Ähnlichkeit. Bezeichnung und Bezeichnetes sind nicht mehr eins. Die Bezeichnung existiert unabhängig von der Sache, der sie den Namen gibt. Durch diesen Vorgang der Loslösung wird sie mit den übrigen Bezeichnungen von Dingen auf einer anderen Ebene der Logik vereint, die eigene strukturelle Regeln aufweist.[13] Die auf unterschiedlichen Ebenen veränderten Zeichenbeziehungen haben zur Folge, dass Wissen nicht länger durch Ähnlichkeiten strukturiert wird. Vielmehr werden durch die Herstellung einer Distanz zwischen Bezeichnung und Bezeichnetem rationale Ordnungen der Zeichen und des Wissens möglich. Den Zustand nach dieser Aufsplittung kann man „mit einem Wort definieren, indem man sagt, dass im klassischen Wissen die Kenntnis der empirischen Einzelwesen nicht anders als durch eine kontinuierliche, geordnete und allgemeine Übersicht (tableau) aller möglichen Unterschiede erworben werden kann" (Foucault, 1974, S. 188). Diese Klassifizierungen und die Identifikation von unterscheidenden Merkmalen erlauben es, das Einzelwesen zu erkennen. Es ist die Ordnung der Zeichen, die zur Herstellung der Wahrheit führt. Das flache Tableau, auf dem die Identitäten und Differenzen von Dingen unabhängig von deren Ähnlichkeiten oder deren Geschichte oder gar der Lebensfunktionen eingeordnet werden können, ist folg-

---

[12] Foucault (1974), S. 81.
[13] Sarasin (2005), S. 75f.

4 *Wissensordnung* in Norges naturlige Historie

lich in der klassischen Episteme, die Ordnung, nach der nach Wissen gefragt und nach der das Wissen geordnet wird. Auf diesem Tableau basiert die Wahrheit der Erkenntnis und durch diese Ordnung werden Dinge verständlich gemacht.

Anne Eriksen verweist auf Kritikpunkte an Foucaults Theorien. Sie beziehen sich vor allem auf mangelnde Erklärungsansätze für die Verursachung der Brüche und Diskontinuitäten zwischen den Epistemen und gleichzeitig auf die Beschreibung des geschlossenen Charakters dieser.[14] Ohne Zweifel verschiebt sich aber das Interesse vor dem Hintergrund des Denkens in Epistemen von Einzelbeiträgen und Einzelpersonen auf Ordnungen und größere Zusammenhänge und, wie Eriksen schreibt, entsteht dadurch ein anderes, weniger lineares und von ‚Fortschritt' geprägtes wissenschaftsgeschichtliches Bild, das sich durch Fraktionen auszeichnet.[15] Aus diesem Grund ermöglicht Foucaults Verständnis der der klassischen Episteme zugrunde liegenden Ordnung einen auf strukturelle ahistorische Analysen reduzierten Zugriff auf Pontoppidans Naturgeschichte, losgelöst von einer linearen Betrachtungsweise. Und gewisse Elemente, die, wie wir sehen werden, die Episteme charakterisieren, sind in *Norges naturlige Historie* zu finden.

Die Textkultur des 18. Jahrhunderts in Dänemark-Norwegen zeichnet sich durch mehrere Veränderungen aus. Unter anderem nimmt die Anzahl der Schreibenden vor dem Hintergrund der Einführung des Leseunterrichts im Zusammenhang mit der umfassenden ‚zweiten Revolution' Ende der 1730er-Jahre durch Christian VI. zu und die Leserschaft vergrößert sich. Diese beiden miteinander in mehrfacher Weise verbundenen Charakteristiken der Textkultur beeinflussen sich gegenseitig: Es entstehen neue Textformen, Zeitschriften werden gegründet und gegen Ende des Jahrhunderts etabliert sich die Literaturkritik. Gleichzeitig mit der Zunahme der Textmasse und den Formen, in welchen sie präsentiert wird, führt man im Rahmen der bereits angesprochenen ästhetischen Gesellschaften Diskussionen über die Erstellung von Textnormen für Schriften unterschiedlichen Inhalts, beispielsweise im Rahmen der ‚Selskabet til de skiønne og nyttige Videnskabers Forfremmelse'.[16] Kjell Lars Berge zufolge ist es ein genereller Zug jener Zeit, dass man sich darum bemüht, in einer den grundlegenden Änderungen des Kommunikationssystems angepassten Weise zu schreiben.[17] Dieser Prozess, der sich in den Texten zeigt, scheint mir aber eine übliche Tendenz der Textproduktion und kein für das 18. Jahrhundert außergewöhnliches Phänomen zu sein. Die Textproduktion ist selbst Teil des bei Berge angesprochenen Kommunikationssystems, weshalb sie grundsätzlich im Rahmen der veränderten Kommunikationsbedingungen diesen ausgesetzt ist und sie beeinflusst.

---

[14] Eriksen (2007), S. 15f.
[15] Eriksen (2007), S. 15.
[16] Berge (1998), S. 22f.
[17] Berge (1998), S. 24.

In der dänisch-norwegischen topographischen Literatur scheint es bis zu Hans Strøms *Physisk og Oeconomisk Beskrivelse over Fogderiet Søndmør* (1762/66), die Supphellen als zentralen Text der historisch-topographischen Literatur betrachtet,[18] keine Einigkeit über die Form dieser Textsorte gegeben zu haben. Verschiedentlich lehnten sich Texte dieser Art nach 1743 an die Struktur der Umfrage, welche die Dänische Kanzlei im selben Jahr in alle Teile des Reiches versandte, an. Es ist aber Strøms Disposition, die in dieser Hinsicht Vorbildcharakter übernimmt. Sie basiert primär auf einer inhaltlichen Zweiteilung. Im ersten Teil werden das Klima, die geologischen Verhältnisse, die Pflanzen- und Tierarten sowie ökonomische Verhältnisse geschildert und volkskundliche Angaben gemacht. Der zweite Teil informiert über die topographische Einteilung der Vogtei. Eine allgemeine Homogenisierung dieser Textsorte drückt sich in der Gründung des *Topographisk Journal* (1792) aus. Bereits in der ersten Nummer kommt das Interesse an den Ordnungsstrukturen für die Vermittlung von topographischem Wissen zum Vorschein. Sie beinhaltet ein Ordnungsmuster zur Beschreibung einer Kirchgemeinde als Vorgabe für zukünftige Texte dieser Sorte. Die vorgeschlagene Ordnung gliedert sich in vier Teile: in einen geographisch-historischen, einen physischen, einen ökonomischen und schließlich einen politischen.[19] Dabei handelt es sich um eine Ordnung, die versucht, dem komplexen Wissen und seiner zunehmenden und unüberschaubaren Menge gerecht zu werden, deren besondere Ausprägung und Realisation verwoben ist mit dem spezifisch historischen und kulturellen Kontext.

Nach diesen Bemerkungen zum Wesen der Ordnung im Allgemeinen beginne ich mit der Analyse der Wissensordnung in *Norges naturlige Historie*.

4.1 Makroordnung

Pontoppidans Naturgeschichte erschien in zwei Teilen. Beide Teile tragen denselben ausführlichen Titel: *Det første Forsøg paa Norges naturlige Historie forestillende Dette Kongeriges Luft, Grund, Fielde, Vande, Væxter, Metaller, Mineralier, Steen-Arter, Dyr, Fugle, Fiske og omsider Jndbyggernes Naturel, samt Sædvaner og Levemaade*. Die Grenze zwischen den beiden Teilen verläuft zwischen „Steen-Arter" und „Dyr", den Gesteinsarten und Tieren. Die Grenzziehung spiegelt die primäre Ordnung, die der Naturgeschichte zugrunde liegt. Sie wird zu Beginn des zweiten Teils der Abhandlung zum Ausdruck gebracht:

> Fra Elementerne og de livløse Ting, som i denne Naturlige Historiens Første Deel ere afhandlede, kommer jeg nu med min Beskrivelse til det, som i Norge lever og bevæger sig vita animali, saasom gaaende og krybende Dyr, Insecter, Fugle, Fiske, og omsider Mennisker (Pontoppidan, 1977b, S. 4).

---

[18] Supphellen (1998), S. 108.
[19] Supphellen (1998), S. 112.

4.1 Makroordnung

> Von den Elementen und leblosen Dingen, die im ersten Theile dieser natürlichen Historie abgehandelt worden, komme ich nunmehr, in dieser meiner Beschreibung, auf dasjenige, was in Norwegen lebet, und was sich vita animali bewegt; nämlich: auf die gehenden und kriechenden Thiere, Insekten, Vögel, Fische, und endlich auch auf die Menschen (Pontoppidan, 1754, S. 3f.).

Während der Erzähler die bereits im ersten Teil der Naturgeschichte abgehandelten Bereiche anspricht und über den Inhalt von Teil II informiert, tritt die primäre Ordnung des Wissens der Naturgeschichte zutage. Einerseits werden Kenntnisse über die Elemente und die leblosen Dinge vermittelt, andererseits Wissen über lebendige Wesen: über vierfüßige Tiere, Insekten, Vögel, Fische und über die norwegische Bevölkerung. Die Grenzziehung basiert auf dem Zustand leblos oder lebendig. Sie führt zur Bildung von zwei Gruppen. Der Anfang von Pontoppidans Naturgeschichte ist folglich ähnlich aufgebaut, wie dies in der *Naturalis historia* von Plinius dem Älteren (23–79) der Fall ist,[20] im weiteren Verlauf jedoch unterscheidet sie sich deutlich von dessen Naturgeschichte.[21] Es handelt sich hierbei jedoch nicht um eine gleichberechtigte Ordnung zwischen leblos und lebendig. Vielmehr beinhaltet die Ordnung eine Hierarchie, was immer wieder in den die Kapitel einleitenden Paragraphen sichtbar wird, insbesondere in der Reflexion des Erzählers zu Beginn des Kapitels über die Beschreibung der norwegischen Nation und der Bevölkerung Norwegens:

> Efterat jeg hidindtil har forsøgt at beskrive Norges naturlige Tilstand, baade i de døde Elementer og de levende Dyr, Fugle og Fiske, som dertil henhøre, kunde jeg nu nedlegge min Pen, og holde for, at mit Løfte var opfyldt, efter den Evne og Leylighed, som jeg dertil i mine Omstændigheder har forefundet. Saa var og af Begyndelsen mit Forsæt ikke at gaae videre, eller røre den Punct om vor Norske Nation eller Norges Eyere og Indbyggere selv. Men efterdi denne Sag dog ikke kand siges, at gaae uden for den naturlige Histories Grændser, og nogle Læsere maatte tænke, at den, der bemøyer sig med de døde og umælende Creatures Beskrivelse i et vist Land, burde ikke gandske forbigaae Guds Hænders allerædelste Gierninger i samme Land, nemlig dets fornuftige Indbyggeres Naturel og hvad som har Sammenhæng dermed, saa vil jeg og i denne Post giøre et lidet Forsøg, overladende til andre at opfylde eller forbedre det Feilende (Pontoppidan, 1977b, S. 355f.).

> Nachdem ich bisher einen Versuch gemacht, den natürlichen Zustand Norwegens zu beschreiben, sowohl in Ansehung der todten Elementen als auch der lebendigen Thiere, Vögel und Fische, und was dazu gehört: so könnte ich nunmehr meine Feder niederlegen, und dafür halten, dass mein Versprechen nach

---

[20] Bayer, Karl und Brodersen, Kai (Hg.). *Naturkunde. C. Plinius Secundus d. Ä. Register*. Düsseldorf/Zürich, 2004.
[21] Bayer und Brodersen (2004), Register.

> den Nachrichten und nach der Gelegenheit, die ich nach meinen Umständen dazu gefunden habe, erfüllt wäre. Mein Vorsatz war es auch anfangs nicht, weiter zu gehen, oder den Punkt von der nordischen Nation, oder den Besitzern und Einwohnern Norwegens, selbst zu berühren. Allein weil man von dieser Materie doch nicht sagen kann, sie überschreite die Gränzen einer natürlichen Historie, und einige Leser denken mögten: derjenige, der sich mit der Beschreibung todter und unvernünftiger Geschöpfe eines gewissen Landes beschäftiget, sollte billig die alleredelsten Werke der Hände Gottes selbigen Landes nicht gänzlich übergehen, nämlich, die Natur der vernünftigen Bewohner desselben, und was sonst einen Zusammenhang damit hat: So will ich auch in dieser Sache einen kleinen Versuch machen, indem ich es andern überlasse, das daran mangelnde auszufüllen, oder zu verbessern (Pontoppidan, 1754, S. 410f.).

Wer sich mit den leblosen Elementen und den unvernünftigen Kreaturen auseinandersetzt, sollte kurz bei Gottes edelster Schöpfung, dem Menschen verweilen. Es gibt folglich wertvollere und weniger wertvolle Elemente der Schöpfung. Zuunterst in der Hierarchie stehen die leblosen Elemente, wozu in *Norges naturlige Historie* auch die Pflanzen zählen. Darüber folgen die Kreaturen, die der Sprache nicht mächtig sind und in der deutschen Übersetzung als unvernünftige Geschöpfe bezeichnet werden. Die Kreaturen, denen Sprache gegeben ist, werden zuoberst angesiedelt. Sowohl die grundsätzliche Ordnung in Pontoppidans Abhandlung als auch die Reflexion des Erzählers darüber machen klar, dass der Mensch als Teil der Naturgeschichte verstanden wird, denn die Beschäftigung mit diesem Geschöpf sei nicht als Übertretung der Grenzen der Naturgeschichte zu werten, wie in *Norges naturlige Historie* immer wieder betont wird.[22] Interessanterweise überkreuzen sich in seltenen Fällen die sprachlichen Mittel zur Beschreibung der Bereiche. Der Erzähler bedient sich für die Schilderung lebloser Objekte des Vokabulars, das er üblicherweise für die Vermittlung von Wissen über lebendige Objekte verwendet, wie bei der Beschreibung der Moose:

> Disse uanseelige, ja foragtelige Væxter, som snart synes gandske døde efter en lang Tørke, snart ved Regn faa Liv igjen, ere nu ikke heller gandske førgiæves giorte af den vise Skaber (Pontoppidan, 1977a, S. 237f.).

> Dieses unansehnliche, ja verachtete Gewächse, das bald nach einer langen Sonnenhitze und Dürre ganz erstorben zu seyn scheinet, bald durch den Regen neues Leben wieder bekömmt, ist nun von dem weisen Schöpfer weder [sic] ganz vergebens gemacht worden (Pontoppidan, 1753, S. 263).

Das Verhalten der Moose nach einer langen Trockenzeit wird mit Wörtern aus den Bereichen des Sterbens und des Lebens beschrieben. Vorgänge aus dem Bereich der

---

[22] Pontoppidan (1977b), S. 356.

4.1 Makroordnung

lebendigen Objekte werden als Metaphern für die Beschreibung eines Vorgangs im Bereich der leblosen Elemente verwendet. Bei der sonst so konsequenten Gliederung nach den Kriterien ‚leblos' oder ‚lebendig' mutet die Beschreibung dieses Prozesses bei leblosen Objekten seltsam an.

Verschiedene Möglichkeiten, Wissen zu ordnen, sind bereits im ersten zitierten Abschnitt dieses Unterkapitels ersichtlich. Auf einer primären Ebene wird zwischen Leblosem, „Elementerne og livløse Ting", und Lebendigem unterschieden, Wesen, die „lever og bevæger sig vita animali". Auf einer zweiten Ebene kann eine weitere Unterscheidung zwischen Lebewesen, „Dyr, Insecter, Fugle, Fiske", und Mensch ausgemacht werden. In einem nächsten Ordnungsschritt werden die vier durch Kommas in eine Reihenfolge gestellten Lebewesen durch eben diese voneinander getrennt: Es wird eine Ordnung basierend auf den verschiedenen Gruppen der Fauna angelegt. Auf einer vierten Ebene werden die zuvor an erster Stelle der vier Gruppen der Fauna genannten „Dyr" nach ihrer Fortbewegungsart „gaaende og krybende" sortiert.

Naturgeschichtsschreibende müssen für die Präsentation des von ihnen als wichtig erachteten Wissens diejenigen Ordnungen wählen, die möglichst „the ideal of a system that would represent faithfully the complexity and hierarchy of nature and the practicalities of retrieving information in large-scale compilations" (Blair, 2007, S. 295) in sich vereinen. Die Wahl wird neben den beiden Prämissen, die Komplexität und die Hierarchie der Natur wiederzugeben und den Text so zu gestalten, dass es keine Schwierigkeiten bereitet, das jeweilige Wissen wiederzufinden, von verschiedenen Faktoren beeinflusst. Michel zählt für die Ordnung von Enzyklopädien sich gegenseitig beeinflussende Faktoren auf, die eine Rolle spielen:[23] Es sind dies „der praktische Gebrauchszusammenhang, der bestimmt wird von Absicht und Kenntnissen des Benutzers", „Annahmen über die Struktur der Welt", ein Bildungsanspruch, der vom Verfasser womöglich gestellt wird, technische Gesichtspunkte wie das Schriftsystem oder das Medium, gegebenenfalls ein gewisser Totalitätsanspruch und eine „bestimmte übersubjektive Legitimation" (Michel, 2002, S. 37f.).

Das erste verwendete Zitat dieses Unterkapitels macht deutlich, dass das Wissen in *Norges naturlige Historie* geordnet präsentiert wird. Dies gilt nicht nur für die inhaltliche Ebene, sondern auch für die Ebene der Buchgestaltung: Das Wissen ist verteilt auf zwei Teile und in diesen jeweils Kapiteln und Paragraphen zugeordnet.[24] Der Aufbau der beiden Teile, die total 18 Kapitel beinhalten, wird zwischen dem Vorwort und dem Haupttext von Teil I auf zwei Seiten – eine Seite für jeden Teil der Naturgeschichte – übersichtlich präsentiert. Im Haupttext wird zum jeweiligen Kapitelbeginn der Kapiteltitel groß und fett gedruckt wiedergegeben, darunter reihen sich die Titel sämtlicher dem Kapitel zugehörigen Paragraphen auf. Im Verlauf des jeweiligen Kapitels wird der

---
[23] Michel (2002), S. 37f.
[24] Siehe die beiden Inhaltsverzeichnisse im Anhang.

Titel, bisweilen in abgekürzter Form, durch einen horizontalen Strich vom Haupttext abgetrennt über dem linken und rechten Teil jeder Doppelseite präsent gehalten. Diese paratextuellen Elemente, die der Gliederung des Wissens dienen, sowie Marginalien und zwei Register im Anhang des zweiten Teils erlauben es den Lesenden, sich in der Naturgeschichte zu orientieren, sich einen Überblick über den Inhalt der Naturgeschichte zu verschaffen. Die klare Struktur leitet sie und ermöglicht es ihnen, direkt zu einer bestimmten Textstelle zu gelangen, ohne zuerst eine größere Textmenge auf der Suche nach etwas Bestimmtem überfliegen zu müssen. Die Ebenen des Inhalts und der Buchgestaltung sind nicht deutlich voneinander zu trennen, sie greifen ineinander, sie unterstützen sich gegenseitig; Vorgänge, auf die ich noch eingehen werde.

In den ersten drei Kapiteln von Teil I, der sich mit den Elementen und den leblosen Objekten beschäftigt, sind die Parallelen zum Anfang der Genesis unübersehbar. Zuerst wird den lebensermöglichenden Bedingungen auf den Grund gegangen, begonnen bei der Luft und damit verbunden mit Erläuterungen über die Verhältnisse von Licht und Dunkelheit in Norwegen. Darauf folgt ein Kapitel, das sich mit der Geographie und der Geologie des Landes beschäftigt, mit den Bodenarten und der Geschichte der Erdentstehung. Anschließend werden im dritten Kapitel die Süß- und Salzwasservorkommen Norwegens untersucht. Die drei ersten Wissensgebiete, die sich auf die drei ersten Kapitel verteilen, sind den ersten Tagen der Genesis nachempfunden, unterscheiden sich jedoch von dieser durch Reihenfolge und Schwerpunktsetzung.

Auf die Abhandlung der Elemente Luft, Erde und Wasser folgen ab Kapitel IV in fünf Kapiteln Beschreibungen der „livløse Ting" (Pontoppidan, 1977b, S. 4), „leblosen Dingen" (Pontoppidan, 1754, S. 3): der Erzeugnisse der Erde, die aufgrund der geschilderten natürlichen Bedingungen hervorgebracht werden. Kapitel IV und V befassen sich mit der norwegischen Flora an Land, das sechste Kapitel mit derjenigen unter Wasser. Kapitel VII widmet sich den Gesteinsarten und das achte und letzte Kapitel des ersten Teils berichtet über die verschiedenen Metalle und Mineralien Norwegens.

Der zweite Teil von *Norges naturlige Historie* widmet sich den Lebewesen an Land, in der Luft und im Wasser. Das erste Kapitel handelt von den zahmen und den wilden vierfüßigen Landtieren. Im darauf folgenden werden Insekten, Schlangen und Würmer aus beiden Lebensräumen beschrieben. Kapitel III und IV bieten einen Überblick über die norwegischen Vögel, die beiden folgenden Kapitel einen Überblick über die Fische in den norwegischen Gewässern. In Kapitel VII handelt der Erzähler die Fische ab, die mit einer harten Schale umgeben sind, bevor er im achten Kapitel von weiteren Bewohnern des Meeres, den Meermonstern, spricht. Die beiden letzten Kapitel, IX und X, handeln von den Eigenheiten der Norwegerinnen und Norweger, von ihren Lebensweisen und Gewohnheiten.

4.1 Makroordnung

Die zweigliedrige Struktur in einen ersten und einen zweiten Teil war von Beginn weg geplant, die um ein Jahr verschobene Publikation der beiden Bände jedoch nicht. Das geht aus dem Vorwort des zweiten Teils hervor:

> Da jeg forleden Aar udgav den første Deel af Norges naturlige Historie, angaaende Elementerne og de livløse Ting, var mit Forset, at lade denne anden Deel om levende Creature følge umiddelbar og tillige med, efterdi den allerede fandtes færdig fra min Haand. Men at dette mit Forsæt blev forandret, og den første Deel udgiven for sig selv, skeede i Anledning af Kaaber-Stikkerens, saavel som Bogtrykkerens Forfald ved andet mellemløbende Arbeide (Pontoppidan, 1977b, Fortale).

> Alls ich im vorigen Jahre den ersten Theil der natürlichen Historie von Norwegen herausgab, welcher von den Elementen und von leblosen Dingen handelt: so hatte ich mir vorgesetzt, diesen andern Theil von den lebendigen Kreaturen unmittelbar und zugleich mit heraus zu geben, weil er bereits gänzlich fertig war. Allein so wohl der Kupferstecher, als der Buchdrucker, der mit anderer dazwischen gekommener Arbeit beschäftigt war, bewogen mich, diesen Vorsatz zu ändern, und den ersten Theil allein heraus zu geben (Pontoppidan, 1754, Vorrede, S. 3f.).

Es sei ursprünglich geplant gewesen, beide Teile gleichzeitig erscheinen zu lassen. Ein Wunsch, der sich aber wegen Schwierigkeiten im Zusammenhang mit der Buchproduktion als nicht realisierbar zeigte. Deswegen wurde der erste Teil 1752 gedruckt und der zweite folgte erst ein Jahr später.

Die Publikationsform in zwei Bänden verstärkt den Aspekt der Zweiteilung der Naturgeschichte auf der Ebene der Makroordnung. Sie vermittelt außerdem einen größeren zeitlichen Abstand zwischen der Abfassung der beiden Bände, als dies tatsächlich der Fall ist. Die beiden Teile der deutschen Übersetzung wurden ebenfalls mit einem Jahr Abstand publiziert, 1753 und 1754. Die englische Ausgabe hingegen stammt in ihrer Gesamtheit aus dem Jahr 1755. Eine solche Präsentationsform schwächt die zweiteilige Ordnung des Inhalts ab, da sie nicht zusätzlich durch die Materialität betont wird. Die Verortung der gesamten Naturgeschichte in einem Band unterstützt den Gedanken der Wiedergabe der norwegischen Natur als Ganzes. Hierbei ist anzufügen, dass gewisse Exemplare der deutschen Übersetzung von 1753/54 nicht einzeln, sondern zusammengebunden in einem Band existieren.

Nicht nur die ersten drei Kapitel aus Teil I, sondern die Einteilung und Anordnung des gesamten Inhalts von *Norges naturlige Historie* erinnern an den Aufbau der Genesis. Wie in der Schöpfungsgeschichte folgen auf die lebensermöglichenden Bedingungen die Beschreibungen der Flora und Fauna. Das Ende der Abhandlung Pontoppidans bildet entsprechend der Genesis die Beschreibung des Menschen, repräsentiert in *Norges naturlige Historie* durch die Bevölkerung Norwegens.

Die Abfolge der Beschreibungen im zweiten Teil orientiert sich an der Wahrnehmung des Menschen. Begonnen wird mit den größten Landbewohnern. Die Reihenfolge der Beschreibung verläuft weiter über die kleinsten Landbewohner hin zu den Vögeln und über die Wasserbewohner bis zu den Meermonstern. Sie verläuft vom Sichtbaren und Bekannten zu dem, was verborgen ist. Interessanterweise erscheint der Mensch nicht an erster Stelle von Teil II, sondern an letzter Stelle, eine Erwartung, die dadurch entsteht, dass der Mensch (abgesehen von Gott) die zentrale Figur in Pontoppidans Naturgeschichte zu sein scheint, was sich nicht nur auf einer Metaebene, sondern auch in Tendenzen der Anordnung der natürlichen Objekte zeigt: Kapitel oder Paragraphen, die nicht nur oder gar nicht mithilfe einer indirekten Struktur geordnet sind, basieren meist auf einer Ordnung nach dem Verhältnis zwischen dem Beschriebenen und dem Menschen. Zuerst wird jeweils auf das für den Menschen Vorteilhafteste eingegangen: bei den Pflanzen vor den giftigen auf die nützlichen und unschädlichen, bei den Vierfüßern vor den wilden und gefährlichen auf die Haustiere. Eine interessante Diskrepanz zeigt sich bei der Positionierung der Beschreibungen von Menschen und Meerfrauen und -männern. Die Meerwesen stehen innerhalb der Diskussion über Meermonster an erster Stelle:

> Blant de monstra marina, som Nord-Søen unegtelig indeholder og ofte fremviser, vil jeg, for det halve menniskelige Legems Efterligning, indrømme det første Sted til Hav-Manden, hvis Mage kaldes Hav-Fruen (Pontoppidan, 1977b, S. 302).

> Unter den Seewundern, die die Nordsee unläugbar enthält und aufweiset, will ich wegen der halben Aehnlichkeit oder Vergleichung mit dem menschlichen Körper dem Hav-Mand, (Meermann) und dessen Gefährtinn, der Hav-Frue, (Meerweibe) den ersten Platz einräumen (Pontoppidan, 1754, S. 351).

Die Ähnlichkeit des Meermanns und der Meerfrau zur menschlichen Gestalt ist im Rahmen der Beschreibung der Meermonster ausschlaggebend für die Ordnung innerhalb des achten Kapitels. An erster Stelle wird Wissen über die „Hav-Strambe og Maryge eller Hav-Mand og Hav-Frue", „Hav Stramle und Maryge oder der Meermann und das Meerweib", vermittelt, es folgen „Den store Søe-Orm eller Hav-Slange under Norges Kyster", „Der grosse Seewurm oder die Seeschlange unter den Küsten von Norwegen", und schließlich „Kraken, Krabben eller Horven, det allerstørste af alle levende Dyr", „Kracken, Krabben oder Horven, das allergrösste unter allen lebendigen Thieren". Einem eventuell daraus resultierenden Konflikt in Bezug auf die Vormachtstellung des Menschen in der Schöpfung, dass dem Landmenschen,

> beæret med Guds Billede, og beskikket til Herredømme over alle umælende Dyr, følgelig allene berretiget til saadan ædel og mod Himmelen opreist Legems Skikkelse (Pontoppidan, 1977b, S. 304f.),

4.1 Makroordnung

> [der] mit dem Bilde Gottes beehret worden, und dem die Beherrschung aller unvernünftigen Thiere übergeben ist, [der] folglich allein das Recht hat, sein Haupt, seine Leibesgestalt auf edle Art gen Himmel aufzurichten (Pontoppidan, 1754, S. 353),

ein ihm ähnlich aussehendes, im Wasser lebendes Geschöpf gegenübergestellt wird, weicht der Erzähler aus. Dies geschieht schon durch die Namensgebung:

> Vilde man da fradømme vore Norske Hafstramber det alt for hæderlige Navn af Hav-Mænd, saa kunde de dog altid handthæve det Navn af Hav-Aber (Pontoppidan, 1977b, S. 306).

> Wollte man ja unsern nordischen Hafstraben den allzu prächtigen Namen Meermänner absprechen, so könnten sie doch allezeit den Namen Seeaffen [...] mit Recht verlangen (Pontoppidan, 1754, S. 355).

Indem der Erzähler die Bezeichnung dieser Lebewesen hinsichtlich der Gattungszugehörigkeit ändert, diese statt mit dem Menschen mit dem Affen in Verbindung bringt, verschwindet ein möglicher Konflikt. An erster Stelle der Meermonster erscheinen folglich die dem Landtier des Affen ähnlichen Wassertiere. Trotz der zentralen Stellung des Menschen in *Norges naturlige Historie* und im Widerspruch zur Argumentation in Kapitel VIII, in dem die Position des Meermanns und der Meerfrau an erster Stelle der Meermonster mit der Ähnlichkeit zum Menschen begründet wird, nimmt er erst die letzte Position am Ende der gesamten Naturgeschichte ein, nämlich Kapitel IX und X. Durch diese Position ist der Mensch zwar Teil der lebendigen Kreaturen des Naturreichs und damit eng an die übrigen Phänomene und Objekte der Natur gebunden. Dennoch wird er von den ihm ähnlichsten und nächsten Lebewesen, den Vierfüßern, die zu Beginn von Teil II der Naturgeschichte analog zur Schöpfungsgeschichte abgehandelt werden, abgegrenzt.

Der Unterschied zwischen dem Menschen und den übrigen Kreaturen wird mithilfe dreier Kriterien ausgedrückt: Erstens ist der Mensch im Gegensatz zu den leblosen Dingen lebendig und im Unterschied zu den anderen Lebewesen fähig, zu sprechen. Zweitens gehört der Mensch zu den edelsten Erschaffungen Gottes, was ihn vor den leblosen Elementen und nicht sprechenden Wesen auszeichnet, und drittens unterscheidet er sich von diesen durch die Vernunft: Er ist mit einem vernünftigen Naturell ausgestattet.[25] Die hierarchische Ordnung der Naturgeschichte, an deren oberstem Ende die Beschreibung des Menschen angesiedelt ist, entspricht nicht nur dem Verlauf der Schöpfungsgeschichte: der Mensch als krönender Abschluss, zwar innerhalb der Grenzen der Naturgeschichte, doch losgelöst von Tieren, Insekten, Vögeln und den verschiedenen Meeresbewohnern. Sie widerspiegelt ebenfalls die Rolle, die dem Menschen in der Genesis zugewiesen wird:

---
[25] Pontoppidan (1977b), S. 355f.

> Und Gott sprach: [...] herrscht über die Fische des Meers, über die Vögel des
> Himmels und über alle Tiere, die sich auf der Erde regen. Und Gott sprach: Seht,
> ich gebe euch alles Kraut auf der ganzen Erde, das Samen trägt, und alle Bäume,
> an denen samentragende Früchte sind. Das wird eure Nahrung sein (Kirchenrat
> der Evangelisch-reformierten Landeskirche des Kantons Zürich (Hg.), 2007,
> S. 7).

Der Mensch, von dem gesagt wird, dass er als Ebenbild Gottes geschaffen sei, nimmt unter den Lebewesen eine Sonderstellung ein, die ihn von diesen trennt, sind sie doch der Schöpfungsgeschichte zufolge dem Menschen zum Nutzen geschaffen worden. Gleichzeitig aber wird er als Lebewesen, als erstes in der Reihenfolge aller Tiere verstanden, was bei Linné deutlich wird, der in seiner Ordnung der Vierfüßer dem Menschen den ersten Platz zuteilt.[26] Es zeigt sich die widersprüchliche Sichtweise des 18. Jahrhunderts, in dem der Mensch auf zwei verschiedene Arten, als *homo duplex*, verstanden werden konnte.[27]

Die Wissensordnung, mit deren Hilfe der Erzähler in Pontoppidans Naturgeschichte das Wissen über die norwegische Natur vermittelt, verläuft somit auf einer Ebene unterhalb der Unterscheidung zwischen leblos und lebendig in groben Zügen entlang des Sechstagewerks. Vor einem physikotheologischen Hintergrund scheint eine solche Ordnung zweifellos sinnvoll, umfasst diese Zeitspanne doch die Entstehung der Erde und die Schöpfung sämtlicher Elemente und Kreaturen. Durch eine Ordnung, die einigermaßen der Genesis folgt, ist der Schöpfer nicht von der Naturgeschichte zu lösen. Er wird vielmehr, repräsentiert durch diese gewählte Gliederung, unablässig in Erinnerung gerufen.

Die Makroordnung in *Norges naturlige Historie* weist Ähnlichkeiten zu Debes' Disposition in der Beschreibung der Färöer auf, die für Pontoppidans Naturgeschichte immer wieder Vorbildcharakter hat: Nach der Einleitung beginnt Debes' Abhandlung mit der Beschreibung der geographischen Verhältnisse der Färöer. Die zwei darauf folgenden Kapitel handeln von Mineralien, Pflanzen, Tieren, Vögeln und Fischen. Danach wird in zwei Kapiteln der Fokus auf die färöische Bevölkerung gerichtet: „Færœes Bebyggelse/og Indbyggernis Bedrifter" und „Om Indbyggernis Qvaliteter".[28] Der Erzähler schildert die Siedlungen auf den Färöern, er berichtet, wovon die färöische Bevölkerung lebt und wodurch sie sich auszeichnet. Es schließen sich weitere Kapitel zur Politik und Religion an. Das Ende von Debes Färöerbeschreibung bildet das Kapitel „Om Spøgelser oc Satans Anfectelser udi Færœe", das von Gespenstern und Teufelsprüfungen handelt.[29] Wie bei Pontoppidans Text ist bei der Abhandlung von Debes

---

[26] Lepenies (1988), S. 36. Lepenies, Wolf. *Autoren und Wissenschaftler im 18. Jh. Buffon, Linné, Winckelmann, Georg Forster, Erasmus Darwin.* München/Wien, 1988.
[27] Lepenies (1988), S. 36.
[28] Debes (1963), S. 172 und S. 238.
[29] Debes (1963), S. 319.

die zentrale Position des Menschen in der Natur zu erkennen. Der Mensch nimmt eine Art Schlüsselposition ein. Obwohl es parallel zur Ordnung in *Norges naturlige Historie* zwei Kapitel gibt, die sich den Kapitelüberschriften zufolge nur mit der Bevölkerung des beschriebenen Gebiets und ihrer Lebensweise befassen, ist der Mensch gleichzeitig in allen anderen Kapiteln präsent. Die Ordnungen auf Kapitel- und Paragraphenebene entstehen somit immer wieder basierend auf dem Verhältnis zwischen dem Beschriebenen und dem Menschen. Trotz der zentralen Position des Menschen gegenüber den beschriebenen Dingen werden die Elemente des Wissens in Pontoppidans Naturgeschichte aber nicht nur nach dem einen Ordnungskriterium, der Beziehung zum Menschen, geordnet. Sie kommen nicht wild durcheinander daher – eine Möglichkeit, die ebenfalls hätte in Betracht gezogen werden können in der Form von sogenannten Miszellaneen –, sondern in Anlehnung an die Struktur der Genesis.[30]

Die Ordnung in Pontoppidans Naturgeschichte ist auf dieser ersten Ebene auch mit Teil I von Hans Strøms *Physisk og Oeconomisk Beskrivelse over Fogderiet Søndmør*, die einige Jahre nach *Norges naturlige Historie* erschien, vergleichbar. Dieser beginnt mit einem Kapitel über die geographische Lage und die Topographie mit Hinweisen auf Erd- und Gesteinsarten. In Kapitel II folgen die Pflanzen des Gebiets inklusive der Seegewächse, darauf die Vierfüßer, die Würmer und die Insekten. Im vierten Kapitel werden die Vögel abgehandelt, in Kapitel V die Fische. Auf die Beschreibung der allgemeinen Verhältnisse des Gebiets, der leblosen Elemente und der Kreaturen folgen wie bei Pontoppidan vier Kapitel, die vor allem volkskundlich ausgerichtet sind. Was im ersten Teil von Strøms Abhandlung bei einem Vergleich mit Pontoppidans gesamter Naturgeschichte auf dieser Makroebene fehlt, ist ein spezifisches Kapitel über die Meermonster.[31]

4.2 Unterordnungen

Die 18 Kapitel der Naturgeschichte weisen unterschiedliche innere Ordnungen auf. Gemeinsam ist ihnen aber eine Gliederung in Paragraphen und, abgesehen von denjenigen Kapiteln, die mit dem vorhergehenden eine Einheit bilden, wie beispielsweise Kapitel VI in Teil II „Fortsettelse af forrige", „Fortsetzung des vorigen von den Fischen und Fischereien", das auf Kapitel V „Om Norges Fiske og Fiskerier i salte og ferske Vande", „Von den Fischen und Fischereien", folgt, eine Einleitung in den neuen Wissensbe-

---

[30] Mit Miszellaneen werden Texte bezeichnet, in welchen zusammengetragenes Wissen lose gruppiert oder aber ganz ohne Anordnung in Themenbereiche vollkommen frei und vermischt präsentiert wird. Miszellaneen versprechen sich durch ihre Präsentation von Wissen „that a fortuitous arrangement added variety to the pleasure of reading" (Blair, 2007, S. 295). In einem Anhang angefügte alphabetische Indexe gestalten diese Textsorte leserfreundlicher, indem sie das in solchen Texten gesammelte Wissen leichter zugänglich machen.

[31] Strøm (1762), Band 1.

reich meist in Form des ersten Paragraphen. Gleichzeitig stellt dieser einleitende Paragraph eine Verbindung zum vorherigen Kapitel her. Kapitel II des ersten Teils beginnt folgendermaßen:

> Den Adskillighed, som jeg allerede har viist at findes i Norge [...] kand og tillegges Landet selv, betragtet i sine adskillige og meget ulige Grunde af Jord, Sand, Klipper og andre Steen-Arter, samt Mineralier og deslige, hvorom jeg vil give den liden Efterrettning, jeg kand, indtil andre, som bedre maatte være i Stand dertil, giøre det fuldkommeligere, og tage maaskee dertil Andledning af dette ufuldkomne Forsøg (Pontoppidan, 1977a, S. 57f.).

> Die Verschiedenheit, die, wie ich bereits gezeigt habe, in Norwegen, was Luft, Licht, Wärme, Kälte, Feuchtigkeit und Winde betrifft, zu finden ist, kann auch vom Lande selbst gesagt werden, wenn man es nach seinem verschiedenen Grund und Boden, als an Erde, Sand, Felsen und andern Steinarten, nebst Mineralien und dergleichen betrachtet. Daher will ich davon so viel Nachricht geben, als ich geben kann, bis andere, die dazu besser geschickt sind, vollkommenere Nachrichten liefern, oder auch vielleicht aus diesem unvollkommenen Versuche Gelegenheit dazu nehmen (Pontoppidan, 1753, S. 65f.).

In diesem einleitenden Satz werden die Lesenden in Anknüpfung an Kapitel I „Om Luften, og det som deri ytrer sig", „Von der Luft und von dem, was sich darinnen äussert", durch einen Parallelismus über die zu erwartende Vielfalt des zweiten Kapitels „Om Norges Grunde, Fielde og hvad derved er merkværdigt", „Vom Grund und Boden des Landes", informiert. Nicht nur das Klima gestaltet sich in Norwegen äußerst unterschiedlich, sondern auch die Beschaffenheit des Bodens. Noch deutlicher kommt die verbindende Funktion der Einleitung in derjenigen zu Kapitel VI in Teil I „Om Norges Væxter i Vandet", „Von den Seegewächsen des Landes", zum Ausdruck:

> Hidintil er givet ald den Oplysning jeg formaaer at give om Norges Land-Væxter. Søe-Væxterne angaaende, da ønskede jeg vel at kunde berette derom til den curieuse Læseres fornøyelige Indsigt i Naturens Rige (Pontoppidan, 1977a, S. 240).

> Bisher habe ich alle Nachrichten von den Gewächsen des Landes in Norwegen mitgetheilet, die ich mitzutheilen vermögend war. Die Seegewächse betreffend, so wünsche ich zwar, dass ich davon, die Einsicht des Lesers in dem Reiche der Natur zu vergnügen, etwas mehr berichten könnte (Pontoppidan, 1753, S. 265).

Der erste Satz des neuen Kapitels bildet einen zusammenfassenden Abschluss des vorhergehenden Kapitels, dessen Untersuchungsobjekte, die Landgewächse, im letzten Wort noch einmal erwähnt werden. Damit weisen sie, nur durch einen Punkt getrennt, eine enge Verbindung mit den neuen Forschungsobjekten, den Wassergewächsen auf.

4.2 Unterordnungen

Gleichzeitig wird aber mit der Trennung durch die Interpunktion ein Wechsel signalisiert.

Wie in den oben zitierten einleitenden Bemerkungen festzustellen ist, sind die Kapiteleinleitungen immer von einer gleichwertigen zweiteiligen Struktur: Zuerst wird das zuvor abgehandelte Wissensgebiet erwähnt, dann das darauf folgende: „Næst efter Norges fireføddede Dyr, skulle ogsaa handles om dets Orme, Insecter og deslige krybende eller flagrende Creature" (Pontoppidan, 1977b, S. 55), „Nachdem man die vierfüssigen Thiere Norwegens betrachtet hat, so soll nun auch von dem Gewürme, von den Insekten und andern dergleichen kriechenden und flatternden Thieren geredet werden" (Pontoppidan, 1754, S. 64).

Eine Ausnahme hinsichtlich der Bezugnahme zum vorausgegangenen Kapitel im ersten Paragraphen des darauf folgenden bildet Kapitel III in Teil II „Om Norges tamme og vilde Land- og Vand-Fugle", „Von den Vögeln": Das ihm vorangestellte Kapitel „Om Norges Orme og Insecter", „Vom Gewürme und von den Insekten", wird mit keiner Silbe angesprochen. Vielmehr beginnt der einleitende Paragraph folgendermaßen: „I Norges naturlige Historie udgiør Fuglenes og end meere Fiskenes Beskrivelse tvende af de betydeligste Hoved-Stykker" (Pontoppidan, 1977b, S. 91), „Die Beschreibung der Vögel, noch mehr aber der Fische, machen in der natürlichen Historie von Norwegen zwey der beträchtlichsten Hauptstücke aus" (Pontoppidan, 1754, S. 105). Es findet kein Rückblick, sondern eine Vorschau auf das darauf folgende Wissensgebiet statt. Die zweite Ausnahme bildet Kapitel V in Teil II „Om Norges Fiske og Fiskerier i salte og ferske Vande", „Von den Fischen und Fischereien". Auch hier fehlt jeglicher Bezug zum vorhergehenden Kapitel.

Ebenfalls in den einleitenden Zeilen eines ersten Paragraphen oder noch vor dessen Beginn erscheinen Hinweise über die Prinzipien des Erzählers, nach welchen er die einzelnen Kapitel geordnet hat. Dazu ein Beispiel:

> Næst Norges Væxter eller vegetabiliske Afgrøde følger i den Orden, jeg har foresat mig, adskillige særdeeles Steen-Arter, med deri skiulte Metaller og Mineralier at tage i Betragtning (Pontoppidan, 1977a, S. 261).

> Nach den Gewächsen und Pflanzen in Norwegen folgen der Ordnung nach, die ich nur vorgeschrieben habe, verschiedene insonderheit Steinarten, mit denen darinn verborgenen Metallen und Mineralien (Pontoppidan, 1753, S. 286).

Aus diesem und anderen Zitaten schließend gehe ich davon aus, dass sich die Ordnungen in *Norges naturlige Historie* nicht einfach im Verlauf des Schreibprozesses ergeben haben, sondern bewusst angelegt wurden. Zu Beginn von Kapitel IV im ersten Teil „Om Norges Afgrøde i Væxter og Vegetabili", „Die Fruchtbarkeit Norwegens in verschiedenen Gewächsen, Pflanzen und Stauden", reflektiert der Erzähler beispielsweise die gewählte Ordnung, mit der er Wissen über die norwegischen Pflanzen vermittelt:

> Efter at hidindtil er handlet om Norges Luft, Grunde og Vande i Almindelighed, og jeg nu fremdeeles maa foretage mig en Opregnelse af de døde og levende Ting, som findes i disse Elementer, da synes mig ordentligst, her at forestille først Jordens umiddelbare Afgrøde i Korn, Græs, Urter, Træer og allehaande Væxter, eller hvad der henhører ad regnum vegetabile (Pontoppidan, 1977a, S. 154).

> Nachdem bisher von der Luft, dem Grunde, und dem Wasser in Norwegen insgemein gehandelt worden, und ich nun ferner einen Aussatz von den todten und lebendigen Dingen, die in diesen Elementen gefunden werden, vortragen muss: so scheint es mir am ordentlichsten zu seyn, zuerst die unmittelbare Fruchtbarkeit der Erde an Korn, Gras, Wurzeln, Bäumen und allerhand Gewächsen vorzutragen, oder was sonst zum Pflanzenreiche gehört (Pontoppidan, 1753, S. 174).

Die Ordnung wird gewählt, weil sie dem Erzähler zu diesem Zweck am meisten zu taugen scheint. Unabhängig davon, ob sich die Objekte aufgrund des direkten Verhältnisses zueinander oder in einer indirekten Ordnung hintereinanderreihen, liegt dem Erzähler viel an einer geordneten Darstellung:

> Spørger man hvad for Slags Træer de Norske Skove bestaae af, da ere vel de almindeligste Fyr og Gran. Dog vil jeg stræbe at bringe dem alle, ligesom Urterne, efter den Kundskab jeg derom har kundet faae, i en ordentlig Fortegnelse (Pontoppidan, 1977a, S. 222).

> Fraget man, aus was für Gattungen von Bäumen die nordischen Wälder bestehen? [sic] so sind wohl die allgemeinsten Tannen und Fichten. Ich will mich aber bemühen, sie alle, so wie die Kräuter, und so viel ich davon habe erfahren können, in folgendem Verzeichnisse anzumerken (Pontoppidan, 1753, S. 247).

Die Objekte, in diesem Zitat die Bäume, sollen nicht mittels einer Hierarchie, die auf der Häufigkeit ihres Vorkommens gründet, beschrieben werden, sondern „i en ordentlig Fortegnelse", in einem geordneten Verzeichnis; eine Anmerkung, die in der deutschen Übersetzung nicht berücksichtigt wird. Inwiefern neben dem Autor auch der Setzer beziehungsweise der Verleger auf die gewählten Ordnungen Einfluss nahmen, ist nicht auszumachen und wird hier nicht weiter untersucht.

4.2.1 Offene und geschlossene Kapitelordnungen

Nimmt man die einzelnen Kapitel auf ihre innere, nach Paragraphen geordnete Struktur hin genauer unter die Lupe, kann eine grundlegende Feststellung gemacht werden: Einige Kapitel zeichnen sich mehrheitlich durch eine offene und zirkuläre Ordnung

4.2 Unterordnungen

aus, andere wiederum sind geprägt von Linearität, von einer In-sich-Abgeschlossenheit; eine Abgrenzung, die in Antonio Loprienos Text *Von Wörterbuch und Enzyklopädie* verwendet wird.[32] Offene und tendenziell zirkuläre Anordnungen haben narrativen Charakter, die in sich abgeschlossenen Anordnungen sind geprägt von Serialität.

Durch die erste Anordnungsform können die geschilderten Phänomene und Objekte in Verbindung mit dem in anderen Paragraphen desselben Kapitels erläuterten Wissen stehen. Es ist möglich, dass sie die Voraussetzung für die Beschreibung eines weiteren Phänomens in einem folgenden Paragraphen bilden oder sich auf bereits im Kapitel angesprochenes Wissen beziehen. Solche Kapitel sind von zirkulärem Charakter, ihre geschilderten Elemente des Wissens sind in einen über die Paragraphengrenzen hinausgehenden Kreislauf eingebettete Teile. Dies ist beispielsweise im zwölf Paragraphen umfassenden Kapitel II über die Insekten Norwegens in Teil II sichtbar. Bis auf die Bemerkung, dass in *Norges naturlige Historie* die Bezeichung ‚Orme og Insecter' so weitläufig verstanden werde, wie dies der große französische Insektenforscher des 18. Jahrhunderts, René-Antoine Ferchault de Réaumur, in *Memoires pour servir à l'histoire des Insectes* tue, erfahren die Lesenden nichts Konkretes über die verwendete Ordnung. Was unter ‚weitläufig' verstanden wird, erläutert der Erzähler mit einem Zitat von Réaumur:

> Les anneaux dont le corps d'une infinité de petits animaux est composé, les especes d'incisions qui se trouvent à la jonction de deux anneaux, leur ont aparemment fait donner le nom d'Insectes, qui aujourd'hui n'est plus restraint à ceux qui ont de pareilles incisions. On n'éhsite [sic] pas à mettre une limace dans la classe des insectes, quoiqu'elle n'ait point d'anneaux distincts &c. (Pontoppidan, 1977b, S. 56f.).

Beim Lesen des Kapitels über die Würmer und Insekten fallen die Unterschiede bezüglich der Ausführlichkeit der jeweiligen Beschreibungen und die zahlreichen Bereiche, aus welchen Wissen geschöpft wird, auf. Es schimmert kein Kriterienkatalog durch, nach dem die Insekten beschrieben werden. Weder Farbe, Gestalt und Größe noch die geographische Verbreitung in Norwegen werden bei allen erwähnten Insekten angegeben. Auf den ersten Blick könnte diese äußerst offene Beschreibungsstruktur mit der Aussage gleich zu Beginn des Kapitels „Om Norges Orme og Insecter", „Vom Gewürme und von den Insekten", zusammenhängen:

> Men denne Artikel bliver ikkun liden [...] fordi jeg hidindtil har fundet allermindst Leilighed til at giøre saa nøye Undersøgelser i den Materie, som Fornødenhed kunde udkræve, helst efter at Seculi Smag just heri er bleven særdeles delicat (Pontoppidan, 1977b, S. 55f.).

---

[32] Loprieno (2008), S. 11. Loprieno, Antonio. *Von Wörterbuch und Enzyklopädie*. Basler Universitätsreden. 106. Heft. Rektoratsrede gehalten an der Jahresfeier der Universität Basel am 28. November 2008. Basel, 2008.

> Allein dieser Artikel wird […] nur geringe seyn: […] weil ich bisher die allerwenigste Gelegenheit gefunden habe, so genaue Untersuchungen in dieser Materie anzustellen, als es die Nothwendigkeit erfordern mögte, vornehmlich da der Geschmack unserer Zeiten […] besonders fein darinn geworden (Pontoppidan, 1754, S. 64f.).

Inwiefern die Ordnung in diesem Kapitel damit zusammenhängt, dass die Insektenforschung Mitte des 18. Jahrhunderts noch in den Kinderschuhen steckte, ist schwierig zu beurteilen, finden sich doch andere Kapitel in *Norges naturlige Historie*, die eine ähnlich lockere Struktur aufweisen. Tatsache ist aber, dass nicht alle der geschilderten Insekten, Würmer und Schlangen einen Namen tragen. Sie werden oft mit übergreifenden Bezeichnungen benannt, beispielsweise mit ‚Wasserschlange'[33] oder ‚Schlange mit mehreren Köpfen'[34], mit ‚kleine Würmer'[35] oder mit ‚Würmer', von denen behauptet wird, dass sie ‚mit dem Schnee kommen.'[36]

Kapitel, in welchen eine Serialität der Beschreibungs- und Argumentationsmuster vorherrschend ist, sind geprägt von Auflistungen, die Ähnlichkeiten mit reinen Klassifikationssystemen aufweisen. Einzelne Elemente werden gleichwertig nebeneinandergestellt und nach ähnlichen Kriterien abgehandelt. Solche Kapitel zeichnen sich aus durch eine gewisse Reduktion oder das gänzliche Fehlen narrativer Elemente. Eine solche Organisationsform von Wissen wirkt geschlossen und ist im Gegensatz zur oben beschriebenen zirkulären Struktur linear. Die einzelnen Wissenselemente werden ähnlich einem ausführlichen Wörterbuch einzeln beschrieben. Sie bilden nicht Ausgangspunkt anderer Beschreibungen von Objekten und Phänomenen und beruhen nicht aufeinander, bisweilen werden jedoch ähnliche Objekte zum Vergleich oder zur Verdeutlichung herangezogen. Die Objekte und Phänomene werden auf der Grundlage unterscheidender Merkmale geschildert. Die vier Gesteinsarten, die der Erzähler zum Beweis des Schmelz- und Erstarrungsprozesses von Gestein zur Zeit der Sintflut heranzieht, schildert er ohne narrative Elemente nach Kriterien der Form, der Farbe und der Oberflächenstruktur, die vom Erstarrungsvorgang des ehemals flüssigen Materials geprägt ist. Dabei verbleibt das beschriebene Wissen lokal bei den beschriebenen Objekten und setzt sich nicht über die örtliche Grenze der Stelle, an der es vermittelt wird, hinweg. Die Richtung, in die diese Struktur weist, kann folgendermaßen verdeutlicht werden: Es geht hier nicht um die „Ordnung der Dinge, sondern [um] eine Ordnung der Begriffe […], eine nur am zu definierenden Material orientierte Darstellung" (Loprieno, 2008, S. 10). Das Pendeln zwischen der Ordnung der Dinge und der Ordnung der Begriffe bei dieser Art, Wissen zu ordnen, kommt bei der Anordnung von Wissens-

---

[33] Pontoppidan (1977b), S. 62.
[34] Pontoppidan (1977b), S. 61.
[35] Pontoppidan (1977b), S. 69.
[36] Pontoppidan (1977b), S. 72.

4.2 Unterordnungen

elementen in alphabetischer Reihenfolge besonders zur Geltung: Primär stehen dabei die Begriffe von Objekten und Phänomenen eines bestimmten Wissensgebiets im Zentrum, die in eine Ordnung gebracht werden sollen, und nicht die damit bezeichneten Objekte.

In gewissen Kapiteln wird das Wissen aber auch beiden Ordnungsmustern – dem offenen und dem geschlossenen – folgend vermittelt. Zur Illustration unterziehe ich im Folgenden das Kapitel „Om Norges Grunde, Fielde og hvad derved er merkværdigt", „Vom Grund und Boden des Landes", einer kurzen Analyse. Zuerst wird darin in offener Struktur aus verschiedenen Perspektiven Wissen über das geographische Gebiet Norwegens vermittelt: über die großen Gebirgszüge, über Hügel, über Höhlen. Zwei Paragraphen widmen sich vor allem den Auswirkungen der Sintflut auf die Erdoberfläche und damit verbunden der Entstehung von Bergen, Klippen und kleineren Steinen, während schließlich die Vor- und Nachteile des Gebirges für Norwegen und die Bevölkerung Norwegens beleuchtet werden. Die einzelnen Wissenselemente sind locker miteinander verbunden und überkreuzen sich. Sie stehen miteinander in einem Zusammenhang und verweisen aufeinander. Der Erzähler sucht nicht nach einzelnen sich unterscheidenden Merkmalen, um das Wissen, die Phänomene voneinander zu trennen. Das Ziel ist vielmehr, die Entstehungsgeschichte der Erde und ihr Zustand zur Entstehungszeit von *Norges naturlige Historie* miteinander zu verknüpfen, wozu eine Vielzahl von narrativen Elementen dient. Innerhalb des eher offen strukturierten Kapitels II wird aber in Paragraph II „Dets adskillige Jord-Arter af Muld, Sand, Leer, Torv, Myr ec.", „Verschiedene Arten der Erde daselbst, als feine Erde, Leim, Sand, Turf, Myr u.s.w.", ansatzweise eine andere Ordnung von Wissen sichtbar, was bereits im ersten Satz zum Ausdruck kommt:

> Jord-Arten er her som i andre Lande meget adskillig, bestaaende af sort Muld, Sand, Leer, Kalk, Gruus, Torv, Henge-Dynd og deslige. Mange Steder findes alle disse i tyndere og tykkere Stratis eller Lag liggende over hinanden, og afvexlede vel tre eller fire gange, hvor man i dyb og tør Grund maa grave efter Brøndvand (Pontoppidan, 1977a, S. 59).

> Die Erdarten sind hier so wie in andern Ländern sehr verschieden, und bestehen aus schwarzer Erde, Sand, Leim, Kalk, Steingriess, Turf, Schlamm und dergleichen. An manchen Orten findet man alle diese Arten in dünnern oder dickern Lagen über einander liegen, und auch wohl in einer drey- oder vierfachen Abwechslung, wenn man in einem tiefen und trockenen Boden nach Brunnenwasser graben muss (Pontoppidan, 1753, S. 67).

In tendenziell objektiver Weise sind im ersten Satz die verschiedenen Erdarten Norwegens, nur durch Kommas getrennt, aufgereiht. Der darauf folgende Satz vermittelt allgemeines Wissen über das Vorkommen dieser Erdarten in der Natur. Anschließend folgt die Abhandlung der Erdarten in derselben Reihenfolge, wie sie im Paragraphentitel angeordnet sind. Es wird aber weder auf den im ersten Satz des Paragraphen erwähnten Kalk noch auf den Kies eingegangen, dafür erscheint am Ende der aufeinander folgend beschriebenen Materialien im Haupttext ein zusätzlicher Abschnitt über Steinkohle.[37] Pro Material liegen jeweils ein oder zwei kleinere Abschnitte vor. Die Syntax innerhalb der Abschnitte zu den einzelnen Erdarten zeichnet sich bei allen Beschreibungen durch lange Sätze aus, in denen die Wissenselemente durch Kommas aneinandergereiht sind:

> Den sorte Jord eller Muld, som gemeenlig skiuler de øvrige Strata, er her saa fiin, feed og beqvem til alle Slags Vexter, at naar ikke Vinter-Kulden, som dog i Bergens Stift sielden skeer, gjør nogen Skade, da lønner den rigelig Bondens Arbeyd med 5, 6, à 7 ja undertiden fleere Fold Frugt, bestaaende mestendeels i Havre og Byg, samt lidet Rug, og paa nogle Steder Erter og Boghvede (Pontoppidan, 1977a, S. 59).

> Die schwarze Erde oder Muld, die gemeiniglich die übrigen Lagen bedecket, ist allhier so fein, fett und zu allen Arten der Gewächse bequem; daher, wenn die Winterkälte nicht einigen Schaden thäte, welches doch im Stifte Bergen selten geschiehet, so würde dem Bauer seine Arbeit noch besseren Nutzen bringen, die ohnedies mit 5, 6, 7, ja zuweilen mit einer vielfältigern Frucht belohnet wird; die Frucht aber bestehet meistentheils in Haber und Gerste, wie auch etwas Rocken, und an einigen Orten in Erbsen und Buchwaitzen (Pontoppidan, 1753, S. 67).

In nur einem Satz wird Wissen über den Humus, über zwei Bezeichnungsmöglichkeiten, über sein Vorkommen, seine Qualität und seine Verwendung vermittelt. Weiter wird im selben Satz über die zu erwartende Menge und Zusammensetzung der Ernte aufgeklärt.

Bei den sechs in diesem Paragraphen beschriebenen Erdmaterialien werden bestimmte Kriterien, nach welchen Wissen vermittelt wird und nach welchen sich eine Ordnung ergibt, sichtbar. Über das Vorkommen in Norwegen wird bei allen Beispielen berichtet. Ebenso findet sich in allen sechs Beschreibungen ein historischer und/oder wissenschaftlicher Teil. Fünf Materialbeschreibungen weisen Angaben zur Verwendung verbunden mit Aussagen über Nutzen und wirtschaftlichen Gewinn auf. Bei den ersten vier beschriebenen Materialien, der schwarzen Erde, dem Sand, dem Lehm und dem Torf, stimmt noch ein weiteres Beschreibungsmuster überein: Die Beschaffenheit des Materials, das heißt Farbe und/oder Konsistenz. Die vier Materialien weisen folglich eine vierteilige Beschreibungsordnung auf, die an dieser Stelle kurz skizziert werden soll. Das erste Kriterium, das bei allen vier Materialien übereinstimmt, ist die Beschreibung der Beschaffenheit des Materials:

---
[37] Pontoppidan (1977a), S. 64.

4.2 Unterordnungen

> Sand falder her sielden af det hvide Slags, som da tillige er fiint, meest bruunt og graaagtig, derhos ved Hav-Siden gierne meget grovt, eller bestaaende af smaa Steene, hvilket endelig kand siges om alle Sandkorn, men særdeles om dem, hvis Malm er saa haard, at den mindre knuses og slides (Pontoppidan, 1977a, S. 60).

> Weissen und ingleichen feinen Sand hat man allhier selten, er ist meist braun und fällt ins graue, dabey auch an der Seeküste insgemein sehr grob, indem er aus kleinen Steinchen bestehet; welches man zwar von allen Sandkörnern sagen kann, insonderheit aber von den hiesigen, deren Materie so hart ist, dass sie weniger auseinander gehen oder zu zerstreuen sind (Pontoppidan, 1753, S. 69).

Mit den Informationen über Farbe und/oder Konsistenz verbunden oder daran anknüpfend wird über das Vorkommen des jeweiligen Materials in Norwegen berichtet:

> Leer, baade guult og blaat, findes her i Fiordene, men sædvanligere over alt i Oplandet, særdeeles paa Hedemarken og ved Christiania, saavel som Tronhiem (Pontoppidan, 1977a, S. 61).

> Leim, so wohl gelber als blauer, wird hier in den Einbuchten gefunden, aber noch gewöhnlicher überall weiter hinauf im Lande, insonderheit auf Hedemarken und bey Christiania, wie auch bey Drontheim (Pontoppidan, 1753, S. 70).

Darauf folgen als weitere Wissenselemente Angaben über die Verwendung des Materials im Alltag kombiniert mit dem Gewinn daraus. Zur Illustration dieses Beschreibungskriteriums wird das oben begonnene Zitat gleich weitergeführt:

> [...] hvor man siden har begynt at bruge den til Pottemager-Arbeyd, og fundet en Muelighed i at undvære fremmed Arbeyde af det Slags, om man eller allevegne giorde det samme. Til Tegl-Brænderie bruges den ikke ret meget [...] Imidlertid vil man, særdeeles paa Landet, efterhaanden vel lære at bruge Leer til Tag-Steene [...]. Andre fiinere og federe Sorter af Leer, som ventelig kunde bruges for sin sorte-bruune og guule Farge til Maler-Arbeyd, findes her og der (Pontoppidan, 1977a, S. 61f.).

> [...] wo man vor kurzer Zeit erst hat angefangen, ihn zu Töpferarbeit zu gebrauchen, und dadurch es möglich gemacht, fremde Töpferarbeit zu entrathen, wie man dergleichen sonst überall zu thun pflegt. Zum Ziegelbrennen wird er nicht sonderlich gebraucht [...]. Inzwischen wird man, sonderlich auf dem Lande, nach und nach wohl lernen, den Leim zu Dachsteinen zu gebrauchen [...]. Andere feinere und fettere Gattungen von Thon, die man vermuthlich wegen ihrer schwarzbraunen und gelben Farbe zu Malereyen gebrauchen könnte, wird hier und da gefunden (Pontoppidan, 1977a, S. 70).

Das vierte und letzte gemeinsame Beschreibungskriterium, das bei schwarzer Erde, Sand, Lehm und Torf auszumachen ist, besteht aus einem historischen und/oder wissenschaftlichen Hinweis auf die Wirtschaftlichkeit oder die Entstehung und die Geologie des jeweiligen Materials oder aus einem Ereignis, das mit diesem im Zusammenhang steht:

> Som nu denne Torv her og andensteds, ofte paa nogle Alens Dybhed, har mange Greene og Rødder, ja undertiden heele store, og formedelst Harpixens Fedme ufortærede Stammer af Fyr- og Grane-Træ i sig, saa seer man, at Grunden der maa være efterhaanden opfyldt, og ligesom opvoxet ved en Blanding af Blade, Grene, Mos, Rør og deslige Ting, som man med nogle Philosophis ikke kand negte en germinerende Kraft til at opvoxe paa nye (Pontoppidan, 1977a, S. 62).

> Da nun dieser Turf hier und anderwärts oft in der Tiefe von einigen Elen viele Zweige und Wurzeln hat, ja zuweilen sehr grosse, und wegen der Fettigkeit des Harzes unversehrte Stämme von Tannen und Fichten: so sieht man, dass der Grund daselbst nach und nach muss aufgefüllt, und durch eine Vermischung von Blättern, Zweigen, Moos, Wurzeln und dergleichen Dingen gleichsam aufgewachsen seyn, denen man mit einigen Philosophen eine wieder ausschlagende oder sich erneuernde Kraft, aufs neue wieder aufzuwachsen, die zwar langsam wirket, nicht absprechen kann (Pontoppidan, 1753, S. 71).

Die beiden anderen der insgesamt sechs Materialbeschreibungen, Schlamm und Steinkohle, differieren von den bereits näher betrachteten aufgrund ungleicher Ausgangslagen bis auf die zwei beziehungsweise drei erwähnten gemeinsamen Beschreibungskriterien. Bei der Beschreibung des Schlammes fehlen die Elemente der Verwendung in Hinblick auf Nutzen und Gewinn und wie bei der Steinkohle dasjenige der Beschaffenheit des Materials, da nichts über Konsistenz und Farbe ausgesagt wird.

Die Beschreibung der Steinkohle gründet auf einer besonderen Ausgangslage: Schwarze Erde, Sand, Lehm, Torf und Schlamm kommen in Norwegen erwiesenermaßen vor, das Vorkommen von Steinkohle hingegen ist zur Zeit, in der *Norges naturlige Historie* erscheint, nicht gesichert. Es gibt nur Geschichten darüber, die dem Erzähler nicht genügend verlässlich erscheinen. Drei der oben erwähnten vier Beschreibungselemente sind vorhanden, sie stehen aber in einer anderen Reihenfolge: Zuerst wird im Konjunktiv über mögliche Vorkommen spekuliert, dann folgt ein historisches Ereignis. Daran knüpft ein wissenschaftlicher Teil über Hinweise auf Steinkohlevorkommen an. Den Abschluss bilden ein mögliches Verwendungsszenario von Steinkohle im Alltag und der damit verbundene wirtschaftliche Gewinn.

Fällt die Strukturierung des Wissens bei der Steinkohle wegen grundsätzlich anderen geologischen Voraussetzungen anders aus, geschieht dies bei der Beschäftigung mit dem Schlamm vor dem Hintergrund eines anderen Faktums: Der Schlamm dient nach

4.2 Unterordnungen 173

Meinung des Erzählers zu nichts, er weist ihm erstaunlicherweise keinen Zweck zu, sondern schildert ihn ausschließlich als gefährlich und mühsam. Er schafft unpassierbare Stellen und verursacht der Allgemeinheit viel Aufwand. Im Vergleich zu den anderen vier Beschreibungen, in denen jeweils ein Nutzen oder ein Gewinn des Materials ersichtlich ist, fehlen hier jegliche Hinweise auf eine gut eingerichtete, ausbalancierte Natur und auf die ziel- und zweckbestimmte Ordnung des gesamten Systems. Das Negative wird nicht ins Positive gedreht, eine Tatsache, die in der von physikotheologischen Argumenten durchzogenen *Norges naturlige Historie* auffällig ist, sind doch nach einer solchen Auffassung alle natürlichen Objekte zu einem bestimmten Zweck geschaffen, die in ihrer Gesamtheit das Gleichgewicht in der Natur ausmachen.

Im Gegensatz zur übrigen Ordnung des zweiten Kapitels „Om Norges Grunde, Fielde og hvad derved er merkværdigt", „Vom Grund und Boden des Landes", die sich durch auf unterschiedlichen Ebenen locker miteinander verbundenen Wissenselementen auszeichnet, lässt sich die Struktur des zweiten Paragraphen trotz gewisser narrativer Elemente durch Linearität und Eindimensionalität charakterisieren. Die einzelnen Materialien werden einem Muster ähnlicher Kriterien folgend abgehandelt, wodurch die sie unterscheidenden Merkmale für die Lesenden sichtbar werden. In das mehrheitlich offen strukturierte zweite Kapitel ist somit ein Paragraph von eher geschlossener Struktur eingebunden.

Bei der Betrachtung dieser zwei möglichen Ordnungen, der offenen und der geschlossenen, sind Zusammenhänge zwischen dem Inhalt und der gewählten Ordnung auszumachen: Werden Objekte wie beispielsweise Vögel, Fische oder Schalentiere beschrieben, wird meist auf ein klassifizierendes, abstraktes und ansatzweise in sich geschlossenes System zurückgegriffen. Bei der Beschreibung der Elemente Luft, Erde und Wasser und der Erklärung der sich jeweils in diesen zeigenden Phänomene wird tendenziell eine Ordnung sichtbar, die sich durch eine offenere narrative Struktur auszeichnet. Bei der Analyse der verwendeten Wissensordnungen von *Norges naturlige Historie* zeigt sich aber, dass innerhalb der einen Struktur wiederum die andere auftreten kann, dass sich die einzelnen Kapitel selten rein in der einen oder anderen Ausprägung präsentieren.

4.2.2 Direkte und indirekte Ordnungen

Kapitel IV des ersten Teils bis und mit Kapitel VIII des zweiten Teils von *Norges naturlige Historie* beinhalten Wissen über spezifische Objekte bestimmter Gruppen, beispielsweise der Pflanzen, der Steine, der Vierfüßer oder der Fische. Innerhalb der Kapitel sind direkte und indirekte Ordnungen von Wissen auszumachen. Mit direkten Ordnungen von Wissen bezeichne ich Gliederungen, die durch die direkte Abbildung der Beziehungen einzelner Elemente des Wissens primär zum Menschen, aber auch untereinander zustandekommen. Im Gegensatz dazu stehen indirekte Ordnungen, Nummerierungen oder Ordnungen, die auf dem Alphabet gründen. Bei indirekten Ordnungen werden Elemente des Wissens entweder nach ihrer Bezeichnung, zum Beispiel nach ihrer Ausprägung in schriftlichen Zeichen gegliedert oder es wird ihnen in einem ersten Schritt ein Zeichen – eine Zahl oder ein Buchstabe – zugeordnet, aufgrund dessen in einem zweiten Schritt die Ordnung hergestellt wird. Sie werden somit nicht wie bei der direkten Ordnung ausgehend vom eigentlichen Bezeichneten geordnet.

4.2.2.1 Direkte Ordnungen

Direkte Ordnungen zeigen sich auf den Ebenen innerhalb der Kapitel oder der Paragraphen. Oft beruhen sie auf Gegensätzen oder sie werden als eine Skala zwischen zwei Polen angelegt, beispielsweise im achten Kapitel von Teil I:

> Det største Verk, som ligger ved Sandsværd i Nummedalen 4 Mile fra Drammen, er for nærværende Tiid, ved Guds Velsignelse, saavit jeg veed, det allerimportanteste og vigtigste i heele Europa, ja mageløst i Henseende til sine gandske massive og gediegene Solv-Aarer (Pontoppidan, 1977a, S. 300).

> Das erste Bergwerk, welches bey Sandsvord in Nummedalen vier Meilen von Drammen liegt, ist in gegenwärtiger Zeit, so viel mir bekannt ist, durch den Seegen Gottes das allereinträglichste und wichtigste in ganz Europa, ja in Ansehung seiner ganz gediegenen Silberadern sonder gleichen (Pontoppidan, 1753, S. 326f.).

oder

> Det største og hidindtil riigeste Kaaber-Verk i Norge, ja siden Faluns Verk i Sverrig nu siges saa got som udtømmet, maaske i gandske Europa, er Røraas-Verk, 20 Mile i Nordost fra Tronhiem, optaget 1644 af Lorentz Lossius, Schichtmester ved Qvikne-Verk (Pontoppidan, 1977a, S. 313f.).

> Das erste und bisher reichste Kupferwerk in Norwegen, ja, nachdem das Werk Falun in Schweden, wie man sagt, so gut als erschöpft ist, vielleicht auch das reichste in ganz Europa, ist das Bergwerk zu Röraas, zwanzig Meilen in Nordost von Drontheim; es ist im Jahr 1644 von Lorenz Losius, dem Scheidemeister bey dem Werke Qvikne, entdecket […] worden (Pontoppidan, 1753, S. 340).

Sowohl die Präsentation der norwegischen Silberwerke als auch die der Kupferwerke folgt einer hierarchischen Ordnung. Die Beschreibungen beginnen mit der größten, beziehungsweise der produktivsten Mine. In der deutschen Ausgabe werden die Werke in derselben Reihenfolge aufgelistet, das produktionskräftigste Werk wird aber jeweils nicht als das größte, sondern als das erste bezeichnet. ‚Der/die/das Erste' wird Peter

4.2 Unterordnungen

Campes Wörterbuch zufolge in drei verschiedenen Bereichen verwendet: Im Zusammenhang mit Zeit und Raum, mit Würde und Wichtigkeit und schließlich mit Ordnungen.[38] Wenn folglich das Kupferwerk von Rørås in der deutschen Übersetzung als das erste Kupferwerk in Norwegen bezeichnet wird, bezieht sich die Auszeichnung ‚das erste' auf seine Vorzüglichkeit und auf seine Position in der vom Erzähler gewählten Ordnung. Ordnungsweisen, die den Ordnungszahlen folgen, können zur Herstellung einer Hierarchie verwendet werden, sie dienen aber auch der indirekten Ordnung von Objekten, wie ich im weiteren Verlauf des Kapitels noch aufzeigen werde.

Eine ähnliche Abfolge vom Großen zum Kleinen und zusätzlich eine Abfolge von an Land zu im Wasser lebenden Objekten ist innerhalb des Kapitels „Om Norges Orme og Insecter", „Vom Gewürme und von den Insekten", in Teil II zu erkennen. Von denjenigen Lebewesen, die in beiden Elementen vorkommen, werden die Ausformungen an Land und im Wasser gleich hintereinander geschildert: Auf die Landschlangen folgen die Wasserschlangen. Dabei werden die Beschreibungen der fliegenden Insekten mit den an Land lebenden vermischt.

Eine Abfolge von klein nach groß beziehungsweise von groß zu riesig ist das ordnende Kriterium in Kapitel VIII des zweiten Teils „Om adskillige lidet bekiendte Monstris Marinis og Udyr i Havet", „Von gewissen Seeungeheuern oder sonderbaren und ungewöhnlichen Seethieren". Wird zu Beginn noch eine Hierarchie sichtbar, die von der Ähnlichkeit mit dem Menschen ausgeht, wechselt das Kriterium ab der Beschreibung der Seeschlangen:

> Søe-Ormen, Serpens marinus, af nogle her til Lands kaldet Aale-Tust, er det andet forunderlige og derhos forskrekkelige monstrum marinum, som fortiener at tages i Betragtning af dem, der med nogen Begiærlighed see sig om efter Herrens store Gierninger, blant hvilke denne næst Kraaken, som siden skal følge, er at ansee for den største (Pontoppidan, 1977b, S. 318).

> Der Seewurm, die Meerschlange, serpens marinus, die von einigen allhier auch Aale-Tust genennet wird, ist das andere wunderbare und dabey erschreckliche Seeungeheuer, welches verdient, von demjenigen in Betrachtung gezogen zu werden, der mit einiger Begierde sich nach den grossen Thaten des Herrn umsiehet, unter welchen es nächst dem Kraaken, von dem wir hernach reden werden, für das grösste Wunder anzusehen ist (Pontoppidan, 1754, S. 368).

Die Ordnung basiert auf dem Größenvergleich unter den Seemonstern. Die Seeschlange gilt als das zweitgrößte *Monstrum Marinum* überhaupt. Nur der Krake ist größer:

---

[38] Campe (1969a), S. 1003. Campe, Peter. *Wörterbuch der deutschen Sprache.* Bd. 1. [1807]. Hildesheim/New York, 1969a.

> Nu kommer jeg til det tredie og uden Tviil i al Verden det allerstørste monstrum marinum, kaldet Kraken, Kraxen eller, som nogle sige, Krabben, forstaae per excellentiam, hvilket Navn synes meest at svare til dette runde, flade og grenefulde Dyrs Beskrivelse (Pontoppidan, 1977b, S. 340).

> Nunmehr komme ich zum dritten und ohne Zweifel zum allergrössten Seeungeheuer in der ganzen Welt, welches Kraken oder Kraxen genannt wird, oder wie einige sagen, Krabben, wegen seiner Vortreflichkeit; welcher Name aber mehr auf die Beschreibung dieses runden, flachen und gleichsam mit Zweigen versehenen Thieres zielet (Pontoppidan, 1754, S. 394).

Der Krake ist nicht nur das größte aller Meermonster, sondern, wie der Titel von Paragraph XI „Kraken, Krabben eller Horven, det allerstørste af alle levende Dyr", „Kracken, Krabben oder Horven, das allergrösste unter allen lebendigen Thieren", aussagt, das größte Tier der Welt überhaupt. Diese riesenhafte Kreatur bildet den Abschluss sämtlicher Beschreibungen der in Norwegen vorkommenden Lebewesen – abgesehen von der norwegischen Bevölkerung.

Direkte Ordnungen gründen in *Norges naturlige Historie* auch auf geographischen Gegensätzen hinsichtlich des Vorkommens der zu ordnenden Objekte, zum Beispiel im ersten Teil in Kapitel V, Paragraph III „Sunde og velsmagende Bær", „Gesunde und wohlschmeckende Beeren":

> Adskillige sunde og velsmagende Bær voxe her i Norge; nemlig først, ligesom i Danmark og andensteds adskillige Slags Kirsebær [...]. Dernæst adskillige Sorter af saadanne Bær, som sielden eller aldeeles ikke voxe uden for Norge og Sverrige, saasom Øxel- eller Asald-Bær (Pontoppidan, 1977a, S. 212).

> Verschiedene gesunde und wohlschmeckende Beeren wachsen hier in Norwegen, nämlich: erstlich, wie in Dännemark und anderwärts verschiedene Arten von Kirschen [...]. Hiernächst findet man viele Gattungen solcher Beeren, die selten oder gar nicht in andern Ländern ausser in Norwegen und Schweden wachsen. Diese sind nun Oexel- oder Asaldbär (Pontoppidan, 1753, S. 236).

Erst nach der Erwähnung der ebenfalls in anderen Ländern bekannten Beeren wie Kirschen, Johannisbeeren oder Brombeeren folgen die dem Erzähler zufolge endemischen Beeren Norwegens. Die Ordnung basiert also auf den Kriterien ‚fremd' und ‚einheimisch'.

Eine andere Form von geographischem Gegensatz, die ordnungsbildend ist, findet sich im ersten Paragraphen „Orden og Afdeeling", „Ordnung und Abtheilung", von Kapitel III, Teil II „Om Norges tamme og vilde Land- og Vand-Fugle", „Von den Vögeln". Im ersten Abschnitt des Paragraphen distanziert sich der Erzähler zwar deutlich von den verschiedenen Klassen, die ausgehend von bestimmten Merkmalen zur Einteilung

4.2 Unterordnungen

der Vogelarten errichtet werden. Er verweist auf die Unzulänglichkeiten dieser Klassen, die Zeitgenossen und Forscher vor seiner Zeit verwenden und verwendeten. Dennoch greift er bei der Darstellung der Vögel in einem ersten Schritt auf eine solche Ordnung zurück und handelt erst danach die Vögel alphabetisch ab:

> Ikke destomindre, hvis nogen er tient med at see Land-Fugle, Vand-Fugle og Fiære-Fugle, det er de, der leve ved Fiæren, som ellers kaldes Strand-Bredden, paa eengang adskilte (Pontoppidan, 1977b, S. 92f.).

> Nichtsdestoweniger, wenn etwa jemanden damit gedienet wäre, in einem abgesonderten Verzeichnisse nachzusehen, welche Vögel eigentlich Landvögel, Wasservögel und Strandvögel sind (Pontoppidan, 1754, S. 107).

Trotz der geäußerten Kritik und den Schwierigkeiten, die nach Meinung des Erzählers in Bezug auf die Einteilung in Klassen nach bestimmten Merkmalen auftauchen können, bereitet ihm hier die nach der geographischen Verbreitung der Vogelarten vorgenommene Ordnung keine Probleme. Die einzelnen Vogelarten lassen sich in den drei Klassen fassen, keine wird doppelt genannt oder verschiedenen Klassen zugeordnet. Keine nimmt eine Grenzposition ein oder wird sonst speziell kommentiert, abgesehen vom Hinweis, dass es mehrere Unterarten gibt wie bei der Ente: „And, tam og vild av mange Slags" (Pontoppidan, 1977b, S. 93), „And oder Ente, wilde und zahme von verschiedenen Arten" (Pontoppidan, 1754, S. 108). Bei der gewählten Ordnung scheint es auf den ersten Blick keine Schwierigkeiten zu geben. In der weiteren Diskussion der direkten und indirekten Ordnungen werde ich aber darauf zurückkommen. Dass die Vogelarten, bevor sie in alphabetischer Reihenfolge abgehandelt werden, noch in einer direkten, vom Erzähler in diesem Zusammenhang eigentlich als unzulänglich bezeichneten Ordnung präsentiert werden, geschieht wohl vor allem, um den Lesenden die besondere norwegische Vogelwelt, die sich von der dänischen und allgemein europäischen abhebt, vor Augen führen zu können; ein Ziel, das mit der dreiteiligen Ordnung in Land-, Wasser- und Strandvögel optimal erreicht wird:

> I den første, nemlig Land-Fuglenes Classe, findes vel nogle, dog ikkun faa saadanne, som os Danske, ja om ey alle, saa dog de allerfleeste andre Europæiske Nationer ere næsten ubekiendte [...]. Men i de tvende sidste Classer, bestaaende af Vad- og Fiær-Fugle, har Norge langt flere ellers hart ad ubekiendte Sorter (Pontoppidan, 1977b, S. 94).

> In der ersten Klasse, nämlich unter den Landvögeln, befinden sich einige, doch nur sehr wenige, die uns Dänen, ja wo nicht allen, doch den allermeisten andern europäischen Nationen fast ganz unbekannt sind [...] Aber in den beyden letztern Klassen, nämlich unter den Wasser- und Strandvögeln hat Norwegen weit mehrer fast ganz unbekannte Arten (Pontoppidan, 1754, S. 108f.).

Die rhetorische Struktur des zweiten Paragraphen „Overflødighed, særdeles af Vand-Fugle og deres Art", „Ueberfluss, insonderheit an Wasservögeln und deren Arten", ist geschickt angelegt: Bereits in der Klasse der Landvögel sind Arten auszumachen, die in Dänemark, aber vor allem im übrigen europäischen Gebiet meist unbekannt sind. Die tatsächliche Besonderheit der norwegischen Vogelwelt wird aber erst in den beiden darauf folgenden Klassen wirklich sichtbar, die zahlreiche spezifische Vogelarten Norwegens umfassen.

Ein besonderer Fall ist die Ordnung in Kapitel VI, Teil I, das sich mit den Wassergewächsen beschäftigt. In dessen erstem Paragraphen beklagt der Erzähler das Problem der Unbekanntheit, das ich bereits oben angesprochen habe, und das Fehlen einer Ordnung, nach der das wenige Material gegliedert werden könne:

> At give disse Søe-Væxter beqvemme Navne, er ey min Sag, ja jeg seer mig ikke i Stand til at sortére eller adskille dem saa specificè, som jeg vel ønskede, men nøyes med at henvise nogle til Urters og andre til Træers Liighed, hvornæst jeg vil giøre den tredie Classe af de egentlige Coraller eller steenhaarde Væxter, som af nogle confundéres med Søe-Træerne (Pontoppidan, 1977a, S. 242).

> Allein diesen Seegewächsen beqveme Namen zu geben, dieses ist meine Sache nicht, ja ich befinde mich nicht im Stande, sie so einzutheilen und gattungsweise zu unterscheiden, als ich wohl wünschte; sondern man wird sich damit begnügen lassen, einige nach Beschaffenheit ihrer Gestalt zu den Kräutern und andere zu den Bäumen zu verweisen; hiernächst will ich in die dritte Klasse die eigentlichen Korallen oder steinharten Gewächse setzen, die von einigen mit den Seebäumen verwechselt werden (Pontoppidan, 1753, S. 267).

Er hätte sich gewünscht, die verschiedenen Tangarten, die zu seiner Zeit noch unbenannt waren, spezifischer zu unterscheiden, was aber die bisherige Forschungssituation nicht erlaubte. Deshalb stützt sich der Erzähler auf die bereits vorhandene Ordnung, nach der Landpflanzen gegliedert werden. Er ordnet die Wasserpflanzen den Landpflanzen entsprechend, ausgehend von ihrer äußeren Erscheinung. Diese Ordnung rechtfertigt er damit, dass die Land- und Wasserpflanzen als „Halv-Sødskende af det tørre og vaade Element" (Pontoppidan, 1977a, S. 247), „Halbgeschwister aus dem trocknen und nassen Elemente" (Pontoppidan, 1753, S. 272), zu verstehen seien. Für die Zuordnung in eine erste Gruppe ist die Ähnlichkeit der Wassergewächse mit Gräsern oder Blumen ausschlaggebend. Bei der zweiten Gruppe wird die Ähnlichkeit mit Bäumen als ordnungsgebendes Merkmal verwendet. An welche Landpflanzen sich die dritte Gruppe der Wassergewächse, die Korallen und die steinharten Gewächse, anlehnt, bleibt im Verborgenen.

Kehren wir zurück zu Teil II, zum ersten Kapitel, das sich mit den Vogelarten Norwegens beschäftigt. Sein Titel lautet „Om Norges tamme og vilde Land- og Vand-Fugle", „Von den Vögeln". Es ist festzustellen, dass darin bereits eine Ordnung angelegt

4.2 Unterordnungen

ist, die in der vorhergehenden Analyse nicht angesprochen wurde: die Unterscheidung zwischen zahmen und wilden Vogelarten. Tatsache ist aber, dass dieser Ordnung im Weiteren in den beiden Kapiteln, welche die Vogelarten Norwegens abhandeln, nur äußerst selten gefolgt wird. Dies ist kein Einzelfall. Dasselbe ist im Kapitel über die Steine zu beobachten. Die im Titel des Kapitels angesprochene Unterscheidung zwischen edlen und unedlen Steinen „Om Norges adskillige Steen-Arter, ædle og u-ædle", „Von verschiedenen Steinarten in Norwegen, edlen und unedlen", von der auf die Kapitelstruktur geschlossen werden könnte, wird nicht als Kriterium der Wissensorganisation verwendet. Auf die am häufigsten vorkommenden Steine wie Feldspat oder Marmor folgen weniger verbreitete und seltene Steine, die sich teilweise mit den edlen Steinen decken. In offen strukturierter Weise erwähnt der Erzähler weiter *lapidibus figuratis*, figürliche Steine, bevor er sich anschließend vor einer volkskundlichen Folie einigen Steinen mit besonderen Eigenschaften widmet: den sogenannten ‚Løsne-Steene'[39], die bei Geburten helfen sollen, den ‚Torden-Steene', die man jeweils dort findet, wo ein Blitz eingeschlagen hat, und die ‚Ørne-Steene', welche die Eier in Adlernestern temperieren. Der Erzähler zieht das Wissen über alle drei Steine in Zweifel.[40] Der letzte Paragraph beschäftigt sich schließlich mit besonderen Steinen aus Pontoppidans privater Sammlung, die durch ihre Zusammensetzung und Gestalt darauf schließen lassen, dass das Material zur Zeit der Sintflut flüssig gewesen war.[41] Eine klare Unterscheidung zwischen edel und unedel ist in diesem Kapitel trotz des Titels nicht auszumachen. Im darauf folgenden Kapitel „Om Norges ædle og u-ædle Metaller og Mineralier", „Von den Metallen und Mineralien in Norwegen", hingegen dienen die in der dänischen Originalausgabe formulierten Pole edel und unedel als Skala, auf der die Metalle angeordnet werden. Dies geht aus einem Blick auf das Paragraphenverzeichnis hervor: Auf eine allgemeine Einführung im ersten Paragraphen folgen der zweite, der sich goldhaltigen Minen früherer Zeiten widmet und der dritte, in dem es um Silberminen der älteren Zeit geht. Daran schließen sich zwei Paragraphen mit Beschreibungen zweier Silberminen und sechs Paragraphen mit Schilderungen von sechs Kupferminen an. Es folgt die Auseinandersetzung mit den Eisenwerken und weiteren Materialien, die durch Bergbau gewonnen werden können. Die Ordnung geht vom Materialwert der Metalle aus, sie beginnt mit Gold.

Bei diesen beiden Beispielen direkter Ordnungen in den Kapiteln über die Steine und Metalle, die eigentlich auf dem Verhältnis und dem Vergleich zwischen beschriebenen natürlichen Objekten basieren, zeigt sich die anthropozentrische Komponente deutlich. Die Ordnungen werden ausgehend vom Verhältnis zum Menschen hergestellt.

---

[39] Pontoppidan (1977a), S. 285.
[40] Pontoppidan (1977a), S. 285–88.
[41] Pontoppidan (1977a), S. 288f.

Tatsächlich als ordnendes Kriterium im Gegensatz zum Kapitel, das sich mit den Vögeln beschäftigt, werden die im Titel erwähnten Eigenschaften zahm und wild in Kapitel I „Om Norges tamme og vilde fire-føddede Dyr", „Von den vierfüssigen Thieren", von Teil II verwendet. In 20 Paragraphen unterteilt, präsentiert das Kapitel den Lesenden zuerst die gezähmten vierfüßigen Tiere: „Af firefødde Dyr betragtes først de tamme, som daglig giøre Menniskene Tieneste" (Pontoppidan, 1977b, S. 4), „Unter den vierfüssigen Thieren betrachten wir zuerst die zahmen, die den Menschen täglich gute Dienste thun" (Pontoppidan, 1754, S. 4). Darauf folgen die wilden, die der Erzähler in zwei Gruppen unterteilt: Die erste setzt sich aus wilden Tieren zusammen, die für den Menschen nützlich sind, die zweite aus wilden Tieren, die dem Menschen schaden. Innerhalb der Gruppe werden die Tiere ausgehend vom größten Nutzen beziehungsweise Schaden geordnet. In den ersten vier Paragraphen, welche die verschiedenen norwegischen Haustiere abhandeln, steht an erster Stelle das Pferd, an letzter Stelle die Katze:

> Katte ere tamme og vilde, de sidste meget større, og deres Skind i god Priis. De leve meest af at fange Fugle i Træerne, hvor de ved hastig Spring stiele sig paa dem (Pontoppidan, 1977b, S. 16).

> Die Katzen sind zahm und wild; die letztern sind viel grösser, und ihre Felle im wohlfeilen Preise. Die meisten leben vom Vogelfange auf den Bäumen, wo sie durch einen geschwinden Sprung ihre Beute wegzustehlen wissen (Pontoppidan, 1754, S. 18).

Da es sowohl zahme Katzen als auch Wildkatzen gibt, stehen sie am Ende der Auflistung der norwegischen Haustiere, direkt vor den wilden Tieren. Durch diese Verortung zeigt sich ihre Zugehörigkeit zu beiden Gruppen und ganz grundsätzlich wird deutlich, dass die Grenzen zwischen Gruppen unscharf sind und sich auflösen können.

Die Beschreibung der Katze, die sowohl gezähmt als auch wild vorkommt, bietet einen idealen Übergang zu den nicht in direkter Verbindung mit dem land- und viehwirtschaftlichen Betrieb stehenden, dennoch wirtschaftlich wichtigen Vierfüßern: „Af vilde Dyr, som tiene til Menniskets Føde eller Klæde [...] findes her i Norge, først Hiorte" (Pontoppidan, 1977b, S. 16), „Von wilden Thieren, die dem Menschen zur Speise und zur Kleidung [...] dienen, werden hier in Norwegen erstlich die Hirsche gefunden" (Pontoppidan, 1754, S. 18). An erster Stelle der wilden, aufgrund ihres Nutzens für den Menschen wichtigen Tiere steht der Hirsch und nicht das Ren. Dies erstaunt auf den ersten Blick, nimmt das Ren doch parallel zur Katze innerhalb der Unterscheidung zwischen zahm und wild eine besondere Position ein. Es wird jedoch erst als letztes Tier innerhalb der Gruppe wilder, dem Menschen aber nützlicher Tiere beschrieben:

4.2 Unterordnungen

> I Finmarken, særdeles paa det lange Kølens Field, som grændser til Sverrig, findes de allermeest, ey allene vilde, men også tamme, thi de ere just Finlappernes allerstørste og næsten eeneste Rigdom, da de føde sig med deres Kiød, Melk og Ost, giøre Læder, Telte og Senge-Dekkener af deres Skind og Sye-Traad af deres Seener (Pontoppidan, 1977b, S. 20).

> In Finmarken, insonderheit auf dem langen Gebirge Kölen, welches an Schweden gränzet, werden die allermeisten gefunden, und zwar nicht nur wilde; sondern auch zahme; denn sie sind eben der Finlappen allergrösster und fast einziger Reichthum; indem dieses Volk mit dem Fleische, der Milch, und dem Käse dieser Thiere ernähret wird; aus den Fellen sich Kleider, Gezelte und Bettdecken macht, aus den Sähnen aber Zwirn oder Drahth zum nähen (Pontoppidan, 1754, S. 23).

Dass nicht dieses Tier die Stelle des Hirsches einnimmt, scheint ein Widerspruch zu sein, bietet es den Menschen in Nordnorwegen doch unzählige Verwendungsmöglichkeiten. Eine mögliche Erklärung hierfür ist, dass die Hierarchie im Kapitel „Om Norges tamme og vilde fire-føddede Dyr", „Von den vierfüssigen Thieren", auf dem möglichen Nutzen des Vierfüßers für den Menschen als sesshafter Bauer aufbaut und nicht als nomadisierender Rentierzüchter. Eine weitere Erklärung wäre, dass sich *Norges naturlige Historie* vor allem mit der Natur in den Gebieten südlich von Trondheim auseinandersetzt. Dass aber dem Hirsch die erste Position in der Aufzählung der dem Menschen nützlichen, aber wilden Tiere zugestanden werden muss, wird mithilfe eines Vergleichs deutlich gemacht, denn er wird hinsichtlich seiner Größe mit dem Pferd verglichen; es gebe solche, die seien „saa store som maadelige Heste" (Pontoppidan, 1977b, S. 16), „die so gross sind, als mässige Pferde" (Pontoppidan, 1754, S. 18). Pferd und Hirsch sind nicht nur ähnlich groß, sie bilden je den Ausgangspunkt einer Beschreibungshierarchie im Kapitel über die Vierfüßer, die vom größten Nutzen und Gewinn für den Menschen ausgeht: „Fra de nyttige Dyr kommer jeg til de skadelige, som her med eet Navn hede Udyr, saasom først Biørnen" (Pontoppidan, 1977b, S. 21), „Von den nützlichen Thieren komme ich zu den schädlichen, die hier mit dem allgemeinen Namen Unthiere benennet werden. Das erste soll der Bär seyn" (Pontoppidan, 1754, S. 24). Auf die nützlichen wilden Tiere folgen die schädlichen, über die das Wissen wiederum in einer hierarchischen Ordnung präsentiert wird, den Ausgangspunkt bildet das größte und gefährlichste Tier.

Entsprechend dieser Ordnung gestaltet sich diejenige der giftigen Pflanzen Norwegens im zweiten Paragraphen „Visse skadelige Vexter", „Gewisse schädliche Kräuter. Solsnäpe, was es ist. Gramen ossifragum oder Sturgräs-Jglegras", von Kapitel V des ersten Teils „Videre Fortsættelse om Landets Væxter", „Fortsetzung der Beschreibung der Gewächse des Landes", von äußerst schädlichen Pflanzen zu weniger schädlichen. Die erste Pflanze, die der Erzähler nennt, ist die ‚Sels-Næpe'. Sie erscheint in der deutschen

Übersetzung als ‚Solsnäpe' und als ‚Sels-Næpe' und ist „en ellers meget rar og meget forgiftig Rot" (Pontoppidan, 1977a, S. 201), „eine sonst seltene und sehr giftige Wurzel" (Pontoppidan, 1753, S. 224). Darauf lässt der Erzähler ‚Gramen ossifragum', eine etwas weniger schädliche Pflanze folgen, die in der deutschen Ausgabe mit demselben Namen und als ‚Storgräs' bezeichnet wird, eine „for Creaturet skadelig, skiønt ikke straxdødelig Vext" (Pontoppidan, 1977a, S. 204), „dem Viehe schädliches, obschon nicht so tödtendes Gewächs" (Pontoppidan, 1753, S. 228), und weiter das ‚Jgle-Græs', in der deutschen Fassung ‚Jgle-Gräs' oder ‚Jgle-Gras' genannt, das zur „samme Classe af skadelige Væxter heri Landet" (Pontoppidan, 1977a, S. 208), „[z]u dieser Klasse der schädlichen Gewächse dieses Landes" (Pontoppidan, 1753, S. 232), gehört. Wie bei den Vierfüßern gehen diesen schädlichen Pflanzen die Beschreibungen der für die Menschen nützlichen Pflanzen voraus.

Bei den Pflanzen, den Steinen, den Metallen und den Vierfüßern tritt eine Ordnung aufgrund der Wirtschaftlichkeit der beschriebenen Phänomene zutage. Unverkennbar zentral steht dieses Kriterium im letzten Paragraphen „Mosser paa Træer og Steene", „Moose an Bäumen und Steinen, wie auch Schwämme oder Pülze", von Kapitel V, das die Beschreibung der norwegischen Flora beinhaltet:

> Af de svampagtige Væxter, som med et almindeligt Navn kaldes Skurve-Hatte, eller Champignons, findes her ey allene som i Danmark og andensteds adskillige, men ogsaa særdeeles de som tørres og sælges under Navn af Morkler [...] hvilke af Liebhabere søges og forsendes til andre Steder (Pontoppidan, 1977a, S. 238f.).

> Von schwammichten Gewächsen, die man mit einem allgemeinen Namen Skurvehatte, oder Champignos [sic], Schwämme, Pülze, nennet, findet man hier so wie in Dännemark und anderwärts verschiedene, insonderheit aber auch diese, die gedörret und unter dem Namen Morgeln verkauft werden [...] sie werden von den Liebhabern aufgesucht, und an andere Orte verschickt (Pontoppidan, 1753, S. 264).

Pilze fallen in Norwegen ebenso unterschiedlich aus wie in Dänemark und an anderen Orten, weswegen auf eine nähere Beschreibung der einzelnen Arten verzichtet wird. Der Erzähler hebt nur die Morchel durch ihre Nennung beim Eigennamen aus der gesamten Menge der Pilze hervor, was in ihrem ökonomischen Wert begründet liegen dürfte.

Direkte Ordnungsweisen gehen auf Naturgeschichten der Renaissance zurück. Diese stützen sich wiederum auf Vorbilder, die in der Antike geformt wurden. Sie beruhen auf den Einheiten Bäume, Büsche und Kräuter, Vierfüßer, Reptilien, Fische und Vögel, innerhalb derer die Unterscheidungen weiterer Einheiten variieren.[42] Betrachtet man

---
[42] Blair (2007), S. 296.

4.2 Unterordnungen

die zuvor erwähnten Abschnitte in *Norges naturlige Historie*, die nach direkten Ordnungen gestaltet sind, wird ersichtlich, dass nur ein kleiner Teil der Ordnungen etwas über die Beziehungen der Objekte untereinander aussagt. Bei den meisten Ordnungen handelt es sich um solche mit einem anthropozentrischen Kern, die auf den Kriterien des Nutzens für den im Zentrum stehenden Menschen gründen. Die Ordnungen vermitteln den Lesenden Wissen über ein Objekt, zu dem sie oft selbst in einer Beziehung stehen. So erfahren sie, ob eine Pflanze für den Menschen oder für die mit dem Menschen in Relation stehenden Tiere giftig oder unschädlich ist oder ob ihr eine medizinische Wirkung zugeschrieben wird. Die Lesenden werden darüber informiert, ob ein Objekt häufig oder selten vorkommt, edel oder unedel ist, ob es sich lohnen würde, damit ein Geschäft zu betreiben oder ob sich dies nicht auszahlt, ob ein jeweiliges Objekt nützlich oder gefährlich ist. Zwischen den hier formulierten Gegensätzen gibt es zahlreiche Abstufungen. Nicht alle Pflanzen, die bei den giftigen erwähnt werden, sind tödlich. Und der Hund, beispielsweise in Kapitel „Om Norges tamme og vilde fireføddede Dyr", „Von den vierfüssigen Thieren", in dem die Vierfüßer hinsichtlich ihrer Nützlichkeit für den Menschen geordnet sind, ist dem Menschen weniger hilfreich im Alltag als das Pferd, aber von größerem Nutzen als die Katze.

Durch die Ordnungen, die auf Gegensätzen aufbauen, werden Hierarchien geschaffen. Die untereinander und mit dem Menschen in einen Zusammenhang gestellten Objekte der Natur sind zu Beginn ihrer Beschreibung nicht wertneutral, sondern werden durch ihre Position innerhalb einer hierarchischen Ordnung vor einem bestimmten Hintergrund begriffen, wodurch diese Ordnung zementiert wird. Paul Michel spricht von einer „Disposition nach dem ‚Adel' in der Seinsordnung". „Es scheint dem Menschen eigentümlich zu sein, die Dinge der natürlichen Umwelt hinsichtlich eines Grades von ‚Würde des Seins' zu ordnen, wobei der Fixpunkt anthropozentrisch bestimmt ist" (Michel, 2002, S. 45). Er verweist darauf, dass die Ordnungen sowohl von oben nach unten als auch von unten nach oben angelegt werden können,[43] was in *Norges naturlige Historie* beispielsweise bei der Ordnung der Vierfüßer ersichtlich wird: Die zahmen Vierfüßer werden ausgehend vom Pferd beschrieben, dem Lebewesen, das dem Menschen am nächsten und von größtem Nutzen ist. Die Beschreibung der wilden, schädlichen Vierfüßer hingegen beginnt mit dem für den Menschen gefährlichsten Tier: Auf den Bären folgt der Wolf, das Ende der Aufzählung bilden die kleinen Lemminge, die für den Menschen keine unmittelbare Gefahr darstellen. Eine Ordnung, die den Menschen als Drehpunkt bestimmt, kann sich unmöglich vom sozialen und kulturellen Kontext befreien. Sie generiert automatisch Hierarchien, wie das bereits beim Beschrieb der Heringe aufgezeigt wurde, obwohl die beschriebenen Phänomene und Objekte grundsätzlich nichts mit sozialen Machtpraktiken zu tun haben.[44]

---

[43] Michel (2002), S. 45.
[44] Kögler (2004), S. 129.

Sie werden aber innerhalb lebensweltlicher Machtstrukturen beschrieben. Auch indirekte Ordnungen, die im weiteren Kapitelverlauf besprochen werden, tun sich, trotz einer gewissen Isoliertheit, schwer mit der Loslösung vom machtbestimmenden Hintergrund, obwohl die Phänomene und Objekte in einer solchen Ordnung objektiver und unabhängiger vom umgebenden Kontext beschrieben werden können. Jedes gewählte Kriterium beinhaltet eine Aussage und rückt andere mögliche Gesichtspunkte in den Hintergrund.

Wie sich im Vergleich mit indirekten Ordnungen noch zeigt, wird vor allem dann auf eine direkte Ordnung zurückgegriffen, wenn die Anzahl der zu ordnenden Objekte eines bestimmten Wissensgebiets nicht allzu groß ist, wenn die unterscheidenden Merkmale zwischen ihnen deutlich sind und mühelos Grenzen zwischen den einzelnen Objekten gezogen werden können.

4.2.2.2 Exkurs: Natürliche Ordnung

Immer wieder verwendet der Erzähler in der Naturgeschichte den Begriff der natürlichen Ordnung, der im ersten Kapitel des zweiten Teils der Naturgeschichte in einer Fußnote auf Georges-Louis Leclerc, Comte de Buffon, zurückgeführt wird:

> Jeg følger altsaa i Dyrenes Opregnelse den Orden, som Mons. Buffon i sin Hist. Nat. T. I. Disc. I. p. 33. kalder den naturligste, og grunder samme paa den Hielp vi Mennisker have af dem, hvorfor særdeles Heste og Øxne, efter Aldrovandi Meening, bære det almindelige Navn Jumenta a Juvando [...]. Hr. Jac. Theod. Klein er i sin nyelig udgivne Dispositione Qvadrupedium pag. 39. ikke tilfreds med bemeldte Hr. Buffons Principi, og rangerer Qvadrupedes heller efter deres Fødders adskillige Skabning, holdende det deri med Hr. C. Linnæo i Fauna Svecica, hvilken i denne Henseende carperes af Buffon maaske noget alt for spotsk (Pontoppidan, 1977b, S. 4f.).

> Ich folge auch in der Beschreibung der Thiere der Ordnung, die der Herr Buffon im ersten Theile seiner natürlichen Historie die natürlichste nennet, und die er auf die Hülfe gründet, die der Mensch von ihnen hat. Daher denn insonderheit Pferde und Ochsen nach des Aldrovands Meynung den Namen Jumenta a Juvando führen [...]. Herr J. Th. Klein ist in seiner neulich herausgegebenen Dispositione Quadrupedium p. 39. mit bemeldten Grundsatze des Herrn Buffons nicht zufrieden, und er ordnet die vierfüssigen Thiere lieber nach der verschiedenen Beschaffenheit und Gestalt ihrer Füsse, indem er es hierinnen mit dem Herrn Linnäus in Fauna Svecica hält, welcher letzere in Ansehung dieser Materie vom Herrn Buffon vielleicht allzu spöttisch getadelt wird (Pontoppidan, 1754, S. 4).

Die natürlichste Ordnung der Vierfüßer kommt Buffon zufolge weder auf unterschiedlichen Merkmalen basierend zustande noch durch ein indirektes, beispielsweise alpha-

4.2 Unterordnungen

betisches miteinander In-Beziehung-Setzen. Die natürlichste Ordnung basiert auf dem Verhältnis zum Menschen.

Der Erzähler in *Norges naturlige Historie* scheint mit den zeitgenössischen Theorien anderer Forscher über die Ordnungen von natürlichen Objekten vertraut zu sein. Er kontextualisiert Buffons Meinung durch die Erwähnung von Jacob Theodor Klein und Carl Linné und nimmt selbst an der Diskussion teil. Dabei ist sein Standpunkt hinsichtlich der Ordnung der Vierfüßer deutlich. Er überträgt den Gedanken der natürlichen Ordnung gar auf die menschliche Gesellschaft: Analog sollte ebenfalls der den anderen Menschen nützlichste und hilfsbereiteste Bürger der Gesellschaft den Vortritt haben.[45] Aus der Quellenanalyse im dritten Kapitel dieser Arbeit geht hervor, dass der Erzähler, abgesehen von der Diskussion über die Anordnung der Vierfüßer, mehrmals auf Buffon, Linné und Klein zurückgreift. Aussagen von Buffon zieht er im Zusammenhang mit der Erörterung der Erdentstehung in Kapitel II von Teil I und in den beiden letzten Kapiteln über die norwegische Natur heran. Auf Klein verweist er in den beiden Kapiteln in Teil II, die sich mit der norwegischen Vogelwelt beschäftigen, und Linné verwendet er im ersten Teil in Kapitel IV und V, die von den Pflanzen in Norwegen handeln, und in allen Kapiteln des zweiten Teils, abgesehen von den letzten zwei über die norwegische Bevölkerung.

Die Wissensordnung in Pontoppidans Naturgeschichte ist vor dem Hintergrund der Verbreitung der linnéschen Taxonomie in den Biologenkreisen in ganz Europa anzusiedeln. Bis auf *Species plantarum*, das im selben Jahr wie der zweite Teil von *Norges naturlige Historie*, also 1753 erschien, sind die wichtigsten taxonomischen Arbeiten von Linné bereits vor der Publikation von *Norges naturlige Historie* verfügbar.[46] Damit verbunden ist für Pontoppidans Naturgeschichte auch relevant, dass Buffon in *Histoire naturelle, générale et particulière*, deren erster Band 1749 publiziert wurde, Linnés taxonomische Schriften angriff. Wie Phillip R. Sloan aufzeigt, wurde Linnés Taxonomie von den Zeitgenossen nicht kommentarlos übernommen. Sie stieß immer wieder auf Widerstand, besonders bei Anhängern anderer Taxonomien wie denjenigen von John Ray oder Joseph Pitton de Tournefort.[47] Auch der im obigen Zitat aus *Norges naturlige Historie* erwähnte Zeitgenosse von Pontoppidan, Jacob Theodor Klein, der bei Pontoppidan zwar als Kritiker Buffons charakterisiert und in die Nähe Linnés gerückt wird, bemängelte Linnés Taxonomie in *Summa dubiorum circa classes quadrupedum et amphibiorum in C. Linnei systemate naturae*. Hierbei handelt es sich aber um Kritik, die sich auf Bereiche innerhalb der Wissenschaft der Taxonomie selbst bezieht, und die „within the framework of certain common philosophical assumptions about the existence of

---

[45] Pontoppidan (1977b), S. 4.
[46] Sloan (1976), S. 358. Sloan, Phillip R. ‚The Buffon-Linnaeus Controversy'. In: *Isis*. Vol. 76. Nr. 3. 1976, S. 356–75.
[47] Sloan (1976), S. 358.

an intelligible natural order and the possibility of some kind of logical systematization of this order in the so-called natural system" (Sloan, 1976, S. 358) getätigt wird. Das Interesse von Jacob Theodor Klein, der Mitbegründer der Danziger Naturforschenden Gesellschaft war, galt unter anderem der systematisch-beschreibenden Zoologie und der Paläontologie. Ausgehend von der Systematisierung fossiler Materialien erstellte er formale Klassifikationshilfen, um die Ordnung des Tierreichs abzubilden.[48]

Dagegen handelt es sich bei Buffons Kritik um eine philosophische, wie im ‚Premier discours de la manière d'étudier et de traiter l'histoire naturelle' im ersten Band der *Histoire naturelle* deutlich zum Ausdruck kommt. Buffon richtet sich allgemein gegen Taxonomien, gegen Ordnungssysteme, die auf bestimmten Merkmalen wie Zähnen oder Zitzen beruhen. Als Beispiel für eine solche Taxonomie zieht er im ‚Premier discours' Linnés spezifische Taxonomie heran und zerpflückt sie.

Vor allem drei Punkte werden im ‚Premier discours' zur Diskussion gestellt:[49] Buffon bezweifelt, dass mithilfe hierarchischer Anordnungen von Naturobjekten in Klassen die Ordnung, die der Natur zugrunde liegt, abgebildet werden kann:

> Jede dieser Eintheilungsweisen ist, die Wahrheit gesagt, nur ein Wörterbuch, worin man die Namen in einer Ordnung aufgeführt findet, der diese Vorstellung zugrunde liegt, und die folglich ebenso willkürlich ist wie die nach der Buchstabenfolge (Buffon, 1837, S. 93).

Taxonomien, basierend auf einem oder wenigen Merkmalen, werden nicht als Versuch der Wiedergabe der Natur verstanden, sondern als Abbildung der menschlichen Vorstellung, die sich durch Arbitrarität auszeichnet. Weiter beschäftigt sich der ‚Premier discours' mit der Frage, inwiefern überhaupt von einer Möglichkeit ausgegangen werden könne, die Natur, die nur aus konkreten Individuen bestehe, mithilfe eines abstrakten Konzepts abzubilden. Der „Übelstand" sei nämlich:

> dass man die Ketten zu sehr verlängern oder verengen, willkührlichen Gesetzen die Gesetze der Natur unterwerfen, sie an Punkten, wo sie untheilbar ist, theilen und ihre Kräfte nach unserer schwachen Einbildungskraft ermessen will (Buffon, 1837, S. 84).

Hinzu kommt, dass durch neue Entdeckungen die sichtbaren Grenzen der Natur erweitert würden. Immer wieder würden beispielsweise Pflanzenarten gefunden, die sich in keine der existierenden abstrakten Klassen einteilen ließen.[50] Der dritte Kritikpunkt

---

[48] Killy und Vierhaus (2001), S. 576. Killy, Walther und Vierhaus, Robert. *Deutsche Biographische Enzyklopädie*. Bd. 5. München, 2001.

[49] Buffon, Georges-Louis Leclerc de. *Büffon's sämmtliche Werke, sammt den Ergänzungen nach der Klassifikation von G. Cuvier*. Bd. 1 und 2. Unveränderte Aufl. Köln, 1837.

[50] Buffon (1837), S. 87.

4.2 Unterordnungen

an den auf ausgewählten Merkmalen basierenden Taxonomien stellt in Buffons ‚Premier discours' die Aussage dar, dass die natürlichste Anordnung diejenige sei, die abhängig vom Verhältnis des jeweiligen Tieres zum Menschen ist. Diese Ansicht untermauert Buffon mit der Beschreibung der Reaktion eines Menschen, der „ganz neu erwacht" und „in ein Gefilde, wo sich die Thiere, Vögel, Fische, Pflanzen, Steine nach einander vor seinen Augen zeigen" (Buffon, 1837, S. 98) versetzt wird. Ein Mensch also, der zum ersten Mal die Schöpfung sieht. In einer solchen Situation würde der Mensch, Buffon zufolge, nach einer bestimmten Dauer des Beobachtens und Wahrnehmens folgende Ordnung anlegen:

> [...] er wird dahin kommen, die Gegenstände der Naturgeschichte, nach ihrem Verhältnisse zu ihm zu beurtheilen; die für ihn nöthigsten und nützlichsten werden den ersten Rang einnehmen; er wird, z. B., in der Ordnung der Thiere dem Pferde, Hunde, Ochsen u. s. w. den Vorzug geben (Buffon, 1837, S. 98).

Verwendet der Erzähler in der Naturgeschichte folglich den Begriff der ‚natürlichen Ordnung', ist damit eine Ordnung nach der Theorie Buffons gemeint.

Obwohl sich Linnés und Buffons Theorien in vielerlei Hinsicht unterscheiden, war es bei zeitgenössischen Forschern nicht unüblich, dass sie sich an Elementen beider Theorien zur Ordnung der Natur bedienten.[51] Dieses eklektische Verhältnis zu unterschiedlichen Theorien ist auch in *Norges naturlige Historie* sichtbar. Obwohl sich die Meinung des Erzählers hinsichtlich der Ordnung der Vierfüßer nicht mit derjenigen Linnés deckt, bedeutet dies nicht, dass er sämtliche Aussagen Linnés und dessen gesamte Forschung ablehnt. Das zeigt der folgende Ausschnitt, der sich mit der vergleichsweise frühen Erntezeit in Norwegen auseinandersetzt:

> Til denne Sags ydermeere Oplysning og Stadfæstelse, agter jeg det værd at anføre den fortræflige Svenske Naturforskeres Caroli Linnæi Ord af den i Videnskabs Academ. Afhandlinger Vol. I. meddeelte Tractat om Væxters Plantning grundet paa Naturen (Pontoppidan, 1977a, S. 162).

> Zu desto besserer Aufklärung und Bestätigung dieser Sache, halte ich für gut, die Worte des vortreflichen schwedischen Naturforschers Linnäus anzuführen (Pontoppidan, 1753, S. 183).

4.2.2.3 Indirekte Ordnungen

Wie direkte Ordnungen zeigen sich auch indirekte Ordnungen sowohl innerhalb von Kapiteln als auch innerhalb von Paragraphen. Sie können aufgrund ihrer Abstraktheit im Gegensatz zu einer auf inhaltlichen Kriterien basierenden Ordnung den Objekten eines Wissensgebiets losgelöst von Hierarchiegedanken übergestülpt und für eine

---
[51] Kragh (2005), S. 119.

‚neutrale' Präsentation von Wissen verwendet werden. Die Herstellung einer Ordnung kann jedoch nie gänzlich neutral sein, kommt sie doch immer in einem historischen und sozialen Kontext und verknüpft mit diesem ausgehend von bestimmten Prämissen zustande, wie ich im weiteren Verlauf des Kapitels zeigen werde.

Eine Anordnung nach nicht hierarchischen Kriterien ist im zweiten Paragraphen von Kapitel VII „Om Norges adskillige Steen-Arter, ædle og u-ædle", „Von verschiedenen Steinarten in Norwegen, edlen und unedlen", des ersten Teils der Naturgeschichte zu finden. Für die Beschreibung der im Bistum Bergen zu jener Zeit betriebenen Marmorwerke wird nicht eine direkte Ordnung nach der Produktionsstärke der Steinbrüche gewählt, wie dies beispielsweise bei der Abhandlung der Silberwerke geschieht. Vielmehr wird eine sich über eine Doppelseite erstreckende, durchgehend nach Nummern geordnete Übersicht verwendet. Die einzelnen Marmorwerke werden einer gewissen Anzahl übereinstimmender Kriterien folgend abgehandelt. Zur Illustration dient die Beschreibung des Steinbruchs von Stoursøen: „6. Stoursøens Brud en Miil fra Halsnöe Kloster giver sort Marmor med hvide Prikker, tet og i store Blokke" (Pontoppidan, 1977a, S. 269), „6. Stoursöensbrud, eine Meile vom Kloster Halsnöe, giebt schwarzen Marmor mit weissen Punkten, und in dichten und grossen Blöcken" (Pontoppidan, 1753, S. 294). Auf den Namen des Steinbruchs folgen jeweils Informationen über 1. die geographische Lage, 2. die Farbe des Marmors und 3. die Konsistenz des Steines. Werden in einem Steinbruch mehrere Marmortypen abgebaut, können sich Punkt zwei und drei innerhalb der Beschreibung wiederholen.

Sind die Marmorwerke nummeriert, werden die norwegischen Eisenwerke streng alphabetisch geordnet.[52] Dieselbe Ordnung liegt der Präsentation der Pflanzen in Paragraph I „Medicinske eller andre Urter og Blomster", „Medicinische oder andere Kräuter und Blumen", von Kapitel V des ersten Teils zugrunde.[53] Und auch die Bäume, die Fische und die Vögel werden alphabetisch sortiert. Unabhängig von der Häufigkeit, der geographischen Verbreitung oder der maximalen Größe dieser Objekte bilden die Anfangsbuchstaben der Pflanzen-, Tier- und Eisengrubennamen den Ausgangspunkt der Ordnungen.

> Efter denne almindelige Beretning om Norske Fugle, vil jeg nu opregne alle de Sorter, som jeg har kundet indhente nogen tilforladelig Kundskab om, og det, som sagt er, ordine alphabetico (Pontoppidan, 1977b, S. 104).

> Nach diesem allgemeinen Vorberichte von den nordischen Vögeln, will ich nunmehr alle die Arten derselben anführen, so wie ich davon zuverlässige Nachricht habe erhalten können. Und zwar soll, wie gesagt, mein Verzeichniss nach alphabetischer Ordnung eingerichtet seyn (Pontoppidan, 1754, S. 121).

---

[52] Pontoppidan (1977a), S. 328.
[53] Pontoppidan (1977a), S. 222.

4.2 Unterordnungen

Wie mit direkten Ordnungen können auch mit indirekten Ordnungen durch Buchstaben oder Zahlen Hierarchien konstruiert werden, da die Zeichen, die ordnungsgebend sind, mit hierarchischen Vorstellungen verbunden sind. Besonders oft geschieht das bei der Verwendung der Zahlenreihe. Aber auch eine alphabetische Ordnung ist manchmal, wenn auch weniger deutlich, von hierarchischem Charakter. Entlang der unumstößlichen Reihenfolge der Zeichen des Alphabets kann eine Hierarchie angelegt werden, denn eine alphabetische Reihenfolge basierend auf den Anfangsbuchstaben der einzelnen Objekte ist nicht zwingend. Die Buchstaben des Alphabets können auch losgelöst von den Bezeichnungen der in eine Ordnung zu bringenden natürlichen Objekte verwendet werden, wobei der Buchstabe ‚A' dem größten, dem nützlichsten oder lukrativsten Objekt zugeordnet wird. Natürlich wäre auch eine umgekehrte Abfolge denkbar.

Eine hierarchische Nummerierung ist bei der Ordnung des Wissens in Kapitel VI von Teil I „Om Norges Væxter i Vandet", „Von den Seegewächsen des Landes", über die Seebäume und Korallen auszumachen, auch wenn sie nicht konsequent verfolgt wird, da die beschriebenen Exemplare aus Pontoppidans Sammlung von unterschiedlichster Gestalt sind und oft nur ein Stück einer viel größeren Wasserpflanze darstellen, über deren absolute Größe der Erzähler sich nicht sicher ist. Es wird mit dem mächtigsten Objekt der Sammlung begonnen, diesem wird die erste Nummer der Zahlenreihe zugeteilt, und je höher die Nummern, desto weniger imposant werden die beschriebenen Objekte. Die hierarchisch nummerierte Ordnung wird ab dem dritten beschriebenen Exemplar ergänzt durch eine alphabetische, die nicht zur primären Aufgabe hat, die einzelnen Objekte zu sortieren. Vielmehr dient sie den Lesenden zur Orientierung auf dem dazugehörenden Kupferstich (Abb. 4.1 und 4.2).

Indirekte, nicht hierarchische Ordnungen werden in *Norges naturlige Historie* vor allem dann verwendet, wenn nacheinander über zahlreiche ähnliche Objekte nach ähnlichen Kriterien Wissen vermittelt wird, wie dies bei den Fischen oder den Vögeln der Fall ist. Die große Zahl der Objekte und die oft verschwindend kleinen äußerlichen Unterschiede zwischen ihnen machen eine Präsentation in irgendeiner Form von hierarchischer Ordnung schwierig. Es zeigt sich aber, dass nicht nur bei einer sehr großen Menge an Objekten eines Sachgebiets eine indirekte Ordnung verwendet wird, sondern auch, wenn noch sehr viel Wissen über zu beschreibende Objekte im Verborgenen liegt. Dies ist im sechsten Kapitel von Teil I der Fall, in dem sich der dritte Paragraph mit Seebäumen und Korallen befasst. Diese Objekte kann der Erzähler beinahe nur auf ihr Aussehen, auf die Farbe, Größe und Gestalt hin beschreiben. Es ist ihm nicht möglich, sie zu kontextualisieren. Nutzen und Zweck im menschlichen Alltag sind ihm beinahe gänzlich unbekannt, weshalb er wohl eine indirekte Ordnung verwendet. Anto Leikola vergleicht in ‚Om den kritiska geografins betydelse' die wissenschaftliche Forschung mit der Kartierung der Welt, mit der Entdeckung der Geographie der Wirklichkeit.⁵⁴ In diesem Sinn weist die norwegische Pflanzenwelt unter Wasser zu Pontoppidans Zeit noch große weiße Flecken auf, die es zu erforschen gilt.

Beschreibungen, die einer indirekten Ordnung folgen, zeichnen sich öfter durch syntaktische Ähnlichkeiten und durch eine geschlossenere Struktur aus, als dies bei direkten Ordnungen der Fall ist. Dadurch isoliert sich das Wissen über das beschriebene Objekt. Ganz ausgeprägt findet man dies im fünften Kapitel des ersten Teils, das die Beschreibung der Pflanzen an Land weiterführt: „Glyzyrrhiza siliqvosa. Vild Lakritz. Bruges af Bønder i Brændeviin" (Pontoppidan, 1977a, S. 190), „Glyzyrrhiza siliquosa. Vildlakriz. (Süssholz.) wird von den Bauren in dem Brandteweine gebraucht" (Pontoppidan, 1753, S. 213), oder „Morsus Diaboli s. succisa foliis glabris, item fol parum hirsutis. Skorv, bruges her til at farve ulden Garn grønt" (Pontoppidan, 1977a, S. 193), „Morsus Diaboli, s. succisa foliis glabris, it. fol. parum hirsutis. Skorv. (Teufelsabbiss, Anbisskraut.) Dieses wir allhier dazu gebraucht, wollenes Garn grün zu färben"(Pontoppidan, 1753, S. 216).

Alphabetische Ordnungen wurden bereits im 13. Jahrhundert verwendet, um Pflanzen und Tiere aufzuzählen.⁵⁵ Michel verweist sogar auf noch ältere alphabetische Anordnungen, so auf das 27. Buch der *Historia Naturalis* von Plinius.⁵⁶ Helmut Zedelmaier stellt alphabetische Ordnungen neben andere instrumentelle Techniken mit texteinteilenden Funktionen, die dem Lesen und der Buchbenutzung dienen und ebenfalls aufgrund der Wissenssummen der Scholastik entstanden, wodurch das Buch allgemein zum Werkzeug der Gelehrten wurde.⁵⁷ Wie Roger Chartier und Guglielmo Cavallo⁵⁸ geht Zedelmaier davon aus, dass die Dispositive zum Wandel des Buches als Werkzeug des Gelehrten unabhängig von der Druckerpresse⁵⁹ und nicht erst im Laufe der Entwicklung des Buchdrucks entstanden. Natürlich sind alphabetische Ordnungen in den folgenden Jahrhunderten immer noch von anderen Ordnungen durchbrochen, beziehungsweise können neben Ordnungen stehen, die auf anderen Kriterien beruhen, doch existieren streng alphabetische Ordnungen bereits vor der Erfindung des Buchdrucks.⁶⁰ So waren viele nicht nach alphabetischen Kriterien geordnete Wissensdarstellungen mit einem alphabetischen Index versehen, was den Lesenden ermöglich-

---

⁵⁴Leikola (1981), S. 9. Leikola, Anto. ‚Om den kritiska geografins betydelse'. In: *Ur nordisk kulturhistoria. Den kritiska tanken i vetenskapen på 1700- och 1800-talen.* Jokipii, Mauno und Nummela, Ilkka (Hg.), Jyväskylä, 1981, S. 9f.

⁵⁵Blair (2007), S. 296.

⁵⁶Michel (2002), S. 71.

⁵⁷Zedelmaier (2004), S. 194. Zedelmaier, Helmut. ‚Facilitas inveniendi. Zur Pragmatik alphabetischer Buchregister'. In: *Wissenssicherung, Wissensordnung und Wissensverarbeitung. Das europäische Modell der Enzyklopädien.* Stammen, Theo und Weber, Wolfgang E. J. (Hg.), Berlin, 2004, S. 191–203.

⁵⁸Chartier, Roger und Cavallo, Guglielmo (Hg.). *Die Welt des Lesens. Von der Schriftrolle zum Bildschirm.* Frankfurt am Main, 1999.

⁵⁹Zedelmaier (2004), S. 195.

⁶⁰Zedelmaier (2004), S. 195.

te, einen Text sowohl linear zu lesen als auch als Nachschlagewerk zu benutzen. Trotz dieser langen Tradition galt eine durchgehende alphabetische Ordnung lange Zeit als unwissenschaftlich, als den Zusammenhang des Wissens auseinanderreißend.

4.2.2.4 Vorteile und Nachteile indirekter und direkter Ordnungen

Es stellt sich die Frage, aus welchen Gründen indirekte oder direkte Ordnungen zur Gliederung des Wissens in *Norges naturlige Historie* verwendet werden und welche Vor- und Nachteile die beiden Ordnungsweisen mit sich bringen.

Wie bereits festgestellt, informiert der Erzähler meist über die gewählte Ordnung der präsentierten Objekte. Im ersten Paragraphen über die norwegische Vogelwelt „Orden og Afdeeling", „Ordnung und Abtheilung", lautet der Kommentar zur Ordnung folgendermaßen: „Jeg har fulgt Navnene i den Orden, som Alphabetet anviser, og i den tilføyede korte Beskrivelse sagt det, som viser til hvad Classe enhver Fugl henhører" (Pontoppidan, 1977b, S. 92), „Ich bin der Ordnung der Namen nach dem Alphabete gefolgt, und ich habe in der beygefügten kurzen Beschreibung bemerkt, zu welcher Klasse ein jeder Vogel etwa gehört" (Pontoppidan, 1754, S. 107). Der Erzähler reiht die Vogelarten, nachdem er sie zuerst in eine Ordnung gebracht hat, die auf der Zugehörigkeit zu Land-, Wasser- und Strandvögeln basiert, unabhängig von diesen Klassen alphabetisch mit Beschreibungen unterschiedlicher Ausführlichkeit hintereinander.

Man erfährt im ersten Paragraphen nicht nur, welcher Ordnung das Kapitel folgt, sondern auch, weshalb sie gewählt wurde:

> Aldrovandus, Gesnerus, Willughbeius, Zornius, Klein, og andre, som ex professo har handlet om Ornithologien eller Fuglenes Historie i særdeles Skrifter, rangere dem enten efter deres Element og Opholds Sted, eller Storhed, eller skabning, særdeles paa Kløer og Neb, eller Føde, Levemaade, Gavn og Skade. Men som jeg paa den eene Side tilstaaer, at disse Forskiels Grendser kunde give et tydeligere Begrep og have Sted i en Bog skreven om den Materie allene, hvor alle Landes bekiendte Fugle finde Sted, og giøre Classerne meer fuldstændige, saa seer jeg paa den anden Side, at hvilken Classifications-Methode man udvælger, blive dog ingen gandske tydelige og absolute adskilte Grendser at vente, efterdi mange Fugle, som i een Henseende høre til en vis Orden, have i anden Henseende noget, som ligesaavel kunde henføre dem til en anden Classe, følgelig, at under en hver Regel maae giøres nogle Undtagelser, Indskrænkelser eller Udvidelser (Pontoppidan, 1977b, S. 91f.).

> Aldrovand, Gesner, Willughby, Zorn, Klein und andere, die ausdrücklich in besondern Schriften von der Ornithologie oder Historie der Vögel gehandelt haben, ordnen sie entweder nach ihrem Elemente, oder nach der Gegend, wo die sich aufhalten, oder nach ihrer Grösse, oder Gestalt, insonderheit in Ansehung

der Klauen und Schnäbel, oder nach ihrem Futter, Lebensart, Nutzen und Schaden. Allein, wenn ich auch auf der einen Seite zugebe, dass diese Einschränkungen ihres Unterschieds einen deutlichern Begriff geben, und also in einem Buche Statt finden könnten, welches von dieser Materie allein handelt, und worinnen alle bekannte Vögel eines Landes vorkommen, weil dadurch die verschiedenen Klassen vollständiger werden: so finde ich doch auch auf der andern Seite, dass, welche Art der Klassen man auch erwählet, doch gleichwol keine ganz deutliche und unwidersprechliche Gränzen des Unterschiedes zu erwarten sind, weil manche Vögel, die in Ansehung des einen zu einer gewissen Ordnung gehören, in Ansehung des andern eben so wohl zu einer andern Klasse können gerechnet werden, und dass folglich unter einer jeden Regel einige Ausnahmen, Einschränkungen und Abweichungen gemacht werden müssten (Pontoppidan, 1754, S. 105f.).

Zum ersten Mal werden in der Naturgeschichte Pontoppidans an dieser Stelle die Vor- und Nachteile von ordnungsbildenden Kriterien angesprochen. Der Erzähler zeigt die Schwierigkeiten auf, die mit bestimmten Ordnungsweisen verbunden sind. Unabhängig davon, welche Methode gewählt werde, gebe es bei jeder Regel Ausnahmen und Einschränkungen oder Ausweitungen. Der Zeitpunkt dieser Äußerungen in *Norges naturlige Historie* ist bemerkenswert. Bis anhin schien die Wahl der Strukturierung dem Erzähler keine Probleme bereitet zu haben, auch nicht bei den Vierfüßern, trotz der Hinweise auf Buffon, Klein und Linné. Ich gehe davon aus, dass sich dem Erzähler zwei Probleme im Zusammenhang mit der Diskussion des Ordnungsproblems im das Kapitel „Om Norges tamme og vilde Land- og Vand-Fugle", „Von den Vögeln", einführenden Paragraphen stellten: Zur Unmöglichkeit, die von anderen Ornithologen verwendeten Klassen nur mit der norwegischen Vogelwelt vollständig darstellen zu können,[61] gesellte sich die außerordentliche Zahl an bekannten und mit Namen versehenen Vögeln Norwegens. Die Vogelarten in eine direkte Ordnung zu bringen, ist mit weitaus größeren Schwierigkeiten verbunden, als die kleinere Gruppe der Vierfüßer oder die der bis dahin entdeckten Insekten. Diese Annahme wird durch eine Bemerkung des Erzählers zur gewählten Ordnung der Austern unterstützt:

Dersom deres Kiøns Tal var større, da vilde jeg ligesom tilforn følge Alphabetet. Men da Forskiellen er kiendeligere og Grændserne snevrere, saa synes mig her beqvemmest at følge den naturlige Orden (Pontoppidan, 1977b, S. 260).

Wenn die Anzahl dieser Arten grösser wäre, so würde ich, so wie bey den übrigen, dem Alphabet gefolget seyn; allein da der Unterschied deutlicher, und die Gränzen enge sind, so scheint es mir das beqvemste zu seyn, der natürlichen Ordnung zu folgen (Pontoppidan, 1754, S. 303).

---

[61] Pontoppidan (1977b), S. 92.

4.2 Unterordnungen

Die Paragraphen I und II des ersten Kapitels über die Fische Norwegens widmen sich, parallel zur Struktur des Kapitels über die Vogelwelt, den zahlreichen Fischarten Norwegens. Ebenfalls parallel werden in Paragraph III „Orden og Inddeelning", „Ordnung und Eintheilung derselben", die Schwierigkeiten, die sich bei einer Ordnung nach Klassen ergeben, kommentiert:

> Hvad jeg tilforn har erindret om Fuglenes Afdeling i visse Classer, nemlig, at skiønt samme skulde sigte til et desto tydeligere Begreb, saa reiser sig dog just deraf desto større Confusion, da mange i en adskillig Hensigt kunde høre til adskillige Classe, saa at de idelige Undtagelser giøre Reglen saa got som til intet, det samme maa jeg og forud erindre om Fiskene. Af denne Aarsag vil jeg her atter følge den Orden, som Navnene anvise efter Alphabetet (Pontoppidan, 1977b, S. 173).

> Was ich zuvor von der Eintheilung der Vögel in gewisse Klassen erinnert habe, nämlich, dass, obschon selbige auf einen desto deutlichern Begriff zielet, doch daraus eine desto grössere Unordnung entstehet, indem viele nach einer verschiedenen Betrachtung zu verschiedenen Klassen gehören können, und also die öftern Ausnahmen die Regeln fast so gut als vernichten, eben dieses muss ich auch voraus von den Fischen erinnern. Aus dieser Ursache will ich wieder der Ordnung folgen, nach welcher die Namen nach dem Alphabet angezeiget werden (Pontoppidan, 1754, S. 201f.).

Wie bei den Vögeln begründet der Erzähler die Wahl der alphabetischen Reihenfolge innerhalb dieses Paragraphen. Diese Ordnung verfolgt er aber nicht so konsequent, denn nicht alle der Meeresbewohner, die der Erzähler als Fische bezeichnet, werden in den beiden Kapiteln V und VI an ihrer Stelle im Alphabet erwähnt. Gewisse Fische werden separat abgehandelt, wie er zu Beginn von Kapitel V erläutert:

> Ikke desto mindre ere dog visse Fiske og Hav-Dyr saa aldeles adskilte fra Resten af det vaade Elements Beboere, at man ikke beqvemmelig kand blande dem, hvorfor jeg og har udtaget disse sidste af bemeldte Orden, og sat dem hver for sig i tvende Capitler, nemlig først de adskillige Fiske-Arter, som ere omgivne med en steenagtig eller haard Skal, hvori de boe saasom i et Huus, der voxer med dem. Dernæst de adskillige monstra marina (Pontoppidan, 1977b, S. 173f.).

> Nichtsdestoweniger sind doch gewisse Fische und Seethiere so gänzlich von den übrigen Einwohnern dieses nassen Elements unterschieden, dass man sie nicht mit Beqvemlichkeit unter sie rechnen kann; daher habe ich auch selbige von bemeldter Ordnung ausgenommen, und ihnen insbesondere zwey Kapitel gewiedmet, von welchen das eine die verschiedenen Fischarten beschreibt, die mit einer steinichten oder harten Schaale umgeben sind, worinn sie, wie in einem Hause wohnen, das mit ihnen zugleich wächst. Das andere Kapitel wird

hiernächst die verschiedenen Monstra marina oder Ungeheuer dieser Nordsee abhandeln (Pontoppidan, 1754, S. 202).

Es gibt folglich Lebewesen des Meeres, die sich so stark von den anderen Meeresbewohnern unterscheiden, dass der Erzähler sie aus der alphabetischen Ordnung der eigentlichen Fische herausnimmt und sie auf zwei eigene Kapitel verteilt. An dieser Stelle ist zu bemerken, dass er die Grenze der mit ‚Fiske' bezeichneten Gruppe von Lebewesen nicht scharf zieht. Im eben erwähnten Ausschnitt werden Fischarten genannt, die dem Erzähler zufolge eigentlich nicht zu den eigentlichen Fischen zählen, da sie sich durch ihre Gestalt stark von den im fünften und sechsten Kapitel beschriebenen Fischarten unterscheiden. Dennoch werden sie als „Fiske", „Fische", und „Fiske-Arter", „Fischarten", bezeichnet. Dasselbe ist auch im Titel von Kapitel VII der Fall, der die Beschreibungen dieser Fische beinhaltet: „Om de blodløse Fisk, som enten indelukkes i haard Skal eller ere gandske bløde", „Von den Fischen, die kein Blut haben, und entweder in einer harte Schale eingeschlossen, oder ganz weich sind". Das Kapitel wird mit dem folgenden Satz eingeleitet: „Hidintil er handlet om saadanne Hav-Dyr under Norske Kyster, som egentlig kaldes Fiske, og have saavel Been eller Brust som Blod i sig" (Pontoppidan, 1977b, S. 259), „Bisher haben wir solche Seethiere, die sich an unsern nordischen Küsten aufhalten und eigentliche Fische genennet werden, und die sowohl Knochen oder Knorpel als Blut haben, beschrieben" (Pontoppidan, 1754, S. 302). Wiederum zieht der Erzähler eine Grenze zwischen eigentlichen und uneigentlichen Fischen. Wo aber diese Grenze verläuft, ist unterschiedlich. Wurde sie zuvor gezogen zwischen „de adskillige Fiske-Arter, som ere omgivne med en steenagtig eller haard Skal, hvori de boe saasom i et Huus, der voxer med dem" (Pontoppidan, 1977b, S. 174), „[den] verschiedenen Fischarten [...] die mit einer steinichten oder harten Schaale umgeben sind, worinn sie wie in einem Hause wohnen, das mit ihnen zugleich wächst" (Pontoppidan, 1754, S. 202), und den eigentlichen Fischen, wird sie nun angelegt zwischen den eigentlichen Fischen, die sowohl aus Knochen oder Knorpel und Blut bestehen und den anderen. Von einem Kriterium basierend auf der Gestalt – umgeben mit steinartiger oder harter Schale – geht der Erzähler zu einem Kriterium über, das auf der inneren Zusammensetzung dieser Lebewesen beruht, das eigentliche Fische von den anderen abgrenzt, und nach dem er schließlich die Lebewesen im siebten Kapitel gesondert von denjenigen in den beiden vorhergehenden behandelt.

Da die Unterschiede zwischen den zu beschreibenden Lebewesen groß genug sind, ordnet der Erzähler die beiden Kapitel mit den blutlosen Fischen und den Meermonstern im Gegensatz zu den beiden vorangehenden Kapiteln über die ‚eigentlichen' Fische nach direkten Kriterien. Die Neutralität der alphabetischen Struktur wird zugunsten einer direkten Ordnungsweise beiseite geschoben. Genügend große äußere Differenzen erlauben es somit, zu direkten Ordnungsweisen überzugehen. Hieraus könnte geschlossen werden, dass der Erzähler direkte Ordnungen gegenüber indirekten be-

4.2 Unterordnungen

vorzugt. Sobald es ihm in *Norges naturlige Historie* möglich ist, zu einer direkten Ordnungsweise überzugehen, tut er dies. Dabei zeigt sich ein Unterschied zu den Kapiteln über die norwegische Vogelwelt: Auch dort wird die Verwendung von nach bestimmten Kriterien einteilenden Klassen kritisiert und eine alternative Ordnung zum Alphabet vorgenommen, jedoch, wie wir bereits gesehen haben, nur im ersten Paragraphen als eine Art Dienstleistung an die Lesenden:

> Ikke destomindre, hvis nogen er tient med at see Land-Fugle, Vand-Fugle og Fiære-Fugle, det er de, der leve ved Fiæren, som ellers kaldes Strand-Bredden, paa eengang adskildte, saa ere Land-Fuglene følgende (Pontoppidan, 1977b, S. 92f.).

> Nichtsdestoweniger, wenn etwa jemanden damit gedienet wäre, in einem abgesonderten Verzeichnisse nachzusehen, welche Vögel eigentlich Landvögel, Wasservögel und Strandvögel sind (Pontoppidan, 1754, S. 107).

Wie gesehen, versucht der Erzähler dem Problem der „Undtagelser, Indskrænkelser eller Udvidelser" (Pontoppidan, 1977b, S. 92), „Ausnahmen, Einschränkungen und Abweichungen" (Pontoppidan, 1754, S. 105f.), die seiner Meinung nach jede Einteilung in Klassen mit sich bringt, durch eine alphabetische Ordnung zu entgehen. Inwiefern dies tatsächlich möglich und inwiefern diese einfach zu handhaben ist, soll nun mithilfe des ersten Kapitels, das sich mit den Vogelarten Norwegens beschäftigt, herausgearbeitet werden. Ich vergleiche die Kurzübersicht über die Klassen der Land-, Wasser- und Strandvögel, die innerhalb dieser Klassen alphabetisch geordnet sind, mit der ab Paragraph IV folgenden, sämtliche Vogelarten umfassenden, alphabetischen Darstellung (Abb. 4.3 und 4.4).

Wird die nach den drei Lebensräumen der Vögel geordnete Kurzübersicht in Paragraph I im Vergleich mit der ausführlichen, nach dem Alphabet geordneten Beschreibung ab Paragraph IV, beginnend mit ‚Aarfugl', auf ihre Vollständigkeit untersucht, fällt auf, dass mehrere Vogelarten, die in der alphabetischen Ordnung vorhanden sind, fehlen; so beispielsweise die Vogelart ‚Fuglekonge' oder ‚Svale'[62], deren Beschreibung mehr als eine Seite einnimmt. Auch die Vogelart ‚Rype', die über drei Seiten hinweg präsentiert wird, fehlt in der Kurzübersicht von Paragraph I, obwohl sie nur eine Buchseite später als ein außerhalb Norwegens unbekannter Vogel speziell erwähnt wird.[63] Auch der ‚Stork' wird in der Kurzübersicht nicht erwähnt, in der alphabetischen Auflistung hingegen schon:

> Stork falder her ikke at beskrive, efterdi den ey er af Landets Fugle og de fleeste Normænd aldrig har seet den, særdeles Øster paa. Her paa Vester-Kanten sige

---
[62] Pontoppidan (1977b), S. 119 und S. 161.
[63] Pontoppidan (1977b), S. 119 und S. 94.

> mig nogle faa at have seet, da og da en enkelt af dette Slags, men aldrig at den har havt Tilhold eller bygget Rede, saa det maaskee kand have været en forvildet Stork, som af Hændelse er kommen fra sin Flok (Pontoppidan, 1977b, S. 160).

> Stork (der Storch). Dieser ist hier nicht nöthig, zu beschreiben, weil er nicht unter die Vögel dieses Landes gehört, und die meisten Norweger ihn niemals gesehen haben, insonderheit Ostwärts. Es sagen mir einige, dass sie ihn hier an der Westseite hier und da gesehen haben, doch einzeln, und dass er sich niemals da aufgehalten, oder ein Nest gebauet habe. Vielleicht sind diese verwilderte Störche gewesen, die durch einen Zufall von ihrem Haufen weggekommen sind (Pontoppidan, 1754, S. 186).

Der Abschnitt über den Storch fällt aus der Reihe, sollen doch nicht in Norwegen vorkommende Vögel dem Erzähler zufolge nur als Parallelismen zur Erklärung von in Norwegen vorkommenden Vögeln herangezogen werden.[64] Auch der Kommentar in der Fußnote, der bestätigt, dass „denne Fugl er fremmed i Norge" (Pontoppidan, 1977b, S. 160), „diese Vögel in Norwegen fremde sind" (Pontoppidan, 1754, S. 186), stellt einen Widerspruch zum Vorsatz des Erzählers dar.

Umgekehrt verhält es sich beim ‚Fiske-Falke'[65] und bei der ‚Fiske-Krage', die im ersten Paragraphen in einem Kurzüberblick, der nach den Lebensräumen geordnet ist, aufgeführt werden.[66] Weder der eine noch der andere ist in den ausführlichen alphabetisch geordneten Beschreibungen unter ‚F' in einem mit dem Vogelnamen betitelten Abschnitt zu finden. Schaut man jedoch bei ‚F' unter der Vogelart ‚Falk' nach, die in beiden Verzeichnissen aufgeführt ist, stößt man bei der umfassenden Beschreibung des Falken neben der Unterart ‚Jagd-Falke', die nicht in der Kurzübersicht erwähnt wird, auch auf die Unterart ‚Fiske-Falke'.

Etwas anders ist die Lage bei der ‚Fiske-Krage'[67]. Bei ihr wird man in der ausführlichen Beschreibung über die ‚Krage' nicht direkt fündig, aber es wird von einer Unterart berichtet, bei der es sich wohl um die Fiske-Krage handelt:

> Her ved Søe-Kysterne leve mange Krager af smaa Fisk og Orm paa Strand-Bredden, men særdeles af Muslinger, hvis Skal de ikke anderledes kunde aabne, end ved at flyve et Stykke op i Veyret dermed, og lade den falde need paa Klippen, saa den brydes i Stykker (Pontoppidan, 1977b, S. 134f.).

> Hier an der Seeküste leben viele Krähen von kleinen Fischen und Würmern, insonderheit aber von Muscheln, deren Schale sie nicht anders öffnen können, als dass sie damit sehr hoch in die Luft fliegen, und sie nieder auf die Klippen fallen lassen, damit die entzwey brechen (Pontoppidan, 1754, S. 156).

---

[64] Pontoppidan (1977b), S. 92.
[65] Pontoppidan (1977b), S. 118.
[66] Pontoppidan (1977b), S. 93.
[67] Pontoppidan (1977b), S. 134f.

4.2 Unterordnungen

Die Beschreibung könnte zu der Unterart der ‚Fiske-Krage' passen; sie lebt am Wasser, sie ernährt sich von Meerestieren und Würmern.

Ein drittes Beispiel zeigt wiederum eine andere Handhabung mit Arten und Unterarten hinsichtlich der beiden Ordnungen: Der ‚Fiske-Ørn' wird wie der ‚Fiske-Falke' und die ‚Fiske-Krage' in der Kurzübersicht im ersten Paragraphen unter den Strandvögeln aufgeführt. In der alphabetischen Ordnung der Vögel ab Paragraph IV hingegen findet man ihn in einem eigenen Abschnitt, der dieselbe visuelle Gestaltung aufweist wie die übrigen der einzeln beschriebenen Vogelarten. Der Abschnitt wird sowohl mit der Bezeichnung ‚Fiske-Ørn' in fetter Schrift betitelt als auch von einer Marginalie, die nur aus dieser Bezeichnung besteht, flankiert (Abb. 4.5 und 4.6).

Der Abschnitt über den ‚Fiske-Ørn' ist aber nicht unter dem Buchstaben ‚F' aufgeführt, sondern zwischen ‚Ø' und ‚R' zwischen den Vogelarten ‚Ørn' und ‚Raage'.[68] Obwohl visuell als eigenständiger Abschnitt gekennzeichnet, wird die Beschreibung des ‚Fiske-Ørn' in Verbindung mit derjenigen des ‚Ørn' gebracht, indem sie auf diese folgt und darin bereits erwähnt wird: „Ørne opregner J. Klein p. 41. otte Slags, af hvilke tvende ere her bekiendte, nemlig Field-Ørnen og Fiske-Ørnen. Den første, som her og kaldes Slag-Ørn" (Pontoppidan, 1977b, S. 154), „J. Klein zählet acht Arten desselben, von denen zwo Arten, nämlich der Bergadler und der Fischadler allhier bekannt sind. Der erste, der hier auch Slag-Oern gennenet wird" (Pontoppidan, 1754, S. 168). Der Erzähler präsentiert sowohl den ‚Fiske-Ørn' wie den ‚Field-Ørn' im Abschnitt, der durch den Titel und die Marginalie als derjenige des ‚Ørn' bezeichnet wird. Erläutert der Erzähler die Unterart ‚Field-Ørn' an dieser Stelle, folgt das ausführliche Wissen über die Unterart ‚Fiske-Ørn' in einem eigenen Abschnitt, der demjenigen des ‚Ørn' gleichgestellt ist.

Aus diesen drei Beispielen geht hervor, dass auch eine alphabetische Ordnung von Naturobjekten, ungeachtet unterscheidender Merkmale, zu Problemen führen kann. Der Erzähler präsentiert den ‚Fiske-Ørn' eigenständig und doch mit dem ‚Ørn' verbunden. Die ‚Fiske-Krage' und den ‚Fiske-Falke' hingegen handelt er unter dem allgemeinen Abschnitt zu der Art ‚Krage' beziehungsweise ‚Falke' ab. Auch bei einer alphabetischen Ordnung müssen somit Entscheidungen getroffen werden und es stellt sich die Frage, welche Bezeichnungen durch eine solche Anordnung überhaupt miteinander in Verbindung gesetzt werden sollen.

Ordnungsprobleme treten in Kapitel III „Om Norges tamme og vilde Land- og Vand-Fugle", „Von den Vögeln", primär bei Vogelarten auf, deren Unterarten einerseits mit der Artenbezeichnung und einem Kompositum, das auf ein Charakteristikum der jeweiligen Unterart verweist, bezeichnet werden und andererseits in unterschiedlichen Lebensräumen verbreitet sind, wie es beispielsweise bei der ‚Strand-Skade' der Fall

---

[68] Pontoppidan (1977b), S. 147f.

ist.⁶⁹ Innerhalb der alphabetischen Vogelbeschreibungen leitet der Erzähler die Lesenden durch den Querverweis „Strand-Skade. See Skade" zum allgemeinen Abschnitt über die Skade. Dort schildert er die unterschiedlichen Unterarten der Skade: ‚Tun-Fuglen', ‚Skov-Skade' und ‚Strand-Skade'.⁷⁰ Von den drei Unterarten erwähnt er aber nur eine, diejenige der ‚Strand-Skade', außerhalb des Abschnitts über die Art der ‚Skade' und zwar nicht gleich auf die Skade-Beschreibung folgend wie beim ‚Fiske-Ørn', sondern an der richtigen alphabetischen Stelle.

Bei einer alphabetischen Ordnung stellt sich aber nicht nur die Frage, ob nach Arten und/oder Unterarten geordnet werden soll, sondern auch, was mit unterschiedlichen Bezeichnungen für ein und dieselbe Vogelart geschieht. Welche ist für die Position in der alphabetischen Ordnung entscheidend? Mit diesem Phänomen geht der Erzähler unterschiedlich um. In Kapitel III über die Vögel entscheidet er sich von den bisweilen zahlreichen Bezeichnungen für eine, deren erster Buchstabe die Position in der alphabetisch geordneten Aufzählung bestimmt: „Fiær-Kurv, Fiære-Muus, kaldes og Strand-Sneppe eller Strand-Erle" (Pontoppidan, 1977b, S. 118), „Fiärkurv, Fiäre-Muus, wird auch Strand-Sneppe (Strandschnepfe) oder Strand-Erle genennet" (Pontoppidan, 1754, S. 138). Nach der für die alphabetische Ordnung positionsbestimmenden Bezeichnung fügt er die anderen geläufigen Bezeichnungen für denselben Vogel hinzu. Manchmal werden neben dem positionsbestimmenden Namen auch die geläufigen Bezeichnungen unter ihrem Anfangsbuchstaben in der alphabetischen Ordnung genannt: „Strand-Erle. See Fiær-Mus" (Pontoppidan, 1977b, S. 161), „Strand-Erle. Siehe Fiär-Muus" (Pontoppidan, 1754, S. 186). In diesem Beispiel verweist die eine geläufige Bezeichnung ‚Strand-Erle' auf die Stelle in der alphabetischen Ordnung, an der Wissen über die Vogelart vermittelt wird. Doch der Querverweis endet im Leeren. Kein Abschnitt beginnt mit der fett gedruckten Bezeichnung ‚Fiær-Mus'. Überfliegt man aber die umliegenden Abschnitte im Bereich des Buchstabens ‚F', findet man die Beschreibung des ‚Fiær-Kurv'. Der fett gedruckten, den Abschnitt einleitenden Bezeichnung folgt die Bezeichnung ‚Fiær-Mus': „Fiær-Kurv, Fiære-Muus, kaldes og Strand-Sneppe eller Strand-Erle" (Pontoppidan, 1977b, S. 118), „Fiärkurv, Fiäre-Muus, wird auch Strand-Sneppe (Strandschnepfe) oder Strand-Erle genennet" (Pontoppidan, 1754, S. 138).

Das oben zitierte Modell des Querverweises tritt in diesem Kapitel häufig auf, immer in derselben syntaktischen Form: „Musvit. See Kiødmeise" (Pontoppidan, 1977b, S. 145), „Musvit (die Meise). Siehe Kiödmeise" (Pontoppidan, 1754, S. 168), oder „Raage. See Allike" (Pontoppidan, 1977b, S. 148), „Raage. Siehe Allike" (Pontoppidan, 1754, S. 172). Querverweise können auch von mehreren Seiten auf eine Vogelart

---

[69] Pontoppidan (1977b), S. 154.
[70] Pontoppidan (1977b), S. 154f.

4.2 Unterordnungen

verweisen: Sowohl von ‚Regnspoe'[71] als auch von ‚Brokfugel'[72] wird man zu „Heiloe eller Myreloe" (Pontoppidan, 1977b, S. 126), „Heiloe oder Myreloe" (Pontoppidan, 1754, S. 147), geleitet. Die beiden verweisenden Bezeichnungen werden jedoch an der alphabetischen Position in der Beschreibung von ‚Heiloe' nicht mehr erwähnt. Zieht man noch einmal die Kurzübersicht aus dem ersten Paragraphen „Orden og Afdeeling", „Ordnung und Abtheilung", heran, ist festzustellen, dass sie von den vier Bezeichnungen für denselben Vogel nur zwei, ‚Heiloe' und ‚Regnspoe', aufführt.

Auch in anderen Kapiteln werden Querverweise verwendet, beispielsweise im zweiten Paragraphen „Deres Blanding i de sildigere Tider med askillige Europæiske Nationer, samt deres Udfart til andre Lande, endogsaa til America længe førend Spanierne fandt det", „Ihre Vermischung in den spätern Zeiten mit verschiedenen Europäischen Nationen, nebst deren Wanderung in andere Länder, auch so gar nach Amerika lange zuvor, ehe die Spanier es entdeckten", von Kapitel IX in Teil II, das sich mit der norwegischen Bevölkerung auseinandersetzt. Im einleitenden Satz wird davon berichtet, dass die neuere norwegische Nation aus einer Mischung übrig gebliebener Kelten und neu angekommener Asen bestehe, die sich wegen ihrer besseren Lebensweise ausgebreitet hätten. An dieser Stelle ist ein Asterisk angebracht, der auf die folgende Fußnote verweist:

> See Cap. X. §. 1. 2. 3. nogen Liighed imellem de Norske Bønders og de Georgiers Leve-Maade, hvorved maaske ey lidet bestyrkes den Tradition, at Aserne, so Othins Følgeskab, vare fra Asia, særdeles at det var Field-Bønder fra Caucaso og Ararat imellem Pontum Euxinum og det Caspiske Hav, fordrevne ved Pompejum Magnum (Pontoppidan, 1977b, S. 364).

> Man sehe hernach im X. Kap. §. I::3. einige Gleichheit zwischen der Lebensart der Norwegischen Bauern und der Georgier, wodurch vielleicht die Ueberlieferung, dass die Asen, als die Begleiter Othins, aus Asien gewesen, nicht wenig bestärket wird, insonderheit dass sie Bergbauern vom Caucasus und Ararat zwischen dem schwarzen Meere und der Kaspischen See gewesen, die vom [sic] Pompejus den [sic] Grossen vertrieben worden (Pontoppidan, 1754, S. 420).

Dieser Hinweis volkskundlichen und historischen Inhalts in der Fußnote betont, dass das Wissen um die Herkunft der Asen auch im zweiten Paragraphen von Kapitel IX, der sich vor allem aus einer historischen Perspektive mit der norwegischen Bevölkerung beschäftigt, von Wichtigkeit ist. Spezifisch wird aber solches Wissen erst in den volkskundlich geprägten Paragraphen I, II und III des zehnten Kapitels vermittelt. Dieses Problem der Verortung handhabt der Erzähler, indem er das Wissen zwar in beiden Kapiteln anführt, aber nur im Haupttext von Kapitel X ausführlich erläutert.

---
[71] Pontoppidan (1977b), S. 149, und Pontoppidan (1754), S. 173.
[72] Pontoppidan (1977b), S. 112, und Pontoppidan (1754), S. 130.

Querverweise werden auch verwendet, um sich in einleitenden Paragraphen auf die Vermittlung eines Überblicks beschränken zu können und nicht bereits an dieser Stelle detailliert auf gewisse Phänomene eingehen zu müssen, wie es im ersten Paragraphen von Kapitel V „Om Norges Fiske og Fiskerier i salte og ferske Vande", „Von den Fischen und Fischereien", des zweiten Teils von Norges naturlige Historie der Fall ist. Darin spricht der Erzähler die alljährlich vom Nordpol zur norwegischen Küste wiederkehrenden Fischschwärme an, die einerseits von Gott mit diesem Impuls versehen worden seien und andererseits zusätzlich, ebenfalls durch den Schöpfer eingerichtet, von den Walfischen und deren Gehilfen an die Küste getrieben würden.[73] Auf die wenigen Zeilen im ersten Paragraphen des Kapitels über die Fische, die diese Tatsache skizzieren, folgt ein Querverweis:

> Hvorledes det gaaer til, findes herefter beskrevet i de Artikler om Silden og Hvalfisken, saa jeg nu ikke opholder mig ved disse Particulariteter, som ellers ere ret merkværdige og tienlige til Indsigt i en Deel af Guds viise og kierlige Huusholdnings Maade (Pontoppidan, 1977b, S. 169).

> Wie dieses eigentlich zugehet, solches wird man hernach im Artikel vom Heringe und Wallfische angemerket finden; daher ich mich anitzt mit diesen besondern Umständen nicht aufhalten will, die sonst recht merkwürdig sind, und zu besserer Einsicht in einen Theil der weisen und liebreichen Haushaltung Gottes dienen können (Pontoppidan, 1754, S. 196).

Mit diesen Worten wird auf die Stelle der ausführlichen Vermittlung von Wissen über das angesprochene Phänomen verwiesen. Die Beschreibungen von Hering und Wal halten genauere Informationen darüber bereit. Doch nicht nur der Hinweis auf die entsprechenden Artikel lockt die Lesenden in besagte Abschnitte, sondern auch die interessenssteigernde Aussage, mit welcher der Querverweis geschmückt wird: Er verspricht eine gewisse Einsicht in Gottes Wirken.

Dadurch, dass der Erzähler in der gesamten Naturgeschichte hinsichtlich der Anordnung von Wissen nicht nur eine einzige Ordnungsweise verwendet, sondern verschiedene, entweder gesondert oder miteinander vermischt, in unterschiedlich starker Art und Weise, müssen sich die verschiedenen Kategorien nicht zwingend gegenseitig ausschließen. Es stellt sich aber dennoch die Frage, wie der Erzähler bei verschiedenen Ordnungsweisen mit dem Problem der Zuordnung der einzelnen Wissenselemente umgeht. Gewisse Wissenselemente können theoretisch bei der Verwendung mehrerer, auf verschiedenen Kriterien basierenden Ordnungen mehrmals verortet und beschrieben werden. Dies kann aber kaum das Ziel einer umfassenden Naturgeschichte sein. Die Linearität des Mediums Buch, beziehungsweise eines schriftlichen Textes, macht

---

[73] Pontoppidan (1977b), S. 168f.

4.2 Unterordnungen

die Ausgangslage nicht einfacher. Die einzelnen Wissenselemente müssen primär an einer Stelle innerhalb der Ordnung des Mediums abgelegt werden. Durch die Wahl der Stelle verleihen sich das Wissenselement und die Stelle, an der es gespeichert wird, gegenseitig Bedeutung. Der Erzähler geht das Problem der Mehrschichtigkeit von Wissenselementen und ihre mögliche Anknüpfung an mehrere Bereiche, ihre Erwähnung in mehreren strukturierten Wissensbereichen – ein Problem, das man heutzutage im Medium des Computers elegant mit Mehrfachverknüpfungen löst – durch mehrfache, variierende Präsentationen derselben Wissenselemente und mit Querverweisen innerhalb des Buches an. Dadurch ist es ihm möglich, Wissenselemente, die durch die gewählten Ordnungskriterien nicht oder nicht mehr direkt zueinander in Bezug gesetzt sind, in einer zirkulären Anordnung (wieder) miteinander zu verbinden. Ebenso wie paratextuelle Elemente, die ich im Kapitel zur Wissensinszenierung untersuche, reduzieren die verwendeten Querverweise die lineare Ausrichtung eines Textes und verleihen ihm eine netzartige Struktur.

Aus dem oben vorgenommenen Vergleich zwischen der Kurzübersicht im ersten Paragraphen über die Land-, Wasser- und Strandvögel und der sich über mehrere Paragraphen des dritten und vierten Kapitels von Teil II hinziehenden ausführlichen, alphabetisch geordneten Beschreibung der Vogelarten Norwegens geht hervor, dass die beiden Ordnungen desselben Materials nicht vollständig korrespondieren. Ebenfalls wird deutlich, dass man auch bei einer rein alphabetischen Ordnung von Wissen nicht vor Problemen gefeit ist. Eine alphabetische Gliederung scheint auf den ersten Blick einfach und klar, bei einer näheren Betrachtung zeigt sich aber, dass dem nicht so ist. Wie bei einer direkten Ordnung sind auf verschiedenen Ebenen Entscheide zu fällen hinsichtlich der Arten und deren Unterarten oder hinsichtlich der Mehrfachbezeichnungen einzelner Spezies. Entscheide, die Konsequenzen für die Ordnung haben. Außerdem wird die alphabetische Reihenfolge selbst nicht immer konsequent eingehalten. Im achten und letzten Paragraphen des vierten Kapitels „Fortsettelse af forrige", „Fortsetzung des vorigen Kapitels von den Vögeln", folgt beispielsweise Buchstabe ‚U' auf den Buchstaben ‚V', ‚Ugle' folgt auf ‘Vagtel' und ‚Vibe',[74] oder in der Kurzübersicht wird ‚Heigre' von ‚Boefiær' gefolgt.[75] Die verwendete alphabetische Ordnung bewirkt in diesem Fall keinen umfassenden Ausschluss von „Undtagelser, Indskrænkelser eller Udvidelser" (Pontoppidan, 1977b, S. 92), „Ausnahmen, Einschränkungen und Abweichungen" (Pontoppidan, 1754, S. 105f.), ein Punkt, der vom Erzähler bei Einteilungen, beispielsweise der Vögel, in bestimmte Klassen kritisiert wird.

Andere Probleme alphabetischer Ordnungen sind, dass bestehende Zusammenhänge zwischen einzelnen natürlichen Objekten aufgelöst werden und weniger Zu-

---

[74] Pontoppidan (1977b), S. 166.
[75] Pontoppidan (1977b), S. 93.

sammenhängendes nebeneinander zu stehen kommt,[76] wenn beispielsweise auf einen Landvogel ein Wasservogel folgt oder dem riesigen Wal ein kleiner Süßwasserfisch namens ‚Horr'[77] vorausgeht. Indirekte hierarchische und direkte Ordnungen hingegen setzen bei Lesenden, die sich nur über ein bestimmtes Objekt Wissen verschaffen wollen, die Kenntnis der gewählten Ordnung und der spezifischen Taxonomie voraus. Hinzu kommt die Bindung an eine bestimmt Sprache: In der dänischen Originalausgabe von *Norges naturlige Historie* ist es für eine mit der dänischen Sprache vertraute Person relativ einfach, in der alphabetischen Ordnung der Vögel, unter der Voraussetzung einer gewissen Kenntnis von Vogelnamen, eine bestimmte Vogelart zu finden. Die Suche für die deutschsprachigen Lesenden in der deutschen Übersetzung hingegen gestaltet sich um einiges schwieriger: Die Vogelarten kommen ebenfalls alphabetisch geordnet daher, der Übersetzer verzeichnet aber die dänischen Namen an erster Stelle, die deutschen sind erst an zweiter Stelle wiedergegeben, beispielsweise „Aarfugl (Auerhahn) Urogallus, Tetrao minor" (Pontoppidan, 1754, S. 121). Dadurch, dass die dem Alphabet folgende Präsentation der Vogelarten in der deutschen Übersetzung von *Norges naturlige Historie* auf den dänischen Bezeichnungen gründet, werden die Lesenden verwirrt und die alphabetische Ordnung verliert für die deutschsprachigen Lesenden ihre Funktion. Dasselbe Problem stellt sich den englischsprachigen Lesenden in der englischen Ausgabe: „Aarfugl, Urhane, Urogallus, or Tetrao minor, the Growse" (Pontoppidan, 1755, S. 64). Die medizinischen Pflanzen hingegen werden in allen Ausgaben nach ihren lateinischen Namen geordnet (Abb. 4.7 und 4.8).

4.3 Diskussion

Nach dieser gründlichen Analyse der Ordnung der unzähligen Wissenselemente in *Norges naturlige Historie* zeigt sich, dass alle Informationen in irgendeiner Form, mehr oder weniger sichtbar geordnet, fixiert werden. Nichts kann vollständig losgelöst präsentiert werden. Kein Sammeln geschieht planlos.[78] Eine Abhängigkeit von etwas anderem, ob direkter oder indirekter Natur, ist immer vorhanden. Tendenziell wird in Pontoppidans Naturgeschichte Wissen nach grob gefassten Sachbereichen geordnet. Es kann von einer „objektorientierte[n] Polytomie" (Zotter, 2004, S. 26) gesprochen

---

[76] Michel (2002), S. 73.
[77] Pontoppidan (1977b), S. 192.
[78] Schneider (2004), S. 82. Schneider, Ulrich Johannes. ‚Die Konstruktion des allgemeinen Wissens in Zedlers „Universal-Lexicon"'. In: *Wissenssicherung, Wissensordnung und Wissensverarbeitung. Das europäische Modell der Enzyklopädien.* Stammen, Theo und Weber, Wolfgang E. J. (Hg.), Berlin, 2004, S. 81–101.

4.3 Diskussion

werden,[79] die sich einigermaßen an die Abfolge der Genesis, aber auch an die Naturgeschichte von Plinius lehnt. Auf den darunterliegenden Ebenen zeigen sich weitere Wissensordnungen.

Ist nur sehr wenig über das Verhältnis der zu beschreibenden Objekte zum Menschen bekannt oder die Anzahl der zu beschreibenden Objekte innerhalb einer Gruppe ausgesprochen groß, bringt sie der Erzähler von *Norges naturlige Historie* in eine indirekte Ordnung. Sonst strukturiert er vorzugsweise nach einer direkten, natürlichen Ordnung. Die Syntax innerhalb der direkt geordneten Abschnitte zeichnet sich tendenziell durch lange und verschnörkelte Sätze aus, die zahlreiche eingeflochtene narrative Elemente enthalten. Innerhalb der indirekt geordneten Abschnitte hingegen werden die einzelnen Fakten meist durch Kommas getrennt, ähnlich wie bei Linnés Naturbeschreibungen, dicht hintereinandergereiht, sodass der Eindruck entsteht, der Blick der Lesenden decke sich mit dem Blick des Beobachters, in diesem Fall des Erzählers, der in einer bestimmten Reihenfolge von Beschreibungsmerkmal zu Beschreibungsmerkmal springt mit dem Ziel, das im Zentrum stehende Objekt immer schärfer zu umreißen. Dieser schematisierende Zug wird in indirekten Ordnungen durch die typographische Markierung des Hauptworts in fetter Schrift, mit dem die Beschreibungen der einzelnen natürlichen Objekte üblicherweise beginnen, betont und kann durch Abbildungen auf Kupferstichen, die mit den jeweiligen beschriebenen Objekten korrespondieren, vertieft werden. Meist jedoch wirkt die indirekte Ordnung nur auf den ersten Blick geschlossen, denn es gibt Probleme bei ihrer konsequenten Anwendung, und bei einer näheren Betrachtung finden sich auch in den indirekten Ordnungen immer wieder narrative Elemente, die einen starken Bezug zum kulturellen, sozialen und wissenschaftlichen Kontext herstellen, und Inkonsequenzen bezüglich der sprachlichen Struktur. Es wird deutlich, dass die Ordnungsweisen sowohl auf der Logik der Ähnlichkeiten basieren als auch vom Denken der klassischen Episteme beeinflusst sind.

In *Norges naturlige Historie* zeigt sich ein großes Interesse an direkt am Objekt sichtbaren Kriterien. Der Erzähler orientiert die Lesenden über die Größe, über die Gestalt oder die Oberfläche und die Farbe der Objekte der Naturgeschichte. Doch das Ziel, eine Ordnung aufgrund weniger unterscheidender Merkmale herzustellen, wird nicht konsequent verfolgt wie bei Linné, der mithilfe der Variabeln Zahl, Gestalt, Proportion und Situation arbeitet. Durch eine solche Fokussierung auf sichtbare Kriterien nähern sich Sprache und Dinge, die im Zeitalter der Ähnlichkeiten als analoges Abbild voneinander verstanden wurden, zwischen welchen sich aber im Zeitalter der Repräsentation eine Distanz eröffnete, einander wieder an.[80] Sprachliche Zeichen, die Äußerlichkeiten

---

[79] Zotter, Hans. ‚Parallele Modelle von Wisssenssicherung und Ordnung'. In: *Wissenssicherung, Wissensordnung und Wissensverarbeitung. Das europäische Modell der Enzyklopädien*. Stammen, Theo und Weber, Wolfgang E. J. (Hg.), Berlin, 2004, S. 25–37.

[80] Foucault (1974), S. 176.

von Objekten detailliert beschreiben, erzeugen eine starke visuelle Wirkung. Sie lassen das Beschriebene vor den Augen der Lesenden entstehen, eine Wirkung, die sich dicht mit Illustrationen, die dieselben Objekte abbilden, verflicht und überlagert.

Eine Tendenz hin zu Ordnungsweisen, die auf den von Foucault angesetzten Bruch Ende des 18. Jahrhunderts zeigen, ist nicht auszumachen. Es gibt keine Anzeichen dafür, dass die Geschichte der Dinge in den Vordergrund rückt und ein Eintritt in die historische Tiefe von Interesse werden könnte. Der Erzähler erwähnt zwar am Ende des ersten Paragraphen über die Fische die Zerlegung und die Erforschung der Anatomie dieser Lebewesen durch Ärzte.[81] Dabei handelt es sich aber nicht um das bei Cuvier erwähnte Interesse am Verständnis der Geschichte der Lebewesen. Zweck dieser anatomischen Zergliederung ist vielmehr die Entdeckung von Unterschieden und ihre Beschreibung. Die Elemente und Objekte erscheinen auf einer Fläche ohne bewusste historische Dimension. Auf dieser werden sie ohne Tiefe beschrieben und miteinander in den Zusammenhang der norwegischen Naturgeschichte gestellt. Unabhängig davon, ob der Erzähler versucht, die Objekte der Natur direkt oder indirekt zu ordnen, richtet er bei beiden Ordnungsweisen das Augenmerk nicht auf den Ursprung der Objekte, sondern auf ihre materielle Erscheinung in der Natur und in Form von Zeichen.

Die Verwendung der verschiedenen Ordnungsweisen hat den Vorteil, dass weniger Probleme mit der Konsistenz, die bei der Wahl einer einzigen Ordnung entstehen können, auftreten, eröffnen sich doch im Lauf der Ordnung von Wissen immer wieder noch nicht in Betracht gezogene Wissensfelder, die Ausnahmen erfordern. Auf diese Weise können Ausnahmen aufgefangen werden und es ist theoretisch möglich, alles vorhandene Wissen unterzubringen. Ist ein Phänomen oder ein Objekt in der Naturgeschichte Norwegens dennoch nicht in eine Ordnung einzufügen, bleibt stets die Möglichkeit, dies aus einer physikotheologischen Perspektive auf einer Metaebene mit der unergründlichen Allmacht des Schöpfers, der alle Fäden in der Hand hält, zu begründen. Theoretisch ist es dadurch nicht notwendig, die Ordnung zur besseren Handhabung zu vereinfachen, wie dies bei der Verwendung einer einzigen, konsistenten Ordnungsweise üblich ist, wodurch Konsequenzen hinsichtlich der tatsächlichen Aussagekraft einer Sache, die aus Vereinfachungen einer Ordnung resultieren, ausbleiben.

Trotz der Mischung und der inkonsistenten Verwendung von Ordnungsweisen aus heutiger Sicht ist es möglich, von einer konsequenten Form der Wissensordnung zu sprechen, durch die sich *Norges naturlige Historie* auszeichnet. Eine Wissensordnung, die sich einem roten Faden gleich unterhalb der Makroebene durch die Naturgeschichte Pontoppidans zieht. Diese Ordnung zeichnet sich aber nicht durch Homogenität aus, sondern vielmehr durch die unregelmäßige und unterschiedlich starke, aber konsequente Kombination von Ordnungen auf den verschiedenen Ebenen der Naturgeschichte, in den zwei Teilen, den Kapiteln und den Paragraphen. Es werden direkte

---

[81] Pontoppidan (1977b), S. 171.

4.3 Diskussion

und indirekte Ordnungsweisen verwendet, Prinzipien der klassischen Episteme und der dieser vorausgehenden herangezogen. Ausufernde und uneinheitlich angeordnete narrative Schilderungen wechseln sich ab mit Beschreibungen, die nach ausgewählten Kriterien und mit einigermaßen systematischen Katalogen geordnet sind. Bisweilen wird eine Ordnung über das Alphabet hergestellt, bisweilen über die direkte Beziehung von den beschriebenen Objekten zum menschlichen Alltag. Enzyklopädieartige Formen der Wissensordnung folgen auf wörterbuchähnliche, bei welchen in seltenen Fällen bloß der lateinische Name auf Dänisch übersetzt wird. Es handelt sich um eine Kombination verschiedener Ordnungsformen, die als kulturelle und soziale Ausprägung jener Zeit, des dänisch-norwegischen 18. Jahrhunderts, verstanden werden kann und trotz ihrer Heterogenität als eine bestimmte Form der Wissensordnung bezeichnet werden darf: Eine Wissensordnung, die dem von Bowker und Leigh Star als ideal bezeichneten System nahekommt, das es die ganze Welt umfasst, die es beschreibt.[82]

Aus der vorangegangenen Untersuchung wird klar, dass *Norges naturlige Historie* nicht als Punkt auf einer Linie zwischen einer älteren und einer neueren Ordnungstradition zu verstehen ist. Ausgehend von der Ordnung des Wissens kann die Naturgeschichte weder nur der vorklassischen noch ausschließlich der klassischen Episteme zugerechnet werden. Vielmehr wird von den verschiedenen zur Verfügung stehenden Ordnungsweisen Gebrauch gemacht, was dem bereits erwähnten hochgesteckten Ziel der norwegischen Naturgeschichte angepasst scheint, dasjenige zu zeigen,

> særdeles saa vidt Norge deri har enten noget forud, eller og noget som adskiller sig fra det Almindelige, i det mindste noget som hidindtil ikke har været alle saavel bekient. Heri haaber jeg, at de, som forlystes ved at agte paa den store Skabers herlige Huusholdning med ufornuftige Dyr, kunde finde mange Spoer af hans viise Raad, kierlige Hensigt og almægtige Haand, altsaa opmuntres til at tænke med Syrach Cap. XLIII. v. 8. Det er en stor Herre, som giorde dem (Pontoppidan, 1977b, Forord).

> zwar in so weit Norwegen etwas darinn vor andern voraus hat, oder sich auch von dem Allgemeinen unterscheidet, zum wenigsten was dasjenige betrifft, was bisher nicht eben sonderlich bekannt gewesen. Ich hoffe hierbey, dass diejenigen, die sich an der Betrachtung der herrlichen Haushaltung des grossen Schöpfers mit unvernünftigen Thieren belustigen, manche Spuren seines weisen Rathes, seiner liebreichen Absicht und seiner allmächtigen Hand darinn finden, und dadurch aufgemuntert werden können, mit Syrach Kap. XLIII. v. 5. zu denken: Das muss ein grosser Herr seyn, der sie gemacht hat (Pontoppidan, 1754, Vorrede, S. 7).

---

[82] Bowker und Leigh Star (2000), S. 11. Bowker, Geoffrey C. und Leigh Star, Susan. *Sorting Things Out. Classification and Its Consequences.* O. O., 2000.

Um dieses Ziel zu erreichen, werden sämtliche zur Verfügung stehenden Ordnungsmethoden verwendet.

Der Vielzahl benutzter Ordnungsweisen zum Trotz können aber auch in der Naturgeschichte Pontoppidans Fehler in diesem Bereich nicht ausgeschlossen werden: Einige wenige Hinweise in den zwei alphabetischen Registern am Ende von Teil II führen Suchende ins Leere, so ein Hinweis auf William Derham oder zwei auf Ewerhard Happelius.[83] Paragraphen sind teilweise falsch nummeriert: Bei den Gesteinsarten wird Paragraph VIII im Haupttext fälschlicherweise mit „§. 2" statt „§. 8" betitelt. Im darauf folgenden Kapitel VIII „Om Norges ædle og u-ædle Metaller og Mineralier", „Von den Metallen und Mineralien in Norwegen", wird der im Paragraphenverzeichnis als dritter Paragraph bezeichnete im Haupttext fälschlicherweise mit „§. 5" betitelt, der Paragraph XIII als „§. 14". Dies sind aber Ausnahmen. Beim Lesen der Naturgeschichte kann gleichwohl kaum Orientierungslosigkeit aufkommen, auch wenn die verschiedenen Ordnungen auf unterschiedlichen Ebenen den Zugang zu bestimmtem Wissen erschweren können. Dieser Tatsache wird im Haupttext selbst durch ziemlich regelmäßige Reflexion der fortschreitenden Ordnung auf einer Metaebene Abhilfe geschaffen: „Nu følger det slags blodløse Hav-Dyr, som tillige ere bløde uden Skal eller Skiul, saasom først Spoite, Sputte, Blek-Sprutte, item af nogle Søe-Mige" (Pontoppidan, 1977b, S. 288), „Nunmehr folgen die Arten der blutlosen Seethiere, die zugleich weich sind, und keine Schale oder Bedeckung haben. Unter diesen ist das erste die Spoite, Sputte, Bleck-Sprutte, oder wie es einige nennen, die Söe-Mige, die Seemücke" (Pontoppidan, 1754, S. 334). Dies geschieht aber auch durch Elemente an der Peripherie des Haupttexts, so durch die beiden Register am Ende von Teil II, die einen alternativen Zugang zum gesammelten Wissen bieten. Weiter werden die Lesenden in unregelmäßigen Abständen durch Paragraphentitel, Verweise, die auf die Zugehörigkeit zum jeweiligen Kapitel verweisen, oder Marginalien, die den Haupttext gliedern, darauf aufmerksam gemacht, an welcher Stelle in der Naturgeschichte sie sich befinden. Kupferstiche verweisen die Lesenden ebenfalls auf ihre Position im Text. Herfried Vögel nennt solche Formen der Strukturierung eines Textes ‚sekundäre Ordnungen',[84] „Ordnungen also, die nicht die Materie, sondern den Gebrauch des Buches organisieren" (Vögel, 1995, S. 48). Ihr zufolge liegen diese redaktionellen Möglichkeiten der Texterschließung außerhalb des Textes selbst. Diese Positionierung von Elementen wie Abschnittsbezeichnungen, Marginalien und Illustrationen und die ihnen zugewiesene primäre Gliederungsfunktion soll im folgenden Kapitel untersucht werden.

---

[83] Pontoppidan (1754), Register.
[84] Vögel (1995), S. 48. Vögel, Herfried. ‚Sekundäre Ordnungen des Wissens im „Buch der Natur" des Konrad von Megenberg'. In: *Enzyklopädien der Frühen Neuzeit. Beiträge zur Forschung*. Eybl, Franz M. u. a. (Hg.), Tübingen, 1995, S. 43–61.

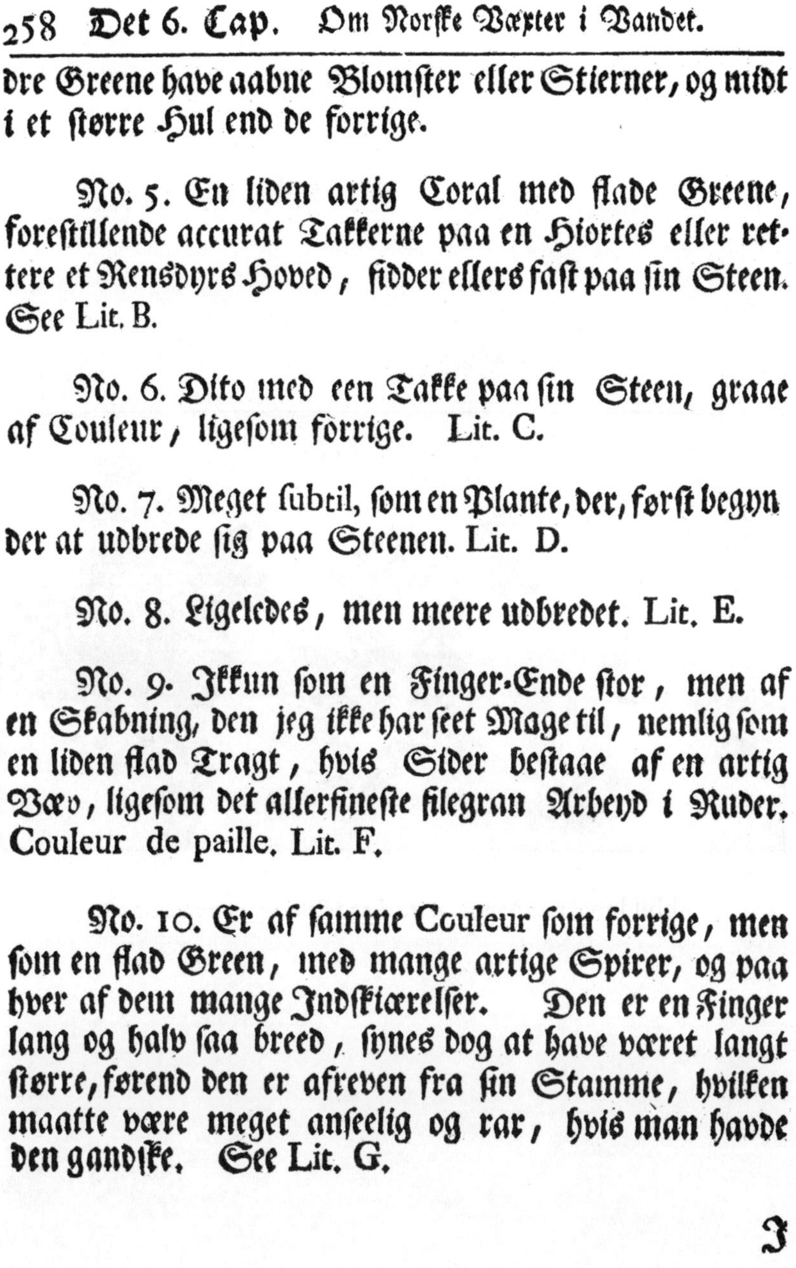

258 Det 6. Cap.   Om Norske Væxter i Vandet.

dre Greene have aabne Blomster eller Stierner, og midt i et større Hul end de forrige.

No. 5. En liden artig Coral med flade Greene, forestillende accurat Takkerne paa en Hiortes eller rettere et Rensdyrs Hoved, sidder ellers fast paa sin Steen. See Lit. B.

No. 6. Dito med een Takke paa sin Steen, graae af Couleur, ligesom forrige. Lit. C.

No. 7. Meget subtil, som en Plante, der, først begynder at udbrede sig paa Steenen. Lit. D.

No. 8. Ligeledes, men meere udbredet. Lit. E.

No. 9. Ikkun som en Finger-Ende stor, men af en Skabning, den jeg ikke har seet Mage til, nemlig som en liden flad Tragt, hvis Sider bestaae af en artig Væv, ligesom det allerfineste filegran Arbeyd i Ruder. Couleur de paille. Lit. F.

No. 10. Er af samme Couleur som forrige, men som en flad Green, med mange artige Spirer, og paa hver af dem mange Indskiærelser.   Den er en Finger lang og halv saa breed, synes dog at have været langt større, førend den er afreven fra sin Stamme, hvilken maatte være meget anseelig og rar, hvis man havde den gandske. See Lit. G.

J

Abbildung 4.1: *Norges naturlige Historie*, 1977a, S. 258.

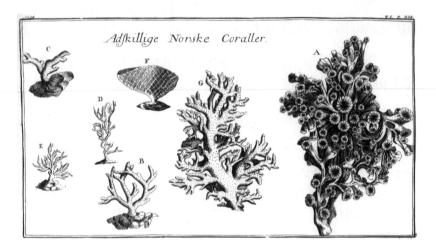

Abbildung 4.2: *Norges naturlige Historie*, 1977a, S. 258.

Cap. III. Om Fuglene.

Bredden, paa eengang adskilte, saa ere Land-Fuglene følgende: Aarfugl, Akerloe, Aker-Rixe, Allikke, Berg-Ugle, Bogfinke, Dompap, Drossel, Due, Egde, Elve-Konge, Erle, Falk, Flaggermuus, Fossefald, Gertruds-Fugl, Glente, Gøg, Heiloe, Høg, Hønne, Horsegøg, Jerpe, Irisk, Knøtter, Kiødmeise, Krage, Lerke, Natvake, Nordvinds-Pibe, Ørn, Rava, Regnspo, Ringetrost, Sibenschwantz, Siisgen, Skade, Sneefugl, Sneppe, Søndenvindsfugl, Spurre, Stær, Steendulp, Stillitz, Tiur, Vagtel, Vibe, Ugle.

Vand-Fugle, som allene nære sig af Fisk, flyde den meste Tiid paa Vandet, og dukke under deri, skiont ikke alle lige dybt, ere: Alke, And, tam og vild af mange Slags, Edder eller Eider-Fugl, Gaas, tam og vild af adskillig Slags, Hav-Aare, Hav-Hest, Hav-Sule, Immer, Langivie, Lom, Lund, Savorn, Skarv, Skrabe, Svane.

Fiær-Fugle, som jeg nyelig har sagt, at opholde sig ved Strand-Bredden eller i Skiærene, og der leve deels af smaa Fisk, som med deres Neb kunde naaes, deels af Muslinger, Orme, Tang, Gruus og deslige, som Floe og Fiære eller Ebbe og Floed daglig giver Forandring og Forraad paa, men vove sig ikke langt ud eller i Dybet, og altsaa gaae en Middelvey imellem Land- og Vand-Fuglene, ere: Heigre, Boesiær, Fiærkury, Fiske-Falk, Fiske-Ørn, Fiske-Krage, Jofugl, Kiæld, Krykkie, Laretite, Maase eller Maage, af adskillig Slags, Sand-Tel, Sand-Tærne, Skue, Spove, Strand-Erle, Strand-Sneppe, Teiste, Tiæld, Tenn.

M 3 §. 2.

Abbildung 4.3: *Norges naturlige Historie*, 1977b, S. 93.

118   Cap. III. **Om Fuglene.**

vedet, med lidet hvidt paa Siderne, da Hunnen er mere graa. Den sees allene om Sommeren, og siges ligesom Svalen at ligge i Dvale Vinteren over.

§. 7.

Falk.   **Falk,** som J. KLEIN p. 47. adskiller i 27 Sorter, findes længst mod Norden allerædelst og brugeligst til Jagten. Med dem, som aarlig føres fra Island, ikke uden temmelig Omkostning, og siden vidt forsendes til Hofferne, har jeg her ikke at giøre, men erindrer ikkun, at her i Norge, fornemmelig i Østerdalen, saa og i Christiansands Stift, særdeles paa Jedderen, falde ogsaa meget herlige Jagt-Falke, graa og hviide, større og mindre. Til deres Fangst pleye aarlig fra Nederlandene og Tydskland her at ankomme nogle derpaa udlærte Falkenerer, som fordeele sig i Fieldene og blive der en Maaned eller længer, for at faae enhver nogle Stykker til Bytte, hvis Priis sluttes deraf, at de kunde betale saa lang en Reise (*). De fange dem i Garn, under hvilke en Due settes, som Lokke-Mad. Her ved Søe-Siden, særdeles paa Sundmøer, sees Fiske-Falke, som vel søge deres Hoved-Næring paa Vandet, men ødelegge ogsaa paa Fieldene mange Alker, Lunder og deslige Field-Fugle.

Fiærkurv.   **Fiær-Kurv, Fiære-Muus,** kaldes og Strand-Sneppe eller Strand-Ærle, er en liden muusgraa Strandfugl, stor som en liden Kramsfugl, med langt Neb og

---

(*) Til disse Brabandske Falke-Fængere skal Fangsten være forpagtet af en vis Familie, som dermed af H. K. Majestæt er forlehnet.

Abbildung 4.4: *Norges naturlige Historie*, 1977b, S. 118.

Cap. IV. Fortsettelse om Fuglene. 147

og fleere Exempler af samme Slags kunde ved Eftersøgelse
lettelig findes til skiødesløse Forældres Advarsel.

  Fiske-Ørnen, lyse-bruun af Farve, overgaaer i Fiske-Ørn.
Storhed den forrige, og forsmaaer vel ikke et Aadsel paa
Landet, giør dog sin Hoved-Sag af Fisk, hvilke han deels
passer paa at tage fra Odderen, deels umager sig selv for
at gribe øverst i Vandet, deels lever han og af de Fiske-
Hoveder og Indvolde, som ved Fiskenes Rensning og Be-
redelse bortkastes i stor Mangfoldighed, og ellers blive mange andre Fugle og Dyr til Deel; Men om Ørnen sees, da
tilhører ham alting allene. Naar Ørnen søger til Havs
for at slaae en Fisk, da rammer han undertiden paa saadan een, som bliver ham alt for mægtig og drager ham
efter sig i Dybet. Særdeles har man seet dette mere end
een gang at skee med Helleflynderen, som her kaldes Qveite,
og er saa stor, at den undertiden fylder en heel Tønde.
Qveitens høye og krumme Ryg forestiller ham i Ørnens
Øyne langt mindre end han er. Naar Ørnen slaaer sine
Kløer deri og ikke saa hastig kand faae dem ud igien, for-
medelst deres Krumhed og Længde, at jo Fisken før begynder at drage ham ned ad, saa hører man Fuglen ynkelig
skrige, og seer ham med de over Vandet vidt udstrakte Vinger at arbeide og opholde sig det længste mueligt er, skiønt
forgieves, da han omsider maa give tabt og følge det
Rov, der skulde have fulgt ham, til Sindbillede for man-
gen ubesindig og dumdristig Entrepreneur. Man har
og sagt mig, det skeer undertiden, at vore Sundmøerske
Fiskere fange en Qveite med saadanne Ørne-Kløer fastsid-
     T 2   dende

Abbildung 4.5: *Norges naturlige Historie*, 1977b, S. 147.

Cap. IV. **Fortsettelse om Fuglene.** 145

Naar Maasen søger ind ad Fiordene, veed Bonden det er Tiid at bruge sit Garn efter Sey, Torsk og anden Fisk, som Fuglen forfølger hvor den gaaer.

Musvit. See **Kiødmeise.**

Natvake. En liden Fugl, som uden Tviil bærer Navn af sin Aarvaagenhed, og at den holder sig lystig om Natten, er mig ellers ikke synderlig bekiendt. Natvake.

Nordvinds-Pibe. Noget mindre end en Stær, graa paa Farve, har sit Navn deraf, at den, uden Tviil ved en vis Følelse i sit Legeme, veed at forkynde med sit Skriig den forestaaende Norden-Vind. Nordvinds-Pibe.

Nødde-Skriger, stor som en Due, hviid og blaa, holder sig til Eeg og Hasseltræer. Nødde-Skriger.

Ørn. En velbekiendt, stor, stærk, ædelmodig og anseelig Fugl, der holdes for Fuglenes, ligesom Løven for de fireføddede Dyrs, Konge. Ørne opregner J. KLEIN p. 41. otte Slags, af hvilke tvende ere her bekiendte, nemlig Field-Ørnen og Fiske-Ørnen. Den første, som her og kaldes Slag-Ørn, er lidet mindre og graaspraglet, holder sig op til Lands paa høye Steder, dræber Harer, Faar, Lam og deslige smaa Creature, saavelsom Fugle; ja dersom man kand sette Troe til Bøndernes Fortællelse, da vover han sig undertiden mod en Hiort, og bemægtiger sig ham ved List saaledes, at den først bader sine Vinger i Vand, søler dem derpaa i Sand og Gruus, flyver lige mod Hiorten og slaaer ham Sandet i Øynene, saa han Ørn.

T blin-

Abbildung 4.6: *Norges naturlige Historie*, 1977b, S. 145.

Kap. III. Von den Vögeln. 121.

„die Nordinseln, Myggenäs, Vaagöe,
„Skuöe, Dimerne und Süderöe. Und
„wenn dunkel Wetter einfällt, so bekommen sie
„die meisten; weil die Vögel alsdann in den
„Bergen bleiben; ist aber das Wetter klar,
„und heisser Sonnenschein, so suchen sie gemei-
„niglich die See, und wenn die Leute gegen sie
„ausfahren wollen, so bleiben sie meistens in
„der See, oder sie setzen sich auf die Klippen
„den Küsten gegen über, wo das Volk zuwei-
„len mit dem Boote anlegt, und sie mit den
„Stangen nimmt." So weit Herr Debes.

Nach diesem allgemeinen Vorberichte von den nordischen Vögeln, will ich nunmehr alle die Arten derselben anführen, so wie ich davon zuverläßige Nachricht habe erhalten können. Und zwar soll, wie gesagt, mein Verzeichniß nach alphabetischer Ordnung eingerichtet seyn.

§. 4.

Aarfugl (Auerhahn) Urogallus, Tetrao mi- Aarfugl, der
nor, dieser ist der Gestalt nach einem andern Auerhahn,
Hahne nicht ungleich, aber von Farbe ist er oder Auervogel.
schwarz oder dunkelbraun, und um die Augen
herum ist er roth. Das Weibchen ist viel kleiner und bräunlichter, und mit schwarzen Flecken gezieret. [4] Dieser Vogel hält sich in den
Wäldern und auf dem Gebirge auf. Er näh-
ret sich von Knospen der Bäume, von Wach-
H 5   hol-

[4] Mas a foemina in tantum differt, vt duorum generum hujusmodi rerum imperito videri possunt. Immo *Gesnero* etiam ipsi visae sunt, spricht Franc. Willughby in *Ornitholog.* Lib. II. cap. XII. §. II. p. 125. wo diese Art Vögel Tetrao minor genennet wird. The Heathnen or Black-game.

Abbildung 4.7: *Versuch einer natürlichen Historie von Norwegen*, 1754, S. 121.

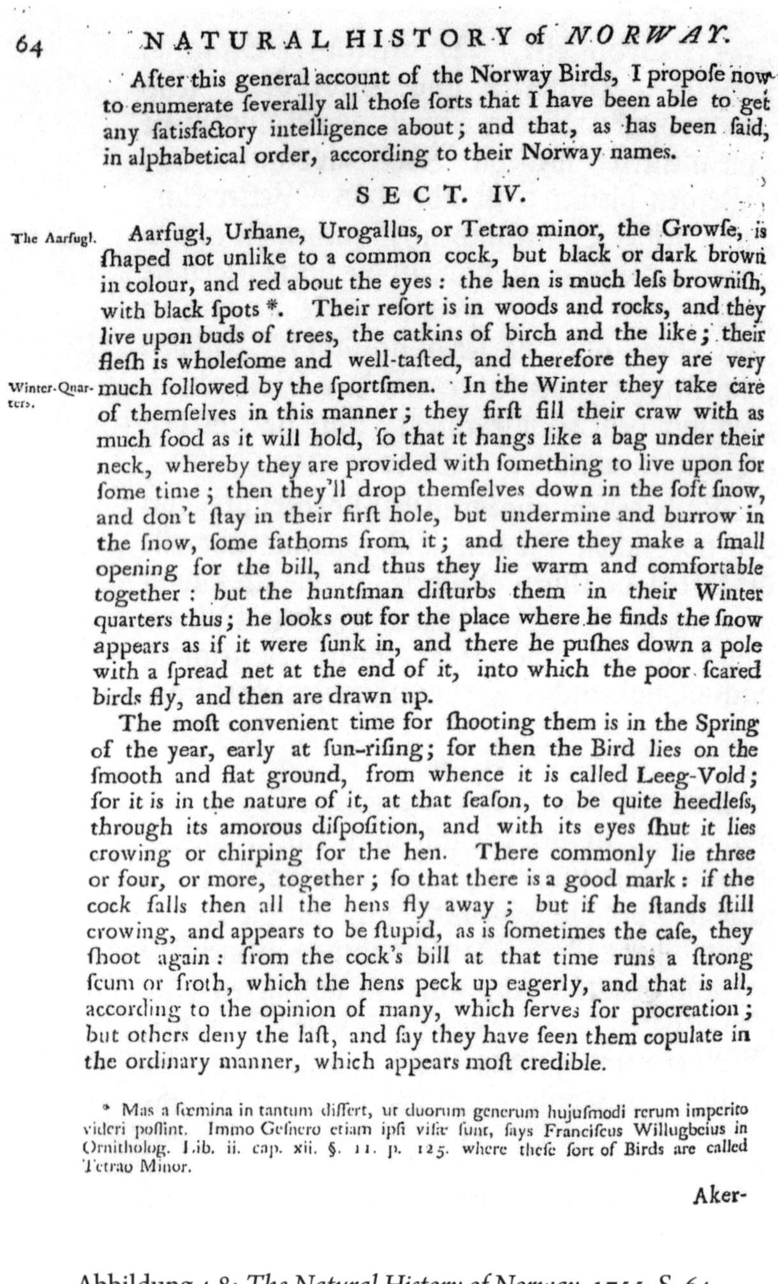

NATURAL HISTORY of *NORWAY*.

After this general account of the Norway Birds, I propose now to enumerate feverally all those forts that I have been able to get any fatisfactory intelligence about; and that, as has been faid, in alphabetical order, according to their Norway names.

SECT. IV.

The Aarfugl. Aarfugl, Urhane, Urogallus, or Tetrao minor, the Growfe, is fhaped not unlike to a common cock, but black or dark brown in colour, and red about the eyes: the hen is much lefs brownifh, with black fpots *. Their refort is in woods and rocks, and they live upon buds of trees, the catkins of birch and the like; their flefh is wholefome and well-tafted, and therefore they are very much followed by the fportfmen. In the Winter they take care of themfelves in this manner; they firft fill their craw with as much food as it will hold, fo that it hangs like a bag under their neck, whereby they are provided with fomething to live upon for fome time; then they'll drop themfelves down in the foft fnow, and don't ftay in their firft hole, but undermine and burrow in the fnow, fome fathoms from it; and there they make a fmall opening for the bill, and thus they lie warm and comfortable together: but the huntfman difturbs them in their Winter quarters thus; he looks out for the place where he finds the fnow appears as if it were funk in, and there he pufhes down a pole with a fpread net at the end of it, into which the poor fcared birds fly, and then are drawn up.

Winter-Quarters.

The moft convenient time for fhooting them is in the Spring of the year, early at fun-rifing; for then the Bird lies on the fmooth and flat ground, from whence it is called Leeg-Vold; for it is in the nature of it, at that feafon, to be quite heedlefs, through its amorous difpofition, and with its eyes fhut it lies crowing or chirping for the hen. There commonly lie three or four, or more, together; fo that there is a good mark: if the cock falls then all the hens fly away; but if he ftands ftill crowing, and appears to be ftupid, as is fometimes the cafe, they fhoot again: from the cock's bill at that time runs a ftrong fcum or froth, which the hens peck up eagerly, and that is all, according to the opinion of many, which ferves for procreation; but others deny the laft, and fay they have feen them copulate in the ordinary manner, which appears moft credible.

* Mas a fœmina in tantum differt, ut duorum generum hujufmodi rerum imperito videri poffint. Immo Gefnero etiam ipfi vifæ funt, fays Francifcus Willugbeius in Ornitholog. Lib. ii. cap. xii. §. 11. p. 125. where thefe fort of Birds are called Tetrao Minor.

Aker-

Abbildung 4.8: *The Natural History of Norway*, 1755, S. 64.

5 Wissensinszenierung in *Norges naturlige Historie*

Es wird oft ignoriert, dass es sich bei einem Buch nicht um einen unbedeutenden Träger eines unveränderlichen Textes handelt.[1] Doch das Buch ist ein spezifisches Medium mit entsprechenden Möglichkeiten und Einschränkungen sowie eine Handelsware. Diese Faktoren haben Auswirkungen auf seinen Inhalt.[2] Ähnlich dem Textinhalt, der einen Sinn schafft, erzeugt die physische Form eines Textes – die Typographie, das Layout und das Format, der Papiertyp oder der Bucheinband mit Hinweisen auf die Gattung, die Autorin oder den Autor und den Verlag – ebenfalls Sinn.[3] Die physische Erscheinung eines Buches kann als Grundlage für eine Rhetorik des Buches verstanden werden, die mit dem jeweiligen Inhalt zusammenwirkt, wodurch eine Beeinflussung des Textes durch das Medium Buch stattfindet, dessen Ausprägung wiederum durch den Text selbst beeinflusst wird. Das Buch als Medium und der Text bilden eine dicht verwobene Einheit, durch die erst eine Aussage zustande kommt. Daraus wird ersichtlich, dass erstens ein Text nicht von seiner physischen Form abgelöst werden kann, ohne dass dies gewisse Konsequenzen auf der Ebene der Semantik zur Folge hat, und zweitens bedeutet dies, dass ein Text materiell bedingt ist.[4]

In der vorliegenden Arbeit gehe ich nicht von einem Textbegriff aus, der voraussetzt, dass sich ein Text von seinem Träger ablösen und ohne Veränderungen zu erfahren in einen neuen Dokumententräger überführen lässt, der von jeglicher Materialität unabhängig ist. Der Text wird hier vielmehr im Sinne von D. F. McKenzie in einer breiteren Definition verstanden, als eine komplexe Struktur, die jedes Detail der formalen und physischen Präsentation des Textes in einem spezifischen historischen Kontext einschließt.[5] McKenzie bezeichnet gar sämtliche Äußerungen mit dem Begriff ‚Text':[6]

> I define ‚texts' to include verbal, visual, oral and numeric data, in the form of maps, prints and music, of archives of recorded sound, of films, videos, and any

---

[1] Tribble (1993), S. 1.
[2] Ridderstad (2009), S. 12. Ridderstad, Per S. ‚Bokhistoriens roll i modern editionsfilologi'. In: *Bokens materialitet. Bokhistoria och bibliografi. Bidrag till en konferens anordnad av Nordisk Nätverk för Editionsfilologer 14–16 september 2007*. Malm, Mats u. a. (Hg.), Stockholm, 2009, S. 11–25.
[3] Rem (2003), S. 31.
[4] Rem (2003), S. 19.
[5] McKenzie (1981), S. 89. McKenzie, D. F. ‚Typography and Meaning'. In: *Buch und Buchhandel in Europa im achtzehnten Jahrhundert. Fünftes Wolfenbütteler Symposium vom 1. bis 3. November 1977*. Barber, Giles und Fabian, Bernhard (Hg.), Hamburg, 1981, S. 81–126.
[6] McKenzie, D. F. *Bibliography and the Sociology of Texts*. Cambridge, 1999.

computer-stored information, everything in fact from epigraphy to the latest forms of discography (McKenzie, 1999, S. 13).

Eine solche Definition von ‚Text' stellt eine Art Paradigmenwechsel dar, durch den sich der Text von der üblichen Verknüpfung mit dem Medium Buch löst. Gleichzeitig lässt ein solches Verständnis des Textbegriffs das Buch als ein spezifisches und historisch bestimmtes Medium hervortreten.[7]

Wenn im Folgenden der Begriff ‚Text' verwendet wird, bezieht er sich ausschließlich auf das Medium Buch. Die physische Form des Textes, die ihn umgebenden schriftlichen Notationen, die Illustrationen, die gesamte Materialität, in welcher er sich präsentiert, und die schriftlichen Zeichen des Haupttexts, also der Textinhalt, machen den Text aus.

Ich gehe davon aus, dass Wissen in Pontoppidans Naturgeschichte nicht nur literarisch und durch ausgewählte Ordnungsmethoden vermittelt wird, sondern auch mithilfe der visuellen Präsentation des Wissens und der spezifischen Materialität. Eine Aussage kommt nicht nur durch einen Textinhalt zustande, sondern auch durch ihre Ausgestaltung in einem Medium beziehungsweise durch ihre Einbettung in ein Medium. Sie wird bewusst wirkungsorientiert konstruiert. Dies bedeutet, dass sich unter Einbezug der Materialität unter Umständen zusätzliche semantische Elemente zum einen bisherigen Textverständnis hinzugesellen, die dieses unterstreichen oder verblassen lassen, es in Frage stellen oder im Widerspruch zu ihm stehen. Zu Beginn des zweiten Kapitels „Om Norges Grunde, Fielde og hvad derved yttrer sig", „Vom Grund und Boden des Landes", im ersten Teil von Norges naturlige Historie macht der Erzähler beispielsweise darauf aufmerksam, dass in diesem Kapitel nur ein kleiner Bericht über die Beschaffenheit des norwegischen Grundes, ein unvollkommener Versuch der Beschreibung zu erwarten sei, bis andere Forscher dieser Sache weiter nachgehen würden:

> Den Adskillighed [...] hvorom jeg vil give den liden Efterretning, jeg kand, indtil andre, som bedre maatte være i Stand dertil, giøre det fuldkommeligere, og tage maaskee dertil Anledning af dette ufuldkomne Forsøg (Pontoppidan, 1977a, S. 57f.).

> Daher will ich davon [von der Verschiedenheit] so viel Nachricht geben, als ich geben kann, bis andere, die dazu besser geschickt sind, vollkommenere Nachrichten liefern, oder auch vielleicht aus diesem unvollkommenen Versuche Gelegenheit dazu nehmen (Pontoppidan, 1753, S. 66).

Diese verbale Aussage steht im Widerspruch zur materiellen Realisierung, zum Umfang von Kapitel II, das aus 47 Seiten und fünf Kupferstichen besteht. Doch gerade

---
[7] Rem (2003), S. 31.

5 Wissensinszenierung in Norges naturlige Historie

durch dieses Understatement wird die Wichtigkeit des zweiten Kapitels und des auf den folgenden Seiten präsentierten Wissens betont. Die Bemerkung des Erzählers, dass andere auf der Basis seines kleinen, unvollständigen Versuchs umfassenderes Wissen generieren werden, lässt in dem zitierten Abschnitt das Bewusstsein für die Wichtigkeit dieses Untersuchungsfelds und für die Vorreiterrolle dieser Naturgeschichte durchscheinen, eine Rolle, die ihr bereits durch den ausführlichen Titel *Det første Forsøg paa Norges naturlige Historie forestillende Dette Kongeriges Luft, Grund, Fielde, Vande, Væxter, Metaller, Mineralier, Steen-Arter, Dyr, Fugle, Fiske og omsider Jndbyggernes Naturel, samt Sædvaner og Levemaade* zugewiesen wird. Solche Aussagen des Haupttexts widersprechen immer wieder der tatsächlichen Ausführung. Obwohl der Erzähler zu Beginn des neunten Kapitels behauptet, dass es sich bei der ursprünglichen Herkunft der norwegischen Nation nicht um Material handle, das er für seine Untersuchung brauche,[8] geht aus dem Inhaltsverzeichnis aber hervor, dass sich die ersten beiden Paragraphen vor allem mit der Geschichte der norwegischen Bevölkerung beschäftigen.

Die Publikationen von Robert Darnton und Elizabeth Eisenstein Ende der 1970er-Jahre rückten ein solches Textverständnis in den Fokus:[9] Relevante Teile aus Disziplinen wie Literaturwissenschaft, Buchwissenschaft und Sozialgeschichte wurden miteinander verknüpft. Daraus resultierte eine aus interdisziplinären Ansätzen bestehende Forschungsrichtung, die Buchgeschichte. Sie plädiert dafür, dass die physische Form der Erscheinung eines schriftlichen Textes ebenfalls berücksichtig werden muss, dass sie bei dessen Interpretation nicht außer Acht zu lassen ist wegen ihrer Aussagekraft hinsichtlich des historischen, kulturellen und sozialen Kontexts, in dem der Text publiziert wurde.[10] Tore Rem zufolge befasst sich die Buchgeschichte mit drei übergeordneten Fragestellungen: Wie gestaltet sich das Buchsystem zu unterschiedlichen Zeiten? Inwiefern hat die Materialität des Buches eine Bedeutung für den Text und für unsere Auffassung von diesem? Wie beeinflusst das Buch, sowohl als physische Form als auch als literarisches System, die Bedeutungsbildung der Literatur?[11] Die Buchgeschichte begrenzt sich Ezra Greenspan und Jonathan Rose zufolge, den Begründern der Zeitschrift *Book History*, nicht nur auf Bücher:[12]

---

[8] Pontoppidan (1977b), S. 356.
[9] Darnton, Robert. *The Business of Enlightenment. A Publishing History of the Encyclopédie. 1775–1800*. Cambridge, 1979, und Eisenstein, Elizabeth L. *The Printing Press as an Agent of Social Change. Communications and Cultural Transformations in Early Modern Europe*. Bd. 1 und 2. Cambridge, 1979.
[10] Vgl. Bjerring-Hansen und Jelsbak (2010), S. 12ff. Bjerring-Hansen, Jens und Jelsbak, Torben. ‚Introduktion'. In: *Boghistorie*. Bjerring-Hansen, Jens und Jelsbak, Torben (Hg.), Aarhus, 2010, S. 7–40, oder Rem (2003), S. 17f.
[11] Rem (2003), S. 14f.
[12] Greenspan, Ezra und Rose, Jonathan. ‚An Introduction to Book History'. In: *Book History*. Vol. 1. Greenspan, Ezra und Rose, Jonathan (Hg.), 1998, S. 9ff.

> Our field of play is the entire history of written communication: the creation, dissemination, and uses of script and print in any medium, including books, newspapers, periodicals, manuscripts, and ephemera. We will explore the social, cultural, and economic history of authorship, publishing, printing, the book arts, copyright, censorship, bookselling and distribution, libraries, literacy, literary criticism, reading habits, and reader response. And in so doing, we will freely disregard disciplinary and professional boundaries (Greenspan und Rose, 1998, S. 9).

Sie fassen alle Arten von gedruckten Medien unter dem Dach der Buchgeschichte zusammen, von der Manuskriptkultur bis zu neusten elektronischen Publikationsformen.

Für die Wissensinszenierung in der Naturgeschichte Pontoppidans ist es von zentraler Bedeutung, in welcher physischen Form der schriftliche Text, im Fall von *Norges naturlige Historie* in einem Buch, gespeichert wird. Bereits der erste optische Eindruck eines Buches erzeugt bei den Lesenden einen Eindruck. Ein Titelblatt beinhaltet, abgesehen vom Buchtitel und dem Autorennamen, zahlreiche schriftliche und graphische Informationen, aus denen auf den Inhalt geschlossen werden kann. Zu diesen Informationen gehören das Format, die Materialqualität, aber auch Hinweise auf den Verlag, unter Umständen die Zugehörigkeit zu einer Reihe. Rem schreibt, dass hinsichtlich der Beurteilung der Richtungslenkung, welche die Form eines Buches vorzunehmen versucht, aus einer synchronen Perspektive zwei Faktoren ausgemacht werden können: Es sei möglich, auf Strategien und Intentionen des Autors zu schließen, und man könne Einblick in die Versuche des Verlegers erhalten, die Sinnproduktion zu steuern.[13] Dies ist aber eine zu grobe Zweiteilung und die Unterscheidung zwischen diesen beiden Faktoren kann zweifellos nicht deutlich vollzogen werden. Ganz abgesehen von den Schwierigkeiten, welche die Auseinanderhaltung von Autor und Verleger im Rahmen eines Buchherstellungsprozesses bereitet – und der nicht garantierten Beschränkung auf diese beiden Personen –, überkreuzen sich die beiden Faktoren, die Intentionen von Autor und Verleger. Einerseits können aus der Form des Buches Strategien und Intentionen sowohl des Autors als auch des Verlegers abgelesen werden. Andererseits werden durch den Einbezug der Form eines Buches nicht nur Versuche von Sinnproduktion des Verlegers, sondern auch des Autors sichtbar.

Vergleicht man die Originalausgabe von Pontoppidans Naturgeschichte mit der deutschen Übersetzung von 1753/54 sowie der englischen von 1755 vor diesem buchhistorischen Hintergrund miteinander, werden beim ersten Durchblättern wesentliche Unterschiede sichtbar. Zu jener Zeit war es üblich, dass Übersetzungen fachlicher Texte neue, eigene Beiträge des Übersetzers beinhalten konnten, dass die Übersetzungen überarbeitete, ausgeweitete oder gekürzte, beziehungsweise den Verhältnissen ange-

---

[13] Rem (2003), S. 31f.

passte Varianten des Ausgangtexts darstellten. Die Grenze zwischen Übersetzungen und Büchern, die unter eigenem Namen herausgegeben wurden, war fließend,[14] wie der folgende Ausschnitt aus dem Vorwort des ersten Teils der dänischen Originalausgabe zeigt:

> [...] vore Tiders Naturkyndige [...] hvis Rettelser, Erindringer eller Anmerkninger, sigtende til dette Arbeids Forbedring ved et nyt Oplag, eller og ved Oversettelse i et andet Sprog altid skulle være mig kierkomne, og med Tak erkiendes (Pontoppidan, 1977b, Fortale).

> [...] den Naturkündigern unserer Zeiten [...] deren [...] Beurtheilungen, Erinnerungen oder Anmerkungen, wenn sie zur Verbesserung dieser Arbeit bey einer neuen Auflage, oder bey der Uebersetzung in eine andere Sprache zielen, sollen mir allezeit angenehm seyn, und mit Dank erkannt werden (Pontoppidan, 1754, Vorrede, S. 11).

Korrekturen und Ergänzungen, die der Verbesserung von *Norges naturlige Historie* dienen, sind bei einer Neuauflage oder bei einer Übersetzung in eine andere Sprache willkommen und erwünscht.

Ein Autor fungierte oft zugleich als Übersetzer und Kommentator. Auch hier ist eine scharfe Grenzziehung bisweilen schwierig, was sichtbar wird in Pontoppidans *Sandhed til Gudfryktighed*: Er wird als Autor dieses Textes gehandelt, gleichzeitig verweist aber der Untertitel *Forklaring over Martin Luthers Lille Katekismus* auf die kommentierende Funktion, die Pontoppidan beim Verfassen des Textes hatte. Es handelt sich somit nicht um eine komplette Neuschöpfung des Textes, vielmehr um eine Textauslegung, einen Textkommentar.

Die Unterschiede zwischen den drei verschiedensprachigen Ausgaben von *Norges naturlige Historie* beschränken sich aber nicht auf inhaltliche Elemente. Die Ausgaben differieren ebenso hinsichtlich der physischen Form: Die Formate der beiden Übersetzungen unterscheiden sich vom Original. Das dänische Original erschien im Quartformat, die englische Ausgabe hingegen doppelt so groß im Folioformat. Die deutsche Ausgabe wiederum wurde kleiner als die dänische im Oktavformat publiziert. Auch die drei Bucheinbände sind von unterschiedlicher Gestalt. In der englischen Ausgabe ist gleich zu Beginn des Buches noch vor dem Titelblatt eine ausklappbare Faltkarte mit der Überschrift ‚General Map of Norway' integriert, die das gesamte Gebiet des norwegischen Teils der Doppelmonarchie zeigt. Diese – wie aus einem Hinweis hervorgeht – von John Baptist Homman gestaltete und von Martin Huber, Geschichtsprofessor der Universität Kopenhagen, korrigierte Karte fehlt in den beiden anderen Ausgaben. Die Titelblätter unterscheiden sich in verschiedener Hinsicht. Primär fällt auf, dass nur die

---

[14] Kragh (2005), S. 202.

beiden Titelblätter (Teil I und Teil II) der dänischen Ausgabe mit einem Kupferstich geschmückt sind. Auch die Seiteneinrichtung gestaltet sich in jeder Ausgabe anders. Hinsichtlich der Typographie wird in der englischen Ausgabe keine Fraktur, sondern nur Antiqua verwendet. Der Inhalt (und der Satz) sowie die Anzahl Marginalien unterscheiden sich von Ausgabe zu Ausgabe. Dasselbe ist bei der Verwendung von Fußnoten der Fall. Eine einheitliche Paginierung aller drei Ausgaben ist wegen des unterschiedlichen Layouts nicht möglich. Die zwischen den Seiten eingebundenen Kupferstiche sind in den verschiedenen Ausgaben nicht in derselben Anzahl vorhanden, außerdem variiert ihre Position im Text. Die Zueignungen und die Widmungsschreiben richten sich in der dänischen und in der deutschen Ausgabe nicht an dieselben Personen, in der englischen Übersetzung fehlen sämtliche Widmungen. Nach dem Titelblatt eröffnet die englische Ausgabe gleich mit dem Vorwort ‚The Author's Preface', an das sich eine Liste der Autoren anschließt, die in diesem Werk zitiert werden. Daran schließt sich das Inhaltsverzeichnis des ersten Teils an und erst dann beginnt der Haupttext. In der deutschen Ausgabe folgen auf das Titelblatt eine Zueignung und ein Widmungsschreiben. Daran schließen sich zwei Vorreden an – diejenige des Übersetzers und diejenige des Verfassers – und das Inhaltsverzeichnis des ersten Teils. Bevor schließlich auf einer separaten Seite der Untertitel zu Teil I präsentiert wird und auf der nächsten der eigentliche Haupttext beginnt, werden die Lesenden noch über die Illustrationen des ersten Teils informiert: „Nachricht wegen der Kupferstiche". Es wird beschrieben, was auf ihnen zu sehen ist und wie die einzelnen Illustrationen mit dem Haupttext zusammenhängen. Dabei handelt es sich um ein paratextuelles Element, das in der dänischen Fassung fehlt. Nicht nur die einzelnen Elemente der Buchanfänge der englischen und der deutschen Ausgabe unterscheiden sich voneinander und vom Original. Die Ausgaben sind im Vergleich zum Original auch anders zusammengestellt. Die Anhänge weichen in allen drei Ausgaben voneinander ab, beziehungsweise sind gar nicht vorhanden. Sowohl in der dänischen als auch in der englischen Fassung setzt sich der Anhang aus Register und Druckfehlerverzeichnis zusammen. In der englischen Fassung folgen außerdem gleich auf den Haupttext Anweisungen an den Buchbinder, an welcher Stelle er die Kupferstiche einzufügen hat: ‚Directions for the Binder in placing the Plates'. In der deutschen Ausgabe ist kein Anhang vorhanden.

Durch diesen Vergleich kommt zum Vorschein, dass Abweichungen vom Originaltext nicht nur hinsichtlich der physischen Form, sondern auch des vermittelten Wissens im 18. Jahrhundert nichts Außergewöhnliches sind. Ebenso geht aus diesem Vergleich hervor, wie täuschend die Einheit ist, auf die der Begriff Buch zu verweisen scheint: Auch wenn eine Übersetzung eines Buches unter Umständen denselben Titel trägt, unterscheidet sie sich dennoch in vielerlei Hinsicht vom Original. Dasselbe gilt zu dieser Zeit auch für die einzelnen gedruckten Exemplare ein und desselben Textes, beispielsweise für *Versuch einer natürlichen Historie von Norwegen*: Das eine, für diese

Arbeit verwendete Exemplar von 1753/54 wurde in zwei Bände gebunden, das andere in einem Band zusammengefasst. Auch sogenannte Faksimiledrucke unterscheiden sich bezüglich Haupt- und Paratext vom Original. Im Faksimiledruck von *Norges naturlige Historie* (1977) sind nur 29 von 30 Kupferstichen vorhanden; es fehlt im zweiten Teil in Kapitel IX ein Kupferstich, der zwei Bauern und eine Bäuerin zeigt. Original und Übersetzung, verschiedene Exemplare desselben Druckes, Original und Faksimile sind je unterschiedliche Einheiten, die in einem je spezifischen Kontext erzeugt und inszeniert wurden und durch deren Vergleich Differenzen freigelegt werden können. Alle diese Unterschiede in der Materialität haben einen Einfluss auf die Rezeption und Bedeutung eines Textes.

Im Folgenden wird nach der Analyse der sprachlichen Generierung und Vermittlung von Wissen und dessen Strukturierung der Blick mithilfe einer buchhistorischen Herangehensweise auf die Inszenesetzung der naturhistorischen Wissenselemente in *Norges naturlige Historie* gerichtet und durch diese Perspektive die Kenntnis über den Umgang mit Wissen in dieser Naturgeschichte ergänzt. Es sollen die Möglichkeiten der Verortung, welche die Form eines Buches der Vermittlung eines schriftlichen Textes bietet, und die Verfahren, die angewendet werden, um das Wissen visuell sichtbar zu machen, untersucht werden. Dazu werden die Begriffe ‚Paratext', geprägt von Gérard Genette, und ‚Materialität' nach dem Verständnis von Tore Rem in einem ersten Schritt zusammengeführt und ihre Verwendungsmöglichkeiten zur Analyse der Inszenierung von Wissen im vorliegenden Fall ausgelotet. Schließlich folgt vor dem Hintergrund der Diskussion der Begriffe ‚Paratext' und ‚Materialität' die Analyse der Wissensinszenierung auf den Buchseiten von Pontoppidans Naturgeschichte. Die visuelle Präsenz der Schrift und die mehrfachen Verortungen desselben Wissens werden untersucht sowie eine mögliche, dadurch entstehende Hierarchisierung der Präsentationsformen. Zusammenfassend geht es um die folgenden zentralen Fragen: Wie sind die Paratexte und der schriftliche Haupttext miteinander verbunden, welchen Einfluss hat die Materialität auf den Textinhalt und umgekehrt? Inwiefern erfährt die Bedeutung des Textes durch den Einbezug von Materialität eine Veränderung?

5.1 Mögliche Verortung von Wissen

Hinweise auf die Eingebundenheit eines Textes in den Prozess der Buchherstellung, in den jeweils spezifischen Kontext, finden sich in der jeweiligen Ausgestaltung eines Buches: Ein in Form eines Buches gespeicherter Text ist unterschiedlich dicht von zahlreichen paratextuellen Elementen umgeben und durchzogen, er ist eingebettet in einer spezifischen Materialität. Es ist aufschlussreich, Format und Layout eines Buches und seine Bestandteile genau anzusehen. Wie setzt sich das Buch zusammen? Sind Titel, Epigraphe, Dedikationen, Widmungsgedichte und Ehrenbezeugungen, Vorwörter, Inhaltsverzeichnisse, Marginalien und Fußnoten oder Register vorhanden? Was für eine Aussage machen diese Elemente? Wie gestaltet sich das Verhältnis zwischen dem im Haupttext vermittelten Wissen und der Materialität?

Der Buchdruck stellt eine Methode dar, mit der Wissen in mehr oder weniger geordneter Art und Weise in einheitlicher Form x-fach präsentiert und verbreitet werden kann. Das Medium Buch ermöglicht es, geographische Barrieren zu überwinden und Wissen aus der ursprünglichen Umgebung herauszulösen,[15] was unter anderem eine Kommerzialisierung von Wissen zur Folge hat.[16] Durch den Abdruck von Wissen in einer spezifischen Ausgabe wird eine gewisse Stabilität hinsichtlich des präsentierten Wissens erzeugt. Diese Stabilität ist jedoch nicht absolut, weil sich, wie später noch zu zeigen sein wird, Haupttext und verschiedene Elemente des Paratexts einer Ausgabe konkurrenzieren können, denn theoretisch ist es möglich, überall in diesen verschiedenen Bestandteilen Wissen zu verorten. Texte, Bilder und Karten dienen auf verschiedene Weise dazu, Wissen zu speichern und zu erweitern.[17] Somit ist nicht nur der Haupttext selbst von Interesse. Auch seine eigene Plastizität und das ihn Umgebende sind bedeutungstragend und von eminenter Wichtigkeit. Primär ins Auge fallen Illustrationen, Tabellen oder Titelblätter, da sie aus der üblichen Schriftlichkeit herausstechen. Aber auch Marginalien und Fußnoten, bei Genette werden sie als Anmerkungen zusammengefasst, fallen aus dem Rahmen des Haupttexts und erhalten dadurch besondere Beachtung.

Anders verhält es sich mit der Schrift selbst. Auch sie kann als gestaltendes Oberflächenelement eingesetzt werden und als Ort des Wissensniederschlags dienen. Dies bleibt jedoch oft unbeachtet. Schrift wird meist immer noch in einer grundlegenden Abhängigkeit vom Konzept des Sprachlichen gedacht,[18] wodurch bei diesem Ausgangspunkt Bild und Schrift durch den der Schrift zugewiesenen Sprachcharakter voneinander getrennt werden und das bildliche Potenzial der Schrift zur Seite geschoben wird. Es geht dabei vergessen, dass Schrift sowohl in Abhängigkeit von Sprache, aber auch losgelöst und unabhängig von ihr kommunizieren kann. Wie dies funktioniert, wie Schrift als bildliche Darstellung selbst Aussagen tätigen kann, zeigen die bereits angesprochenen typographischen Gestaltungsmöglichkeiten und soll durch das schon bekannte Widmungsschreiben des zweiten Teils von *Norges naturlige Historie* an Adam Gottlob Moltke verdeutlicht werden. Darin wird die Anrede „Deres Høy-Grævelige Excellence" (Pontoppidan, 1977b, Widmungsschreiben) jeweils in einer größeren Schrift gedruckt als der restliche Text (Abb. 5.1). Die Größe und die Wich-

---

[15] Burke (2002), S. 96.
[16] Burke (2002), S. 187.
[17] Glauser und Kiening (2007), S. 20.
[18] Grube und Kogge (2005), S. 11. Grube, Gernot und Kogge, Werner. ‚Zur Einleitung. Was ist Schrift'. In: *Schrift. Kulturtechnik zwischen Auge, Hand und Maschine*. Grube, Gernot u. a. (Hg.), München, 2005, S. 9–21.

5.1 Mögliche Verortung von Wissen

tigkeit Moltkes für Pontoppidans Naturgeschichte werden durch diese eine typographische Besonderheit gespiegelt. Foucault zufolge träumte Carl von Linné gar von der Perfektion solcher Spiegelungen, von sogenannt ‚botanischen Kalligrammen', die es ermöglichen würden, durch Strukturierung von Wissen und mithilfe typographischer Verfahren die Gestalt der Pflanze wiederzugeben, „dass der Text in seinen Formvariabeln, in den Abweichungen seiner Disposition und Menge eine pflanzliche Struktur hätte" (Foucault, 1974, S. 177).

Schrift kann durch ihren performativen Charakter sprachliche Äußerungen inszenieren, sie aus der Textoberfläche durch Farb-, Fett- oder Kursivdruck hervorheben, durch Unterstreichen oder durch die bewusste, ausschließliche Verwendung von Majuskeln betonen. Äußerungen können durch auffällige Schriftgrößen oder durch den verwendeten Schrifttyp, in *Norges naturlige Historie* Antiqua oder Fraktur, mit einer besonderen Bedeutung versehen werden. Oder die sprachlichen Zeichen gewinnen selbst durch ihre Anordnung, „durch das typographische Schema ein Moment der ‚Piktorialität'" (Müller-Wille, 2002, S. 7),[19] indem sich Textualität und Materialität verschränken. Bei Kupferstichen, auf welchen Objekte durch die Verwendung bestimmter Buchstaben in eine Ordnung gebracht oder mithilfe von Buchstaben mit den dazugehörenden Legenden verbunden werden, ist die mögliche Distanz von Schrift und Sprache besonders spürbar. In solchen Fällen handelt es sich um Zeichen, die schlicht auf etwas referieren und nicht dazu dienen, Sprache abzubilden. Kiening reflektiert die besondere Situation der Schrift:

> Die Schrift dient nicht nur der Disziplinierung, Vereinheitlichung und Verstetigung; sie eröffnet, gerade weil sie Dauerhaftigkeit und Autorität, Latenz, Situationsabstraktheit und Distanzkommunikation ermöglicht, auch der Inszenierung von Mündlichkeit oder dem Ineinander des Auratischen und Semiotischen, des Präsentischen und Reflexiven spezifische Geltungsdimensionen. Bildlichkeit und Schriftlichkeit stehen in einem vielfältigen Ergänzungsverhältnis (Kiening, 2007, S. 300).

Krämer operiert in diesem Zusammenhang mit dem Begriff der ‚Schriftbildlichkeit' als „zwischenräumlich verfasste notationale Ikonizität" (Krämer, 2005, S. 29).[20] Daraus ist zu schließen, dass Schrift und Bild in einem ebenso unterschiedlichen Verhältnis zueinander stehen können wie Schrift und Sprache, dass die Schrift mit ihrem Potenzial zur Piktorialität hinsichtlich der Verortung und Inszenierung von Wissen nicht unbeachtet bleiben darf. Daraus geht ebenfalls hervor, dass sich gewisse Bereiche einzelner

---

[19] Müller-Wille, Staffan. ‚Text, Bild und Diagramm in der klassischen Naturgeschichte'. In: *kunsttexte.de*. Nr. 4. 2002, S. 1–14.

[20] Krämer, Sybille. „Operationsraum Schrift'. Über einen Perspektivwechsel in der Betrachtung der Schrift'. In: *Schrift. Kulturtechnik zwischen Auge, Hand und Maschine*. Grube, Gernot u. a. (Hg.), München, 2005, S. 23–57.

Medien überlappen, dass es, wie Kiening und Glauser schreiben, kaum möglich ist, eine stabile Grenze zwischen Text, Bild und Karte zu ziehen.[21]

5.1.1 Materialität und Paratext

Rem schreibt in *Bokhistorie*, dass ein Text nie ohne materielle, historisch spezifische Form existiert, dass ein Text nicht kontextlos vorhanden sein kann.[22] Daran schließen Fragen an, wie man sich das Verhältnis der Begriffe ‚Materialität' und ‚Paratext' vorstellen muss und wie diese zusammenhängen. Überschneiden sich die Begriffe, sind sie auf unterschiedlichen Ebenen angesiedelt? Im Folgenden sollen die beiden Begriffe, die in der Diskussion über die Verortung von Wissen zentral sind, skizziert und zusammengeführt werden.

Während vieler Jahre wurde die Rolle der Seitenstruktur in einem Buch unterschätzt und das Verhältnis zwischen Haupttext und Paratext nicht beachtet. Der Paratext schien unwesentlich zu sein, er wurde als nicht zum eigentlichen Haupttext gehörend aufgefasst. Dies beeinflusste seine Handhabung bei Neuauflagen eines Buches. Mal gingen paratextuelle Elemente in neuen Ausgaben oder in Übersetzungen gänzlich verloren, mal wurden sie nur teilweise wiedergegeben oder durch neue ersetzt. Ähnliches gilt für den Umgang mit der Materialität eines Buchs: Es scheint eine periphere Frage gewesen zu sein, ob bei einer Neuauflage der ursprünglichen Materialität Rechnung getragen wurde oder ob man sich über sie hinwegsetzte und sie neu definierte. Inhalt und Form wurden als voneinander losgelöst verstanden, nicht als eine Sinn erzeugende Einheit, die in einem gegenseitigen Spannungsverhältnis steht.

Grundsätzlich können nach Genette alle Kontexte, in die ein Text eingebettet ist, als Paratexte wirken.[23] Sie folgen keiner gemeinsamen Dynamik, einige paratextuelle Elemente sind alt, einige jünger, einige entwickeln sich schneller, einige sind epochentypisch.[24] Genette unterscheidet noch differenzierter. Laut seiner Definition besteht der Paratext eigentlich aus Peritext und Epitext.[25] Mit Epitext werden Informationen bezeichnet, die sich zwar noch im Umfeld des Textes befinden, dennoch bereits etwas weiter weg sind und ursprünglich zumindest außerhalb des Textes angesiedelt waren: in den Medien oder in privater Kommunikation.[26] Wenn in diesem Rahmen von Paratext gesprochen wird, ist jeweils, einer üblichen Praxis folgend, nur der Peritext gemeint, also paratextuelle Elemente, die räumlich in unmittelbarem Zusammenhang mit dem Haupttext verortet sind.

---

[21] Glauser und Kiening (2007), S. 23.
[22] Rem (2003), S. 30.
[23] Genette (1989), S. 15.
[24] Genette (1989), S. 20.
[25] Genette (1989), S. 12.
[26] Genette (1989), S. 12.

5.1 Mögliche Verortung von Wissen

Der Begriff der Materialität umfasst nach Rem im Zusammenhang mit einem Buch sämtliche Teile seines physischen Ausdrucks:

> Det finnes noe jeg vil kalle en egen bøkenes ‚materialitet' – altså de forskjellige bestanddeler i det fysiske uttrykket som hefter ved dette mediet, som omslag, innbinding, design, papir og trykkestil (Rem, 2003, S. 13).

> Es gibt etwas, was ich als eigene ‚Materialität' der Bücher bezeichnen möchte – die verschiedenen Bestandteile des physischen Ausdrucks, die an diesem Medium haften, wie Umschlag, Einband, Design, Papier und Druckstil (Übersetzung d. V.).

Er zählt sowohl das Layout der Seiten als auch damit verbunden die Verwendung von Fußnoten, Marginalien und ähnliche Elemente dazu.

Vergleicht man die Begriffe Paratext nach Genette und Materialität eines Buches nach Rem, erkennt man, dass sich die beiden in gewissen Bereichen überschneiden, und es stellt sich die Frage, auf welche Art und Weise diese zwei Begriffe zusammenhängen.

Das Verhältnis zwischen ihnen könnte folgendermaßen skizziert werden: Bezeichnet die Materialität sämtliche materiellen Bestandteile, die ein Buch ausmachen, sowohl verbale als auch nonverbale Elemente, kann dem Begriff des Paratexts, hier begrenzt auf den Peritext, die Funktion eines Werkzeugs zugeordnet werden, das verwendet wird, um sich der Materialität eines Buches und seiner Textualität zu nähern. Das zeigt sich zum Beispiel dadurch, dass es möglich ist, mithilfe dieses Begriffs räumliche, zeitliche, inhaltliche, pragmatische und funktionale Eigenschaften der Materialität eines Buches zu analysieren.[27] Dabei interessieren folgende Fragen: Wie ergeben sich die Bestimmung der Stellung eines paratextuellen Elements und seine verbale oder nonverbale Existenzweise, wie gestalten sich die Eigenschaften seiner Kommunikationsinstanz, wer sind Absender und Adressat und welche Funktionen stecken hinter seiner Botschaft?[28] Um Antworten auf diese Fragen zu finden, werden die paratextuellen Elemente unterteilt in posthume und anthume. Es wird unterschieden zwischen nachträglichen und späten Paratexten, zwischen öffentlichen und privaten, auktorialen oder allographen, auktorialen oder verlegerischen sowie dem dokumentarischen Paratext.[29] Andere Abgrenzungen wiederum können zwischen paratextuellen Elementen gezogen werden, die mit der Präsentation und der Inszenierung eines Textes zu tun haben, und solchen, die dessen Erschließung dienen. Es darf jedoch bei der Analyse mithilfe des Paratextbegriffs nicht außer Acht gelassen werden, dass dieser stark an Genette

---

[27] Genette (1989), S. 7–21.
[28] Genette (1989), S. 12.
[29] Genette (1989), S. 7–21.

geknüpft ist und dass es für die mit Genettes Theorien bekannten Lesenden schwierig ist, sie nicht mit einer Hierarchievorstellung zu assoziieren, ein Punkt, der später diskutiert werden soll.

5.1.2 Formen des Paratexts in *Norges naturlige Historie*

Bevor zur Analyse der Inszenierung von Wissen mithilfe paratextueller Elemente in *Norges naturlige Historie* übergegangen wird, soll untersucht werden, welche Formen von Paratexten in dieser Naturgeschichte überhaupt vorhanden sind. Der sogenannte Haupttext ist von einem mehrteiligen Buchanfang zu Beginn des ersten Teils, einem mehrteiligen Buchanfang zu Beginn des zweiten Teils und zwei Registern sowie den ‚Errata Typographica' an dessen Ende umgeben. Zu Beginn von Teil I steht das Titelblatt. Es setzt sich aus folgenden Elementen zusammen: dem ausführlichen Titel *Det første Forsøg paa Norges naturlige Historie forestillende Dette Kongeriges Luft, Grund, Fielde, Vande, Væxter, Metaller, Mineralier, Steen-Arter, Dyr, Fugle, Fiske og omsider Jndbyggernes Naturel, samt Sædvaner og Levemaade* und einem Kupferstich, auf dem eine Ansicht von Bergen umgeben von Meer und Fischerbooten zu sehen ist. Im Vordergrund des Kupferstichs steht Apollo, umgeben von Pferd, Löwe, Bär, Versteinerungen ähnlichen Objekten und Fischern. Es gibt Angaben zum Zeichner und zum Kupferstecher: P. Cramer und O. H. de Lode. Die Kupferstiche des Dänen Odeard Helmont de Lode entstanden meist nach Vorlagen anderer wie beispielsweise Peter Cramer.[30] Nur selten stach er nach eigenen Vorlagen. Cramer, vor allem als Theatermaler bekannt, erhielt in der dänischen Buchdruckerkunst große Bedeutung als Schöpfer von Titelblättern, Vignetten und Illustrationen. Beispielhaft ist in diesem Zusammenhang die berühmte Prachtausgabe von Frederik Ludvig Nordens *Voyage de l' Egypte et de Nubie* von 1755. Üblicherweise lieferte er nur die Vorlagen für die Kupferstiche, selten stach er sie selbst.[31]

Weiter beinhaltet das Titelblatt eine Widmung an den Schöpfer: „Den viise og almægtige Skaber til Ære, saavel som hans fornuftige Creature til videre Eftertankes Anledning" (Pontoppidan, 1977a, Titelblatt), Dem weisen und allmächtigen Schöpfer zu Ehren, sowie seinen vernünftigen Kreaturen als weitere Gelegenheit zum Nachdenken (Übersetzung d. V.),[32] und Angaben zum Autor sowie zu dessen Position im sozialen Umfeld: „Erich [sic] Pontoppidan Dr. Episc. Bergens. Member. Reg. Societ. Scient. Hafniens" (Pontoppidan, 1977a, Titelblatt). Pontoppidan trägt einen Doktor-

---

[30] Dansten (1962), S. 35. Dansten, Esli. ‚Odeard Helmont de Lode'. In: *Nordisk Leksikon for Bogvæsen*. Bd. 2. Dansten, Esli und Nielsen, Lauritz (Hg.), Kopenhagen u. a., 1962, S. 35.

[31] Nielsen (1951), S. 231f. Nielsen, Lauritz. ‚Peter Cramer'. In: *Nordisk Leksikon for Bogvæsen*. Bd. 1. Dansten, Esli und Nielsen, Lauritz (Hg.), Kopenhagen u. a., 1951, S. 231f.

[32] Da sich der Inhalt des Titelblatts nicht mit demjenigen der deutschen Ausgabe deckt, übersetze ich die Zitate selbst.

5.1 Möglicher Verortung von Wissen

titel, ist Bischof des Bistums Bergen und Mitglied der ‚Videnskabernes Selskab'. Das Titelblatt gibt Auskunft über den Druckort und das Erscheinungsdatum: „Kiøbenhavn, 1752".[33] Es informiert, dass der Text in der seit 1733 bestehenden ‚Berlingske Arvingers Bogtrykkerie' von Ludolph Henrich Lillie gedruckt wurde, der nach dem Tod des Gründers der Druckerei, Ernst Henrich Berling,[34] die Druckerei bis 1755 führte.[35] Außerdem verweist das Titelblatt darauf, dass die Naturgeschichte erklärende Kupferstiche enthält: „Oplyst med Kobberstikker" (Pontoppidan, 1977a, Titelblatt) – wohl ein verkaufstechnischer Hinweis. Der Text ist trichterförmig gesetzt, abgestützt auf dem rechteckigen Kupferstich. Typographisch heben sich die drei Wörter des Titels Norges naturlige Historie durch ihre markante Größe ab. Der Name des Autors und sein Titel „Erich Pontoppidan Dr.", stechen ebenfalls hervor, sie sind auffallend groß, in Majuskeln und im Gegensatz zu den übrigen Angaben in Antiqua gedruckt (Abb. 5.2).

Auf das Titelblatt des ersten Teils folgen als Motto Vers 2 und 3 aus dem Psalm 111: „Herrens Gierninger ere store, hvo dem agter, han haver idel Lyst til dem. Hvad han skikker, det er priseligt og herligt; og hans Retfærdighed bliver evindelig" (Pontoppidan, 1977a, Rückseite Titelblatt), „Gross sind die Werke des Herrn, allen erkennbar, die an ihnen Gefallen haben. Hoheit und Pracht ist sein Tun, und seine Gerechtigkeit bleibt für immer bestehen" (Kirchenrat der Evangelisch-reformierten Landeskirche des Kantons Zürich (Hg.), 2007, S. 820). Dahinter reihen sich eine Zueignung und eine Widmungsepistel an Pontoppidans Gönner, Johan Ludvig von Holstein. Es schließen sich vier lateinische Ehrenbezeugungen aus Kopenhagen und aus Bergen an: von Bolle Willum Luxdorph, Beamter der dänischen Regierung,[36] von Terkel Klevenfeldt, ebenfalls ein hoher Beamter der dänischen Regierung[37] und von Christian Frederik Wadskiær, Professor an der Universität Kopenhagen,[38] sowie eine aus Bergen von Johannes Mossin. Dabei handelt es sich wohl um den Dänen Hans (Johannes) Mossin, der 1751 Pfarrer in Bergen wurde.[39] Es folgt ein längeres auktoriales Vorwort an den „Fornuftige Læser" (Pontoppidan, 1977a, Fortale). Erst dann wird das Inhaltsverzeichnis präsentiert. Es gibt Auskunft über den Inhalt der Kapitel von Teil I und Teil II. Der erste Teil von Norges naturlige Historie umfasst acht Kapitel, der zweite deren zehn. Ein

---

[33] Pontoppidan (1977a), Titelblatt.
[34] Ilsøe (1985), S. 264. Ilsøe, Ingrid. ‚Printing, Book Illustration, Bookbinding, and Book Trade in Denmark, 1482–1914'. In: Gutenberg-Jahrbuch 1985. Gutenberg-Gesellschaft (Hg.), Mainz, 1985, S. 258–80.
[35] Ilsøe (1992), S. 123f.
[36] Ehrencron-Müller (1927b), S. 225–29. Ehrencron-Müller, Holger. Forfatterlexikon. Omfattende Danmark, Norge og Island indtil 1814. Bd. 5. Kopenhagen, 1927b.
[37] Ehrencron-Müller (1927a), S. 425ff. Ehrencron-Müller, Holger. Forfatterlexikon. Omfattende Danmark, Norge og Island indtil 1814. Bd. 4. Kopenhagen, 1927a.
[38] Ehrencron-Müller (1930), S. 383–86. Ehrencron-Müller, Holger. Forfatterlexikon. Omfattende Danmark, Norge og Island indtil 1814. Bd. 8. Kopenhagen, 1930.
[39] Ehrencron-Müller (1927b), S. 435.

Verweis auf eine Druckerlaubnis wie in früher gedruckten Texten Pontoppidans findet sich in der Naturgeschichte nicht. Dies hängt wohl damit zusammen, dass Pontoppidan ab 1748 als Bischof von Bergen die Erlaubnis erhielt, auf eigene Verantwortung zu publizieren.[40]

Der Anfang des zweiten Teils ist dem ersten bezüglich Aufbau ähnlich. Der Inhalt unterscheidet sich aber in gewissen Punkten stark. Dies ist bereits beim Titelblatt ersichtlich: Es präsentiert wiederum den Titel, diesmal mit dem Verweis darauf, dass es sich bei diesem Teil um den zweiten, den Folgeteil der Naturgeschichte handelt. Wie das Titelblatt von Teil I informiert dasjenige von Teil II über den Autor, über die Bebilderung mit Kupferstichen und darüber, dass *Norges naturlige Historie* dem Schöpfer zu Ehren sein soll. Der Kupferstich, wiederum von Odeard Helmont de Lode gestochen, setzt sich aber aus komplett anderen Elementen zusammen. Zu sehen sind zwei Tannen, ein ruhender Löwe und eine Axt. Im Zentrum des Kupferstichs steht eine Art Medaillon mit einem kleinen Elefanten, das auf Frederik V. beziehungsweise auf den ältesten dänischen Orden, den Elefantenorden, hinweist. Während der Kupferstich des ersten Teils primär auf die lokale Umgebung, mit Bergen als Ausgangspunkt der Naturgeschichte, auf welchen sich der Erzähler zuallererst stützt, verweist, erweitert der Kupferstich des folgenden Teils, illustriert mit dem Medaillon, die geographischen Grenzen der Naturgeschichte und setzt sie in einen weiteren Kontext. Der Löwe ist das einzige gemeinsame Element der beiden Kupferstiche, ein Hinweis auf die dänische Krone. Erscheinungsort ist mit Kopenhagen derselbe wie derjenige des ersten Teils, das Erscheinungsdatum jedoch ein Jahr später, 1753. Gedruckt wurde der zweite Teil von Gottmann Friderich Kisel in der Königlichen Waisenhausdruckerei, der vormaligen ‚Missionskollegiets Trykkeri'. Die Druckerei des Missionskollegiums existierte ab 1715, nach dem Stadtbrand 1728 wurde sie ins Waisenhaus auf den Nytorv in Kopenhagen verlegt, was ihr den neuen Namen gab.[41] Wiederum fallen den Lesenden beim Betrachten des Titelblatts aufgrund ihrer typographischen Besonderheiten „*Norges naturlige Historie*" und „Erich Pontoppidan Dr." ins Auge. Im zweiten Teil wird nicht der Hinweis, dass das Werk mit Kupferstichen bebildert ist, durch Umfassen der Aussage mithilfe zweier horizontaler Linien betont, sondern die Aussage, dass es sich bei diesem Teil um den zweiten Teil handelt: „Anden Deel" (Pontoppidan, 1977b, Titelblatt), (Abb. 5.3).

An das Titelblatt reihen sich eine Zueignung und eine Widmungsepistel an Adam Gottlob Moltke. Darauf folgen wiederum ein Vorwort und eine Ehrenbezeugung von Ole Tidemand aus Bergen, der 1755 Vizebischof und 1757 offizieller Nachfolger von Pontoppidan in Bergen wurde,[42] bevor vor dem Haupttext das Inhaltsverzeichnis über

---

[40] Nyrop (1870), S. 280.
[41] Ilsøe (2007), S. 98 und S. 116.
[42] Ehrencron-Müller (1930), S. 258f.

5.1 Mögliche Verortung von Wissen

die 20 Paragraphen des ersten Kapitels „Om Norges tamme og vilde fire-føddede Dyr", „Von den vierfüssigen Thieren", präsentiert wird. Auf eine Übersicht über die zehn Kapitel zu Beginn des zweiten Teils der Naturgeschichte wird verzichtet, findet sie sich doch bereits in Teil I. Auf den Haupttext des zweiten Teils folgen zwei Verzeichnisse. Das eine ist ein alphabetisch geordnetes Stichwortverzeichnis: „Register over Norges naturlige Histories Begge Deele, af hvilke den sidste betegnes med P. II" (Pontoppidan, 1977a, Register), Register der beiden Teile von Norges naturlige Historie, von welchen der letzte mit P. II bezeichnet wird (Übersetzung d. V.), das andere ein alphabetisch geordnetes Verzeichnis über die Namen der Autoren, auf die in der Naturgeschichte verwiesen wird oder die darin zitiert werden: „Register over de anførte Skribenteres Navne", Register der Namen der angeführten Schreiber (Übersetzung d. V.). Den Abschluss bilden die ‚Errata Typographica'.

Das Layout beider Teile ist äußerst ähnlich. Obwohl der zweite Teil in einer anderen Druckerei hergestellt wurde, finden sich auf dessen Titelblatt keine Spuren von Rivalität, es finden sich beispielsweise keine Verweise darauf, dass der zweite Teil umfassender oder genauer sei als der erste oder mehr Kupferstiche enthalte. Eine Antwort auf die Frage, weshalb die beiden Teile von Norges naturlige Historie nicht in derselben Druckerei gedruckt wurden, ging aus dem untersuchten Material nicht hervor. Beide gehörten aber zu den wichtigen Druckereien der Hauptstadt. Kopenhagen war während des 18. Jahrhunderts sowohl Residenzstadt der Zentralregierung, Sitz der Institutionen der Gelehrtenkultur als auch Druckzentrum von Dänemark-Norwegen.[43] Andere wichtige Buchdrucker (in vielen Fällen gleichzeitig Verleger) der Zeit waren Joachim Wielandt, der von 1719 bis 1730 mehrere Zeitungen und Zeitschriften herausgab, und Johan Jörgen Höpfner, der die Stellung als Buchdrucker der Universität Kopenhagen innehatte und Direktor der königlichen Buchdruckerei war.[44] Trotz der zunehmenden Anzahl an Druckereien außerhalb Kopenhagens stieg ihre Zahl in der Hauptstadt von 1733 bis 1800 um mehr als das Doppelte und die Produktion vervierfachte sich.[45] Wirkliche Konkurrenz erhielt Kopenhagen als Zentrum der Buchproduktion erst nach der Einführung der Druckfreiheit 1770.[46] Einen umfassenden Überblick über die während dieser Zeit betriebenen oder eröffneten Druckereien bietet Harald Ilsøes Untersuchung *Bogtrykkerne i København* von 1992.

Nach dem Überblick über die verschiedenen Formen von Paratexten, die den Haupttext von *Norges naturlige Historie* umfassen und mit ihm selbst verknüpft sind, folgt nun eine Bestandesaufnahme von paratextuellen Elementen, die im Haupttext selbst vorhanden sind. Als Beispiel dafür dient die Oberflächenstruktur des zweiten

---

[43] Horstbøll (1999), S. 32.
[44] Nielsen (1951), S. 171.
[45] Ilsøe (1992), S. 234f.
[46] Horstbøll (1999), S. 32.

Paragraphen von Kapitel II „Om Norges Grunde, Fielde og hvad derved er merkværdigt", „Vom Grund und Boden des Landes", des ersten Teils von Pontoppidans Naturgeschichte.

Der Titel dieses Paragraphen „Dets adskillige Jord-Arter af Muld, Sand, Leer, Torv. Myr ec.", „Verschiedene Arten der Erde daselbst, als feine Erde, Leim, Sand, Turf, Myr u.s.w.", wird gleich zu Beginn von Kapitel II im Inhaltsverzeichnis zusammen mit neun anderen Paragraphentiteln aufgeführt. Der Paragraph selbst erstreckt sich über sechs Seiten, auf welche sich sieben Abschnitte verteilen. Er beinhaltet weder Tabellen noch Illustrationen, ist jedoch mit zwei Fußnoten versehen und wird an den äußeren Seitenrändern von zwei Marginalien flankiert. Der Aufbau der Doppelseiten ist wie üblich in der Naturgeschichte am Bund gespiegelt, der Haupttext wird gegen oben durch eine horizontale Linie abgegrenzt, darüber sind die Seitenzahl und der Kolumnentitel angebracht. Nach unten grenzt sich der Haupttext ebenfalls durch eine horizontale Linie von den Fußnoten ab.

Paragraph II ist wie die gesamte Naturgeschichte in Fraktur gedruckt. Richtet man den Blick jedoch genauer auf die Typographie dieses Paragraphen, kommen verschiedene Details zum Vorschein: Der Initialbuchstabe des Paragraphen ist in einer größeren Schrift als der übrige Text, aber ungeschmückt wiedergegeben. Die Namen von Autoren, auf die verwiesen wird oder die zitiert werden, sind in Antiqua gedruckt. Das gilt auch für die Namen, die hinter mündlichen Aussagen stehen und in der Naturgeschichte als Quellen verwendet werden, sowie für zentrale Personen, die im Textverlauf erwähnt werden. Dies ist beispielsweise im Haupttext ersichtlich bei ‚Tavernier', ‚Buffon', ‚Ditlev Wibe' oder auch innerhalb von Zitaten in den Fußnoten bei ‚Leibnitz' oder ‚Aristoteles'. Diese Personennamen sind außerdem in Großbuchstaben gedruckt. Antiqua wird auch für die Wiedergabe von Fremdwörtern verwendet, für ‚Vegetabilia' oder ‚irregulaire', für feste Begriffe wie ‚Terra sigillata' sowie für lateinische Zitate. Ortsnamen wie ‚Aggershuus', ‚Bergen' oder ‚Christiania' werden in Paragraph II ebenfalls in Antiqua wiedergegeben, ‚Trondhiem' und ‚Lissabon' hingegen sind in Fraktur gedruckt. Worauf dieser Unterschied in der Handhabung der Schriftsetzung beruht – es hätte eine andere Verwendung, die auf dem Unterschied innerhalb oder außerhalb Dänemark-Norwegens gründet, erwartet werden können – ist unklar. In den Fußnoten sind die Titel von Abhandlungen, in diesem Fall *Protogaea*, in Antiqua und kursiv gedruckt, im Haupttext hingegen wird die Abkürzung von Buffons *Nat. Hist.* in Frakturschrift und fett dargestellt. Dies ist auch beim Titel von Taverniers *Persianske Reyse-Beskrivelse* der Fall, der nicht in der Originalsprache Französisch, sondern auf Dänisch genannt wird. Auffällig bezüglich der gewählten Druckschrift sind auch Wörter wie ‚formerede', ‚publicerede'. Nach dem ersten Wortteil folgt ein Wechsel von Antiqua zu Fraktur: der Stamm plus das nachfolgende ‚e' sind in Antiqua gedruckt, die Flexionsendung in Fraktur. Auch die Fußnoten unterscheiden sich durch ihre Typographie vom

5.1 Mögliche Verortung von Wissen 231

Haupttext. Sie sind in einer kleineren Schriftgröße gedruckt, eine Unterscheidung, die zusätzlich zur Abgrenzungslinie gegen den Haupttext verwendet wird, was bei den übrigen den Haupttext umgebenden Angaben nicht der Fall ist.

Jedes Kapitel der Naturgeschichte beinhaltet zu Beginn ein Verzeichnis der Paragraphen. Die Titel setzen sich aus verschiedenen Angaben zusammen, nämlich Einteilungstypus, mechanische Einteilung und Inhaltsangabe:[47] „§. 2. Dets adskillige Jord-Arter af Muld, Sand, Leer, Torv, Myr ec." (Pontoppidan, 1977a, S. 57). Im Fall von Paragraph II stellt das Paragraphenzeichen den Einteilungstypus dar, die mechanische Einteilung folgt der Reihe der Zahlen und die Inhaltsangabe benennt die unter diesem Titel behandelte Materie, also eine beschreibende Betitelung. Wie aus dem Paragraphenverzeichnis des zweiten Kapitels hervorgeht, kann sich die Inhaltsangabe, der deskriptive Teil eines Paragraphentitels, auf vorhergehende Paragraphen beziehen: Die Inhaltsangabe von Paragraph II „Dets adskillige Jord-Arter af Muld, Sand, Leer, Torv, Myr ec." (Pontoppidan, 1977a, S. 57) steht in deutlicher Verbindung zur Inhaltsangabe des vorhergehenden Paragraphentitels: „Norges Grund i Almindelighed" (Pontoppidan, 1977a, S. 57), „Vom Grund und Boden in Norwegen überhaupt" (Pontoppidan, 1753, S. 65). Dem deskriptiven Titelbestandteil ist es aber auch möglich, einen Themenwechsel innerhalb einer Reihe von Titeln hervorzurufen, wie dies in Paragraph III der Fall ist: „Field tvende Slags" (Pontoppidan, 1977a, S. 57), „Zweyerley Arten der Berge" (Pontoppidan, 1753, S. 65). Während der beschreibende Inhalt des zweiten Paragraphentitels mit dem Possessivpronomen ‚dessen' an den ersten anschließt, steht der dritte ohne syntaktischen Bezug zum vorhergehenden Paragraphentitel.

Vergleicht man die Titelstruktur von Paragraph II im Paragraphenverzeichnis zu Beginn von Kapitel II mit derjenigen im Haupttext, ist ein grundlegender Unterschied festzustellen: Der ausführliche Titel „§. 2. Dets adskillige Jord-Arter af Muld, Sand, Leer, Torv, Myr ec." (Pontoppidan, 1977a, S. 57) des Paragraphenverzeichnisses wird ersetzt durch „§. 2." (Pontoppidan, 1977a, S. 59). Die Inhaltsangabe fällt weg, der Titel besteht im Haupttext bloß aus dem Einteilungstypus und der mechanischen Unterteilung ohne jeglichen thematischen Bezug. Im Haupttext folgt *Norges naturlige Historie* somit „der großen klassischen Tradition der nummerierten und damit hauptsächlich rhematischen Einteilung, da sie nur eine relative Stelle (durch die Zahl) und einen Einteilungstypus (Buch, Teil, Kapitel usw.) angibt" (Genette, 1989, S. 287), eine Praxis, die beschreibenden Betitelungen vorausging. Diese wurde bei geschichtlichen Werken mit den späten Ausgaben der mittelalterlichen Chronisten üblich.[48]

Der ausführliche Paragraphentitel „Dets adskillige Jord-Arter af Muld, Sand, Leer, Torv, Myr ec." wird aber gleich zu Beginn des Paragraphen in Form der ersten Margi-

---

[47] Genette (1989), S. 285.
[48] Genette (1989), S. 295.

nalie wiedergegeben.[49] Die zweite Marginalie befindet sich im fünften Abschnitt des zweiten Paragraphen und berichtet von einem Walfischskelett, das an einem Berghang entdeckt wurde: „En Hvalfiske Beenrad opgravet paa Field-Siden" (Pontoppidan, 1977a, S. 63). Es handelt sich folglich um zwei unterschiedliche Marginalientypen: um einen allgemein den Inhalt des Paragraphen zusammenfassenden und um einen, der ein bestimmtes Detail hervorhebt.

Auf die zwei Fußnoten in Paragraph II wird jeweils vom Haupttext aus mit einem in Klammern gesetzten Asterisk verwiesen. Beide beinhalten lateinische Zitate aus Leibniz' *Protogaea*, die vom Erzähler eingeleitet werden. Im Gegensatz zu Marginalien, die ihre Zugehörigkeit zu einer Textstelle durch die Position am Textrand ausdrücken, muss der Haupttext mit speziellen Zeichen auf Fußnoten verweisen. Geschieht dies wie hier durch einen Asterisk, muss die Fußnote zwingend auf derselben Seite platziert sein. Bei der Verwendung von aufeinanderfolgenden Zeichen fällt der Zwang der lokalen Positionierung weg. Der Inhalt der Fußnote könnte auch im Verbund mit sämtlichen anderen Fußnoten in Form einer Endnote am Ende des Textes aufgeführt werden.

Aus den Betrachtungen der paratextuellen Elemente, einerseits vor und nach dem eigentlichen Haupttext der Naturgeschichte, andererseits in einem frei gewählten Paragraphen des Haupttexts selbst, wird ersichtlich, dass *Norges naturlige Historie* aus viel mehr besteht als aus diesem Haupttext. Diese Tatsache hat Konsequenzen für die Möglichkeiten der Verortung von Wissen. Wissen kann entweder im Haupttext selbst, möglicherweise betont durch typographische Mittel, oder auch in den Zwischenräumen des Haupttexts, in Kapitel- und Paragraphenüberschriften, in Tabellen und in nicht verbalen Elementen wie Vignetten oder Illustrationen angesiedelt werden. Wissen kann den Haupttext von oben oder unten begrenzend auf den einzelnen Seiten in einer Kapitelüberschrift gespeichert oder auf dem unteren Teil der Seite in Form von Fußnoten angebracht werden. Auch die den Haupttext flankierenden Marginalien am Seitenrand, der dem Haupttext vorangestellte Buchanfang und der Anhang bieten Möglichkeiten, Wissen zu verorten.

5.1.3 Einfache und mehrfache Verortung von Wissen

In der vorliegenden Untersuchung wird zwischen einer einfachen und einer mehrfachen Verortung von Wissen unterschieden. Mit der einfachen Verortung wird bezeichnet, dass Wissen nur an einer einzigen Stelle in *Norges naturlige Historie* vermittelt wird, ob dies nun im Haupttext selbst sei oder beispielsweise in einer Fußnote wie im folgenden Beispiel:

---

[49] Pontoppidan (1977a), S. 59.

5.1 Mögliche Verortung von Wissen

> Chineserne regne Biørne-Kiød blant deres allerstørste Delicatesser, og efter Père du Halde hans Beretning lader Keyseren, naar han vil anrette et meget herligt Giestbud, sende 50 eller flere Mile til Tartatriet for at hente det (Pontoppidan, 1977b, S. 29).

> Die Chineser rechnen das Bärenfleisch unter die allergrössten Leckerbissen, und wie du Halde berichtet, so schickt der Kaiser, wenn er ein herrliches Gastmahl ausrichten will, funfzig und mehrere Meilen weit in der Tartarey herum, um Bäre [sic] holen zu lassen (Pontoppidan, 1754, S. 34).

Dass Bärenfleisch schmeckt und Bärenschinken von denjenigen, die davon gegessen haben, gelobt wird, dass er auf einer Hochzeit dem Wirt zu Ehren und den Gästen zum Vergnügen gereicht,[50] wird bereits im Haupttext vor dieser Fußnote aus Paragraph VIII, der innerhalb des Kapitels über die Vierfüßer Wissen über norwegische Bären vermittelt, aufgezeigt. Dass aber Bärenfleisch in China zu den größten Delikatessen zählt, erfahren die Lesenden durch diese Fußnote zum ersten Mal. Das in der Fußnote vermittelte Wissen hängt somit zwar eng mit dem im Haupttext präsentierten Wissen zusammen, dennoch handelt es sich weder um eine Wiederholung noch um eine Variante von bereits Erwähntem. Dieses Wissen ist nur genau hier für die Lesenden dieser Naturgeschichte auffindbar.

Von einer mehrfachen Verortung von Wissen wird gesprochen, wenn dasselbe Wissen in verschiedener Form in unterschiedlichen paratextuellen Elementen wie Marginalie, Titel oder Illustration und/oder im Haupttext selbst mehrfach präsentiert wird. Querverweise, die bereits im Zusammenhang mit der Strukturierung von Wissen bei den Kapiteln, die sich mit den Vögeln und den Fischen Norwegens befassen, aufgefallen sind, könnten hier im weitesten Sinn ebenfalls dazugerechnet werden. Sie werden verwendet, um Dinge, die durch bestimmte Strukturierungskriterien nicht direkt miteinander in Beziehung stehen, zu verbinden, beispielsweise wenn ein Querverweis auf die Illustration eines beschriebenen Objekts verweist, die an einer anderen Stelle zu finden ist. Betrachtet man in diesem Zusammenhang den dritten Paragraphen aus Kapitel VI „Fortsettelse af forrige", „Fortsetzung des vorigen von den Fischen und Fischereien", der die Fische Norwegens vom ‚Narhval'[51] bis und mit ‚Qveite',[52] also von ‚N' bis und mit ‚Q' alphabetisch geordnet präsentiert, wird der Struktur des Alphabets folgend unter dem Buchstaben ‚Q' konsequenterweise die Fischart namens ‚Qvabbe' genannt. Auf die Erwähnung des Namens folgen zwar keine weiteren Informationen über diese Fischart, durch die Positionierung innerhalb der dem Alphabet folgenden Ordnung der norwegischen Fische, durch die Verortung an dieser Stelle jedoch wird

---

[50] Pontoppidan (1977b), S. 29.
[51] Pontoppidan (1977b), S. 222.
[52] Pontoppidan (1977b), S. 226.

das Wissen vermittelt, dass eine Fischart, die ‚Qvabbe' genannt wird, in Norwegen existiert. Bis zu diesem Zeitpunkt handelt es sich somit bloß um eine einfache Verortung von Wissen. Auf die Nennung des Namens folgt aber der Hinweis: „See Aale-Qvabbe" (Pontoppidan, 1977b, S. 226). Folgt man diesem Verweis, findet man im vierten Paragraphen von Kapitel V „Om Norges Fiske og Fiskerier i salte og ferske Vande", „Von den Fischen und Fischereien", die Fischart ‚Aale-Qvabbe' abgehandelt:

> Aaleqvabbe, er gemeenlig ikke over en halv Alen lang, ellers næsten som en anden Aal, dog kiendeligst adskilt paa Hovedet og Munden, hvilken er meget breed og ligner næsten en Padde, har og i steden for Tænder tvende skarpe Been-Knive eller Saxe (Pontoppidan, 1977b, S. 175).

> Aaleqvabbe (Aalqvabbe), ist gemeiniglich nicht über eine halbe Ele lang, sonst aber dem Aale ähnlich, doch sind der Kopf und der Mund merklich davon unterschieden; denn dieser ist sehr breit, und einem Frosche ähnlich; er hat auch statt der Zähne zwey scharfe beinerne Knochen wie Scheeren (Pontoppidan, 1754, S. 204).

Im Fall von ‚Qvabbe' und ‚Aale-Qvabbe', wobei es sich offensichtlich um dieselbe Fischart handelt, hat man es mit einer mehrfachen Verortung von Wissen zu tun. Einerseits wird das Wissen, dass es diese Bezeichnung für eine Fischart gibt, im vierten Paragraphen von Kapitel VI zwischen den Buchstaben ‚N' und ‚Q' bei ‚Qvabbe' verortet, andererseits im vierten Paragraphen von Kapitel V bei den Bezeichnungen für Fischarten, die mit dem Buchstaben ‚A' beginnen. Diese Mehrfachverortung basiert auf einem Querverweis in eine Richtung. Eine mehrfache Verortung in beide Richtungen findet sich beim ‚Anker-Trold' und dem ‚Kraken'. Wiederum im vierten Paragraphen von Kapitel V wird unter dem Buchstaben ‚A' der ‚Anker-Trold' genannt: „Anker-Trold. See i følgende 7de Cap. Krake" (Pontoppidan, 1977b, S. 176). Bei der Beschreibung des Kraken, im achten Kapitel „Om adskillige lidet bekiendte Monstris Marinis og Udyr i Havet",[53] „Von gewissen Seeungeheuern oder sonderbaren und ungewöhnlichen Seethieren", wird der ‚Anker-Trold' ebenfalls erwähnt:

> Nu kommer jeg til det tredie og uden Tviil i al Verden det allerstørste monstrum marinum, kaldet Kraken, Kraxen eller, som nogle sige, Krabben, forstaae per excellentiam, hvilket Navn synes meest at svare til dette, runde, flade og grene fulde Dyrs Beskrivelse. Andre kalde det ogsaa Horven, Søe-Horven, item Anker-Trold (Pontoppidan, 1977b, S. 340).

> Nunmehr komme ich zum dritten und ohne Zweifel zum allergrössten Seeungeheuer in der ganzen Welt, welches Kraken oder Kraxen genannt wird, oder wie

---

[53] Nicht, wie fälschlicherweise in Norges naturlige Historie gedruckt, in Kapitel VII.

5.1 Möglicher Verortung von Wissen

> einige sagen, Krabben, wegen seiner Vortreflichkeit; welcher Name aber mehr auf die Beschreibung dieses runden, flachen und gleichsam mit Zweigen versehenen Thieres zielet. Andere nennen es auch Horven, Seehorven, ingleichen Ankertroll (Pontoppidan, 1754, S. 394).

Neben dieser zweifachen Verortung von Wissen über die Existenz dieses Geschöpfs mithilfe von gegenseitigen Querverweisen werden die zwei Namen an einer dritten und vierten Stelle verortet, nun nicht mehr im Haupttext, sondern in einem paratextuellen Element. An der Stelle, an welcher der Haupttext von ihrer Existenz berichtet, tut dies auch eine Marginalie.[54] Zudem bereitet bereits der elfte Titel „Kraken, Krabben eller Horven, det allerstørste af alle levende Dyr", „Kracken, Krabben oder Horven, das allergrösste unter allen lebendigen Thieren", im Paragraphenverzeichnis zu Beginn des achten Kapitels auf den Paragraphen über den Kraken vor und vermittelt Wissen über dessen unerhörte Größe.

Die zwei Beispiele zeigen, dass Wissen in *Norges naturlige Historie* bisweilen mehrfach verortet wird, im Haupttext und/oder in den Paratexten. Diese Tatsache unterstreicht die Annahme, dass der Einbezug der gesamten physischen Form eines Buches und damit die Berücksichtigung der paratextuellen Elemente, die sich hinsichtlich Form und Inhalt durch Heterogenität auszeichnen, auf das Wissen, das in Form eines in einem Buch gespeicherten Textes vermittelt wird, Einfluss hat. Ein solches Verständnis der Wissensvermittlung, das sämtliche paratextuellen Elemente, die den Haupttext in verbaler, aber auch in nonverbaler Form umgeben und sowohl durch das gesamte Buch hindurch als auch auf den einzelnen Seiten ein Netz aus sich unregelmäßig kreuzenden Diskursen bilden, einschließt, verunmöglicht einen konsequent linearen Lesevorgang. Es fordert dazu auf, das gesamte Buch und die einzelnen Seiten relational zu lesen oder aber sich nur an den Haupttext zu halten, im Wissen darum, dass dabei der Verlust des meisten Wissens, das in den Paratexten vermittelt wird, in Kauf genommen wird. Ebenfalls verzichtet man auf den Einblick in die Kommunikation zwischen Haupttext und Paratext und kann die Inszenierung des Wissens, die der Raum auf den Seiten möglich macht, nicht verfolgen. Für das vermittelte Wissen bedeutet dieser relationale Lesevorgang eine vermehrte Aufmerksamkeit seitens der Lesenden. Die Verknüpfung der Inhalte des Haupttexts mit den verschiedenen paratextuellen Elementen führt zu einer stärkeren Fokussierung auf die einzelnen Objekte und Phänomene, die beschrieben werden. Die Lesenden schreiten nicht direkt von der Schilderung einer Sache zu den Ausführungen über ein nächstes Objekt. Vielmehr werden sie durch die Konsultation sämtlicher wissensvermittelnden Elemente mehrere Male mit einer bestimmten Sache konfrontiert, was eine eingehendere Beschäftigung mit dem Wissen bedeutet und dieses Wissen gleichzeitig interessanter macht.

---

[54] Pontoppidan (1977b), S. 176 und S. 340.

5.2 Inszenierung von Wissen in *Norges naturlige Historie*

Es soll im Folgenden untersucht werden, wie sich Wissen im Medium des Buches inszeniert und welche verschiedenen Inszenierungsmöglichkeiten von Wissen vorhanden sind. Warum wird für eine verbale Argumentation beispielsweise nicht nur eine Allegorie, sondern eine tatsächliche Illustration herangezogen und inwiefern wird die Argumentation durch die Verwendung einer Illustration für die Vermittlung desselben Wissens wirksamer? Wie gestaltet sich die eigene Performativität der Elemente des Wissens und wie verweisen sie auf sich selbst und auf andere? Wie und wo präsentieren sich die Elemente auf einer Buchseite, welche Wirkungsmittel lassen sie ins Zentrum rücken? Annäherungen an diese Fragen sollen aufzeigen, ob eine Hierarchie zwischen Paratext und Haupttext ablesbar wird. Ist es möglich, Paratext und Haupttext bezüglich ihrer Funktion so klar zu trennen, dass bei den paratextuellen Elementen von *Norges naturlige Historie* generell von einem Hilfsdiskurs gesprochen werden kann?[55] Oder ist nicht vielmehr von sich immer wieder unterschiedlich ausprägenden Funktionen der einzelnen paratextuellen Elemente auszugehen, die dem Haupttext durchaus ebenbürtig sein können? Mithilfe einer Analyse des paratextuellen Elements der Marginalie und seiner Verwendung in *Norges naturlige Historie* sollen Voraussetzungen zur Beantwortung dieser Fragen geschaffen werden.

5.2.1 Die Marginalie als Beispiel der Wissensinszenierung

Im Gegensatz zur englischen Forschung, die sich schon länger mit dem Phänomen der gedruckten Marginalie befasst, so beispielsweise Evelyn Tribble in *Margins and Marginality. The Printed Page in Early Modern England*, sind in der skandinavischen Forschung kaum Untersuchungen zu diesem Phänomen vorhanden. Auch in der deutschen Forschung gibt es nur wenig Literatur zur gedruckten Marginalie. Hilfreich sind zwei im Jahr 2008 erschienene Aufsätze: ‚Prolegomena zur Marginalie' von Davide Giuriato und von Johannes Klaus Kipf: ‚Pluto ist als vil als Luziver. Zur ältesten Verwendung gedruckter Marginalnoten in deutschen literarischen Texten (bis 1520)'.[56]

Eine Marginalie, auch als Marginale oder Randbemerkung bezeichnet, steht am Rand von Buchseiten, von Manuskriptseiten oder von Seiten einer Druckfahne und bezieht sich auf ein einzelnes, unterschiedlich umfangreiches Segment eines Haupttexts. Sie kommt in gedruckter oder handschriftlicher Form vor. Bei der handschriftlichen Variante können die Marginalien als „Spur eines Leseprozesses" oder als „Spur eines Leseaktes, der sich schreibend realisiert" (Giuriato, 2008, S. 179) verstanden

---

[55] Genette (1989), S. 18.
[56] Kipf, Johannes Klaus. ‚Pluto ist als vil als Luziver. Zur ältesten Verwendung gedruckter Marginalnoten in deutschen literarischen Texten (bis 1520)'. In: *Am Rande bemerkt. Anmerkungspraktiken in literarischen Texten*. Metz, Bernhard und Zubarik, Sabine (Hg.), Berlin, 2008, S. 33–58.

5.2 Inszenierung von Wissen in Norges naturlige Historie

werden. Sie setzen sich aus „gelehrten Kommentaren, kritischen Korrekturen, proliferativen Einschüben, ornamentalen Verzierungen, abschätzigen Bemerkungen oder [...] gedankenverlorenen Kritzeleien" (Giuriato, 2008, S. 178) zusammen. In Bezug auf Pontoppidans Naturgeschichte interessieren an dieser Stelle nur die gedruckten Marginalien. Diese werden nach unterschiedlichen Kriterien weiter unterteilt: Carl August Franke unterscheidet im *Katechismus der Buchdruckerkunst* von 1856 zwischen lebenden und toten Marginalien, die lebenden geben den Inhalt eines Abschnitts an, die toten beinhalten bloße Jahreszahlen.[57] Kipf unterscheidet bei seiner Untersuchung der frühesten gedruckten Marginalien in deutschen literarischen Texten unter anderen folgende Funktionen: Marginalien, die gliedern und orientieren, die auf Quellen und Parallelstellen verweisen, Marginalien also, die eine erklärende, didaktische, erzählende und/oder zugleich analytische Funktion haben.[58] Dabei handelt es sich um Funktionen, die sich nicht von den Funktionen des Haupttexts unterscheiden, der von Marginalien flankiert wird.

Marginalien können allo- oder autographen Ursprungs sein. Als allograph werden sie bezeichnet, wenn sie sich auf einen fremden Text beziehen, als autograph, wenn sie auf den eigenen Haupttext referieren.[59] In einer autographen Marginalie hält ein Text, im Gegensatz zur allographen Marginalie, Zwiesprache mit sich selbst, es handelt sich um eine Art Dialog in einer monologischen Konstellation.[60] Die Marginalien in *Norges naturlige Historie* sind von autographer, gedruckter Art. Marginalien, die sich, wie Ursula Rautenberg schreibt, dadurch von anderen abheben, als sie zur „ursprünglichen Produktionseinheit des Buches" zählen.[61] Sie fassen vorherrschend Textsegmente zusammen oder heben besonders zentrales Wissen und wichtige Details hervor. Durch ihre Position, meist zu Beginn eines Paragraphen dem Textsegment in der Marginalienspalte zur Seite gestellt, machen sie das Wissen des jeweiligen Abschnitts für die Lesenden schnell ersichtlich. Sie bieten den Lesenden Orientierung, ermöglichen Quereinstiege in den Haupttext und erleichtern das Querlesen der Naturgeschichte. Quellenhinweise, Kommentare oder zusätzliches auf den Haupttext bezogenes Wissen, Elemente, die grundsätzlich auch in den Marginalien verortet werden könnten, sind in Pontoppidans Naturgeschichte in den Fußnoten wiedergegeben.

Diejenigen Marginalien in *Norges naturlige Historie*, die den Beginn eines Paragraphen flankieren, haben ihren Ursprung im Paragraphenverzeichnis zu Beginn eines jeden Kapitels. Der Inhalt solcher Paragraphen beziehungsweise das Wissen, das in ihnen vermittelt wird, erscheint zunächst zusammengefasst im paratextuellen Element

---

[57] Giuriato (2008), S. 188.
[58] Kipf (2008), S. 57.
[59] Giuriato (2008), S. 179.
[60] Giuriato (2008), S. 188.
[61] Rautenberg (2003), S. 349. Rautenberg, Ursula. ‚Marginalie'. In: *Reclams Sachlexikon des Buches*. Rautenberg, Ursula (Hg.), Stuttgart, 2003, S. 349.

eines Titels im Paragraphenverzeichnis des jeweiligen Kapitels. Im Haupttext aber wird der Titel aus dem Paragraphenverzeichnis des Kapitels nicht als Paragraphenüberschrift verwendet, sondern in Form einer Marginalie am Anfang des Paragraphen wiedergegeben. Als Paragraphenüberschrift im Haupttext bleibt nur noch Formales übrig, bestehend aus der Art des Einteilungstypus und der mechanischen Einteilung. Die Marginalie übernimmt den deskriptiven Teil des Paragraphentitels. Es kommt somit zu lokalen Verschiebungen paratextuellen Inhalts, dasselbe Wissen verschiebt sich von einem paratextuellen Element zu einem anderen: Im Paragraphenverzeichnis wird der Inhalt des Paragraphen in Form eines Titels vermittelt, im Haupttext hingegen verliert dieser Titel durch die Reduktion seine Wichtigkeit. Seine Funktion wird von einer Marginalie übernommen, sein Inhalt in ihr verortet. Das vermittelte Wissen tritt an einem neuen Ort zutage. In *Norges naturlige Historie* ist dies ein üblicher Prozess, beispielsweise in Kapitel II des ersten Teils, bei der ersten Marginalie des zweiten Paragraphen, der sich der Erde, dem Sand und dem Lehm Norwegens widmet. Dieser Prozess könnte damit zusammenhängen, dass der Erzähler damit rechnet, dass der querlesende Blick von einer Marginalie schneller gefangen wird als von einem im Haupttext positionierten Paragraphentitel, dass sich die Marginalie in der Naturgeschichte besser eignet, eine orientierende Funktion zu übernehmen und die Lesenden zu leiten als eine Paragraphenüberschrift im Haupttext.

Anders verhält es sich mit der zweiten Marginalie von Paragraph II, die Wissen über die Entdeckung eines Walskeletts beinhaltet: „En Hvalfiske Beenrad opgravet paa Field-Siden" (Pontoppidan, 1977a, S. 63), „Ein Wallfischgerippe, das auf der Seite eines Berges gefunden worden" (Pontoppidan, 1753, S. 72). Ihre Funktion unterscheidet sich von derjenigen der ersten Marginalie des Paragraphen, die klar die Aufgabe hat, einen Teil des Haupttexts in kürzerer Form wiederzugeben. Sie ist nur im weitesten Sinn von zusammenfassendem Charakter. Der Fund des Walskeletts, auf das sie verweist, wird zwar im entsprechenden Segment des Haupttexts ausgeführt, dennoch ist das durch die Marginalie vermittelte Wissen, der Walskelettfund, nicht primär als Zusammenfassung des Inhalts im Haupttext zu verstehen. Das in ihr vermittelte Wissen passt nicht zu demjenigen der übrigen Marginalien, welche die Paragraphen gliedern und jeweils über Jagdverhalten, Vermehrung oder Verwendung im menschlichen Alltag berichten. Es ist vielmehr als wichtige Detailinformation zu verstehen, die in einem größeren Zusammenhang steht, nämlich in demjenigen der Sintflut, über die an dieser Stelle im Haupttext diskutiert wird. Es kann davon ausgegangen werden, dass dieser Walskelettfund zu Pontoppidans Zeit in seinem Umfeld in Kopenhagen im Zusammenhang mit den Erdentstehungsdiskussionen bekannt war. Durch die Erwähnung des Skeletts in der Marginalie der Naturgeschichte kommt dieses paratextuelle Element den Lesenden, die auf der Suche nach einem Beitrag zu diesem Fund sind, entgegen.

5.2 Inszenierung von Wissen in Norges naturlige Historie

Vergleicht man die einzelnen Texte Pontoppidans mit Fokus auf die Handhabung von Marginalien und Fußnoten, wird grundsätzlich eine Praxis sichtbar, die Burke auf das Aufkommen der Induktion, der Betonung des Singulären zurückführt. Es habe sich die Praxis verbreitet, „den Lesenden eines bestimmten Textes eine Anleitung zu bieten, wo er die Quellen und weitere Informationen finden kann, sei es als Information im Text selbst, sei es als Marginalie am Rand, unten auf der Seite, auf der Rückseite oder als besonderes Dokument im Anhang" (Burke, 2002, S. 243). Die Verwendung von Fußnoten und Marginalien wird aber von Erik Pontoppidan nicht einheitlich gehandhabt: *Sandhed til Gudfryktighed* (1737) enthält weder Marginalien noch Fußnoten. In *Origines Hafnienses, eller den Kongelige Residentz-Stad Kiøbenhavn, Forestillet i sin oprindelige Tilstand, Fra de ældste Tider af, indtil dette Seculi Begyndelse* (1760) oder in *Norges naturlige Historie* werden sowohl Marginalien als auch Fußnoten verwendet, wohingegen in der Pastoraltheologie *Collegium Pastorale Practicum* oder in Pontoppidans Abhandlung über die Erdgeschichte keine Marginalien, sondern nur Fußnoten verwendet werden. Genette verweist in seinen Ausführungen über die Geschichte der Anmerkungen, die bei ihm sowohl Marginalien als auch Fußnoten umfassen, darauf, dass ab dem 16. Jahrhundert kurze, an einzelne Textsegmente angehängte Marginalien erscheinen, die im darauf folgenden Jahrhundert in die Form von Fußnoten übergehen.[62] Auch bei Tribble wird die in England zu Beginn des 18. Jahrhunderts vor sich gehende Entwicklung von der Verwendung von Marginalien hin zur Verwendung von Fußnoten angesprochen, die ihr zufolge aufgrund einer anderen Drucktechnik, Kostengünstigkeit und einer neuen Ästhetik des Druckes als Abgrenzung gegen das Unkultivierte stattfand.[63] Lipking spricht von einer Entwicklung, die ein neues hierarchisches Wissenssystem zur Folge hatte, das den Haupttext nicht nur visuell klar über die Anmerkungen in Form von Fußnoten stellte, sondern auch in der inhaltlichen Relation.[64] Diese Entwicklung ist bei den oben aufgeführten Texten Pontoppidans nicht sichtbar, eine Tendenz hin zur Veränderung basierend auf einer zeitlichen Achse ist nicht auszumachen. Dennoch weist die Marginalienpraxis eine Regelmäßigkeit auf, da in den hier erwähnten Texten Pontoppidans nur die beiden Texte mit topographischen Schwerpunkten Marginalien aufweisen.

5.2.2 Verschiedene Formen der Wissensinszenierung

Das durch verschiedene Elemente eines Buches vermittelte Wissen kann in unterschiedlichen Formen inszeniert werden. Bestimmtes Wissen wird mithilfe typographischer Wirkungsmittel in Szene gesetzt. Dadurch können sich Gemeinsamkeiten, Ähnlichkeiten, Zusammenhänge und Unterschiede zwischen dem Schriftbild und dem

---
[62] Genette (1989), S. 305.
[63] Tribble (1993), S. 231.
[64] Tribble (1993), S. 229.

durch dieses transportierten Inhalt zeigen.[65] Ausgewählte Wissenselemente werden durch eine bevorzugte Position in einer Illustration oder durch die Größe ihrer Darstellung betont, wodurch sie auf sich selbst zu verweisen scheinen. Grundlegend ist aber, dass sich Inszenierungsmöglichkeiten nur auf der Basis von Vergleichen ergeben: Aus einer unendlichen Menge von Wissen werden einzelne Elemente selektioniert und erläutert, andere überhaupt nicht erwähnt. Ein kursiv gedruckter Satz fällt erst auf, wenn seine Kursivierung im Gegensatz zu den übrigen, nicht kursiv gedruckten Sätzen steht. Durch die Kursivsetzung lenkt der Satz die Aufmerksamkeit auf sich selbst und erzielt eine Beachtung, die ihm ohne die spezielle materielle Ausprägung nicht zugekommen wäre. Die Inszenierung von einzelnen Elementen des Wissens wird da umso augenfälliger, wo sie an mehreren Stellen im Buch, im Haupttext, in verschiedenen paratextuellen Elementen und durch multiple Beziehungen auf diese aufmerksam macht. Mehrfach verortetes Wissen ist präsenter und bietet mehrere Möglichkeiten, Aufmerksamkeit auf sich zu ziehen. Die Chance, dass auf diese Weise inszeniertes Wissen von den Lesenden zur Kenntnis genommen wird, erhöht sich. Im Verhältnis zu nur einfach verortetem Wissen kann vermutet werden, dass solche Wissenselemente für den Autor und die übrigen am Buchherstellungsprozess Beteiligten von größerer Bedeutung sind.

Weshalb diese Vermutung naheliegt, zeigt sich in Kapitel II „Om Norges Grunde, Fielde og hvad derved er merkværdigt", „Vom Grund und Boden des Landes", aus dem ersten Teil von *Norges naturlige Historie*, das sich unter anderem mit der Frage der Erdgeschichte beschäftigt. Der Erzähler argumentiert in dieser Diskussion zugunsten des Schmelzprozesses der Erde, der im Zusammenhang mit der Sintflut in Gang gesetzt worden sei. Zur Bekräftigung dieser Behauptungen verweist er auf die außergewöhnliche geologische Situation Norwegens:

> Havde de omtalte Theorister seet sig om i disse Lande, da vare dem her frem for nogensteds forkomne saadanne Experimenter, som meget kunde have bestyrket og oplyst deres Hypotheses. Jeg vil imidlertid anføre nogle merkværdige Beviisninger, tagne deraf, at man finder fremmede Solida intra solida i Hobetal (Pontoppidan, 1977a, S. 86).

> Hätten sich die vorbemeldten grossen Theoristen in diesem Lande umgesehen, so würden ihnen allhier weit mehr als irgendwo solche Erfahrungen vorgekommen seyn, die ihre Meynungen und Sätze weit mehr würden bestärken oder aufklären können. Ich will inzwischen einige merkwürdige Beweise anführen, die daher genommen sind, dass man fremde feste Körper in den festen Körpern (solida intra solida) selbst in grosser Menge findet (Pontoppidan, 1753, S. 98).

Von den auf diese allgemeine Behauptung zur norwegischen Geologie folgenden Beschreibungen von Gesteinsformationen, die nach Meinung des Erzählers die Hypothese der „Theorister", „Theoristen", unterstützen, fällt die erste besonders auf, diejenige

---
[65] Grube und Kogge (2005), S. 14.

5.2 Inszenierung von Wissen in Norges naturlige Historie

über den Ort Stene-Sund. Über diese Gesteinsformation werden die Lesenden wie folgt informiert:

> I Evindvig Sogn, 6 Miile Norden for Bergen, er et Sted, kaldet Stene-Sund, hvor man seer Fieldet paa en halv Fierdingveys langt at fremvise de Petrefacta, som søges i Kunst-Kamre, nemlig mange Slags saa kaldede Cornua Hammonis, store og smaa Snegle, Muslinger, Orme, Insecter, og jeg veed ikke hvad, som ey kunde kaldes Lusus Naturæ, hvilket Ord synes i slige Ting Lusus Poëticus, og er en fattig Udflugt for dem, som vil negte det unegtelige (Pontoppidan, 1977a, S. 86).

> In dem Bezirke Evindvig, sechs Meilen in Norden von Bergen, ist ein Ort, Stenesund genannt, wo man an dem Gebürge einer halben Viertelmeile lang solche versteinerte Sachen findet, die in Kunstkammern gesucht werden, nämlich viele Arten der so genannten Hammonshörner, grosse und kleine Schnecken, Muscheln, Würmer, Insecten, und ich weiss nicht, was noch mehr. Dieses kann kein Spiel der Natur genennet werden, welcher Ausdruck mir in solchen Sachen ein poetisches Spielwerk zu seyn scheinet, und eine elende Ausflucht derer ist, die unläugbare Dinge läugnen wollen (Pontoppidan, 1753, S. 98f.).

Diese detaillierte Beschreibung der geologischen Formation bei Stene-Sund ist neben einem ganzseitigen Kupferstich verortet, auf den der Blick beim Aufschlagen dieser Doppelseite in Norges naturlige Historie fällt. Abgebildet auf diesem neben der zitierten Passage des Haupttexts verorteten Kupferstich ist ein schroff abfallendes Felsengebilde, an dessen Wänden über die gesamte Fläche unzählige Schnecken und Muscheln, Würmer und Insekten zu sehen sind. Im Wasser tummeln sich Fische. Am unteren Rand trägt der Kupferstich den Titel „Fieldet ved Stene Sund" (Pontoppidan, 1977a, S. 86).

Lässt man den Blick von diesem Titel, der den Ortsnamen umfasst und auf die Stelle verweist, an der dieses geologische Gebilde zu finden ist, über den Haupttext auf der gegenüberliegenden Seite schweifen, bleibt er an einem Wort hängen, dem Ortsnamen ‚Stene-Sund'. Dieser Ortsname zieht besondere Aufmerksamkeit auf sich, da er im Textverlauf als einziges Wort auf dieser Seite fett gedruckt ist. Andere Ortsnamen in derselben Passage sind unauffällig gedruckt. Der später im Textverlauf erwähnte Ortsname ‚Muster Havn'(Pontoppidan, 1977a, S. 87) etwa, in dessen nahegelegenem Marmorwerk sich ebenfalls solche Versteinerungen finden, verweist nicht durch eine auffallende Typographie auf sich selbst. Der Kupferstich, beziehungsweise sein Titel ‚Stene-Sund' zeigt auf den Ort seiner Erläuterungen, dieser verweist umgekehrt selbst auf den Kupferstich:

> Alle disse Skabninger sidde der ligesom indæltede i en Dey, og at Klippen var bløde som Dey eller Dynd, da de først blevne hængende deri (Pontoppidan, 1977a, S. 86).

> Alle diese Gestallten sitzen daselbst gleichsam als wenn sie in einen Teig gedruckt wären, und als ob die Klippen so weich wie ein Teig oder wie ein Sumpf gewesen, als sie zuerst darinnen hängen geblieben (Pontoppidan, 1753, S. 98f.).

Die in diesem Zitat erwähnten Geschöpfe sind auf dem Kupferstich deutlich sichtbar im Felsen eingebunden. Sie bleiben weder vernünftigen Betrachtenden vor Ort verborgen, noch können vernünftige Betrachtende des Kupferstichs sie ignorieren.[66] Zusätzlich zu diesem bereits gewobenen Netz von gegenseitigen Verweisen zwischen Kupferstich, Titel und Haupttext gibt es eine Marginalie: „Underlig Blanding i Fieldene" (Pontoppidan, 1977a, S. 86), „Wunderliche Vermischung in den Bergen" (Pontoppidan, 1753, S. 98). Sie verbindet sich einerseits mit der Passage im Haupttext, in der die geologische Zusammensetzung dieses Felsens beschrieben wird, andererseits aber viel direkter noch mit dem Kupferstich, der diese merkwürdige Zusammensetzung des Gesteins durch dessen Visualität sofort erkennbar macht (Abb. 5.4 und 5.5).

In der deutschen Übersetzung ist dieses Netz an Verweisen noch dichter: Neben dem Haupttext, der dem Kupferstich auf der Doppelseite gegenüberliegt, sind im Gegensatz zur dänischen Originalausgabe zwei Marginalien angebracht. Die eine ist derjenigen der dänischen Ausgabe ähnlich: „Wunderliche Vermischung in den Bergen" (Pontoppidan, 1753, S. 98). Die zweite setzt sich folgendermaßen zusammen: „Es gehört zum §. 7 eben dieses Kapitels, und ist am Rande bemerkt" (Pontoppidan, 1753, S. 98). Sie fordert folglich die Lesenden nicht zum Eintreten in den Haupttext auf, sondern verweist auf zwei weitere paratextuelle Elemente: einerseits auf den gegenüberliegenden Kupferstich, der anders als in der dänischen Originalausgabe keinen Titel trägt. Andererseits schlägt sie eine Brücke zum Kommentar „Stellet vor den Berg bey Stenesund" in der Übersicht „Nachricht wegen der Kupferstiche" (Pontoppidan, 1753, Nachricht wegen der Kupferstiche), ein paratextuelles Element, das in der dänischen Ausgabe fehlt, in der deutschen jedoch dem eigentlichen Beginn des Haupttexts vorausgeht und bereits an dieser Stelle auf die besondere geologische Ausformung von Stene-Sund aufmerksam macht (Abb. 5.6).

Durch die mehrfache Verortung, durch dieses mehrfache Hervorheben derselben Wissenselemente in Haupt- und Paratext mithilfe von Selbstreferenz und gegenseitigen Verweisen erhält die Diskussion rund um die Thematik der Erdgeschichte ein großes Gewicht. Wissen, das in dieser Weise inszeniert wird, zieht besondere Aufmerksamkeit auf sich, strahlt große Wichtigkeit aus. Es erscheint stabil und ‚wahr'. Das Wissen darüber, dass im Zusammenhang mit der Sintflut ein Schmelzprozess der Erde stattgefunden habe, wird in der Naturgeschichte mehrfach unterstrichen und durch exemplarische Vorkommnisse in der Natur bewiesen. Es inszeniert sich kräftig selbst, beziehungsweise wird durch verschiedene Formen von Wiederholung stark in Szene

---

[66] Pontoppidan (1977a), S. 86.

5.2 Inszenierung von Wissen in Norges naturlige Historie

gesetzt. Insofern kann ausgehend von diesem Beispiel festgehalten werden, dass die Bedeutung des Haupttexts durch den Einbezug der Materialität eine Veränderung erfährt. Die paratextuellen Elemente – der Kupferstich, der Titel und die typographische Inszenesetzung – beeinflussen die rein sprachliche Äußerung im Haupttext. Sie wird zu einem Element einer Diskussion, in der sich verschiedene Elemente gegenseitig bekräftigen, wodurch ihre eigene Bedeutung verstärkt wird.

Dass die Geologie zur Zeit der Publikation von Pontoppidans Naturgeschichte ein zentraler Themenkomplex der Forschung war, wird in dieser Abhandlung durch die Dichte an Kupferstichen im Kapitel „Om Norges Grunde, Fielde og hvad derved er merkværdigt", „Vom Grund und Boden des Landes", das sich mit dieser Thematik beschäftigt, bestätigt. Fünf der 30 Kupferstiche von Norges naturlige Historie werden zur Illustration dieses einen von insgesamt 18 Kapiteln verwendet. Üblicherweise beinhalten die Kapitel unabhängig von ihrer Länge und vom Inhalt ein oder zwei Kupferstiche. Auch Kapitel III und IV des zweiten Teils, die sich mit den Vögeln Norwegens beschäftigen, sowie die darauf folgenden Kapitel V und VI, die einen Überblick über die Fische des nördlichen Teils der Doppelmonarchie geben, beinhalten zusammen nicht mehr als drei Kupferstiche. Abgesehen von dem bereits erwähnten zweiten Kapitel aus Teil I „Om Norges Grunde, Fielde og hvad derved er merkværdigt", „Vom Grund und Boden des Landes", fallen bezüglich der Anzahl an Kupferstichen, mit welchen Wissen illustriert wird, die Kapitel VI „Om Norges Væxter i Vandet", „Von den Seegewächsen des Landes", aus Teil I und Kapitel VII „De Fiske i Særdeleshed, som ere omgivne med haard Skall", „Von den Fischen, die kein Blut haben und entweder in eine harte Schale eingeschlossen, oder ganz weich sind", des zweiten Teils mit je vier Abbildungen auf. Ob dies damit zusammenhängt, dass die Mehrheit der in den erwähnten Kapiteln beschriebenen Objekte nur selten sichtbar wird und sich dementsprechend unter den Lesenden noch kaum Wissen über diese verbreitet hat, ist nur eine Vermutung. Dagegen könnte eingewendet werden, dass auch das Kapitel, das von den Seemonstern handelt, dichter illustriert sein sollte als der Durchschnitt, was aber nicht der Fall ist.

Die Inszenierung von bestimmtem Wissen wird da umso deutlicher, wo eine zusätzliche Inszenesetzung unerwartet erscheint und sich die Inszenierung über Konventionen hinwegsetzt, wie dies bei der einen Marginalie der Fall ist, die auf den Walskelettfund verweist.[67] Marginalien nicht zusammenfassenden Charakters sind in Norges naturlige Historie selten. Zudem kommt dieser Marginalie, da es im bereits beschriebenen zweiten Paragraphen „Dets adskillige Jord-Arter af Muld, Sand, Leer, Torv, Myr ec.", der sich über sechs Seiten erstreckt, nur zwei Marginalien gibt, eine besondere Bedeutung zu. Für ihre besondere Bedeutung spricht ebenfalls, dass sie – neben der ersten, die wie üblich zu Beginn des Paragraphen in der den Paragraphen zusammenfassenden Funktion auftritt – aus allen sonst möglichen Elementen des Wissens, die in diesem vermittelt

---
[67] Pontoppidan (1977a), S. 63.

werden, eine spezifische detaillierte Information zu einem Skelettfund beinhaltet. Es handelt sich nicht um eine Inhalt wiedergebende und Überblick verschaffende Marginalie, sondern um eine, die primär auf ein wichtiges Detail hinweist. Wird der Blick der Lesenden von dieser Marginalie gefangen, vermittelt sie ihnen nicht nur Wissen über den Fund des Walskeletts, sondern verweist sie gleichzeitig auf den Haupttext. Deswegen bezeichnet Genette Anmerkungen als ‚Schwellentexte'.[68] Treten Lesende an dieser Stelle in den Haupttext ein, finden sie sich in einem bereits bekannten Themenfeld wieder, demjenigen der Erd- beziehungsweise der Schöpfungsgeschichte: Der Erzähler geht der Frage nach, welche Objekte Beweise für die Sintflut sind. Fossile Holzobjekte, die in wachsendem Torfgrund gefunden würden, seien

> […] ikke saa visse Rudera diluvii testes, som nogle ansee dem for. Langt vissere Beviis herpaa kand tages af andre Fossilier, som ey kunde have hiemme paa Stedet, og af det Slags er særdeeles den heele uspolerede Hvalfisk-Rad, som Ao 1687 ved en Hændelse blev funden i Tistedalen ved Friderichshald, overskult med Sand og Jord paa en Opløftelse af i det mindste 40 Favne fra Horizonten (Pontoppidan, 1977a, S. 63).

> […] keine so gewisse überbliebene Zeugen der Sündfluth […], wofür sie von einigen angesehen werden. Ein weit besserer Beweis kann aus andern Fossilien genommen werden, die eigentlich nicht an dem Orte, wo man sie findet, zu Hause gehören; und dieser Art ist insonderheit das ganze unverletzte Wallfischgerippe, das man im Jahre 1687 zufälliger Weise in Tistedalen bey Friderichshall fand. Es war überall mit Sand und Erde bedeckt und zwar in einer Erhöhung gegen den Horizont zum wenigsten von vierzig Klaftern über der Erde (Pontoppidan, 1753, S. 72).

Die Sintflut selbst als Teil der Entstehung der Erde, wie sie zur Zeit von *Norges naturlige Historie* verstanden wird, wird nicht in Frage gestellt. Die Diskussion befasst sich nicht damit, ob sie tatsächlich stattgefunden hat, sie interessiert sich vielmehr dafür, welche Objekte und Phänomene als Zeugen der Sintflut gesehen werden können.

Betrachtet man die Oberfläche des Haupttexts in dieser zitierten Passage, so fallen folgende Wörter und Wortverbindungen durch ihre Inszenierung, nämlich eine Setzung in Antiqua ins Auge: ‚Lignis fossilibus', ‚Rudera diluvii testes', ‚Fossilier' sowie die Abkürzung für ‚Jahr', ‚Ao'. Sie werden als Fremdwörter nicht in Fraktur wiedergegeben, sondern in Antiqua, eine Praxis, die noch bis ins 19. Jahrhundert üblich war. Gleichzeitig handelt es sich aber bei ihnen um die zentralen Begriffe der in diesem Abschnitt geführten Wissensdiskussion, die durch den besonderen Schrifttyp hervorgehoben werden. Die Schrift spielt hier, wie in der vorhergehenden Analyse der Wissensinszenierung im Zusammenhang mit der Gesteinsformation bei Stene-Sund, ihr

---

[68] Genette (1989), S. 10.

bildliches Potenzial aus. Lässt man den Blick von der Marginalie aus über den daneben liegenden Haupttext gleiten, bildet ihr Inhalt mit den typographisch hervorgehobenen Elementen eine Konstruktion, die Wissen vermittelt. Die Wahl des Schrifttyps und somit der Erscheinungsform hebt hier die Art der Begriffe hervor.

Die Beziehung zwischen paratextuellen Elementen und dem Haupttext ist durch eine Vielzahl von Ausformungen geprägt, welche die Vielzahl an Inszenierungsmöglichkeiten von Wissen spiegeln. Ein vollkommenes Aufgehen von einem in einer Illustration präsentierten Objekt in Sprache, die exakte Wiedergabe der Gestalt eines abgebildeten Objekts durch typographische Verfahren, wie sich das Linné in Form von botanischen Kalligrammen vorgestellt hatte, ist aber kaum realistisch.[69] Es bleibt bei einer Inszenierung. Auch bei dem in *Norges naturlige Historie* vermittelten Wissen handelt es sich nur um eine Abbildung und Inszenierung des tatsächlich Vorhandenen, um verschiedene Formen der Repräsentation.

5.3 Wissensvermittlung und die Hierarchie zwischen Paratext und Haupttext

Die möglichen Formen der Wissensverortung und der Inszenierung von Wissen zwischen Haupttext und Paratext im Medium Buch leiten zur Frage der Vormachtstellung hinsichtlich der Wissensvermittlung auf den Buchseiten über. Es soll das Verhältnis zwischen Haupttext und Paratext in Bezug auf eine Hierarchie untersucht werden, ein Verhältnis, das einigermaßen umstritten ist. Denn wie bereits erwähnt wurde, stellt der Buchdruck zwar eine Methode dar, Wissen in mehr oder weniger geordneter Art und Weise in einheitlicher Form mehrfach zu reproduzieren. Der Druckprozess verortet das Wissen unverrückbar an bestimmten Stellen, was eine gewisse Stabilität zur Folge hat. Diese Stabilität ist aber nur auf der Ebene der Druckoberfläche gegeben, denn die einzelnen Elemente, die wohl an einer bestimmten Position verortet sind, stehen in vielfachen Beziehungen zueinander. Dabei gehe ich von Genettes *Paratexte. Das Buch vom Beiwerk des Buches*, Tribbles *Margins and Marginality. The Printed Page in Early Modern England*, das bereits für die vorhergehende Analyse der Marginalien herangezogen wurde, und Giuriatos ‚Prolegomena zur Marginalie' aus.

Gérard Genettes Paratextualitätskonzeption hat sich seit der Publikation von *Seuils* im Jahr 1987,[70] das zwei Jahre später als *Paratexte. Das Buch vom Beiwerk des Buches* auf Deutsch vorlag, in theoretischer und methodischer Hinsicht schnell verbreitet, er-

---

[69] Foucault (1974), S. 177.
[70] Genette, Gérard. *Seuils*. Paris, 1987.

laubt sie doch eine nähere Betrachtung der ‚materialen' Textorganisation.[71] Dennoch war und ist sie nicht unumstritten. Genette geht davon aus, dass es sich bei Paratexten, die sich hinsichtlich ihrer Funktionen zwar unterscheiden, grundsätzlich um ein Beiwerk zum Buch handelt, wie dies im Untertitel der deutschen Übersetzung deutlich hervortritt. Dies wird bereits bei der Bezeichnung des Phänomens selbst mit ‚Paratext' impliziert: ‚para' bedeutet ‚bei', ‚neben', ‚entlang' oder ‚über – hinaus', ‚(ent)gegen', ‚abweichend'.[72] Gleichzeitig aber ist der Paratext unentbehrlich. Nach Genette lässt sich behaupten, dass es keinen Text ohne Paratext gibt oder je gegeben hat.[73] Denn ein Text wird erst durch den Paratext zum Buch.[74] Erst der Paratext, verstanden als ein Schwellentext zwischen dem Diskurs der Welt über den Text und dem Text selbst, ermöglicht den Zugang zu einem Text.[75] Die paratextuellen Elemente haben dem Haupttext gegenüber eine nebengeordnete, beziehungsweise nach Ansicht von Genette eine untergeordnete Stellung. Diese ist ihm zufolge das prägende Charakteristikum der unter dem Begriff ‚Paratext' zusammengefassten Menge an Praktiken und Diskursen. Der Paratext sei in allen seinen Formen ein zutiefst heteronomer Hilfsdiskurs, der im Dienste des Textes stehe.[76] Über das Wesen der Anmerkungen, worunter auch die Marginalien fallen, ist bei ihm zu lesen, dass sie

> den Status einer fakultativen Lektüre besitzen und sich folglich nur an gewiße Leser richten können: an diejenigen, die sich für die eine oder andere ergänzende oder abschweifende Überlegung interessieren, deren beiläufiger Charakter eben das Abschieben in die Anmerkung rechtfertigt (Genette, 1989, S. 308f.).

Bei den autographen Anmerkungen[77] macht Genette jedoch eine Ausnahme. Er stellt ihren paratextuellen Charakter in Frage und versteht sie als lokale Umwege oder momentane Verzweigungen des Textes, die sich durchaus sinnvoll in einen Text eingliedern ließen.[78] Wie wir gesehen haben, kann jedoch nicht bei allen autographen Anmerkungen von Verzweigungen des Haupttexts gesprochen werden.

Tribble, die sich primär mit dem Wesen der Marginalie beschäftigt, geht davon aus, dass Marginalien und der Text selbst in einer wechselseitigen Beziehung in Bezug auf Autorität seien.[79] Ihr zufolge haben sie die Funktion, den Haupttext zu bestätigen, ihn

---

[71] Stanitzek (2010), S. 158. Stanitzek, Georg. ‚Buch: Medium und Form – in paratexttheoretischer Perspektive'. In: *Buchwissenschaft in Deutschland. Theorie und Forschung.* Bd. 1. Rautenberg, Ursula (Hg.), Berlin/New York, 2010, S. 157–200.
[72] Pfeifer (1993), S. 969.
[73] Genette (1989), S. 11.
[74] Genette (1989), S. 10.
[75] Genette (1989), S. 10.
[76] Genette (1989), S. 18.
[77] Bei Genette wird von auktorialen (Original-)Anmerkungen gesprochen.
[78] Genette (1989), S. 312f.
[79] Tribble (1993), S. 6.

5.3 Wissensvermittlung und die Hierarchie zwischen Paratext und Haupttext

zusammenzufassen und zu unterstreichen.[80] Neben dieser eine Aussage stabilisierenden Form können Marginalien aber auch ihre Konnotation als Beiwerk des eigentlichen Textes abstreifen, indem sie die Passage des Haupttexts, neben der sie verortet sind, untergraben oder mit ihr einen Wettstreit eingehen.

Giuriato unterscheidet hinsichtlich Marginalien zwischen autographen Randglossen, die durch eine paratextuelle Rahmung die Grenze zum Haupttext stabilisieren, und autographen Randnotizen, die „meistens an jenem delikaten Ort [stehen], wo sich der Haupttext noch gar nicht als solchen konstituiert hat"(Giuriato, 2008, S. 312). An dieser Stelle könnte eingewendet werden, dass sich diese letzten Aussagen nur auf Randnoten beziehen und sich somit nicht für einen Vergleich mit Genettes Aussagen zum Charakter des Paratexts allgemein eignen. Weil aber die Marginalie bei Genette zu den paratextuellen Elementen zählt und unter anderem mit der Fußnote unter dem Begriff der ‚Anmerkung' gehandelt wird[81] und Genette sich in seinen Ausführungen zum Paratext auf alle Formen dieses Phänomens bezieht, scheint ein Vergleich dieser Aussagekomplexe durchaus erlaubt. Aus diesen Aussagen geht eine grobe Zweiteilung der Funktion von paratextuellen Elementen hervor: solche, die eine stabilisierende, eine gliedernde und/oder zusammenfassende Funktion haben und Marginalien, die erklärend, kommentierend sind und/oder Abschweifungen erlauben, die mit dem Haupttext einen Wettstreit eingehen können, die sich ohne Weiteres in ihn integrieren ließen – paratextuelle Elemente also, welche die Grenze zwischen Paratext und Haupttext nicht festigen und offensichtlich machen, sondern sie vielmehr verwischen und unscharf werden lassen und die Autorität zwischen Paratext und Haupttext in Frage stellen.

Wie präsentieren sich also Paratext und Haupttext auf den Buchseiten in *Norges naturlige Historie*, wie ziehen sie die Aufmerksamkeit auf sich, ist unter ihnen tatsächlich eine deutliche Hierarchie auszumachen? Sind Paratext und Haupttext bezüglich ihrer Funktion so klar zu trennen, dass es sich bei den paratextuellen Elementen von *Norges naturlige Historie* generell um einen Hilfsdiskurs handelt, oder ist vielmehr von sich immer wieder verschieden ausprägenden Funktionen der einzelnen Elemente auszugehen?

5.3.1 „Snegle af adskillige Sorter" als Analysebeispiel

Den Ausgangspunkt zur Beantwortung der oben genannten Fragen bildet Paragraph IV des siebten Kapitels aus Teil II, der von den norwegischen Schnecken handelt. Er erstreckt sich über viereinhalb Seiten und ist mit einem Kupferstich „Norske Snegle"

---

[80] Tribble (1993), S. 6.
[81] Genette (1989), S. 304–07.

illustriert, der säuberlich aufgereiht 23 Schneckenabbildungen vor einem neutral weißen Hintergrund präsentiert (Abb. 5.7, 5.8 und 5.9).

Der Beginn des Paragraphen ist mit einer schlichten Initiale geschmückt, der Text selbst in Fraktur gedruckt. Ausnahmen in Antiqua bilden lateinische Zitate und Ausdrücke, Fremdwörter, französische Tiernamen sowie Namen von Autoren, auf die verwiesen wird oder von welchen Aussagen zitiert werden. Die Personennamen sind außerdem in Großbuchstaben wiedergegeben. Dasselbe gilt für die Namen in den Zitaten. Die genannten lateinischen Titel werden kursiv gedruckt, die deutschen in Fraktur, jedoch in fetter Ausführung. Ebenfalls fett und in Fraktur werden die wichtigsten Begriffe des Paragraphen hervorgehoben, die durch diese Inszenierung auf sich selbst verweisen. Der Text selbst wird gerahmt von zwei horizontalen Linien. Oberhalb der oberen Linie sind in Antiqua die mechanische Information über den Titel, die thematische Information in fetter Fraktur und die Seitenzahl angebracht. Unter der unten am Haupttext angebrachten Linie werden in kleinerer Schrift die Fußnoten aufgeführt, die nach beinahe denselben Regeln gedruckt werden wie für den Haupttext beschrieben.

Die viereinhalb Seiten dieses siebten Paragraphen weisen folgenden Inhalt auf: Eine Seite wird für die Beschreibung der verschiedenen Schneckenarten an der norwegischen Küste verwendet, dreieinhalb Seiten handeln vom ‚Bue-Hummer', dem Einsiedlerkrebs. Betrachtet man die Abbildungen auf dem Kupferstich genauer, fällt auf, dass nur eine mit Namen versehen ist: die Abbildung des Einsiedlerkrebses. Der Einsiedlerkrebs, der aus heutiger Perspektive gar nicht zu den Schnecken zählt, wird als einziger ohne Schneckenhaus präsentiert. Außerdem bemerkt man, dass beinahe nur leere Schneckenhäuser zu sehen sind. Tiere finden sich allein in den beiden Schneckenhäusern neben der Abbildung des Einsiedlerkrebses. Dabei handelt es sich wohl um Varianten der Illustration des Einsiedlerkrebses, die dazu dienen, zu zeigen, wie dieses Lebewesen in leeren Schneckenhäusern wohnt. Diese Annahme wird durch den Kupferstich in der englischen Ausgabe von Pontoppidans Naturgeschichte bestätigt. Die präsentierten Schneckenhäuser sind dieselben wie in der dänischen Ausgabe, die Kommentare unterscheiden sich jedoch: Nicht nur der Einsiedlerkrebs wird bezeichnet, sondern auch die beiden Schneckenhäuser links und rechts davon, in die sich Einsiedlerkrebse zurückgezogen haben: „The Hermit Fish Naked and in the Shell" (Pontoppidan, 1755, S. 168, Kupferstich) (Abb. 5.10 und 5.11).

Der Kupferstich der deutschen Ausgabe bezeichnet wie in der dänischen wiederum nur die eine Abbildung – im Unterschied dazu aber zweifach: „Bogenhummer oder der Einsiedler" (Pontoppidan, 1754, S. 315, Kupferstich). Auf dem englischen Kupferstich verändert sich die Bezeichnung von ‚Bue-Hummer' zu ‚Hermit Fish'. Im Vergleich zur dänischen Ausgabe wird von einem Fisch und nicht von einem Hummer gesprochen. Dieser Wechsel der Art bei der Bezeichnung desselben Lebewesens in unterschiedlichen Ausgaben unterstreicht die widersprüchliche Verortung des Hummergeschöpfs

5.3 Wissensvermittlung und die Hierarchie zwischen Paratext und Haupttext

auf dem Kupferstich im dänischen Original. Die Schwierigkeiten einer klaren Zuordnung werden durch den Hinweis auf Rondeletius' Schilderungen von Lebewesen, die an den ‚Bue-Hummer' erinnern, ebenfalls sichtbar: Rondeletius spricht von „Krebs-Snegle eller Snegle-Krebs" (Pontoppidan, 1977b, S. 272).

Welches Verhältnis besteht nun aber in diesem siebten Paragraphen über die Schnecken zwischen dem Haupttext und dem Kupferstich? Zuerst kann festgestellt werden, dass hinsichtlich des vermittelten Wissens über die norwegischen Schnecken Parallelen bestehen:

> De største jeg har fundet, ere som en maadelig Pære, deels næsten af samme Skikkelse, deels rundagtige, deels toppede, ligesom dreyede og af fordeelte Farver samt Kanter, Prikker og Linier anseelige, deels glatte, deels overdragne med en hvid Kalk, deels glendsende som en Perlemoer, saa at Naturen knap i nogen anden Ting, undtagen allene i Blomster, sees at spille med saa mange artige Forandringer til Skaberens Priis, da man derom kand sige med Sandhed: Natura ludendo serio agit (Pontoppidan, 1977b, S. 270f.).

> Die grössten, die ich gefunden habe, sind wie eine mässige Birn, theils auch fast von eben der Gestalt, theils rundlicht, theils gespitzt, als wie gedrechselt, und durch verschiedene Farben, Ecken, Punkte und Linien ganz ansehnlich, theils glatt, theils mit einem weissen Kalke überzogen, theils glänzend wie Perlenmutter. Es spielet also die Natur kaum in einigen andern Dingen, ausser allein in den Blumen, zum Preise des Schöpfers, mit so vielen artigen Veränderungen, als in den Schnecken, dass man auch davon mit Wahrheit sagen kann: Natura ludendo serio agit (Pontoppidan, 1754, S. 315f.).

In der Beschreibung der Schneckenarten wird nicht jede einzeln beschrieben, sondern es werden die zahlreichen vorgefundenen Ausprägungen der Oberfläche – Form, Farbe, Muster, Material – aufgezeigt. Die maximale Größe, die sie erreichen können, veranschaulicht ein Vergleich mit einer durchschnittlichen Birne. Parallel zu dieser Beschreibung präsentiert der Kupferstich bis auf den Größenvergleich dieselbe Palette von Möglichkeiten an Ausprägungen der Oberfläche. Dies geschieht aber auf eine etwas andere Weise. Zwar wird das Wissen ebenfalls durch eine Aufzählung vermittelt, womit von einer parallelen Struktur gesprochen werden kann, aber mithilfe verschieden ausgeformter Schneckenhäuser, was an die Präsentationsweise der Kunstkabinette des 17. Jahrhunderts erinnert.

Daran erinnert auch die Bemerkung „Natura ludendo serio agit", die Natur wirkt durch ernstes Spielen. Sie verweist auf das Verständnis einer autonomen Natur, die selbst imstande ist, große Kunst zu erschaffen, „om ikke andet så for sin egen fornøjelses skyld" (Mordhorst, 2009, S. 27), zumindest zu ihrem eigenen Vergnügen (Übersetzung d. V.), was die Wahrnehmung einer fließenden Grenze zwischen Natur und

Kunst ausdrückt, wie Camilla Mordhorst im Zusammenhang mit Ole Worms Naturaliensammlung schreibt.[82] Diese Wahrnehmung ist aber nicht durchgehend in *Norges naturlige Historie*. Die Versteinerungen bei Stene-Sund in Kapitel II beispielsweise werden nicht als *Lusus Naturæ* interpretiert, als spontan wachsende und spielerische Imitationen von Organismen. Der Erzähler interpretiert sie nicht als Bilder, welche die Natur durch ihre Kraft dieser Klippe eingeprägt hat, ohne dass sie jemals dort vorgekommen wären. Er schreibt vielmehr vehement gegen ein solches Verständnis an, das Naturspiel scheint ihm in diesem Zusammenhang vor allem ein *Lusus Poëticus* zu sein.[83] Die Fossilien von Stene-Sund werden sie somit nicht „als das liegengebliebene Spielzeug gedeutet, mit dem sich die Natur vor langer Zeit einmal vergnügt" (Heyl, 2006, S. 26) hat,[84] sondern als Überbleibsel ursprünglich lebendiger Organismen. Der Vergleich dieser zwei Abschnitte zeigt die Gleichzeitigkeit von unterschiedlichen Erklärungspraktiken für ähnliche Phänomene und Objekte in *Norges naturlige Historie*.

Eine weitere Parallele zwischen dem Haupttext und dem Kupferstich findet sich in der Weise, wie der Einsiedlerkrebs präsentiert wird: Als einziges der dargestellten Objekte auf dem Kupferstich verweist er auf sich selbst, die einzigen schriftlichen Zeichen, abgesehen vom Titel des Kupferstichs, ziehen eine besondere Aufmerksamkeit auf sich. Im Haupttext gestaltet sich die Situation ähnlich: Die einzige Art, die in diesem Paragraphen beim Namen genannt wird, ist diejenige des Einsiedlerkrebses. Die Bezeichnung gliedert sich, dargestellt mit sprachlichen Zeichen, wie die anderen Wörter rund um sie herum in den Text ein, aber so, wie sich der Einsiedlerkrebs auf dem Kupferstich inszeniert, setzt er sich auch durch seine Typographie im sprachlichen Text in Szene: Sein Name wird mit fetten Buchstaben gedruckt. Dies zieht die Aufmerksamkeit in einer Weise auf sich, wie es ohne die materielle Ausprägung nicht möglich wäre. Dadurch wird deutlich, wie auch die Schrift ein illustratives, inszenierendes Potenzial hat, dass Bildlichkeit und Schriftlichkeit in einem vielfältigen Ergänzungsverhältnis stehen.[85]

In diesem vierten Paragraphen „Snegle af adskillige Sorter", „Schnecken von verschiedenen Gattungen", gibt es folglich ein Lebewesen, das durch eine mehrfache Inszenierung besondere Aufmerksamkeit auf sich zieht: der Einsiedlerkrebs. Seine Beschreibung erstreckt sich über mehr als die Hälfte der Paragraphenseiten, sein Name und die Namen ähnlicher Lebewesen sind im Haupttext typographisch hervorgehoben. Auf dem Kupferstich wird die Art im Vergleich zu den anderen Objekten auffällig

---

[82] Mordhorst (2009), S. 27.
[83] Pontoppidan (1977a), S. 86.
[84] Heyl, Christoph. ‚Lusus Naturae und Lusus Scientiae im ältesten öffentlich zugänglichen Kuriositätenkabinett Englands'. In: *Naturspiele. Beiträge zu einem naturhistorischen Konzept der Frühen Neuzeit. Cardanus. Jahrbuch für Wissenschaftsgeschichte.* Bd. 6. Federhofer, Marie-Theres (Hg.), Oslo, 2006, S. 24–44.
[85] Kiening (2007), S. 300.

5.3 Wissensvermittlung und die Hierarchie zwischen Paratext und Haupttext

abgebildet, nicht nur einmal, sondern in drei verschiedenen Varianten. Zusätzlich ist sie als einzige mit einer Bezeichnung versehen.

Neben diesen parallelen Hervorhebungen in Haupttext und Kupferstich in Bezug auf den Einsiedlerkrebs verweist der Erzähler auch direkt auf die Tatsache, dass das Wissen über die Schneckenarten Norwegens allgemein nicht nur in Form von schriftlichem Material, sondern auch durch Illustrationen präsentiert wird: „Saa mange diverse Sorter, som mig ere forekomne paa disse Kyster, har jeg ladet aftegne, og i Kaaberstik forestille" (Pontoppidan, 1977b, S. 271), „Ich habe alle verschiedenen Sorten, die mir auf diesen Küsten vorgekommen sind, abzeichnen, und im Kupferstiche vorstellen lassen" (Pontoppidan, 1754, S. 316), eine Aussage, die den Text und die Illustration miteinander verknüpft. Weiter reflektiert er das Zustandekommen der Illustrationen auf einer Metaebene: Er informiert darüber, dass er die an der norwegischen Küste angetroffenen Schneckenarten abzeichnen ließ, um sie danach in Kupfer stechen zu lassen. Es ist somit deutlich, dass Haupttext und Kupferstich in diesem Paragraphen auf verschiedenen Niveaus miteinander verbunden sind und zwischen ihnen ein komplexes Netzwerk vorhanden ist.

5.3.2 Diskussion

Die vorhergehende Analyse hinsichtlich des Verhältnisses zwischen dem Haupttext und den paratextuellen Elementen in Paragraph IV zeigt, dass das Wissen über die Schnecken mithilfe literarischer und visueller Strategien, die einander überkreuzen, präsentiert wird: Wie der Kupferstich schriftliche Elemente beinhaltet, beinhaltet der Haupttext illustrative Elemente. Beide verweisen aufeinander, zeigen aber auch auf sich selbst. Zwischen dem Textinhalt und seiner physischen Form können direkte Beziehungen hergestellt werden.[86] Ausgehend von diesen Feststellungen stellt sich die Frage, inwiefern die folgende Behauptung Genettes Gültigkeit hat:

> Welchen ästhetischen oder ideologischen Gehalt [...] der Autor auch in ein paratextuelles Element einbringen mag, es ist immer ‚seinem' Text untergeordnet, und diese Funktionalität bestimmt ganz wesentlich seine Beschaffenheit und seine Existenz (Genette, 1989, S. 18).

Genettes Verständnis zufolge handelt es sich beim Paratext um ein Schwellenphänomen, das den Lesenden den Eintritt in den Text erleichtert,[87] er bezeichnet ihn als „Hilfsdiskurs" (Genette, 1989, S. 18).

Doch bevor ich mich dieser Frage zuwende, möchte ich kurz darauf eingehen, dass Genette dem Zitat zufolge interessanterweise davon ausgeht, dass die Autorin oder der

---

[86] Glauser (2006), S. 60.
[87] Genette (1989), S. 10.

Autor für den Inhalt paratextueller Elemente verantwortlich ist. Ich gehe in der vorliegenden Abhandlung davon aus, dass es nicht möglich ist, abschließend zu beurteilen, wer genau im Buchherstellungsprozess welche paratextuellen Elemente veranlasst, eine Ansicht, die Genette an anderer Stelle in *Paratexte* teilt, dass nämlich für den auktorialen Paratext nicht immer der Autor oder die Autorin verantwortlich sein muss, sondern genauso gut der Verleger oder die Verlegerin es sein kann.[88] Der Abhandlung liegt die Ansicht zugrunde, dass es sich, basierend auf der hier vorgenommenen Analyse der Wissensinszenierung, bei Drucklegungsprozessen nicht nur um ‚passive‘ Vorgänge handelt, die Gedanken oder Ideen aus der Manuskriptform in ein Buch drucken, sondern um kulturelle Vermittlung. Versteht man den Drucklegungsprozess, wie dies Elizabeth Eisenstein und Roger Chartier tun,[89] als kulturelle Vermittlung, wird klar, dass die Druckereien einen großen Einfluss ausüben können, sind doch an der Herstellung eines Buches und, damit verbunden, am darin zum Ausdruck gebrachten Wissen mehrere Personen beteiligt: mindestens ein Autor, ein Verleger und ein Setzer sowie ein Drucker. Diese verschiedenen Funktionen werden teilweise auch von derselben Person ausgeübt. *Norges naturlige Historie* ist somit nicht allein Pontoppidan zu verdanken, ihre Beschaffenheit wurde ebenfalls von den für die Gestaltung und Ausführung des Buches Verantwortlichen beeinflusst und modifiziert.

Eine Aussage, angebracht in einer Fußnote am Ende der Beschreibung der Krebse im siebten Paragraphen „Krebs og Krabber af en underlig Skabning, Ræger", „Krebse und Krabben von einer wunderlichen Gestalt, Räger oder Hopper", in Kapitel VII des zweiten Teils über blutlose Fische, die in eine harte Schale eingeschlossen oder ganz weich sind, ist in diesem Zusammenhang aussagekräftig:

> Efter at jeg havde skrevet dette, finder jeg, at Ol. Wormius har haft samme Norske Krebs eller Hummer, samt givet den Navn af Hummer-Konge, item Bogstav-Hummer (Pontoppidan, 1977b, S. 284).

> Nachdem ich dieses geschrieben habe, finde ich, dass Ol. Worm eben diesen nordischen Krebs oder Hummer gehabt hat, dem er den Namen der Hummer König, ingleichen Buchstaben Hummer gegeben [...] (Pontoppidan, 1754, S. 330).

In dieser Fußnote nimmt der Erzähler Bezug auf den Prozess der Buchherstellung. Es scheint, dass es Pontoppidan ab einem gewissen Augenblick nicht mehr möglich war, über die Ausformung seiner Naturgeschichte zu bestimmen. Der Haupttext konnte von ihm nicht mehr ergänzt werden, und die jüngst gemachte Entdeckung, das neuste Wissen über den Buchstabenhummer, die er bei Worm gefunden hatte, konnte nur

---

[88] Genette (1989), S. 16.
[89] Tribble (1993), S. 3.

5.3 Wissensvermittlung und die Hierarchie zwischen Paratext und Haupttext

noch in einer Fußnote platziert werden. Der Autor macht somit zwar einen wichtigen Teil innerhalb der Buchproduktion aus, seine Rolle ist aber begrenzt. Er verfügt keineswegs über die Kontrolle des ganzen Prozesses und kann nicht sicherstellen, dass seine ursprünglichen Ideen und Gedanken die Transformation vom Manuskript in die Form eines Buches unverändert überstehen. Seine Arbeit wird beeinflusst und beeinflusst ihrerseits diejenige des Verlegers beziehungsweise des Setzers. Aus diesem Grund ist es, jedenfalls für *Norges naturlige Historie*, unmöglich, festzustellen, wer genau in ihrem Herstellungsprozess den ästhetischen und ideologischen Gehalt der paratextuellen Elemente einbrachte.

Nach diesem kleinen Exkurs kehre ich zur oben aufgeworfenen Frage zurück, ob es angebracht sei, zu behaupten, dass

> [...] welchen ästhetischen oder ideologischen Gehalt [...] der Autor auch in ein paratextuelles Element einbringen mag, es ist immer ‚seinem' Text untergeordnet, und diese Funktionalität [...] ganz wesentlich seine Beschaffenheit und seine Existenz [bestimmt] (Genette, 1989, S. 18).

Paragraph IV über die Schnecken spricht gegen Genettes Auffassung von Paratexten: Wie mithilfe dieser Analyse gezeigt wurde, bestehen auf unterschiedlichen Ebenen Verknüpfungen zwischen dem Kupferstich „Om norske Snegle" und dem schriftlichen Text über die Schnecken Norwegens. Der Haupttext und die Illustration vermitteln in ähnlicher Weise ähnliches Wissen über diese Lebewesen und heben dieselben Objekte hervor. Es ist möglich, zu behaupten, dass die Illustrationen das Geschriebene als eine Art unterstützendes Zusatzmaterial visualisieren, als „Beiwerk zum Buch" (Genette, 1989, Untertitel). Es ist aber ebenso möglich, den eigentlichen Haupttext selbst als eine Art Hilfsdiskurs zu verstehen, welcher der im Zentrum stehenden Illustration der Schneckenarten als Erklärung dient, erinnert der gesamte Paragraph doch an ein Emblem mit dem Titel des Kupferstichs als *Praescriptio*, dem Kupferstich selbst als *Pictura* und dem Haupttext als *Subscriptio*, eine Assoziation, die angesichts des dichten Netzwerks zwischen Text und Paratext zustande kommt.

Es ist deshalb in diesem Paragraphen nicht möglich, im Sinn von Genette eine deutliche Hierarchie zwischen Paratext und Haupttext auszumachen. Aufgrund dieser fehlenden Hierarchie und aufgrund des Netzes, das der Paratext über die Seiten spannt, was aus dem Abschnitt über die Verortung von Wissen hervorgeht, kann der Paragraph nicht konsequent linear gelesen werden. Vielmehr erfordert er ein relationales Lesen, insbesondere in Anbetracht der anderen paratextuellen Elemente neben der Illustration, den Fußnoten und den Marginalien. Obwohl durch den Buchdruck Wissen auf eine relativ stabile Art und Weise auf den Oberflächen der einzelnen Buchseiten präsentiert werden kann, verbleibt da durch die vielfachen und unregelmäßigen Relationen zwischen Paratext und Haupttext dennoch eine gewisse Instabilität. Es wird deutlich, dass der Text auch materiell bedingt ist und es nicht möglich ist, einen Text ohne Konsequenzen von seiner physischen Form loszulösen.

Dies zeigt sich ebenfalls in der deutschen und englischen Übersetzung. Beide wurden nur wenige Jahre nach dem dänischen Original publiziert.[90] Sie unterscheiden sich nicht nur in Bezug auf die Sprache, sondern auch durch eine andere Materialität, was teilweise Einfluss nimmt auf die Bedeutung des Textinhalts. Bei einem detaillierten Vergleich kämen zahlreiche Unterschiede zwischen diesen drei kurz aufeinander folgenden Ausgaben ans Licht: Paratextuelle Elemente wie Marginalien und Fußnoten oder ausführliche Buchanfänge verschwinden oder werden durch andere ersetzt, einmal wird der Text in einer Einheit gefasst präsentiert, einmal in zwei Teilen, Untertitel mutieren zu Titeln und in einer Ausgabe wird eine Karte eingebunden. Es liegt nahe, dass kulturelle Faktoren die physische Form von *Norges naturlige Historie, Versuch einer natürlichen Historie von Norwegen* und *The Natural History of Norway* beeinflussen. Jede Transmission von einer Sprache in eine andere, aber auch von Ausgabe zu Ausgabe hat, unabhängig vom jeweiligen Ausgangstext, Konsequenzen auf der semantischen Ebene, weil sich die materielle Verkörperung abhängig von Kultur und Epoche verändert. Durch die Transmission geht ein Übertragungsprozess vor sich, gleichzeitig wird etwas Neues erschaffen. Dies wirkt sich auf die Rezeption und die Bedeutung eines Textes aus:

> Die Gegebenheiten, unter denen sich Überlieferung ausbildet, verstetigt und verändert, hinterlassen in besonderer Weise ihre Spuren im Überlieferten, seinen kommunikativen Strukturen wie materiellen Formen (Kiening, 2007, S. 344).

Kiening geht davon aus, dass der Kontext, in dessen Rahmen eine Überlieferung stattfindet und durch den diese beeinflusst wird, auf verschiedenen Ebenen der Überlieferung selbst sichtbar wird. Demnach kann ein Text nicht als autoritativ bezeichnet werden, da er immer wieder beeinflusst und verändert wird. Dies ist im Kleinen erkennbar auf den Buchseiten. Sie bilden eine Art Territorium, auf dem mehrere Autoritäten miteinander zu tun haben, deren Verhältnis nicht abschließend festgemacht werden kann; eine Situation, die wiederum die These stützt, dass die Hierarchie zwischen dem eigentlichen Haupttext und dem Paratext instabil ist.

Die Analyse bestätigt, dass eine Aussage in Pontoppidans Naturgeschichte folglich nicht nur durch den eigentlichen Haupttext zustande kommt, sondern ebenfalls durch ihre physische Präsentation im Medium Buch entsteht, beziehungsweise bewusst wirkungsorientiert konstruiert wird. Aus einer unendlichen Menge an Wissen werden gewisse Elemente ausgewählt und erklärt. Die Inszenierung dieser Wissenselemente wird

---

[90] Pontoppidan, Erik. *Versuch einer natürlichen Historie von Norwegen*. Kopenhagen, 1753/54. Pontoppidan, Erik. *The Natural History of Norway*. London, 1755.

5.3 Wissensvermittlung und die Hierarchie zwischen Paratext und Haupttext

präsenter und umso deutlicher, wenn diese an verschiedenen Stellen verortet sind und durch unterschiedliche Relationen in den paratextuellen Elementen und dem Haupttext der Naturgeschichte auf sich selbst verweisen. Durch diese mehrfache Verortung erhöht sich die Chance, dass genau dieses besonders inszenierte Wissen von den Lesenden bemerkt wird.

Sind Lesende nicht gewillt, sich auf die gesamten 800 Seiten von Norges naturlige Historie einzulassen, sind paratextuelle Elemente wie Untertitel oder Marginalien von eminenter Wichtigkeit. Sie erlauben es den Lesenden, dennoch zu Wissen über Norwegens Natur zu kommen: Sie heben die wichtigsten behandelten Punkte hervor, sie bieten einen Überblick über das vermittelte Wissen und präsentieren die besonders bedeutenden Wissenselemente oder Standpunkte. In Kapitel II des ersten Teils „Om Norges Grunde, Fielde og hvad derved er merkværdigt", „Vom Grund und Boden des Landes", sind dies einerseits einzelne Passagen zusammenfassende Marginalien von aufzählendem, objektivem Charakter, andererseits Marginalien, die auf bestimmte Ansichten verweisen. Die erste Marginalie in Paragraph II desselben Kapitels beispielsweise verweist – wie wir bereits wissen – auf die im Paragraphen behandelten Erdelemente, die zweite macht auf das Walskelett aufmerksam und bestätigt, falls man an dieser Stelle in den Haupttext einsteigt, die biblische Schöpfungsgeschichte mit der Sintflut. Auch der Kupferstich in Paragraph IV des siebten Kapitels von Teil II, der sich mit den norwegischen Schnecken befasst, ist für die Orientierung der Lesenden nicht nur von marginaler Bedeutung. Es handelt sich dabei keineswegs nur um einen Hilfsdiskurs, der bloß im Dienst des Haupttexts steht, vielmehr stehen diese beiden in einem wechselseitigen Verhältnis zueinander und der Kupferstich kann als dem Haupttext ebenbürtig verstanden werden. Dasselbe ist beim zuvor erwähnten Kupferstich „Fieldet ved Stene Sund" (Pontoppidan, 1977a, S. 86, Kupferstich), der mit der Haupttextpassage und der Marginalie auf der gegenüberliegenden Seite mehrfach verknüpft ist, der Fall. Und auch die bereits im Zusammenhang mit dem Buchstabenhummer zitierte Fußnote spricht gegen den Gedanken eines festen Hierarchiegefüges, geht doch deutlich aus ihr hervor, dass der Erzähler dieses Wissen, wäre es früher entdeckt worden, im Haupttext der Naturgeschichte vermittelt hätte.

Ausgeweitet auf die gesamte Naturgeschichte Pontoppidans bedeutet dies, dass das Verhältnis zwischen Haupttext und Paratext hinsichtlich einer Hierarchie als ambivalent bezeichnet werden muss. Ausgehend von einem Textbegriff nach McKenzie, der als komplexe Struktur jedes Detail der formalen und physischen Präsentation in einem spezifischen historischen Kontext umfasst,[91] argumentiere ich, dass sämtliche Elemente, die sich auf den Seiten eines Buches befinden, grundsätzlich als gleichberechtigt zu betrachten sind. Aus diesem Grund kann nicht von einer fixen Hierarchie im Verhältnis zwischen dem Paratext, hier fokussiert auf den eigentlichen Peritext, und dem

---

[91] McKenzie (1981), S. 89.

Haupttext ausgegangen werden. Es scheint in diesem Zusammenhang nicht sinnvoll, mit Begriffen zu operieren, die nebenher beziehungsweise rundherum verlaufen, die signalisieren, dass sie sich rund um einen wichtigen Kern, den Haupttext, herum situieren und diesem zu Dienste stehen.

Je nach Inhalt der paratextuellen Elemente, ob es sich dabei um Quellenhinweise, Jahreszahlen, Erläuterungen, Zusammenfassungen oder Akzentuierungen des Haupttexts handelt, ist ihr Verhältnis zum, aber auch ihre Aussage gegenüber dem Haupttext auf einer Skala zwischen dem Haupttext untergeordnet oder übergeordnet anzusiedeln. Obwohl paratextuelle Elemente nicht Teil des eigentlichen Haupttexts sind, können sie von großer Bedeutung sein, wie aus einem Abschnitt aus dem Vorwort von Teil II von Pontoppidans Naturgeschichte hervorgeht, der die Lesenden auf Kapitel VIII, das von den Meermonstern handelt, vorbereitet:

> Da man i vore Dage, frem for nogen Tiid, skyer en barnagtig Lettroenhed, og under det Paaskud snarere holder alt forlænge tilbage med sit Bifald, end giver det alt for tilig, saa seer jeg forud, at den, som læser allene Summarierne over bemeldte Ottende Capitel, og finder deri Havmænd, de store Søe-Slanger af nogle hundred Alnes Længde, og den endu langt støre Søe-Krake, Kraxe eller Horv, vilde mistænke mig for den omtalte Lettroenhed i de Materier, og det maa jeg taale indtil han har læst Capitelet igiennem. Derefter torde jeg ikke trænge til nogen Undskyldning (Pontoppidan, 1977b, Fortale).

> Da man in unsern Tagen weit mehr als vor Zeiten eine kindische Leichtgläubigkeit scheuet, und aus der Ursache seinen Beyfall fast allzulange zurück hält, als zu frühzeitig damit heraus rucket: so sehe ich voraus, dass derjenige, welcher blos den Inhalt des bemeldten achten Kapitels lieset, und darinnen die Meermänner, die grossen Seeschlangen von etlichen hundert Elen, und den noch weit grössern Seekraken, Kraxen, oder Horven findet, mich der vorbemeldten Leichtgläubigkeit in diesen Materien beschuldigen wird, und dieses muss ich so lange erdulden, bis er das Kapitel durchgelesen hat. Alsdann aber werde ich keiner Entschuldigung bedörfen (Pontoppidan, 1754, Vorrede, S. 8).

Der Erzähler scheint sich der Wirkung von Untertiteln, hier mit Summarien bezeichnet, bewusst, dass sie die Lesenden dazu verleiten, sich bloß den Inhaltsverzeichnissen entlang durch die Naturgeschichte zu bewegen und sich den Inhalt des Haupttexts mit deren Hilfe zu konstruieren. Mit der Begründung, dass sie die gesamte Argumentation für die Existenz solcher Geschöpfe verpassen würden und den Erzähler der Leichtgläubigkeit gegenüber dieser Kreaturen verdächtigen könnten, fordert er die Lesenden indirekt auf, ihr Lesen nicht nur auf die Summarien zu beschränken. Betrachten wir diesen Ausschnitt, wird klar, dass das Wesen paratextueller Elemente nicht marginal sein muss, dass der Paratext, um mit Genette zu sprechen, nicht grundsätzlich den funk-

5.3 Wissensvermittlung und die Hierarchie zwischen Paratext und Haupttext

tionalen Charakter eines Hilfsdiskurses, der immer im Dienste des Haupttexts steht,[92] aufweist, was der Kommentar im Vorwort von Pontoppidans *Collegium Pastorale Practicum* unterstreicht:

> Nogle Marginalier havde jeg vel foresat mig at føye til hvert Stykke, for at give desto nøyere Anviisning paa dets særdeles Indhold: men saadant Forset lod jeg omsider fare, og det af den Aarsag, at samme, ellers gode Hielpe-Middel, undertiden skader mere, end det gavner, nemlig i Henseende til visse kræsne eller og letsindige Læsere, hvilke ofte misbruge Marginalierne til at giennemløbe alt for løselig, og allene med et flygtigt Øye, at overfare en Bog, særdeles af det Theologiske og Moralske Slags, giettende sig saa got som til, hvad dens Indhold kand være (Pontoppidan, 1757, Fortale).

Zuerst habe er – wie aus dem Zitat hervorgeht – geplant, Marginalien zu benutzen, dann sei er jedoch davon abgekommen. In diesem Zitat werden Marginalien, die einzelne Textpassagen zusammenfassen, angesprochen. Sie würden vor allem in Büchern moralischen oder theologischen Inhalts beim Zusammentreffen mit leichtsinnigen Lesenden Schaden anrichten, da gewisse Lesende Bücher nur mithilfe der Marginalien überfliegen und sich den Inhalt des eigentlichen Haupttexts auf dieser Grundlage zusammenreimen würden.

An diese Feststellungen zum Verhältnis zwischen Paratext und Haupttext knüpft die Frage nach den Begrifflichkeiten an. Bei der vorhergehenden Analyse wurde ich immer wieder mit dem Fehlen eines adäquaten Begriffs konfrontiert, den man demjenigen des Paratexts entgegenhalten kann, beziehungsweise einem Begriff, der die Zeichen umfasst, welche die paratextuellen Elemente umgeben und durchziehen. Der Begriff ‚Paratext' steht einem nicht klar konturierten Begriff des Textes gegenüber. Ich habe ihn stellenweise als ‚Haupttext' oder als ‚den Text selbst' zu fassen versucht. Genette schreibt über das Wesen des Paratexts, dass er meistens selbst ein Text sei, „[e]r ist zwar noch nicht *der* Text, aber bereits Text" (Genette, 1989, S. 14). Bei ihm ist folglich das Begriffspaar Text und *der* Text beziehungsweise Paratext und *der* Text auszumachen.

Wie könnte man also, um der einfacheren Handhabung der Materie Willen, den Teil des Textes bezeichnen, der nicht zum Paratext gezählt wird – da ich davon ausgehe, dass die physische Form des Textes, die ihn umgebenden schriftlichen Notationen, die Illustrationen, die gesamte Materialität, in der er sich präsentiert und die schriftlichen Zeichen des Haupttexts, also der Textinhalt, den Text ausmachen? Aus den oben gezogenen Schlüssen in Bezug auf die Frage nach der Hierarchie zwischen Paratext und Haupttext geht hervor, dass es sich dabei um einen Begriff handeln muss, der demjenigen des Paratexts gleichgestellt und somit wertneutral ist. In diesem Zusammenhang muss natürlich auch dieser Begriff nochmals überdacht werden. Wie einleitend gesehen, impliziert ‚Paratext' durch die Bedeutung von ‚para' im Sinn von ‚bei',

---

[92] Genette (1989), S. 18.

‚neben', ,entlang' eine gewisse Subordination. Gleichzeitig aber wird durch die Bedeutungen von ‚(ent)gegen' und ‚abweichend' auch eine Andersartigkeit und in diesem Sinn eine Ebenbürtigkeit ausgedrückt. Durch die Bedeutung ‚über – hinaus', die dem Begriff auch innewohnt, vermittelt der Begriff gar eine Überschreitung.[93] Aus dieser ambivalenten Bedeutungssituation heraus und der räumlichen Vorstellung des ‚Nebeneinanderherlaufens', die der Begriff weckt, scheint er mir passend. Als zweiten Teil des Begriffspaares würde ich zum momentanen Zeitpunkt den Begriff des ‚Lauftexts' vorschlagen. Der Begriff betont das augenfälligste Charakteristikum dieses Textteils, nämlich die Linearität und Kontinuität, mit der er sich durch ein Buch zieht. Im Gegensatz zu ‚Haupttext', ‚der Text selbst' oder „*der* Text" (Genette, 1989, S. 14) ist der Begriff nicht hierarchisch konnotiert. Die Frage nach den Begrifflichkeiten soll und kann aber in diesem Rahmen nicht abschließend beantwortet werden.

Der Inhalt von *Norges naturlige Historie* zeichnet sich aus durch ein komplexes Netz zahlreicher Wissenselemente aus unterschiedlichen Wissensfeldern. Das zeigt sich ebenfalls in der Verortung des Wissens und in seiner medialen Präsentation in Form eines Buches, die geprägt ist von sich überkreuzenden literarischen und visuellen Strategien und die zu relationalem Lesen auffordert. Es gibt keinen Text ohne Paratext.[94] Der Paratext kann nur mit Konsequenzen auf die gesamte Aussage eines Textes von diesem losgelöst werden, was bei dem paratextuellen Element der Typographie klar hervortritt: Ein Text ist ohne typographische Dimension nicht vorstellbar.[95] Und mit dieser Aussage muss der Begriff des Textes eine Ausweitung, die auch die paratextuellen Elemente umfasst, erfahren. Wissenselemente der verschiedenen Wissensfelder erscheinen sowohl im Haupttext als auch in den zahlreichen paratextuellen Elementen in einem vielschichtigen Verhältnis. Bisweilen unterstützen sie den Haupttext, bisweilen sind sie von zentraler Bedeutung, gar den Haupttext dominierend – erinnern wir uns an die verschiedenen Erklärungsansätze im Zusammenhang mit der Diskussion über die Schlange und ihre Weise, Vögel zu fangen, die nicht im Haupttext, sondern in der einen Fußnote geführt wird.[96] Das Verhältnis bleibt ein unstetes: Der Haupttext von *Norges naturlige Historie* ist neben Marginalien, die bestimmtes bedeutendes Wissen durch seine Aufnahme in eine Marginalie akzentuieren, umgeben von Marginalien der im Zitat aus dem Vorwort von Pontoppidans Homiletik angesprochenen Art, das zu Beginn dieses Abschnitts über die Hierarchie zwischen Paratext und Haupttext zitiert wurde: Marginalien, welche die einzelnen Textpassagen zusammenfassen und die Lesenden dazu verführen, primär deren Inhalt zu lesen. Überspitzt formuliert, werden so die eigentlichen Marginalien zum Haupttext und der Haupttext wird zu deren Margi-

---

[93] Pfeifer (1993), S. 969.
[94] Genette (1989), S. 11.
[95] Stanitzek (2010), S. 163.
[96] Pontoppidan (1977b), S. 60f.

5.3 Wissensvermittlung und die Hierarchie zwischen Paratext und Haupttext

nalie. Der als Marginalie gehandelte Haupttext bezieht sich auf ein Segment, das zwar kein zusammenhängender Text ist, erfüllt aber sonst Definitionsmerkmale der autographen Marginalie: Er erklärt und kommentiert die Marginalie in gedruckter Form, bietet Zitate und Verweise an, korrigiert und ergänzt. Durch diese konstruierte Verdrehung wird klar, dass das Verhältnis zwischen Haupttext und gedruckten Marginalien durchaus kein gegebenes ist. Die Buchseite ist ein Territorium, auf dem verschiedene Autoritäten miteinander zu tun haben, die Autorität in einem Buch ist mehrfach und unstabil. Es verhält sich nicht so, dass der Paratext, wie Genette in der Einleitung zu *Paratexte* schreibt, gegenüber dem Text die Funktion eines verbalen oder nicht-verbalen ‚Begleitschutzes' einnimmt, dass Titel, Vorwort und Illustration den Text präsent machen.[97] Vielmehr präsentieren der Haupttext und der Paratext das in einem Buch vermittelte Wissen in unterschiedlichem Maß.

---

[97] Genette (1989), S. 9.

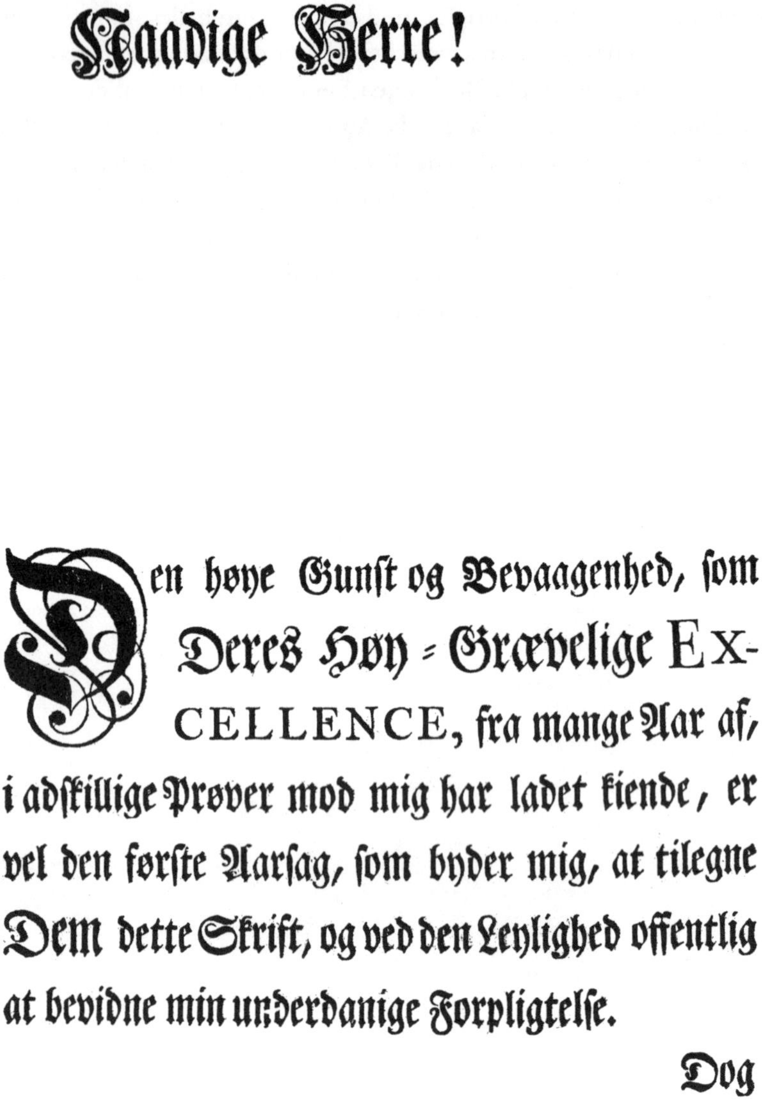

Naadige Herre!

Den høye Gunst og Bevaagenhed, som Deres Høy-Grævelige Ex-CELLENCE, fra mange Aar af, i adskillige Prøver mod mig har ladet kiende, er vel den første Aarsag, som byder mig, at tilegne Dem dette Skrift, og ved den Leylighed offentlig at bevidne min underdanige Forpligtelse.
                                                                                                Dog

Abbildung 5.1: *Norges naturlige Historie*, 1977b, Widmungsschreiben.

Det første Forsøg
paa
Norges Naturlige Historie,
forestillende
Dette Kongeriges Luft, Grund, Fielde, Vande, Væxter,
Metaller, Mineralier, Steen-Arter, Dyr, Fugle,
Fiske og omsider Indbyggernes Naturel, samt
Sædvaner og Levemaade.

Oplyst med Kobberstykker.

Den viise og almægtige Skaber til Ære, saavel som hans
fornuftige Creature til videre Eftertankes Anledning,
af
ERICH PONTOPPIDAN Dr.
Episc. Bergens. Membr. Reg. Societ. Scient. Hafniens.

Kiøbenhavn, 1752.
Trykt i de Berlingske Arvingers Bogtrykkerie, ved Ludolph Henrich Lillie.

Abbildung 5.2: *Norges naturlige Historie*, 1977a, Titelblatt.

Det første Forsøg
paa
Norges Naturlige Historie,
Forestillende
Dette Kongeriges Luft, Grund, Fielde, Vande, Værter, Metaller, Mineralier, Steen-Arter, Dyr, Fugle, Fiske, og omsider Indbyggernes Naturel, samt Sædvaner og Levemaade.

Oplyst med Raaberstykker.

Den viise og almægtige Skaber til Ære, saavel som hans fornuftige Creature til videre Eftertankes Anledning,

af

ERICH PONTOPPIDAN, Dr.

Episc. Bergens. Membr. Reg Societ. Scient. Hafniens.

Anden Deel.

Kiøbenhavn, udi det Kongelige Wäysenhuses Bogtrykkerie, Trykt af Gottmann Friderich Kisel, 1753.

Abbildung 5.3: *Norges naturlige Historie*, 1977b, Titelblatt.

5.3 Wissensvermittlung und die Hierarchie zwischen Paratext und Haupttext   263

Abbildung 5.4: *Norges naturlige Historie*, 1977a, S. 86.

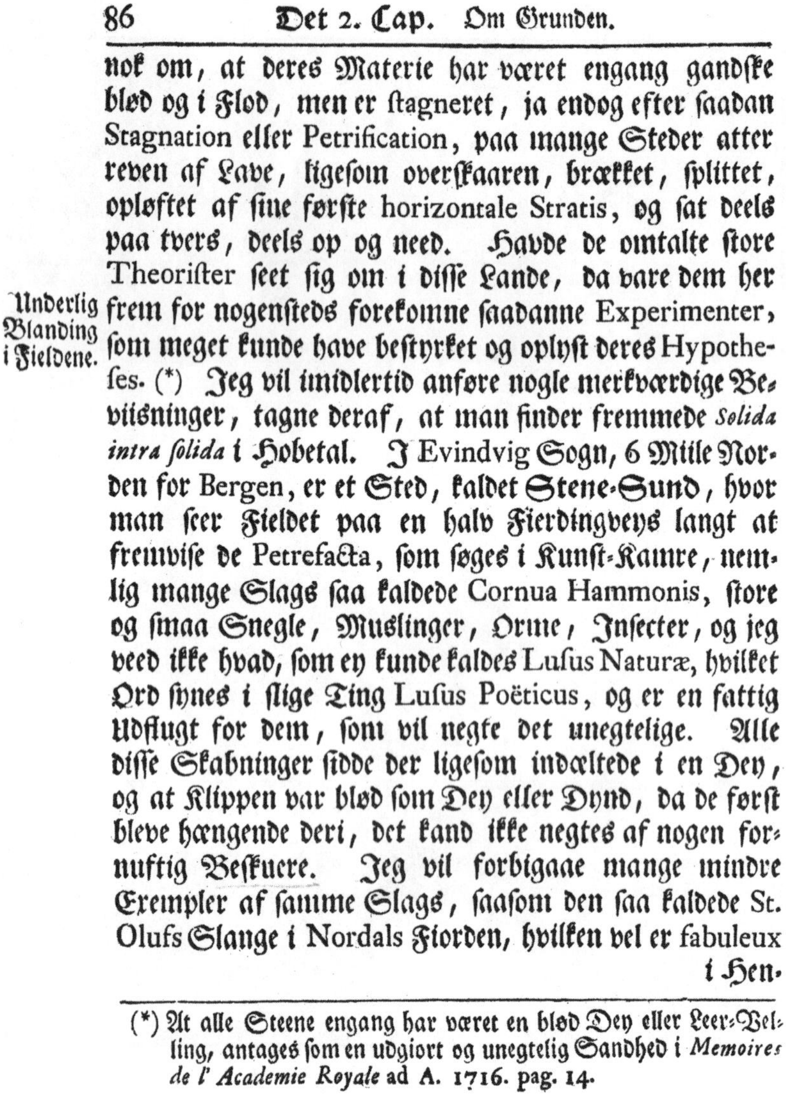

86   Det 2. Cap.   Om Grunden.

nok om, at deres Materie har været engang gandske blød og i Flod, men er stagneret, ja endog efter saadan Stagnation eller Petrification, paa mange Steder atter reven af Lave, ligesom overskaaren, brækket, splittet, opløftet af sine første horizontale Stratis, og sat deels paa tvers, deels op og need. Havde de omtalte store Theorister seet sig om i disse Lande, da vare dem her *Underlig* frem for nogensteds forekomne saadanne Experimenter, *Blanding* som meget kunde have bestyrket og oplyst deres Hypothe-*i Fieldene.* ses. (*) Jeg vil imidlertid anføre nogle merkværdige Beviisninger, tagne deraf, at man finder fremmede *Solida intra solida* i Hobetal. I Evindvig Sogn, 6 Mile Norden for Bergen, er et Sted, kaldet Stene-Sund, hvor man seer Fieldet paa en halv Fierdingveys langt at fremvise de Petrefacta, som søges i Kunst-Kamre, nemlig mange Slags saa kaldede Cornua Hammonis, store og smaa Snegle, Muslinger, Orme, Insecter, og jeg veed ikke hvad, som ey kunde kaldes Lusus Naturæ, hvilket Ord synes i slige Ting Lusus Poëticus, og er en fattig Udflugt for dem, som vil negte det unegtelige. Alle disse Skabninger sidde der ligesom indæltede i en Dey, og at Klippen var blød som Dey eller Dynd, da de først bleve hængende deri, det kand ikke negtes af nogen fornuftig Beskuere. Jeg vil forbigaae mange mindre Exempler af samme Slags, saasom den saa kaldede St. Olufs Slange i Nordals Fiorden, hvilken vel er fabuleux
                                                                             i Hen-

---

(*) At alle Steene engang har været en blød Dey eller Leer-Velling, antages som en udgiort og unegtelig Sandhed i *Memoires de l'Academie Royale* ad A. 1716. pag. 14.

Abbildung 5.5: *Norges naturlige Historie*, 1977a, S. 86.

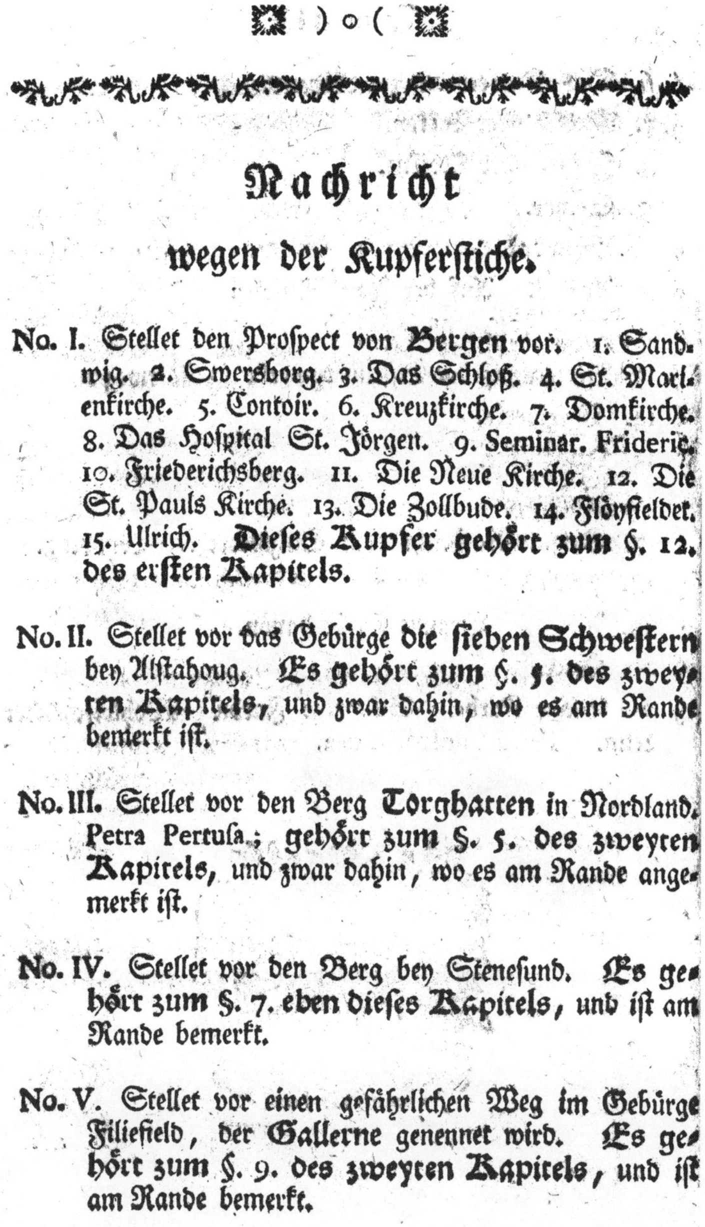

Nachricht
wegen der Kupferstiche.

No. I. Stellet den Prospect von Bergen vor. 1. Sandwig. 2. Swersborg. 3. Das Schloß. 4. St. Marienkirche. 5. Contoir. 6. Kreuzkirche. 7. Domkirche. 8. Das Hospital St. Jörgen. 9. Seminar. Friderie. 10. Friederichsberg. 11. Die Neue Kirche. 12. Die St. Pauls Kirche. 13. Die Zollbude. 14. Flöyfieldet. 15. Ulrich. **Dieses Kupfer gehört zum §. 12. des ersten Kapitels.**

No. II. Stellet vor das Gebürge die sieben Schwestern bey Alstahoug. Es gehört zum §. 5. des zweyten Kapitels, und zwar dahin, wo es am Rande bemerkt ist.

No. III. Stellet vor den Berg Torghatten in Nordland, Petra Pertusa; gehört zum §. 5. des zweyten Kapitels, und zwar dahin, wo es am Rande angemerkt ist.

No. IV. Stellet vor den Berg bey Stenesund. Es gehört zum §. 7. eben dieses Kapitels, und ist am Rande bemerkt.

No. V. Stellet vor einen gefährlichen Weg im Gebürge Filiefield, der Gallerne genennet wird. Es gehört zum §. 9. des zweyten Kapitels, und ist am Rande bemerkt.

No. VI.

Abbildung 5.6: *Versuch einer natürlichen Historie*, 1753, Nachricht wegen der Kupferstiche.

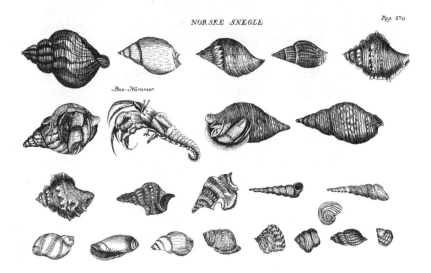

Abbildung 5.7: *Norges naturlige Historie*, 1977b, S. 270.

> 270 Cap. VII. Om de blodløse Fisk, ꝛc.
>
> "og hvor Vandet ligesom staaer stille, er den sort paa
> "Skallen. Dog kand man ikke sige, at Grunden eller
> "Couleuren paa Skallen er Aarsag til at Perlerne ere
> "større eller mindre, bedre eller slettere, fleere eller færre.
> "Man kand aabne Muslen uden at dræbe den, ligesom
> "den og kand leve efter at Perlen er taget ud af den. Ef-
> "terat Perlen eengang ere tagne fra dem, faaer de ikke
> "fleere." Saavidt Hr. Baumann. OLAUS WORMIUS
> siger i sit Museo p. 110. Hand havde nogle Norske Per-
> ler, som ikke vigede de Orientalske, hvilket jeg og efter Øye-
> syn kand stadfæste, men maa derhos erindre, at deres Tal
> er ikke stort (*).
>
> §. 4.
>
> Snegle.   Af Snegle, som her kaldes Konunger, item
> Kukelurer, findes paa disse Kyster adskillige Slags,
> deels hengende ligesom Østers eller Musling ved Klippen,
> deels liggende blant Tang og Sand paa Bunden, dog in-
> gen med saadanne store Huse, som de, der føres fra Indien
> til at zire Cabinetter og Grotter med. De største jeg har
> fundet, ere som en maadelig Pære, deels næsten af sam-
> me Skikkelse, deels rundagtige, deels toppede, ligesom
> dreyede og af fordeelte Farver samt Kanter, Prikker og
>   Li-
>
> ----
>
> (*) In Norwegen werden auch Perlen angetroffen, von welchen
> einigen Milch-weiß sind, und wie Silber glänzen, doch trifft
> man darunter einige an, welche die Grösse und der schöne Glantz
> in solchen Werth setzet, daß sie den Ostindianischen nichts nach-
> geben. FRIDR. CHRISTIAN LESSERS *Testaceo - Theo-
> logie*. P. II. L. I. c. 4. §. 314.

Abbildung 5.8: *Norges naturlige Historie*, 1977b, S. 270.

272   Cap. VI. Om de blodløse Fiſk, ꝛc.

Hummer, hvorimod Livet og det Bageſte, ſom allene ſkiu-
les i Huſet, er gandſke blot og nøgen, ſaa langt ſom et
Led af en Finger, og halv ſaa tyk, næſten ſom en Krebs
naar Skallen var afpillet. Det Snegle-Huus, ſom diſſe
Bue-Hummer have til Beboelſe, er af dem man kalder
Turbines eller Conchas turbinatas, og af adſkillig Storhed, da nogle kunde være en Finger lange, og nogle ikke
en fierde Part deraf. RONDELETIUS, ſom Lib. XVII.
c. XII. anfører adſkillige Slags af denne underlige Blanding, ſom maatte kaldes Krebs-Snegle eller Snegle-
Krebs, har dog ingen, ſom fuldkommelig ligner diſſe Norſke Bue-Hummere. Men GEORG MARCGRAVIUS
anfører i ſin *Hiſt. Nat. Braſiliæ* Lib. IV. c. 21. en deslige
under Navn af Paranacare, hvilken dog maa være meer
end dobbelt ſaa ſtor ſom vore Norſke, efterdi hand tilleg-
ger den tre Fingers Længde, ſaa og nogle Haar over det
gandſke Legeme, hvilke her ikke findes. In *Novis Littera-
riis Maris Baltici* ſtaaer ad An. 1699. Menſe Aprili p. 118.
en Artikel indført af den Lærde MATTH. HENR.
SCACHTIO, da Rector i Kiærtemynde, ſaaledes lydende:
Secundus eſt cancellus turbinem Norvagicum inhabitans;
Ad inſulam Promontorii Cartemundani Romſöam, in-
ter haleces retibus irretitos, qvatuor ejusmodi cancellos
ceperunt piſcatores noſtri, nec plures, nec pauciores.
Mare Americanum id genus animalculorum copioſe fre-
quentat, ut habet CAROLUS ROCHEFORT in *Hi-
ſtoria Inſularum Americanarum*, Antilles à Geographis vul-
go appellatarum; ſed in hiſce Balticis fluctibus, nec poſt,
nec ante id tempus, reperti ſunt Cancelli. Peculiaris
Can-

Abbildung 5.9: *Norges naturlige Historie*, 1977b, S. 272.

5.3 Wissensvermittlung und die Hierarchie zwischen Paratext und Haupttext

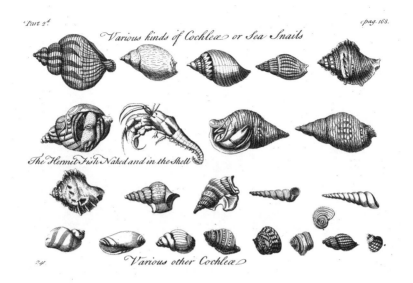

Abbildung 5.10: *The Natural History of Norway*, 1755, S. 168.

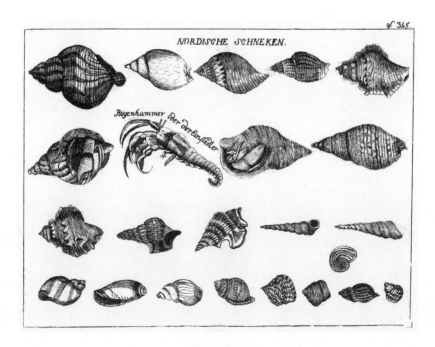

Abbildung 5.11: *Versuch einer natürlichen Historie von Norwegen*, 1754, S. 315.

6 Schlussbemerkungen

Die Abhandlung *Norges naturlige Historie* von Erik Pontoppidan erschien 1752/53 in zwei Bänden. Sie wurde in Kopenhagen publiziert, der Hauptstadt der Doppelmonarchie Dänemark-Norwegen. Entstanden war sie während Pontoppidans Amtszeit als Bischof von Bergen.

Norges naturlige Historie umfasst eine Vielzahl von Elementen des Wissens über die Natur Norwegens: Sie beschreibt die klimatischen und geographischen Verhältnisse des Landes, Flora und Fauna, Metalle und Mineralien und die norwegische Bevölkerung auf über 800 Seiten. Sie ist reich illustriert mit Kupferstichen und umfasst weitere paratextuelle Elemente wie Marginalien und Fußnoten. Darüber hinaus vermittelt die Naturgeschichte Wissen über die damaligen ökonomischen Verhältnisse in der Doppelmonarchie, sie regt zur Verbesserung der Landwirtschaft an und lobt die dänische Staatsmacht. Dabei basiert der Text durchgehend auf einer physikotheologischen Grundhaltung, welche die Herrlichkeiten der Natur, die natürlichen Phänomene und Objekte, als Beweis für die Existenz Gottes auffasst. Die Naturgeschichte nur als naturhistorischen Text zu lesen, greift also zu kurz. Es handelt sich ebenso um eine theologische Abhandlung zur Untermauerung des Physikotheologismus.

Um zu verstehen, woraus das Wissen in der Naturgeschichte besteht und in welchen Äußerungsweisen sich verschiedene Wissensformen im Medium Buch präsentieren, habe ich mich der Naturgeschichte aus drei verschiedenen Perspektiven angenähert: Ich untersuchte die Generierung, die Ordnung und die Inszenierung von Wissen. Dabei ging ich von einem relativ weit gefassten Wissensbegriff aus, den ich als vom jeweiligen historischen und kulturellen Kontext abhängig verstehe. Er umfasst sowohl sogenannt objektivierte Wissensformen, Wissen, das basierend auf wissenschaftlichen Methoden des 18. Jahrhunderts zu ‚wahrem' Wissen erklärt wird, als auch verschiedene Formen von Allgemeinwissen dieser Zeit.

Die in *Norges naturlige Historie* verwendeten Quellen stammen aus einem zeitlich, geographisch und inhaltlich breiten Spektrum – der Erzähler verweist auf Plinius den Älteren, er verwendet aber auch zeitgenössische Zeitschriftenartikel. Die Naturgeschichte stützt sich auf Reiseberichte, die beispielsweise von chinesischen Bären berichten, und norwegische Quellen, die den Vogelfang an der Küste schildern, und sie diskutiert die Erdentstehung. Bei den Quellen handelt es sich einerseits um schriftliche Quellen, um Handschriften und um gedruckte Texte, andererseits aber auch um persönliche Briefe, in welchen Kollegen aus Pontoppidans Umfeld ihn über neue Erfahrungen und Entdeckungen unterrichten oder ihm Naturalien senden. Gleichzeitig beinhaltet die Naturgeschichte Informationen aus mündlichen Quellen, Schilderungen und Geschichten, die Pontoppidan auf seinen Visitationsreisen durch das Bistum Bergen zu Ohren gekommen sind. Außerdem bezieht sich Pontoppidan auf eigene wissenschaftliche Versuche und eigene Erfahrungen. Oft wird der Ursprung der Quellen genannt, der Erzähler ist sich der Differenzen zwischen den unterschiedlichen Quellen bewusst, sie werden aber meist unabhängig von ihrer Herkunft im Text als grundsätzlich gleichwertige Aussagen zur Argumentation herangezogen.

So unterschiedlich die Quellenlage aussieht, so unterschiedlich sind auch die Verfahren, durch die einzelne Aussagen in *Norges naturlige Historie* zu verlässlichem Wissen verarbeitet werden. Grundsätzlich scheint der Erzähler bestrebt, die verschiedenen Quellen – nicht nur diejenigen wissenschaftlichen Ursprungs, sondern auch Behauptungen aus dem Allgemeinwissen – kritisch gegeneinander abzuwägen, um ‚wahres' Wissen zu erhalten. Durch die Reflexionen des Erzählers wird deutlich, dass er das von ihm als gültig und verlässlich deklarierte Wissen nicht als unumstößlich versteht. Oft äußert er Zweifel an seinen Schlüssen. Sicheres Wissen generiert er durch Verfahrensweisen, die auf etymologischen Aspekten gründen, oder die auf einigen wenigen übereinstimmenden Kriterien wie Gestalt, Farbe oder Größe beruhen. Einerseits geht der Erzähler davon aus, dass sich das bezeichnete Objekt und die Bezeichnung dafür in der Naturgeschichte gegenseitig spiegeln, er macht keinen Unterschied zwischen der sprachlichen Repräsentation und dem Repräsentierten. Andererseits ist ein Charakteristikum der klassischen Episteme nach Foucault präsent: die sich bildende Distanz zwischen Bezeichnung und Zeichen bei der Herstellung von Wissen. Das Denken in einem historischen Raum ist in *Norges naturlige Historie* nicht stark ausgeprägt. Dem Erzähler sind zwar die verschiedenen Alter der Quellen bewusst, er verweist auch bisweilen darauf, dass auf uralte Quellen nicht zu bauen sei, dennoch behandelt er die verwendeten Quellen meist als Elemente desselben Erfahrungsraums. Dabei bedient er sich verschiedener rhetorischer Verfahren. Am häufigsten verwendet er den Vergleich, der es erlaubt, durch Parallelen oder durch gegensätzliche Aussagen Wissen zu vermitteln.

Ebenso wie die Resultate der Quellenanalyse in verschiedener Hinsicht eine äußerst breite Quellenlage sichtbar machen und ebenso wie die Tatsache, dass sich der Erzähler in *Norges naturlige Historie* zur Herstellung von gültigem Wissen unterschiedlicher Verfahren bedient, gestaltet sich die Wissensformation der Naturgeschichte heterogen. Die allgemeine Bezeichnung des Textes als ‚naturhistorisch' muss demnach hinterfragt werden. Die Wissensformation weist zahlreiche, aus anderen Wissensfeldern der Zeit entnommene Wissenselemente auf: darunter theologische, linguistische und volkskundliche. Zentral ist aber der physikotheologische Kernbereich, der von anderen Teilbereichen umgeben ist, die sich aus Wissenselementen anderer Wissens-

6 Schlussbemerkungen

felder zusammensetzen, und von ihnen, beispielsweise dem naturwissenschaftlichen oder ökonomischen Teilbereich, teilweise überlagert wird.

Die Ränder der einzelnen Wissensfelder sind durchlässig, die Grenzen zwischen ihnen nicht klar definierbar, weswegen Wissenselemente nicht nur in einem Wissensfeld verortet sein müssen, sondern mehrfach verortet sein können. Es ist dem Erzähler in seiner Naturgeschichte bei der Generierung von Wissen möglich, Quellen aus sämtlichen gewünschten und passenden Wissensfeldern heranzuziehen. Damit stellt er gemeinsam mit den anderen Personen, die am Buchherstellungsprozess beteiligt sind, die spezifische naturhistorische Wissensformation in *Norges naturlige Historie* her.

Bei der Wissensgenerierung in Pontoppidans Naturgeschichte zeigt sich somit kein durchgehendes Muster. Vielmehr muss man sich diesen Prozess als Herstellung eines Geflechts vorstellen, das zu einem bestimmten Zeitpunkt Aussagen zahlreicher Quellen aus unterschiedlichen Wissensfeldern zusammenbringt. Diese werden durch verschiedene Verfahrensweisen zu ‚wahrem' Wissen gemacht. Die Wissenselemente verschränken sich, sie gehen ineinander über und überlagern sich gegenseitig.

Der Inhalt von *Norges naturlige Historie* wird in zwei Teilen präsentiert. Der Erzähler gliedert das Wissen in acht beziehungsweise zehn Kapitel, die sich aus unterschiedlich vielen Paragraphen zusammensetzen. Grundsätzlich zeigt sich auf einer Makroebene ein enger Bezug zur Schöpfungsgeschichte: Auf die Präsentation der lebensermöglichenden Umstände folgen die Beschreibungen der Flora und der Fauna und schließlich zwei Kapitel über den Menschen. Untersucht man aber die einzelnen Kapitel und ihre Paragraphen näher, treten deutliche Unterschiede hinsichtlich der Anordnungsweise der Objekte und Phänomene zutage. Gewisse Phänomene und Objekte präsentiert der Erzähler in Ordnungen, die sich durch eine offene Struktur, durch narrative Elemente und ausführliche Schilderungen auszeichnen, andere wiederum reiht er in Ordnungen, die eine geschlossene Struktur aufweisen, auf wenigen Kriterien basieren und syntaktische Ähnlichkeiten aufzeigen. Ist die erste Ordnungsweise geprägt von zirkulären Strukturen, ist die zweite Ordnungsweise linearer und regelmäßiger Art. In letzterer wird Wissen tendenziell isoliert präsentiert, die Wissenselemente werden nicht über die Grenzen der gewählten Ordnungskriterien hinaus beschrieben.

Das Wissen über Objekte und Phänomene kann in direkter oder indirekter Ordnung präsentiert werden. Indirekte Ordnungen richten sich nach den Zeichen des Bezeichneten – alphabetisch – aus oder basieren auf zugeordneten Zahlen. Direkte Ordnungen gliedern Wissen über das Bezeichnete basierend auf dem Vergleich ihres Verhältnisses zum Menschen oder auf dem Vergleich zu anderen Objekten, die in dieser Ordnung gegliedert werden. Geschlossene und indirekte Ordnungsweisen einerseits und offene und direkte Ordnungsweisen andererseits treten in den Kapiteln von *Norges naturlige Historie* häufig in unterschiedlichem Grad miteinander vermischt auf. Nur wenige Kapitel – wie beispielsweise das zweite Kapitel in Teil II über die norwegische

Vogelwelt und das zweite über die in Norwegen vorkommenden Fische –, weisen eine ziemlich konsequente Form von geschlossener und indirekter Ordnung auf. Auch innerhalb der einzelnen Paragraphen eines Kapitels kann von der einen zur anderen Ordnungsweise übergegangen und können Mischformen verwendet werden. Aus der Analyse der Ordnungsweisen geht aber hervor, dass der Erzähler, wann immer es ihm ob der zu ordnenden Menge an Objekten oder Phänomenen möglich ist, auf eine direkte Kategorisierung zurückgreift, die ihm die Verwendung von narrativen Elementen ermöglicht.

Die Wissensordnung in *Norges naturlige Historie* zeichnet sich folglich nicht durch eine einheitliche Handhabung einer bestimmten Ordnungsweise aus. Der Erzähler kombiniert verschiedene, zur Entstehungszeit der Naturgeschichte bekannte Ordnungsmethoden, um das Wissen zu gliedern. In diesem Sinn ist die beobachtete Heterogenität die konsequente Form der Wissensordnung, die sich durch *Norges naturlige Historie* zieht.

Die Lesenden von Pontoppidans Naturgeschichte können sich trotz dieser unterschiedlichen Ordnungsweisen im Text zurechtfinden, indem sie sich an den Kapitel- und Paragraphentiteln, den Marginalien und den Inhaltsverzeichnissen orientieren oder auf die beiden unvollständigen Register am Ende des zweiten Teils von *Norges naturlige Historie* zurückgreifen. Diese Elemente sind Teile des Paratexts und Werkzeuge, die der Inszenierung des Wissens im Medium Buch dienen.

Ich gehe von einem Textbegriff aus, nach dem sich ein Text nicht von seinem Träger, dem Medium Buch, lösen lässt, ohne dass dies Konsequenzen für dessen Aussage hätte. Der Text wird als eine komplexe Struktur verstanden, die jedes Detail der formalen und physischen Präsentation in einem spezifisch historischen Kontext einschließt. Ausgehend von dieser Annahme wird Wissen in *Norges naturlige Historie* nicht nur durch den Inhalt des sogenannten Haupttexts, sondern auch durch die Materialität des Buches vermittelt. Ein Close Reading muss somit auch das Layout und sämtliche paratextuellen Elemente einbeziehen und die Typographie, Illustrationen, Marginalien, Fußnoten und Buchanfänge mit Titelblatt, Widmung, Vorwort und Inhaltsverzeichnis etc. berücksichtigen. Denn Wissen kann sich in sämtlichen Elementen eines Buches zeigen – entweder einfach oder mehrfach verortet. Von Mehrfachverortungen spreche ich im Zusammenhang mit der Wissensinszenierung dann, wenn sich Wissen über ein bestimmtes Objekt oder Phänomen sowohl im Haupttext als auch in einer Illustration zeigt oder wenn der Erzähler einen Gegenstand sowohl in der Marginalie als auch im Paragraphentitel und im Haupttext anspricht. Durch diese Verortungsweise wird eine bewusste Inszenierung von Wissen möglich. Bestimmte Wissenselemente des Haupttexts verweisen durch Hervorhebungen typographischer Art, durch Kursivierung oder durch die Wahl eines speziellen Schrifttyps auf sich selbst. Fett oder größer gedruckte sprachliche Zeichen ziehen den Blick der Lesenden stärker auf sich als die anderen sie

6 Schlussbemerkungen

umgebenden und in gewöhnlicher Weise gedruckten Zeichen. Finden sich dieselben Zeichen auch im Titel oder in einer Marginalie auf derselben Seite, erhalten sie zusätzliche Aufmerksamkeit. Dasselbe gilt für Aussagen des Haupttexts, die durch Illustrationen gespiegelt werden. Der Blick der Lesenden bewegt sich diesen auf besondere Weise inszenierten Wissenselementen entlang. In diesem Zusammenhang stellt sich die Frage nach der Hierarchie zwischen dem sogenannten Haupttext und den paratextuellen Elementen, die den Haupttext umgeben und ihn durchziehen.

Typographisch hervorgehobene Zeichen im Haupttext werden im Lesevorgang wahrgenommen, Marginalien lassen den Blick der Lesenden an den Seitenrand schweifen, der Lesevorgang wird durch Hinweise auf Fußnoten und ihren Inhalt unterbrochen. Ein linearer Lesevorgang ist unmöglich. Deshalb kann der Paratext – beschränkt auf den Peritext – in *Norges naturlige Historie* nicht bloß als Hilfsdiskurs oder Schwellentext, der den Eintritt in den eigentlichen Text erleichtert, wie Gérard Genette ihn versteht, charakterisiert werden. Das relationale Lesen, das die zahlreichen Möglichkeiten der Verortung und der Inszenierung von Wissen im Haupttext und im Paratext zur Folge haben, spricht den paratextuellen Elementen vielmehr eine dem Haupttext gleichwertige Autorität zu. Sowohl der Paratext und der sogenannte Haupttext buhlen um Aufmerksamkeit auf den Buchseiten. Das Verhältnis zwischen ihnen ist nicht stabil, es verändert sich von Seite zu Seite, auch auf den einzelnen Buchseiten selbst. Die Autoritätsfrage zwischen den einzelnen Komponenten stellt sich immer wieder von Neuem. Daraus geht hervor, dass der Paratext nur mit Konsequenzen für die gesamte Aussage eines Textes von diesem losgelöst werden kann, was bedeutet, dass die gesamte physische Form eines Buches Einfluss auf die Generierung, Ordnung und Inszenierung von Wissen hat.

Norges naturlige Historie beinhaltet ein komplexes Netz zahlreicher Wissenselemente aus unterschiedlichen Wissensfeldern, die durch verschiedene Verfahren mit Sinn verbunden und legitimiert werden. Diese Heterogenität an Verfahren fällt ebenfalls in der Ordnung der Wissenselemente auf. Bei einer Analyse der Wissensordnung zeigen sich durch Querverweise und durch tendenziell offene und direkte Ordnungsweisen Strukturen, die an ein Gewebe erinnern. Dieses komplexe Netz wird durch die Verortung des Wissens, durch seine mediale Inszenierung in Form eines Buches auf den Seiten von *Norges naturlige Historie* sichtbar. Dabei sind literarische und visuelle Strategien erkennbar, die parallel verlaufen, sich tangieren und kreuzen.

Mit dieser Netzstruktur vor Augen ist unschwer zu erkennen, dass Wissen in Pontoppidans Naturgeschichte oft mehrdimensional verortet wird. Bestimmte Wissenselemente legitimiert der Erzähler nur einmal durch eine Argumentation als wahr und verlässlich, andere hingegen bestätigt er mehrmals in verschiedenen Argumentationszusammenhängen als hieb- und stichfest. Dasselbe gilt für die Verwendung von Aussagen in Argumentationen. Einige Aussagen erwähnt der Erzähler nur einmal, andere zieht er in verschiedenen Zusammenhängen zu Argumentationszwecken heran. Auch bei der Wissensordnung wird eine mehrdimensionale Verortung sichtbar. Gewisse Wissenselemente werden nicht nur einem bestimmten Paragraphen zugeordnet, sondern tauchen in zwei oder mehreren Ordnungskonzepten auf. Dasselbe ist bei der Wissensinszenierung erkennbar. Während der Erzähler gewisse Wissenselemente nur im Haupttext oder nur in einem paratextuellen Element verortet, werden andere mehrfach – im Haupttext und in einer Marginalie oder in einem Kupferstich – situiert. Wissen über ein Objekt oder ein Phänomen wird in *Norges naturlige Historie* somit in variierender Dichte vermittelt. Bestimmte Wissenselemente werden unbewusst oder bewusst hervorgehoben, sie werden den Lesenden immer wieder vor Augen geführt und eindringlich präsentiert. Auf diese Weise vermittelt der Erzähler didaktisch geschickt, was wirklich von Bedeutung ist, und beeinflusst so die Lesenden.

Durch die mehrdimensionale Wissensverortung wird auf verschiedenen Ebenen die lineare Ausrichtung, die man üblicherweise mit dem Medium Buch in Zusammenhang bringt, durchbrochen. Obwohl *Norges naturlige Historie* grundsätzlich den Charakter einer Ganzschriftenlektüre hat, nähern sich die Lesenden dem in ihr präsentierten Wissen meist nicht in einer linearer Weise. Der Lesevorgang führt sie nicht linear vom Textanfang zum Textende. Oft machen die Lesenden gewünschtes Wissen über die Register oder Inhaltsverzeichnisse, mithilfe von Kapitel- und Paragraphentiteln ausfindig. Sie suchen über Illustrationen nach dem Wissen, für das sie sich interessieren. Marginalien und Paratexte typographischer Art dienen der weiteren Orientierung, aber auch der Hervorhebung von speziellem Wissen. Querverweise unterschiedlicher Art leiten die Lesenden unter Umständen weiter zu zusätzlichem Wissen und in den Fußnoten werden eingehende Diskussionen über einzelne Phänomene oder Objekte geführt.

Die vielseitige und komplexe Wissenssituation, die ich durch die vorangegangen Untersuchungen in den Bereichen der Generierung, der Ordnung und der Inszenierung von Wissen in *Norges naturlige Historie* aufgezeigt habe, macht deutlich, dass die Naturgeschichte Pontoppidans neu gelesen werden muss. Sie wird zwar im Titel als erste norwegische Naturgeschichte bezeichnet und beispielsweise von Helge Kragh als Prototyp der Tradition topographischer Abhandlungen gesehen, die einen großen Teil der dänisch-norwegischen Naturgeschichtsschreibung ausmachten. Doch es ist nicht sinnvoll, *Norges naturlige Historie* als Punkt auf einer Linie zwischen einer älteren und einer neueren Tradition der dänisch-norwegischen Naturgeschichtsschreibung zu verstehen. Weder die Herstellung und Legitimierung von Wissen in diesem Text noch dessen Ordnung kann ausschließlich der von Foucault als vorklassisch bezeichneten Episteme oder der klassischen Episteme zugerechnet werden. Vielmehr macht der Erzähler grundsätzlich Gebrauch von den ihm bekannten und zur Verfügung stehenden Quellen, Verfahren und Ordnungsweisen und verwendet sie nach seinem Gutdünken. Diese Feststellungen unterstreichen die eingangs der Arbeit formulierte Kritik an der

6 Schlussbemerkungen

Vorstellung von der einen großen wissenschaftlichen Revolution, die sich zwischen dem Ende des 16. und dem Beginn des 18. Jahrhunderts ereignet haben soll, die Kritik am Versuch einer deutlichen Grenzziehung zwischen alt und neu, die den Übergang in die Moderne signalisieren soll.

Neue Perspektiven eröffnet dagegen, *Norges naturlige Historie* als Knoten oder als eine dichte, aber unregelmäßig gewobene Stelle in einem Gewebe zu verstehen, in dem sich Aussagen aus unterschiedlich ausgeprägten Wissensfeldern der Zeit, die durch verschiedene Verfahren zu Wissenselementen wurden, kreuzen, überlagern und miteinander verknüpfen und sich nach ausgewählten Kriterien geordnet im Medium Buch zeigen. Diese Wissenselemente sind gefasst in der physischen Form des Buches, das als zusammenhaltende Einheit erscheint, gleichzeitig aber auch selbst durch seine Materialität zum ganzen Gewebe beiträgt, von ihm durchwirkt wird und sich durch dieses hindurchzieht. Die physische Form des Buches stellt die Naturgeschichte nicht nur dar, sondern sie ist mit ihr verbunden und Teil der komplexen, netzartigen Sinnproduktion.

Trotz des aufmerksamkeitserregenden Titels, der fulminant eine erste Naturgeschichte Norwegens verspricht, und der Bekanntheit ihres Verfassers, dessen theologische und pädagogische Texte heute noch Gegenstand der Forschung sind, wurde *Norges naturlige Historie* bis auf ein einzelnes Kapitel, das sich mit den Meermonstern Norwegens auseinandersetzt, in der Forschung bislang wenig Interesse zuteil. Die intensive Beschäftigung mit *Norges naturlige Historie* als Primärtext und die in der vorliegenden Arbeit vorgenommene interdisziplinäre Annäherung an die Naturgeschichte aus literaturwissenschaftlicher, buchwissenschaftlicher und wissenshistorischer Perspektive eröffnen die Auseinandersetzung mit einem bisher noch kaum bearbeiteten Forschungsfeld im Rahmen der Erforschung des dänisch-norwegischen 18. Jahrhunderts. Weiterführende interessante Ansätze beinhalten etwa einen eingehenden Vergleich der Rhetorik von Pontoppidans Naturgeschichte, die auch als Manifest für ein physikotheologisches Weltverständnis gelesen werden kann, mit seinen theologischen Werken, um zu klären, ob und inwiefern sich die verwendeten rhetorischen Verfahren in Bezug auf die Wissenssicherung überhaupt unterscheiden. Außerdem könnten der Umgang mit Wissen in Pontoppidans Naturgeschichte und die dänisch-norwegische Naturgeschichtsschreibung Mitte des 18. Jahrhunderts im europäischen Forschungsumfeld kontextualisiert werden, über eingehende Vergleiche der Wissensgenerierung, der Wissensordnung und der Wissensinszenierung beispielsweise mit Carl von Linnés Schriften oder mit Georges-Louis Leclerc, Comte de Buffons *Histoire naturelle, générale et particulière*. Weiter könnte die Auseinandersetzung mit der Frage nach der Beziehung zwischen der Paratextforschung und der Druckgeschichte in Bezug auf das Verständnis der Literatur in der frühen Neuzeit intensiviert werden. Und schließlich wäre es ebenfalls von Interesse, das Verhältnis zwischen Wissen und Macht und die gegenseitigen

Legitimierungsstrategien zu entschlüsseln. Zu diesen möglichen Forschungsansätzen bilden die dargelegten Erkenntnisse über *Norges naturlige Historie* die Ausgangslage.

Literaturverzeichnis

Primärliteratur

Auktionskatalog. *Fortegnelse paa een Samling af Ertzer, Steen- Jord- og Salt-Arter, Petrefacter, Amphibier, Fiske, Fugle, Conchylier, Oldsager, Kunstsager, Skilderier med videre, som Sal. Hr. Procanceller Pontoppidan har efterladt sig, og Onsdagen den 27 Martii om Formiddagen Klokken 9 slet i Residencen paa Nørregaden ved offentlig Auction vorder bortsolgt*. Kopenhagen, 1765.

Bayer, Karl und Brodersen, Kai (Hg.). *Naturkunde. C. Plinius Secundus d. Ä. Register*. Düsseldorf/Zürich, 2004.

Berntsen, Arent. *Danmarckis oc Norgis Fructbar Herlighed*. Kopenhagen, 1656.

Berthelson, Andreas. *An English and Danish dictionary, containing the genuine words of both languages with their proper and figurative meanings; interspersed with a large variety of phrases, idioms, terms of art and proverbial sayings, collected from the most aproved [sic] writers*. London, 1754.

Beyer, Absalon Pedersøn. *Om Norgis Rige*. Utg. av Foreningen for Norsk Bokkunst ved Harald Beyer. Bergen, 1928.

Buffon, Georges-Louis Leclerc de. *Büffon's sämmtliche Werke, sammt den Ergänzungen nach der Klassifikation von G. Cuvier*. Bd. 1 und 2. Unveränderte Aufl. Köln, 1837.

Campe, Peter. *Wörterbuch der deutschen Sprache*. Bd. 1. [1807]. Hildesheim/New York, 1969a.

Campe, Peter. *Wörterbuch der deutschen Sprache*. Bd. 3. [1809]. Hildesheim/New York, 1969b.

Debes, Lucas. *Færøernes Beskrivelse*. Bd. 1. [1673]. Kopenhagen, 1963.

Friis, Peder Claussøn. *Norriges oc omliggende Øers sandfærdige Bescriffuelse. Indholdendis huis vært er at vide, baade om Landsens oc Indbyggernis Leilighed oc Vilkoor, saa vel i forum Tid, som nu i vore Dage*. Kopenhagen, 1632.

Hofman, Niels Erik (Hg.). *Prokantsler Erik Pontoppidans Levnetsbeskrivelse og hans Dagbog fra en Reise i Norge i Aare 1749, forfattede af ham selv*. Odense, 1874.

Holberg, Ludvig. *Niels Klimm's Unterirdische Reisen*. Berlin, 1788.

Holberg, Ludvig. *Epistler. Udgivne med Kommentar af F. J. Billeskov Jansen*. Bd. 1. Epistel 1–81. Kopenhagen, 1944.

Holberg, Ludvig. *Værker i tolv bind. Komedier*. Bd. 5. Kopenhagen, 1970.

Holberg, Ludvig. *Værker i tolv bind. Digteren, historikeren, juristen, vismanden.* Bd. 9. Kopenhagen, 1971.

Jessen, Erich Johan. *Det Kongerige Norge fremstillet efter dets naturlige og borgerlige Tilstand.* Kopenhagen, 1763.

Kirchenrat der Evangelisch-reformierten Landeskirche des Kantons Zürich (Hg.). *Zürcher Bibel.* Zürich, 2007.

Nilsen, Laurits (Hg.). *Dr. Erik Pontoppidans Levnetsløb. Samt Brudstykker av hans Hyrdebreve.* Mandal, 1897.

Pontoppidan, Erik. *Heller Glaubens-Spiegel in welchem die Kennzeichen der Kinder Gottes vorgestellt werden.* Frankfurt/Leipzig, 1729a.

Pontoppidan, Erik. *Memoria Hafniæ oder kurtz-gefaste Beschreibung der kgl. dänischen Haupt- und Residentz-Stadt Copenhagen. Gerichtet auf den Zustand des Jahres 1724.* Kopenhagen, 1729b.

Pontoppidan, Erik. *Theatrum Daniæ veteris et modernæ, oder, Schau-Bühne des alten und jetzigen Dännemarcks.* Bremen, 1730.

Pontoppidan, Erik. *Kurtz gefaste Reformations-Historie der Dänischen Kirche, aus bewährten Urkunden; anfangs in Dänischer Sprache zusammengetragen, itz als eine Probe der zuerwartenden Annalium ecclesiæ Danicæ dem Teutschen Leser mitgetheilet.* Lübeck, 1734.

Pontoppidan, Erik. *Everriculum fermenti veteris seu residuæ in Danico orbe cum paganismi, tum papismi reliqviæ in apricum prolatæ.* Kopenhagen, 1736.

Pontoppidan, Erik. *Sandhed til Gudfryktighed: udi en eenfoldig og efter Muelighed kort, dog tilstrekkelig Forklaring over Sal. Doc. Mort. Luthers Liden Catechismo, indeholdende alt det, som den der vil blive salig, har behov, at vide og gjøre.* Kopenhagen, 1737.

Pontoppidan, Erik. *Onde Ordsprog, som fordærver Gode Sæder, Igiendrevne af Guds Ord.* Kopenhagen, 1739.

Pontoppidan, Erik. *Troens Speyl, forestillende Guds Børns Kiende-Tegn.* Sammenskrevet i Tydsk af E. P. og oversatt af W. E. Kopenhagen, 1740.

Pontoppidan, Erik. *Annales Ecclesiae Danicae diplomatici oder nach Ordnung der Jahre abgefassete und mit Urkunden belegte Kirchen-Historie des Reichs Dännemarck.* Bd. 1–4. Kopenhagen, 1741–52.

Pontoppidan, Erik. *Menoza, en Asiatisk Printz, som drog Verden omkring, og søgte Christne, særdeles i Indien, Spanien, Italien, Frankrig, Engelland, Holland, Tydskland og Dannemark, men fandt lidet af det han søgte.* Bd. 1–3. Kopenhagen, 1742–43.

Pontoppidan, Erik. *Glossarium norvagicum, eller, Forsøg paa en Samling af saadanne rare norske Ord som gemeenlig ikke forstaaes af danske Folk, tilligemed en Fortegnelse paa norske Mænds og Qvinders Navne. Det fælles Sprog til Oplysning og Forbedring.* Bergen, 1749.

Pontoppidan, Erik. *Versuch einer natürlichen Historie von Norwegen, worinnen die Luft, Grund und Boden, Gewässer, Gewächse, Metalle, Mineralien, Steinarten, Thiere, Vögel, Fische und endlich das Naturel, wie auch die Gewohnheiten und Lebensarten der Einwohner dieses Königreichs beschrieben werden, Erich Pontoppidans, aus dem Dänischen übersetzt von Johann Adolph Scheiben.* Bd. 1. Kopenhagen, 1753.

Pontoppidan, Erik. *Versuch einer natürlichen Historie von Norwegen, worinnen die Luft, Grund und Boden, Gewässer, Gewächse, Metalle, Mineralien, Steinarten, Thiere, Vögel, Fische und endlich das Naturel, wie auch die Gewohnheiten und Lebensarten der Einwohner dieses Königreichs beschrieben werden, Erich Pontoppidans, aus dem Dänischen übersetzt von Johann Adolph Scheiben.* Bd. 2. Kopenhagen, 1754.

Pontoppidan, Erik. *The Natural History of Norway. Containing a particular and accurate Account of the Temperature of the Air, the different Soils, Waters, Vegetables, Metals, Minerals, Stones, Beasts, Birds, and Fishes; together with the Dispositions, Customs, and Manner of Living of the Inhabitants: Interspersed with Physiological Notes from eminent Writers, and Transactions of Academies, in two Parts, translated from the Danish Original of the Right Revd. Erich Pontoppidan.* London, 1755.

Pontoppidan, Erik. *Collegium Pastorale Practicum, indeholdende en fornøden Underviisning, Advarsel, Raadførelse og Opmuntring for dennem, som enten berede sig til at tiene Gud og Næsten i det hellige Præste-Embede eller og leve allerede deri, og ynske at udrette alting med Frugt og Opbyggelse; da saavel Embedets Art og Øyemerke, Personernes Beskaffenhed, deres almindelige og særdeles Pligter, som og fornemmelig deres retsindige og forsigtige Forhold i alle Tilfælde, efter Guds Ord og vores danske Kirke-Lov og Ritual, paa det tydeligste og alvorligste forestilles.* Kopenhagen, 1757.

Pontoppidan, Erik. *Danmarks og Norges oeconomiske Magazin, befattende en Blanding af adskillige velsindede Patrioters indsendte smaae Skrifter, angaaende den muelige Forbedring i Ager- og Have-Dyrkning, Skov-Plantning, Mineral-Brug, Huus-Bygning, Fæe-Avling, Fiskerie, Fabrik-Væsen og deslige, dennem til Tieneste, som elske almindelig Velfærds Befordring.* Bd. 1-8. Kopenhagen, 1757-64.

Pontoppidan, Erik. *Eutropii Philadelphi Oeconomiske Balance eller Uforgribelige Overslag paa Dannemarks naturlige og borgerlige Formue til at gjøre sine Indbyggere lyksalige.* Kopenhagen, 1759.

Pontoppidan, Erik. *Origines Hafnienses, eller den Kongelige Residentz-Stad Kiøbenhavn, Forestillet i sin oprindelige Tilstand, Fra de ældste Tider af, indtil dette Seculi Begyndelse.* Kopenhagen, 1760.

Pontoppidan, Erik. *Den Danske Atlas eller Kongeriget Dannemark med dets naturlige Egenskaber, Elementer, Indbyggere, Væxter etc. forestillet udi en udførlig Lands-Beskrivelse.* Bd. 1-2. Kopenhagen, 1763-64.

Pontoppidan, Erik. *Collegium pastorale practicum, innehållande nödig undervisning, varning, råd och uppmuntran för dem som antingen bereda sig till det heliga predikoembetet eller ock allaredan lefva uti detsamma, efter Guds ord på det tydligaste och allvarligaste framstäldt af Eric Pontoppidan.* Lund, 1866.

Pontoppidan, Erik. *Fejekost til at udfeje den gamle surdejg eller de i de danske lande tiloverblevne og her for dagen bragte levninger af saavel hedenskab som papisme. 1736.* Oversat og forsynet med Indledning af Jørgen Olrik. Kopenhagen, 1923.

Pontoppidan, Erik. *Det danske Sprogs Skiæbne og forrige saavelsom nærværende Tilstand udi Sønder-jylland eller Førstedømmet Slesvig, ved E. P.* Overs. og kommentarer ved Peter Jeppesen. Tønder, 1943.

Pontoppidan, Erik. *Det første Forsøg paa Norges naturlige Historie, forestillende dette Kongeriges Luft, Grund, Fjelde, Vande etc. og omsider Indbyggernes Naturel, samt Sædvaner og Levemaade.* Bd. 1. [1752]. Kopenhagen, 1977a.

Pontoppidan, Erik. *Det første Forsøg paa Norges naturlige Historie, forestillende dette Kongeriges Luft, Grund, Fjelde, Vande etc. og omsider Indbyggernes Naturel, samt Sædvaner og Levemaade.* Bd. 2. [1753]. Kopenhagen, 1977b.

Ramus, Jonas. *Norriges Beskrivelse, hvorudi dette Riges Strekning, Beskaffenhed og Deeling udi visse Lehn, Biskopsdømmer, Provstier, Præstegield, Laugdømmer, Fogderier, Tinglaug etc, Saavelsom Indbyggernes Tilstand og Næring forestilles.* Kopenhagen, 1715.

Storm, Gustav (Hg.). *Samlede Skrifter af Peder Claussøn Friis.* Christiania, 1881.

Strøm, Hans. *Physisk og oeconomisk Beskrivelse over Fogderiet Søndmør beliggende i Bergens Stift i Norge.* Bd. 1. Sorøe, 1762.

Strøm, Hans. *Physisk og oeconomisk Beskrivelse over Fogderiet Søndmør beliggende i Bergens Stift i Norge.* Bd. 2. Sorøe, 1766.

Wolff, Jens Lauritzsøn. *Norrigia illustrata, eller Norriges med sine underliggende lande og øer kort oc sandfærdige beskriffvelse.* Kopenhagen, 1651.

Zedler, Johann Heinrich. *Grosses vollständiges Universal-Lexicon [1732–54].* Bd. 23. Graz, 1961a.

Zedler, Johann Heinrich. *Grosses vollständiges Universal-Lexicon [1732–54].* Bd. 25. Graz, 1961b.

Zedler, Johann Heinrich. *Grosses vollständiges Universal-Lexicon [1732–54].* Bd. 44. Graz, 1962.

Zedler, Johann Heinrich. *Grosses vollständiges Universal-Lexicon [1732–54].* Bd. 59. Graz, 1963.

Sekundärliteratur

Andersen, Håkon With u. a. *Aemula Lauri. The Royal Norwegian Society of Sciences and Letters. 1760–2010.* Sagamore Beach, 2009.

Andersen, Otto. ‚Prænumerationens velgerninger og vildfarelser'. In: *Bogvennen.* Forening for Boghaandværk (Hg.), Kopenhagen, 1956, S. 33–62.

Andersen, Otto. ‚Prænumeration'. In: *Nordisk Leksikon for Bogvæsen.* Bd. 2. Dansten, Esli und Nielsen, Lauritz (Hg.), Kopenhagen u. a., 1962, S. 242.

Apelseth, Arne. ‚Lærdom, borgarleggjering og skriftkultur'. In: *Norsk litteraturhistorie. Sakprosa fra 1750-1995.* Bd. 1. Johnsen, Egil Børre und Berg Eriksen, Trond (Hg.), Oslo, 1998, S. 32-51.

Asdal, Kristin u. a. (Hg.). *Tekst og historie. Å lese tekster historisk.* Oslo, 2008.

Barton, H. Arnold. ‚Iter Scandinavicum. Foreign Travelers' Views of the Late Eighteenth-Century North'. In: *Scandinavian Studies.* Vol. 68. Issue 1. 1996, S. 1-18.

Behler, E. ‚Ironie'. In: *Historisches Wörterbuch der Rhetorik.* Bd. 4. Ueding, Gert (Hg.), Tübingen, 1998, S. 99-624.

Bentzen, Ingrid. ‚En advarsel til Københavns bogtrykkere'. In: *Fund og Forskning.* Bd. 21. Det Kongelige Bibliotek (Hg.), Kopenhagen, 1974, S. 71-80.

Berge, Kjell Lars. ‚Å beskrive og forandre verden. Om tekstkultur i dansk-norsk 1700-tall og studiet av den'. In: *Å beskrive og forandre verden.* KULTs skriftserie. Nr. 106. Berge, Kjell Lars (Hg.), Oslo, 1998, S. 7-40.

Beyer, Harald und Beyer, Edvard (Hg.). *Norsk litteraturhistorie.* Oslo, 1978.

Bjerring-Hansen, Jens und Jelsbak, Torben. ‚Introduktion'. In: *Boghistorie.* Bjerring-Hansen, Jens und Jelsbak, Torben (Hg.), Aarhus, 2010, S. 7-40.

Blair, Ann. ‚Organizations of knowledge'. In: *The Cambridge companion to Renaissance philosophy.* Hankins, James (Hg.), Cambridge, 2007, S. 287-303.

Bliksrud, Liv. ‚Normænd ere Kongen troe - panegyrikken i Norske Selskab'. In: *1700-tallet. Artikler om språk, litteratur, musikk og estetikk.* Eliassen, Knut Ove u. a. (Hg.), Kristiansand, 2000, S. 27-39.

Bowker, Geoffrey C. und Leigh Star, Susan. *Sorting Things Out. Classification and Its Consequences.* O. O., 2000.

Bregnsbo, Michael. ‚Danske præster som administratorer af enevældens sociale og politiske ideologi i en brydningstid (1750-1848)'. In: *Den norske pastorale opplysningen. Nye perspektiver på norsk nasjonsbygging på 1800-tallet.* Burgess, J. Peter (Hg.), Oslo, 2003, S. 195-219.

Brekke, Marit Lovise. *Merkverdige ting i naturleg orden. Ein presentasjon av Hans Strøms Physisk og Oeconomisk Beskrivelse over Fogderiet Søndmør.* Liz. Universität Bergen. Bergen, 1996.

Brekke, Marit Lovise. ‚Hans Strøm og Søndmørs Beskrivelse'. In: *Norsk litteraturhistorie. Sakprosa fra 1750-1995.* Bd. 1. Johnsen, Egil Børre und Berg Eriksen, Trond (Hg.), Oslo, 1998, S. 61-68.

Brenna, Brita. ‚Erik Pontoppidans natur. Mellom orden og under'. In: *Arr.* Nr. 1. 2005, S. 87-101.

Brenna, Brita. ‚Negotiating the History of the World'. In: *Negotiating the Pasts in the Nordic Countries. Interdisciplinary Studies in History and Memory*. Eriksen, Anne und Sigurðsson, Jón Viðar (Hg.), Lund, 2009, S. 121–49.

Burdorf, Dieter u. a. (Hg.). *Metzler Lexikon Literatur*. 3. Aufl. Stuttgart/Weimar, 2007.

Burke, Peter. *Papier und Marktgeschrei. Die Geburt der Wissensgesellschaft*. Berlin, 2002.

Bætzmann, Fredrik (Hg.). *Norge. Uddrag af ældre og nyere Forfatteres Skrifter*. Kopenhagen, 1880.

Cedergreen Bech, Sven. ‚Moltke, Adam Gottlob'. In: *Dansk biografisk leksikon*. Bd. 10. Cedergreen Bech, Sven (Hg.), Kopenhagen, 1982, S. 15–18.

Chartier, Roger und Cavallo, Guglielmo (Hg.). *Die Welt des Lesens. Von der Schriftrolle zum Bildschirm*. Frankfurt am Main, 1999.

Cooper, Alix. *Inventing the Indigenous. Local Knowledge and Natural History in Early Modern Europe*. Cambridge u. a., 2007.

Cyranka, Daniel. ‚Blinde Flecken? – Das Verhältnis von Halle und Tranquebar im Spiegel von Pontoppidans Menoza-Roman'. In: *Interdisziplinäre Pietismusforschungen. Beiträge zum Ersten Internationalen Kongress für Pietismusforschung 2001*. Bd. 2. Sträter, Udo u. a. (Hg.), Tübingen, 2005, S. 795–811.

Dahl, Gina. ‚Bibelsk tid. Pontoppidans jordhistorie'. In: *Bjørgvin*. Vol. 1. Bergen, 2004, S. 67–83.

Dahl, Hans Fredrik. *Norsk presses historie (1660–2010)*. Bd. 1. Oslo, 2010.

Danmarks Nationalleksikon. *Den Store Danske Encyklopædi*. Bd. 1. Kopenhagen, 1994.

Danmarks Nationalleksikon. *Den Store Danske Encyklopædi*. Bd. 10. Kopenhagen, 1998a.

Danmarks Nationalleksikon. *Den Store Danske Encyklopædi*. Bd. 11. Kopenhagen, 1998b.

Dansten, Esli. ‚Odeard Helmont de Lode'. In: *Nordisk Leksikon for Bogvæsen*. Bd. 2. Dansten, Esli und Nielsen, Lauritz (Hg.), Kopenhagen u. a., 1962, S. 35.

Darnton, Robert. *The Business of Enlightenment. A Publishing History of the Encyclopédie. 1775–1800*. Cambridge, 1979.

Dear, Peter. ‚Totius in Verba. Rhetoric and Authority in the Early Royal Society'. In: *Isis*. Vol. 76. Nr. 2. 1985, S. 144–61.

Det danske sprog- og litteraturselskab (Hg.). *Ordbog over det danske sprog*. Bd. 14. Kopenhagen, 1933.

Det danske sprog- og litteraturselskab (Hg.). *Ordbog over det danske sprog*. Bd. 15. Kopenhagen, 1934.

Det danske sprog- og litteraturselskab (Hg.). *Ordbog over det danske sprog*. Bd. 16. Kopenhagen, 1936.

Det danske sprog- og litteraturselskab (Hg.). *Ordbog over det danske sprog*. Bd. 24. Kopenhagen, 1948.

Ehrencron-Müller, Holger. *Forfatterlexikon. Omfattende Danmark, Norge og Island indtil 1814*. Bd. 1. Kopenhagen, 1924.

Ehrencron-Müller, Holger. *Forfatterlexikon. Omfattende Danmark, Norge og Island indtil 1814*. Bd. 4. Kopenhagen, 1927a.

Ehrencron-Müller, Holger. *Forfatterlexikon. Omfattende Danmark, Norge og Island indtil 1814*. Bd. 5. Kopenhagen, 1927b.

Ehrencron-Müller, Holger. *Forfatterlexikon. Omfattende Danmark, Norge og Island indtil 1814*. Bd. 6. Kopenhagen, 1929a.

Ehrencron-Müller, Holger. *Forfatterlexikon. Omfattende Danmark, Norge og Island indtil 1814*. Bd. 7. Kopenhagen, 1929b.

Ehrencron-Müller, Holger. *Forfatterlexikon. Omfattende Danmark, Norge og Island indtil 1814*. Bd. 8. Kopenhagen, 1930.

Eisenstein, Elizabeth L. *The Printing Press as an Agent of Social Change. Communications and Cultural Transformations in Early Modern Europe*. Bd. 1 und 2. Cambridge, 1979.

Elstad, Hallgeir. *Nyere norsk kristendomshistorie*. Bergen, 2005.

Eriksen, Anne. *Topografenes verden. Fornminner og fortidsforståelse*. Oslo, 2007.

Fet, Jostein. *Lesande bønder. Litterær kultur i norske allmugesamfunn før 1840*. Oslo, 1995.

Foucault, Michel. *Die Ordnung der Dinge*. Frankfurt am Main, 1974.

Foucault, Michel. *Die Archäologie des Wissens*. Frankfurt am Main, 1981.

Foucault, Michel. *Die Ordnung des Diskurses*. Frankfurt am Main, 2001.

Friedrich, Udo. *Naturgeschichte zwischen artes liberales und frühneuzeitlicher Wissenschaft. Conrad Gessners „Historia animalium" und ihre volkssprachliche Rezeption*. Tübingen, 1995.

Frøland, Aleksander. *Dansk boghandels historie. 1482–1945. Med et kapitel om bogen i oldtid og middelalder*. Kopenhagen, 1974.

Fulda, Daniel. *Poetologie des Wissens. Probleme und Chancen am Beispiel des historischen Wissens und seiner Formen*. 20.6.2008. http://www.simonewinko.de/fulda_-text.htm, 22.8.2010.

Genette, Gérard. *Seuils*. Paris, 1987.

Genette, Gérard. *Paratexte. Das Buch vom Beiwerk des Buches*. Frankfurt am Main, 1989.

Gilje, Nils und Rasmussen, Tarald. *Tankeliv i den lutherske stat. Norsk idéhistorie*. Bd. 2. Oslo, 2002.

Giuriato, Davide. ‚Prolegomena zur Marginalie'. In: *„Schreiben heißt: sich selber lesen". Schreibszenen als Selbstlektüren*. Giuriato, Davide u. a. (Hg.), Paderborn, 2008, S. 177–98.

Glauser, Jürg. ‚Frühe Neuzeit (1500–1720)'. In: *Skandinavische Literaturgeschichte*. Glauser, Jürg (Hg.), Stuttgart/Weimar, 2006, S. 51–78.

Glauser, Jürg und Kiening, Christian. ‚Einleitung'. In: *Text, Bild, Karte. Kartographien der Vormoderne.* Glauser, Jürg und Kiening, Christian (Hg.), Freiburg im Breisgau, 2007, S. 11–35.

Greenspan, Ezra und Rose, Jonathan. ‚An Introduction to Book History'. In: *Book History.* Vol. 1. Greenspan, Ezra und Rose, Jonathan (Hg.), 1998, S. 9ff.

Groddeck, Wolfram. *Reden über Rhetorik. Zu einer Stilistik des Lesens.* Frankfurt am Main/Basel, 2008.

Grube, Gernot und Kogge, Werner. ‚Zur Einleitung. Was ist Schrift'. In: *Schrift. Kulturtechnik zwischen Auge, Hand und Maschine.* Grube, Gernot u. a. (Hg.), München, 2005, S. 9–21.

Hacquebord, Louwrens. ‚The Geographical Approach of Carl Linnaeus on his Lapland Journey'. In: *TijdSchrift voor Skandinavistiek.* Vol. 29. Nr. 1 und 2. 2008, S. 85–102.

Hardy, J. und Meier-Oeser, S. ‚Wissen'. In: *Historisches Wörterbuch der Philosophie.* Bd. 12. Ritter, Joachim u. a. (Hg.), Basel, 2004, S. 55f.

Heitmann, Annegret. ‚Einleitung: Verhandlungen mit dem New Historicism'. In: *Verhandlungen mit dem New Historicism. Das Text-Kontext-Problem in der Literaturwissenschaft.* Glauser, Jürg und Heitmann, Annegret (Hg.), Würzburg, 1999, S. 9–20.

Heyl, Christoph. ‚Lusus Naturae und Lusus Scientiae im ältesten öffentlich zugänglichen Kuriositätenkabinett Englands'. In: *Naturspiele. Beiträge zu einem naturhistorischen Konzept der Frühen Neuzeit. Cardanus. Jahrbuch für Wissenschaftsgeschichte.* Bd. 6. Federhofer, Marie-Theres (Hg.), Oslo, 2006, S. 24–44.

Hoenen, M. J. F. M. ‚Analogie'. In: *Historisches Wörterbuch der Rhetorik.* Bd. 1. Ueding, Gert (Hg.), Tübingen, 1992, S. 98–514.

Horstbøll, Henrik. *Menigmands medie. Det folkelige bogtryk i Danmark. 1500–1840.* Kopenhagen, 1999.

Horstbøll, Henrik. ‚Læsning til salighed, oplysning og velfærd. Om Pontoppidan, pietisme og lærebøger i Danmark og Norge i 1700- og 1800-tallet'. In: *Den norske pastorale opplysning. Nye perspektiver på norsk nasjonsbygging på 1800-tallet.* Burgess, J. Peter (Hg.), Oslo, 2003, S. 117–42.

Horstbøll, Henrik. ‚Pietism and the Politics of Catechisms. The Case of Denmark and Norway in the Eighteenth and Nineteenth Centuries'. In: *Scandinavian Journal of History.* Vol. 29. 2004, S. 143–60.

Ilsøe, Harald. ‚Historisk censur i Danmark indtil Holberg. Omkring censuren af Christen Aarslebs Frederik II.s historie'. In: *Fund og Forskning.* Bd. 20. Det Kongelige Bibliotek (Hg.), Kopenhagen, 1973, S. 45–70.

Ilsøe, Harald. *Bogtrykkerne i København.* Kopenhagen, 1992.

Ilsøe, Harald. *Biblioteker til salg. Om danske bogauktioner og kataloger 1661–1811.* Kopenhagen, 2007.

Ilsøe, Ingrid. ‚Printing, Book Illustration, Bookbinding, and Book Trade in Denmark, 1482–1914'. In: *Gutenberg-Jahrbuch 1985*. Gutenberg-Gesellschaft (Hg.), Mainz, 1985, S. 258–80.

Jørgensen, Harald. ‚Reuss, Heinrich VI'. In: *Dansk biografisk leksikon*. Bd. 12. Cedergreen Bech, Sven (Hg.), Kopenhagen, 1982, S. 157.

Kambartel, Friedrich. ‚Naturgeschichte'. In: *Historisches Wörterbuch der Philosophie*. Bd. 6. Ritter, Joachim und Gründer, Karlfried (Hg.), Basel, 1984, S. 26ff.

Kiening, Christian. ‚Medialität in mediävistischer Perspektive'. In: *Poetica. Zeitschrift für Sprach- und Literaturwissenschaft*. Bd. 39. Küpper, Joachim (Hg.), München, 2007, S. 285–352.

Killy, Walther und Vierhaus, Robert. *Deutsche Biographische Enzyklopädie*. Bd. 5. München, 2001.

Kipf, Johannes Klaus. ‚Pluto ist als vil als Luziver. Zur ältesten Verwendung gedruckter Marginalnoten in deutschen literarischen Texten (bis 1520)'. In: *Am Rande bemerkt. Anmerkungspraktiken in literarischen Texten*. Metz, Bernhard und Zubarik, Sabine (Hg.), Berlin, 2008, S. 33–58.

Koch, Carl Henrik. *Dansk oplysningsfilosofi*. Kopenhagen, 2003.

Kock, Christian. ‚Retorikkens relevans'. In: *Retorikkens relevans*. Andersen, Øivind und Berge, Kjell Lars (Hg.), Oslo, 2003, S. 17–29.

Kragh, Helge. *Natur, Nytte og Ånd. 1730–1850. Dansk naturvidenskabs historie*. Bd. 2. Århus, 2005.

Krämer, Sybille. „Operationsraum Schrift'. Über einen Perspektivenwechsel in der Betrachtung der Schrift'. In: *Schrift. Kulturtechnik zwischen Auge, Hand und Maschine*. Grube, Gernot u. a. (Hg.), München, 2005, S. 23–57.

Krämer, Sybille. ‚Was ist also eine Spur? Und worin besteht ihre epistemologische Rolle? Eine Bestandesaufnahme'. In: *Spur. Spurenlesen als Orientierungstechnik und Wissenskunst*. Krämer, Sybille u. a. (Hg.), Frankfurt am Main, 2007, S. 11–33.

Kögler, Hans-Herbert. *Michel Foucault*. Stuttgart, 2004.

Langstrøm, Rolf. *Den mystiske Søormen*. Oslo, 1994.

Legnér, Mattias. *Fäderneslandets rätta beskrivning. Mötet mellan antikvarisk forskning och ekonomisk nyttokult i 1700-talets Sverige*. Skrifter utgivna av Svenska litteratursällskapet i Finland. Helsinki, 2004.

Leikola, Anto. ‚Om den kritiska geografins betydelse'. In: *Ur nordisk kulturhistoria. Den kritiska tanken i vetenskapen på 1700- och 1800-talen*. Jokipii, Mauno und Nummela, Ilkka (Hg.), Jyväskylä, 1981, S. 9f.

Lepenies, Wolf. *Autoren und Wissenschaftler im 18. Jh. Buffon, Linné, Winckelmann, Georg Forster, Erasmus Darwin*. München/Wien, 1988.

Lie, Sissel. ‚Uten din pust på mine ord blir det ingen mimosa. Fagtekstens retorikk'. In: *Virkelighetens forvaltere. Norsk Sakprosa*. Bd. 1. Johnsen, Egil Børre (Hg.), Oslo, 1995, S. 173–85.

Loprieno, Antonio. *Von Wörterbuch und Enzyklopädie*. Basler Universiätsreden. 106. Heft. Rektoratsrede gehalten an der Jahresfeier der Universität Basel am 28. November 2008. Basel, 2008.

Lorenz, S. ‚Physikotheologie'. In: *Historisches Wörterbuch der Philosophie*. Bd. 7. Ritter, Joachim und Gründer, Karlfried (Hg.), Basel, 1989, S. 99ff.

Malmanger, Magne. ‚Fra renessanse til barokk. Naturbegrep og naturoppfatninger'. In: *Barokkens verden*. Malmanger, Magne (Hg.), Oslo, 1994, S. 446–85.

McKenzie, D. F. ‚Typography and Meaning'. In: *Buch und Buchhandel in Europa im achtzehnten Jahrhundert. Fünftes Wolfenbütteler Symposium vom 1. bis 3. November 1977*. Barber, Giles und Fabian, Bernhard (Hg.), Hamburg, 1981, S. 81–126.

McKenzie, D. F. *Bibliography and the Sociology of Texts*. Cambridge, 1999.

Michel, Paul. ‚Ordnungen des Wissens. Darbietungsweisen des Materials in Enzyklopädien'. In: *Populäre Enzyklopädien. Von der Auswahl, Ordnung und Vermittlung des Wissens*. Tomkoviak, Ingrid (Hg.), Zürich, 2002, S. 35–83.

Michel, Paul. *Physikotheologie. Ursprünge, Leistung und Niedergang einer Denkform*. Zürich, 2008.

Midbøe, Hans. *Det kongelige norske videnskabers selskabs historie 1760–1960*. Bd. 1. Trondheim, 1960.

Mordhorst, Camilla. *Genstands Fortællinger. Fra Museum Wormianum til de moderne museer*. Kopenhagen, 2009.

Müller-Wille, Staffan. ‚Text, Bild und Diagramm in der klassischen Naturgeschichte'. In: *kunsttexte.de*. Nr. 4. 2002, S. 1–14.

Munthe, Preben. ‚Biskopen som oppdaget Norge'. In: *Aftenposten*. 14. April 2002, S. 9.

Myklebust, Ivar. *Frå Erik Pontoppidan til Ivar Aasen*. Trondheim, 1973.

Naschert, G. ‚Hyperbel'. In: *Historisches Wörterbuch der Rhetorik*. Bd. 4. Ueding, Gert (Hg.), Tübingen, 1998, S. 15–22.

Neiiendam, Michael. *Erik Pontoppidan. Studier og bidrag til pietismens historie*. Bd. 2. Kopenhagen, 1933.

Neiiendam, Michael. ‚Pontoppidan, Erik'. In: *Dansk biografisk leksikon*. Bd. 11. Cedergreen Bech, Sven (Hg.), Kopenhagen, 1982, S. 436–40.

Nielsen, Lauritz. ‚Peter Cramer'. In: *Nordisk Leksikon for Bogvæsen*. Bd. 1. Dansten, Esli und Nielsen, Lauritz (Hg.), Kopenhagen u. a., 1951, S. 231f.

Nyrop, Camillus. *Den danske boghandels historie*. Bd. 1. Kopenhagen, 1870.

Ostrowicz, Ph. ‚Parallelismus'. In: *Historisches Wörterbuch der Rhetorik*. Bd. 6. Ueding, Gert (Hg.), Tübingen, 2003, S. 46–52.

Park, Katharine und Daston, Lorraine. ‚Introduction. The Age of the New'. In: *Early modern Science*. Park, Katharine und Daston, Lorraine (Hg.), Cambridge, 2006, S. 1–17.

Pethes, Nicolas. ‚Literatur- und Wissenschaftsgeschichte. Ein Forschungsbericht'. In: *Internationales Archiv für Sozialgeschichte der deutschen Literatur*. Bd. 28/1. Bachleitner, Norbert u. a. (Hg.), Tübingen, 2003, S. 181–231.

Pethes, Nicolas. ‚Poetik / Wissen. Konzeptionen eines problematischen Transfers'. In: *Romantische Wissenspoetik. Die Künste und die Wissenschaften um 1800*. Brandstetter, Gabriele und Neumann, Gerhard (Hg.), Würzburg, 2004, S. 341–72.

Pfeifer, Wolfgang. *Etymologisches Wörterbuch des Deutschen*. Bd. 2. 2. erg. Aufl. Berlin, 1993.

Poulsen, Bo. ‚Sekulariserede Søslanger – Natursyn i 1700-tallets Danmark-Norge'. In: *Den jyske Historiker. Mellem religion og oplysning – Sekularisering af 1700-tallets politiske og kulturelle univers*. Nr. 105. 2004, S. 52–72.

Rasmussen, Tarald. ‚Erik Pontoppidan. Opplyst pietisme'. In: *Pedagogiske profiler. Norsk utdanningstenkning fra Holberg til Hernes*. Thuen, Harald und Vaage, Sveinung (Hg.), Oslo, 2004, S. 33–43.

Rautenberg, Ursula. ‚Marginalie'. In: *Reclams Sachlexikon des Buches*. Rautenberg, Ursula (Hg.), Stuttgart, 2003, S. 349.

Rautenberg, Ursula und Wetzel, Dirk. *Buch*. Tübingen, 2001.

Rem, Tore (Hg.). *Bokhistorie*. Oslo, 2003.

Ridderstad, Per S. ‚Bokhistoriens roll i modern editionsfilologi'. In: *Bokens materialitet. Bokhistoria och bibliografi. Bidrag till en konferens anordnad av Nordisk Nätverk för Editionsfilologer 14–16 september 2007*. Malm, Mats u. a. (Hg.), Stockholm, 2009, S. 11–25.

Røgeberg, Kristin M. (Hg.). *Norge i 1743. Innberetninger som svar på 43 spørsmål fra Danske Kanselli*. Bd. 1. Oslo, 2003.

Sarasin, Philipp. *Michel Foucault zur Einführung*. Hamburg, 2005.

Schneider, Ulrich Johannes. ‚Die Konstruktion des allgemeinen Wissens in Zedlers „Universal-Lexicon"'. In: *Wissenssicherung, Wissensordnung und Wissensverarbeitung. Das europäische Modell der Enzyklopädien*. Stammen, Theo und Weber, Wolfgang E. J. (Hg.), Berlin, 2004, S. 81–101.

Shapin, Steven. *Die wissenschaftliche Revolution*. Frankfurt am Main, 1998.

Skarsten, Trygve R. ‚Erik Pontoppidan and His Asiatic Prince Menoza'. In: *Church History*. Vol. 50. Nr. 1. 1981, S. 33–43.

Sloan, Phillip R. ‚The Buffon-Linnaeus Controversy'. In: *Isis*. Vol. 76. Nr. 3. 1976, S. 356–75.

Spyra, Ulrike. *Das „Buch der Natur" Konrads von Megenberg*. Köln u. a., 2005.

Stangerup, Hakon. *Romanen i Danmark i det attende aarhundrede*. Kopenhagen, 1936.

Stanitzek, Georg. ‚Buch: Medium und Form – in paratexttheoretischer Perspektive'. In: *Buchwissenschaft in Deutschland. Theorie und Forschung.* Bd. 1. Rautenberg, Ursula (Hg.), 2010, S. 157–200.

Stiening, Gideon. ‚Am ‚Ungrund'. Was sind und zu welchem Ende studiert man ‚Poetologien des Wissens". In: *KulturPoetik. Zeitschrift für kulturgeschichtliche Literaturwissenschaft.* 7/2. 2007, S. 234–48.

Supphellen, Steinar. ‚Den historisk-topografiske litteraturen'. In: *Norsk litteraturhistorie. Sakprosa fra 1750–1995.* Bd. 1. Johnsen, Egil Børre und Berg Eriksen, Trond (Hg.), Oslo, 1998, S. 107–13.

Supphellen, Steinar und Søvik, Nils. *Det Kongelige Norske Videnskabers Selskab. Ein kort presentasjon.* Trondheim, 1992.

Sæther, Arild. *Den økonomiske tenkning i Danmark-Norge på 1700 tallet. Ludvig Holberg – Erik Pontoppidan – Otto Diderich Lütken.* Kristiansand, 1981.

Tribble, Evelyn. *Margins and Marginality. The Printed Page in Early Modern England.* Virginia, 1993.

Ueding, Gerd und Steinbrink, Bernd. *Grundriss der Rhetorik. Geschichte, Technik, Methode.* Stuttgart, 1986.

Villwock, J. ‚Antithese'. In: *Historisches Wörterbuch der Rhetorik.* Bd. 1. Ueding, Gert (Hg.), Tübingen, 1992, S. 22–50.

Vögel, Herfried. ‚Sekundäre Ordnungen des Wissens im „Buch der Natur" des Konrad von Megenberg'. In: *Enzyklopädien der Frühen Neuzeit. Beiträge zur Forschung.* Eybl, Franz M. u. a. (Hg.), Tübingen, 1995, S. 43–61.

Vogl, Joseph. ‚Mimesis und Verdacht. Skizze zu einer Poetologie des Wissens nach Foucault'. In: *Spiele der Wahrheit. Michel Foucaults Denken.* Ewald, François und Waldenfels, Bernhard (Hg.), Frankfurt am Main, 1991, S. 193–204.

Vogl, Joseph. ‚Einleitung'. In: *Poetologien des Wissens um 1800.* Vogl, Joseph (Hg.), München, 1999, S. 7–16.

Wallmann, J. ‚Pietismus'. In: *Historisches Wörterbuch der Philosophie.* Bd. 7. Ritter, Joachim und Gründer, Karlfried (Hg.), Basel, 1989, S. 72ff.

White, Hayden. *Die Bedeutung der Form. Erzählstrukturen in der Geschichtsschreibung.* Frankfurt am Main, 1990.

Wissenschaftlicher Rat und Mitarbeiter der Dudenredaktion (Hg.). *Duden. Das große Wörterbuch der deutschen Sprache.* Mannheim, 1995.

Zedelmaier, Helmut. ‚Facilitas inveniendi. Zur Pragmatik alphabetischer Buchregister'. In: *Wissenssicherung, Wissensordnung und Wissensverarbeitung. Das europäische Modell der Enzyklopädien.* Stammen, Theo und Weber, Wolfgang E. J. (Hg.), Berlin, 2004, S. 191–203.

Zotter, Hans. ‚Parallele Modelle von Wissenssicherung und Ordnung'. In: *Wissenssicherung, Wissensordnung und Wissensverarbeitung. Das europäische Modell der Enzyklopädien*. Stammen, Theo und Weber, Wolfgang E. J. (Hg.), Berlin, 2004, S. 25–37.

Anhang

Indhold
af Capitlerne i denne
Første Part
af
Norges Naturlige Historie.

Det Første Capitel.
Om Norges Luft og det som deri yttrer sig

Det Andet Capitel.
Om Norges Grunde, Fielde og hvad derved er merkværdigt.

Det Tredie Capitel.
Om Norges salte og ferske Vande.

Det Fierde Capitel.
Om Norges Afgrøde i Væxter og Vegetabili

Det Femte Capitel.
Videre Fortsættelse om Landets Væxter.

Det Siette Capitel.
Om Norges Væxter i Vandet.

Det Syvende Capitel.
Om Norges adskillige Steen-Arter, ædle og u-ædle.

Det Ottende Capitel.
Om Norges ædle og u-ædle Metaller og Mineraller.

Ind-

Abbildung A.1: *Norges naturlige Historie*, 1977a, Inhaltsverzeichnis Teil I.

Indhold
af Capitlerne i den
Anden Part.

Det Første Capitel.
Om Norges tamme og vilde fire-fødede Dyr.

Det Andet Capitel.
Om Norges Orme og Insecter.

Det Tredie Capitel.
Om Norges tamme og vilde Land- og Vand-Fugle.

Det Fierde Capitel.
Fortsættelse af forrige.

Det Femte Capitel.
Om Norges Fiske og Fiskerier i salte og ferske Vande.

Det Siette Capitel.
Fortsettelse af forrige.

Det Syvende Capitel.
De Fiske i Særdeleshed, som ere omgivne med haard Skall.

Det Ottende Capitel.
Om adskillige lidet bekiendte Monstris Marinis og Udyr i Havet.

Det Niende Capitel.
Om Norges Indbyggeres Naturel, Levemaade og Sædvane.

Det Tiende Capitel.
Fortsettelse af forrige, Nationen angaaende.

I. N. J.

Abbildung A.2: *Norges naturlige Historie*, 1977a, Inhaltsverzeichnis Teil II.